"十三五"职业教育规划教材

包装工艺与设备

刘安静　主　编
张敏英　副主编
邝贤锋　周文玲　参　编
刘　筑　主　审

中国轻工业出版社

图书在版编目（CIP）数据

包装工艺与设备/刘安静主编．—北京：中国轻工业出版社，2017.6
ISBN 978-7-5184-1375-1

Ⅰ.①包…　Ⅱ.①刘…　Ⅲ.①包装工艺 ②包装设备　Ⅳ.①TB48

中国版本图书馆 CIP 数据核字（2017）第 084728 号

内容提要

《包装工艺与设备》是根据高等职业教育培养从事产品包装的生产、建设、管理和服务第一线的高等技术应用型专门人才的目标，参考包装行业及高职高专包装技术专业教学指导委员会制定的《高职高专教育包装技术课程教学基本要求》编写而成的。

全书共 9 章。主要内容有：绪论，影响包装工艺的因素，软包装工艺与设备，硬包装工艺与设备，灌装及充填工艺与设备，辅助包装工艺与设备，专用包装工艺与设备，包装工艺规程与质量管理，现代包装技术应用简介。每章后有思考题。

本教材内容丰富，重点突出，实用性强，可作为高职高专院校包装技术及包装设备类各专业学生的教材，也可供有关从事包装工程技术人员参考。

责任编辑：杜宇芳
策划编辑：杜宇芳　　责任终审：张乃柬　　封面设计：锋尚设计
版式设计：王超男　　责任校对：晋　洁　　责任监印：张　可

出版发行：中国轻工业出版社（北京东长安街 6 号，邮编：100740）
印　　刷：三河市万龙印装有限公司
经　　销：各地新华书店
版　　次：2017 年 6 月第 1 版第 1 次印刷
开　　本：787 × 1092　1/16　　印张：14
字　　数：430 千字
书　　号：ISBN 978 - 7 - 5184 - 1375 - 1　　定价：43.00 元
邮购电话：010 - 65241695　传真：65128352
发行电话：010 - 85119835　85119793　传真：85113293
网　　址：http：//www.chlip.com.cn
Email：club@chlip.com.cn

160670J2X101ZBW

前言

本教材是根据高等职业教育培养生产、建设、管理和服务第一线的高等技术应用型专门人才的目标，参考包装行业及高职高专包装技术专业教学指导委员会制定的《高职高专教育包装工艺与设备课程教学基本要求》编写而成的，总结了多年从事包装工程设计、包装工艺与设备研究及教学的实践经验，充分汲取了高职高专院校在探索培养技术应用性专门人才方面取得的成功经验和教学改革成果，以应用为目的，精选教学内容，简化理论设计公式，加强与生产实践的联系，突出了应用性。

全书力求简明易懂、深入浅出提出与分析问题具有启发性，充分体现高职高专的教育特点。本书适合 50 ~ 70 学时的高职高专院校包装技术专业类各专业方向的教学之用。

本书的具体内容和特点：

（1）本教材共 9 章，主要内容有：绪论，影响包装工艺的因素，软包装工艺与设备，硬包装工艺与设备，灌装及充填工艺与设备，辅助包装工艺与设备，专用包装工艺与设备，包装工艺规程与质量管理，现代包装技术应用简介。每章后有思考题。学习时可根据专业要求和学时情况取舍，或供自主学习能力强的学生自学。另备有各章节电子教案供教学参考。

（2）书中在借鉴相关包装技术文献和专业教材的基础上，对一些教学内容进行了改革。例如，在介绍影响包装工艺因素中，将物理、化学、生物等比较抽象的概念和专业学术名词通俗化，将复杂的生化反应方程式从定性角度加以介绍，以适应高职高专层次学生的理解，希望有助于学生更方便地掌握工作中的产品包装技术解决技巧和方法选用。

（3）教材在每章课后思考题的基础上，还适当介绍了生活实际中常见的产品和生活用品的包装方法，同时列入一些新生物品的包装工艺难点和现代环保包装要求，供教学讨论，以引导学生通过学习，建立解决现实专业问题的能力。

本教材的编写由广东轻工职业技术学院刘安静（第一、二、六、七章）、周文玲（第五、八章）、邝贤锋（第九章），新疆轻工职业技术学院张敏英（第三、四章）合作完成。由刘安静担任主编，负责统稿工作。由张敏英担任副主编，负责全书的图表绘制工作。

全书由广东轻工职业技术学院刘筑高级编辑担任主审，广东食品包装和机械行业协会多家会员单位包装工程技术人员参与审稿。专家精心审阅，提出了许多宝贵意见，在此表示衷心的感谢。

另外，在编写过程中参考了潘松年教授主编的本科教材《包装工艺学》，以及许多文献和书籍的内容，未能全部列举，谨向各位作者表示深切谢意。

限于编者水平，书中难免有不妥之处，敬请广大读者给予批评指正。

编者

2016 年 10 月

目录

第一章 绪论

第一节 包装的概念

包装是一门古老而新兴的工程技术学科，其内涵和外延都相当广泛。现代包装科学中，把它叫做“包装系统”。它是现代商品生产、储存、销售和人类社会生活中不可缺少的重要组成部分。关于包装的定义，起初只认为它是容纳物品和保护产品的器具，而后又赋予其便于运输和便于使用的功能，后来又增添了宣传产品和促进销售的作用。

进入现代社会，人们树立了环境保护、持续发展的理念，包装必须具备无公害、易处理的环保性能。世界经济发展的总趋势是以人为本，全面、协调、可持续发展的科学发展观，要保证经济增长与人口资源环境相协调，经济发展与环境保护并重。经济增长应该建立在资源和生态环境承载能力的基础上，以建设节约型社会和环保型社会为目的。人们的“可持续包装”的新理念已经形成，“可持续包装”要求在包装设计中考虑优化材料和能源，包装性能和成本达到市场标准要求，在包装制造、运输和再循环过程中使用再生能源，最大限度地使用可再生和可再循环材料，高效率循环回收，为再生产品提供有价值的原料，在包装生命周期内对个体和团体有益，可以保证安全和健康。它与循环经济的理念是一致的，即以资源的高效利用和循环利用为核心，以“低消耗、低排放、高效率”为基本特征，是对“大量生产、大量消费、大量废弃”的传统型资源增长模式的根本变革。包装工业应该适应循环经济发展的需要，包装又蕴含了全新的定义，被称为“绿色包装”。

包装概念是与时俱进、不断丰富的。我国国家标准（GB/T 4122. 1—2008）对包装的定义是：“为在流通过程中保护产品，方便储运，促进销售，按一定技术方法而采用容器、材料及辅助物等的总体名称。也指为了达到上述目的而采用容器、材料和辅助物的过程中施加一定技术方法等的操作活动。”简单地讲，包装是为了实现特定功能作用，而对产品施加的技术措施。

从现代人们的生产和生活方式看，包装这一术语已经用于很多场合，极大地超越了国家标准的定义内涵。原来的定义仅限于产品，过于局限。如果说“包装是为了实现特定的功能，而使对象获得全新形象的过程”，那么包装的内涵就丰富了。若这个定义是广义的，那么前面给予的定义就是狭义的了。产品不仅要有功能要求，还要有形象要求，将一事一物作为对象进行包装，可使之具有一个全新的形象。包装一个产品可以获利，包装出事物，就能获得更大效益。本书所研究的包装是以产品为对象的狭义包装概念，主要包含有以下内容：

（1）树立全新的包装设计理念　“可持续包装”的新型设计理念是指在设计包装时就要考虑到包装的重新利用，这样可以积极地减少人类对环境的负面影响。也就是说，设计时就要考虑到其所有组成部分最后都可以返回大自然中，并可以重新形成新的产品。

（2）保证实现包装的主要功能是保护产品　要求防震、保鲜或防腐的产品，在包装设计中已经做过考虑，但必须按照规定的技术条件，严格执行工艺操作，才能确保包装的保护功能。为了按照规定的品质和数量将物品包装起来，必须研究、开发和采用合理的工艺规程，才能避免短斤少两、粗制滥造的包装件，彻底保护消费者的权益。

（3）提高劳动生产率　劳动生产率是指单位时间内人均生产出合格包装件的数量。提高劳动生产率就要改进现有的工艺过程，采用新技术、新工艺、新材料和新设备，提高自动化程度，最大程度地增加包装件的产量。

（4）降低劳动强度，保证包装人员的身心健康。

（5）不断提高包装经济性。

在包装过程中，较低工艺成本生产的包装件才具有经济性，在市场上才有生命力和竞争力。通过节约生产设备和原辅材料的费用，尽量降低工艺成本。

总之，产品包装要在新的设计理念指导下，得到优质、高产、经济的包装件。功能优质是前提，不能实现包装所规定的功能作用，也就谈不上生产率和经济性。

第二节　包装工艺与设备的研究内容

包装工艺与设备的研究内容是：正确设计某一产品的包装工艺过程，利用合理的包装设备，制造合格的包装件。基本要求有：①掌握包装工艺的基本理论知识；②掌握主要包装技术的基本原理、操作技术和工艺要领；③具有正确制定包装工艺规程和分析解决包装生产问题的基本能力；④会选用包装设备或能提出完成包装工艺的基本工作要点；⑤了解国内外包装工艺的新动态。

要想正确设计包装工艺规程和选用设备，需要具备广泛的知识和熟练的技能，因此必须研究涉及包装工程和其他学科的许多内容，其中包括以下几个方面。

1. 研究被包装物品的特性

被包装物品是制定包装工艺规程的原始数据，因此，只有认真研究其特性，充分了解和认识其形态、形状、质量、强度、结构、价值等方面的性质，才能在确定包装工艺方案时，做出正确的决策。

被包装物品的形态各式各样，有气态、固态（块状、粉状、粒状）、液态（油状、胶状、流状）等，它们决定了相应的包装材料和容器以及应该采用的包装工艺方法。

被包装物品的质量是包装工艺要考虑的一个重要因素。质量大的物品，要注意其强度，保证在搬运过程中受到一定冲击和振动时不会破坏；质量小的物品，要保证包装件在堆放中不被压坏，而且保护它在搬运中不会泄漏，受到一定冲击时不会被损坏。

被包装物品的强度决定了保证工艺在保护功能方面应采取的技术措施。例如受冲击易损坏的物品，就需要设计防振包装工艺；受挤压易破碎的物品，需要采用刚性容器，并有相应的防破碎包装工艺操作。

被包装物品由多种零件和材料组成时，应充分了解其结构特点，考虑拆卸分解的可能性与程度。拆解后可减少体积和质量，避免包装件过大、过重和超过标准尺寸，节约空间。此外，若不拆解，整个产品都需按其中最精密部件的防护要求进行包装。而拆解后，各部件分别按其不同的防护要求进行包装，可简化防护措施，减少原辅材料消耗，降低包装费用以及储存与运输费用。当然，应估计拆解带来的困难，并编制相应的包装工艺规程。

对于被包装物品的特殊防护要求，如防潮、防水、防霉、防锈、阻热、抗静电、保温、保湿、保鲜、灭菌等，在包装工艺过程中应有相应的工序，采取特殊的技术措施。

若被包装物品属于易燃、易爆、有毒和放射性的产品，包装工艺过程还应考虑足够的安全性，采取必要的技术措施。此外，包装件应有明显的标志和详细的说明。

2. 研究流通环境的影响因素

商品流通的各种环境条件会给产品带来不同的影响。因此要对包装件流通环境作深入研究，从而制定相应的包装工艺规程。装卸作业是流通过程中经常要进行的操作，必须考虑装卸作业的具体情况，采用的是人力装卸还是机械装卸。不同的装卸方式，包装件所经受的冲击力不同，在设计工艺过程时，应规定所采用的装卸作业方式，并进行必要的试验和计算，以确保包装件有足够的保护能力。

运输条件随装载工具不同，有些对包装件影响很大，如汽车运输中，路面条件会导致冲击和振动；铁路运输中，车厢经过道岔或刹车时，会产生较大的冲击力，调车编组时会有互撞的冲击；船舶运输中，内河航行比较平稳，在海浪中行驶，会产生较大的颠簸振动和冲击；航空运输中，由于飞机发动机及气流突变所发生的抖动、飞机着陆及跑道不平所引起的冲击力和振动，都是制定包装工艺规程时应该预先了解和考虑的因素。

包装件的储存环境有两种情况，如果储存在仓库里，要注意防水、防潮、防霉和防锈等问题；如果储存在露天场地，要注意防雨、防晒、防砂和防雷等问题，而且要考虑储存期限。此外，在储存时，包装件必须具有足够的耐压强度，才能在堆码时承受一定的负荷，而且，要规定堆码高度。所有这些因素，在工艺设计时必须了解，并在包装工艺过程中采取相应的技术措施。

此外，气候条件也是一个影响因素。在高温地区，要对容易熔化的物品采取绝热密封措施；在低温地区，要对容易冻结的物品选用合适的保温包装容器；潮湿的地方，内装物容易长霉、生锈或潮解；干燥的地方，内装物容易干涸、挥发或变质；有的地方盐雾浓度高，有的地方风沙大、灰尘较多等，针对这些影响因素，在包装工艺过程中还必须安排试验工序。

3. 研究采用新技术和新工艺的可能性

新技术和新工艺中值得列举的有气调包装、活性包装、智能包装和纳米包装等。气调包装是通过改变包装内的气氛，使被包装物品处在与空气组成不同的气氛环境中而延长储存期的一种包装技术。活性包装能主动地改善包装内部的条件，延长包装储存期。例如，清除氧气薄膜就是活性包装，它用于吸收包装内部的氧气并且延长了包装储存期。智能包装是一种具有聪明智慧的包装设施（诸如无线射频识别、时间温度指示标签、生物传感器等），它能跟踪产品，检测出包装内部或外部的环境，遥控产品的质量，从而改善了包装的使用效能。

采用新技术和新工艺必须满足消费者、社会和生产者的需求。消费者需要高质量的产品，最方便地满足他们不断变化的生活方式；社会需要更安全的产品来回应商品质量事件和食品中致病毒菌爆发事件，以及用环境友好的产品来满足公众的要求；生产者需要最新最好和最经济的包装工艺来满足市场要求并获取期望的效益。

4. 研究包装品的性能

包装品是包装材料和包装容器的统称。前者有纸张、化纤、塑料薄膜和复合薄膜材料等，可直接用于产品包装，如拉伸塑料薄膜和收缩塑料薄膜等；后者是用各种包装材料经过二次加工制成的专用容器，如瓶、罐、袋、盒、箱等。包装工艺设计者必须研究并熟悉各种包装品的性能，根据技术可能与经济合理的原则，以及环境保护的要求，选择出满足被包装物品所需要的包装品。如果是包装材料，需选择其品种、成分、规格等要素，使其与内装物有较好的相容性，强度足够，性能稳定；如果是包装容器，选材应该是容易成型，在外界温度、湿度急剧变化的条件下不易变形。还要注意经济原则，提倡就地取材、就近取材，在满足性能要求的前提下，尽量采用价格低廉的或代用的材料，以降低成本和运输等费用，例如我国木材资源不足，应提倡以草浆或竹浆等代替部分木浆生产纸张和纸板。

5. 研究包装结构设计

包装设计包括结构设计、造型设计与装潢设计，三者应该有机地结合，才能取得整体的效果，充分发挥包装的功能作用。包装设计是在充分熟悉被包装物品的特性、完全掌握包装材料的性能、确切了解流通环境条件的前提下进行的重要工作，包装工艺设计人员应该具备包装设计的技能，或者能与专业人员协作完成包装设计，而且在制定包装工艺规程时，实现包装设计的整体构思。

6. 研究包装设备的性能与应用

用于包装的设备有包装机械、印刷机械和包装相关机械（如包装容器加工机械等），设备种类繁多、类型各异，其专业化情况、自动化程度、生产率水平也大不相同。包装工艺设计人员应研究各种包装设备的性能及其应用范围，在制定包装工艺规程时，根据各方面的约束条件，选择合适的包装设备，特别是完成全部或部分包装过程的包装机械，如成型、充填、封口、裹包等主要包装工序的设备以及完成清洗、干燥、杀菌、贴标、捆扎、集装、拆卸等前后包装工序的设备，转送、选别等辅助包装工序的设备。

在包装工艺中，把包括包装设备在内的所有模具、专用工具等称为工艺装备。以泡罩包装为例，成套的工艺装备包括泡罩包装机、泡罩成型模具、热封模具、裁切模具、打印模具等。工艺和工艺装备之间的关系，总的来说，应该是先有工艺，然后才有实现这一工艺的工艺装备。有了新的工艺装备，就能促进新工艺发展。更新工艺后，又需设计制造更先进的工艺装备。例如，随着软包装工艺的出现，研制了软包装机械。在无菌包装工艺的基础上又创造了无菌软包装机。今后随着各方面的需要，还会有新的方便食品包装工艺出现，也必然会进一步促进新型包装机械的研制与开发。

新材料和新技术也促进了新型包装机械的发展，其中如拉伸包装机、收缩包装机、真空充气包装机、喷雾包装机等。特别是在包装机械上广泛采用了机电光液气综合技术，运用电子计算机控制，出现了自动包装机和自动包装生产线，更要求包装工艺设计人员具有广阔的技术视野和深邃的理论知识，才能制定出现代化的包装工艺规程。

7. 研究包装工艺的设计准则

包装工艺的设计准则就是制定包装工艺规程时所依据的原则，主要内容包括：

（1）在包装工艺过程中贯彻执行标准化、系列化、通用化和统一化　标准化是推动社会生产迅速发展的强大力量，是经济技术发展的重要基础，包装标准化则是现代化商品生产和流通的必要条件。为了适应商品经济发展的需要，为了推动我国标推化、系列化和通用化工作，我国制定了相当数量的包装标准，各个企业也有相应的统一化规定。在制定包装工艺规程时，应该贯彻执行所有的标准（国家标准、部颁标准或企业标准），以提高包装品质和生产率。特别是研究同类产品包装工艺典型化，提高工艺设计水平，节约工艺成本，具有十分重要的意义。

（2）在包装工艺过程中应贯彻落实“以人为本，全面、协调、可持续的科学发展观”，以发展循环经济为核心，建立节约型社会，树立环境保护观念，大力推行绿色包装。

在可持续发展理念的指导下，通过技术创新、制度创新、新能源开发等多种手段，发展低碳经济，尽可能减少煤炭石油等高碳能源消耗，减少温室气体排放。这已经是我国包装行业进入 21 世纪以来制定各项规划措施的指导思想。绿色包装包括安全无害、环境保护、节约资源等诸多内涵，要求在保证包装功能的前提下，使用实用性包装品，尽量节约资源；产生的包装废弃物要少，而且能回收、处理或综合利用；或经降解后能自然消灭，或掩埋时能少占耕地，不污染江湖河流或侵蚀土地良田，或者能自动分解；如果焚烧，则要求不产生毒气二次污染；或者产生新的能源时燃烧值最高等。为此，世界各国针对包装业的有关环境保护法规已陆续制定并生效。

值得引起注意的是，目前有些包装制品为了获得额外利益，不惜浪费宝贵资源，将产品过度包装，刻意追求过分装饰，将经济负担转嫁给社会和消费者，作为新世纪的包装设计人员，应该充分意识到这一点，充分了解国内外有关法规与动态，制定出符合世界潮流的包装工艺规程。

第三节　包装工艺与设备的发展趋势

随着包装科学技术的发展，包装工艺设备的发展趋势大致包括研究和建立包装工艺的理论基础，保护环境和减少污染，提高包装精度与保证包装品质，提高包装工艺效率与发展自动化包装机械和自动包装生产线等几个方面。

1. 研究包装工艺的理论基础

在流通过程中，由于受到物理、化学、微生物及气象环境等多方面因素的影响，使包装件或内装物品受到损坏。物理方面，有由于冲击、振动、挤压等因素引起的损坏。化学方面，有由于锈蚀、分解、化合等作用引起的损坏。微生物方面，有由于腐败、变质等因素而引起的损坏。气象环境方面，有由于湿度、沙尘、盐雾等因素引起的损坏。研究这些因素的损坏机理，使理论密切结合实践，采取必要的工艺措施，从而构成包装工艺的理论基础。

2. 发展循环经济，减少污染，保护环境

环境污染已成为目前世界面临的严峻问题之一，在这方面，包装确实有不可推卸的责任。究其原因，主要有两点：其一是垃圾废料中有将近一半是包装材料，而且大多难于腐烂和回收处理。其二是某些包装材料在生产过程中释放大量的氯、氟及其他气体，破坏臭氧层，造成温室效应。为了应对世界气候变暖，“联合国气候变化框架公约”缔约国在1997年制定了《京都协议书》，又于2010年和2011年召开“坎昆世界气候大会”和“德班世界气候大会”，力图将大气中温室气体稳定在一个适当水平，防止气候变化对环境和人类造成伤害。对此，包装行业也应该做出积极响应，倡导“可持续包装”理念，在设计和制造包装时，需要严肃认真考虑采用和开发对环境保护有益的材料、技术和工艺，这是一个造福人类社会的系统工程。这涉及许多曾一度被放弃的包装材料，如瓦楞纸板在20世纪五六十年代曾被广泛用于防震包装，自从发泡聚苯乙烯发明后，逐渐取代了瓦格纸板，现在迫于环境保护的压力，瓦楞纸板又重新被利用，采用瓦楞纸板缓冲包装的最大优点是与外包装瓦楞纸板一起便于回收，但缺点是防潮性能较差。近期发展起来的纸塑模缓冲衬垫，具有清洁、易回收处理、可成批生产等优点，但不宜包装过重的物品，而且在生产过程中消耗水量过多。因此，还需研制开发更为理想的环保包装材料。

根据发展循环经济的新理念，在设计包装工艺和选用包装材料时，一般要考虑5R方法，即指的是减少包装（Reduce）、回用包装（Reuse）、再生包装（Recycle）、统一回收（Reclaim）和拒用无环保观念的包装品（Refuse），同时还要选用生态包装材料。5R中要按顺序优先考虑减少包装，再依此排下去，有些新型包装材料虽然能够再生，但需花费大量人力和物力，价格昂贵，还不如使用原包装材料。

3. 提高包装精度，保证包装品质

包装品质有两个含义：一是包装件外观品质，应该完全符合包装设计的要求，使之能起到保护、容纳和宣传产品的功能，不允许粗制滥造包装；二是包装件内在品质，应该给足包装件标注的内装物品数量或质量，不允许分量不足、短斤少两现象。后者指的是包装精度，在单件包装中比较容易达到比较高的精度，但在大批量包装过程中，使用计量装置充填包装件，其结果按数理统计原理总是有多有少，而且多与少的误差值大致相等，如果在包装件上标注数量时，其上充填的误差为±值。说明其中有一半包装件的内装物品数量不足。对于低廉的物品暂且不说，但对于昂贵的物品，为了保护消费者的利益，就必须采取适当的技术措施，将其控制在生产者与消费者都能接受的范围内。

提高包装精度的技术措施是开发研制新型包装设备，例如在充填机中采用先进的双工位充填系统，即设有粗、精两个充填工位，大部分物料在粗充填工位上进行高速充填，然后工件被送到检测工位，由电子计算机系统计算出达到最后数量所应补充的物料量，把计算结果送到精充填工位，再由精充填头组配并充入所需要的物料。最后由计量工位检测其是否合格，并将不合格产品剔出，确保包装件的精度。提高包装精度，既保护了消费者的利益，也维护了生产者的信誉，是包装工艺设计中要处理好的重要课题。

4. 提高包装工艺效率，发展自动化包装机械和自动包装生产线

高效率包装工艺就是要减少手工操作，尽量采用机械化和自动化的包装设备。有些产品的包装采用手工操作，不但生产效率低，而且不符合产品生产规范。例如糖块包装采用手工包装工艺，人手快速地重复一种单调的动作，长年累月容易患指骨职业疾病；此外，用手接触食品，也不符合食品卫生法规。又如药品包装，更不容许人体接触。为此，应采用机械化或自动化的包装机，实现包装工艺过程自动化。

现代包装大都采用了机械化自动包装，在包装设备上设置了光电及电磁检测和选别装置等，有的还采用电子计算机作为自动调节控制系统，大大地提高了包装机的自动化程度。但是单机自动化只能算是一个起点，如果按照包装工艺过程将若干半自动或自动包装机和辅助设备用输送装置组合起来组成包装生产线，使被包装物品从生产线的一端不断输入，在相应的包装部位输入包装品，然后包装件从生产线末端不断输出，就构成了包装流水线。在此基础上再适当配置自动控制、自动检测、自动上下料和自动输送装置等，使包装操作能在整个工艺过程中自动地进行，不需要生产工人直接参与操作，这就是自动包装生产线。如果将包装容器生产线和自动化仓库与自动包装生产线衔接起来，就可构成自动化包装车间或自动化包装工厂。从机械化、单机自动化到包装流水生产线，到自动包装生产线，再到自动化包装车间，直到自动化包装工厂，是包装工艺发展的一个趋向。为了适应中小批量、多品种物料的包装，还可以开发具有广泛适应性的特用包装机，将微机、机械手、机器人等更多地应用于自动上下料装置、自动仓库和输送系统，在计算机及其软件的集中控制下，使之具有一定的灵活性，成为一个自动化的可变包装系统，即柔性自动包装系统（flexible packaging system），这是包装工艺自动化向纵深方向发展的又一个趋势。

思考题

1. 产品包装的概念是什么？
2. 学习包装工艺的基本要求有哪些？
3. 正确合理设计包装工艺规程要研究的内容有哪些？

第二章 影响包装工艺的因素

包装产品在流通过程中受到物理、化学、生物及环境因素的影响，要达到包装的目的必须要了解这些因素的内在变化，它是合理选择包装工艺的前提条件。

第一节　影响包装工艺的物理因素

物理因素主要是指对产品生命期内的形态的影响，包装的物理防护功能是采用一定技术方法保护产品在装卸、储存和运输过程中的安全流通，使产品顺利地到达目的地或完成使用功能。因此，在采用包装技术方法之前必须认真分析产品的物理机械性质特征，获取产品需要防护的要求和详细信息，以及机械性环境条件与被包装产品破损等内容。

对产品物理机械性质进行分析的目的及其作用包括三个方面：①制定具有针对性和可行性的包装技术方法；②实现包装标准化，使具有相同特征的产品采用相同的包装技术方法；③减少包装材料的品种，降低包装作业和管理费用，从而降低包装成本和运输费用。

产品物理机械性质和特征分析的内容很多，如产品材料构成、产品物理特征、标准类产品、特殊产品等。

一、产品材料构成特征

产品在材料构成上的特征属于产品的自然性质，它是包装设计人员必须首先考虑的产品特征。不同材料在外界环境的物理、化学、气候或生物等因素作用下损坏变质的机理不尽相同，被包装产品破损时对外界环境所造成的危害也各不相同。同时，产品材料构成的多样性也造成产品清洗剂、防护剂、内包装材料、缓冲包装材料、外包装材料选择的复杂性。因此，包装设计人员必须熟悉各类材料的破损变质机理以及常用的防护技术，将这些基础理论知识运用到包装设计之中。

二、产品物理特征

熟悉产品的物理特征有利于使包装设计满足产品防护的要求和某些特殊的使用要求。产品的基本特征可以分为化学易损性、物理易损性、强度易碎性、材料相容性、结构特征、尺寸与质量、可拆卸性、载荷类型、产品成本等。

1. 物理易损性

冲击、振动和摩擦等外界作用可能造成产品的物理损伤或功能失效。从包装角度分析产品的物理易损性，主要是指产品表面结构（粗糙度）受到冲击、振动等可能对产品的损坏，以及辐射场、电磁场、静电场等外界场可能对产品的损坏。

（1）表面粗糙度要求　产品的精加工表面、紧密装配面和光学镜面等必须严格保护。

（2）冲击与振动　从缓冲保护角度，要求包装设计人员充分了解产品特征，包括外形、尺寸和重心位置，质量和相对于三维轴线的转动惯量，可运输性、承压位置、固定点和吊装部位、脆值、固有频率等。

脆值，又称易损度，是指产品不发生物理或功能损伤所能承受的最大加速度值，一般用重力加速度的倍数 G 表示。表 2－1 是美国军用标准 MIL HDBK 304 所给出的产品脆值。

表 2－1　美国军用脆值标准

脆值 G	产品举例
（15～24）g，极脆弱产品	导弹导航系统，高精密度测试装置，陀螺仪，惯性导航平台
（25～39）g，非常精密产品	机械振动测试仪器，真空管，电子仪表，高度计，航天雷达线
（40～59）g，精密产品	航天附属仪表，电子记录设备，大多数固态电子装置，示波器，计算机元件
（60～84）g，一般精密产品	电视机，航天仪表，某些固态电子设备
（85～110）g，较坚固产品	电冰箱，器具，机电设备
>110g，坚固产品	机器，飞机结构部件，控制台，液压传动装置

产品脆值越大，表明其对外力的承受能力越强，设计时应慎重考虑。许用脆值 [G] 是综合产品价值、强度及重要程度等因素而规定的产品的许用加速度值，小于或等于标准脆值。缓冲包装设计中要求产品承受的最大加速度幅值小于许用脆值。

（3）外界场强　它可能造成某些特殊产品严重损坏，甚至酿成重大事故。对于特殊产品，如危险品、精密电子产品以及其他高新技术产品，包装设计人员必须充分了解它们对外界场强的敏感度并采取有效的包装防护。

2. 强度与易碎性

强度是指产品抵抗过大变形或断裂的能力，产品的强度与易碎性决定缓冲保护的要求和程度。从强度和易碎性角度，可将产品分为易碎品、精密品和坚固品三大类，而坚固品又可分为柔性坚固品和刚性坚固品。缓冲保护的主要产品对象是易碎品和精密品。

3. 材料相容性

包装材料与产品材料之间的相容性，多种包装材料之间的相容性是包装产品的关键因素之一。通常包装品（包括缓冲材料）与产品是直接接触的，两者的物理性质应相适应，以避免发生有害的物理作用。另外，许多缓冲材料在冲击、振动过程中或在装箱作业时，由于自身摩擦或与非金属材料摩擦而产生静电。这些静电电荷累积到一定程度时可能引起火花，还易吸附灰尘或其他物质。

4. 结构特征及可拆卸性

产品结构特征决定产品在包装箱内的固定、支撑以及衬垫的类型和数量。产品的凸起部位和尖棱角需要特殊的防护，其外形尺寸、质量及其分布、重心位置等不但影响了包装容器的选择和设计，也给包装防护带来困难。另外，为了方便包装储运，有时需要将产品拆卸后进行包装、运输，产品设计人员和包装设计人员紧密配合协调，有利于解决这些困难。在设计可拆卸产品的包装之前，包装设计人员必须要了解产品使用地点是否具有产品组装的工具设备和技术能力。

5. 载荷类型

载荷类型是指产品在包装后所形成的包装产品的载荷分布情况。按载荷类型，可将产品分为易装载荷品、难装载荷品和中等载荷品三大类。易装载荷品简称易装品，其密度分布均匀、尺寸规范、易于包装，通常采用内包装、外包装、托盘包装等方式，包装产品重心位于包装容器的几何中心。难装载荷品简称难装品，其密度分布不均匀，尺寸不规范，产品不能完全装满包装容器或在包装容器内没有确定的支撑面。包装设计中如果不采取特殊的支撑定位技术，装卸、运输过程中就可能产生应力的集中而损坏包装。难装品在包装后的重心通常并不位于包装容器的几何中心，必须按规定在包装容器上标明重心点储运图示标志，以保证装卸搬运的安全性。中等载荷品介于易装品和难装品之间，如筒装罐头、瓶装饮料等。

6. 产品成本

产品成本是包装设计人员需要考虑的一个重要的设计参数。一方面，包装设计人员应以最低的包装费用来满足对产品防护的要求；另一方面，若产品的一个关键部件或重要部件的破损可能对产品造成更大的浪费，则产品成本就不再是主要因素。

三、标准类产品和非标准类产品

为了最大限度地实现包装标准化，需要将产品按物理特征进行分类。与分类产品具有相同或类似理化特征的产品称为标准类产品，这类新产品通常按已有常规包装方法进行包装。与分类产品不具有相同或类似理化特征的产品称为非标准类产品，这类产品在进行包装之前必须进行包装设计，并提供详细的包装图纸和资料。

四、特殊产品

特殊产品主要包括危险物品和微电子产品。

1. 危险物品

凡具有爆炸、易燃、毒害、放射性等性质，在运输、装卸和储存保管过程中，容易造成人身伤亡和财产损毁而需要特别防护的产品都称为危险物品。国家标准 GB6944《危险货物分类与品名编号》将危险品分为九大类，如表 2－2 所示。

表 2－2　　危险物品分类

分类	产品名称	分类	产品名称
第 1 类	爆炸品	第 6 类	毒害品和感染性物品
第 2 类	压缩气体和液化气体	第 7 类	放射性物品
第 3 类	易燃液体	第 8 类	腐蚀品
第 4 类	易燃固体、自燃物品和遇湿易燃物品	第 9 类	杂类（主要指磁性物品或麻醉品）
第 5 类	氧化剂和有机过氧化物		

对于危险品的包装主要是防止危险品在装卸、运输、储存和使用中可能造成的危害。危险品自身性质的复杂性以及外界环境因素的多样性，例如火药可能由几种药剂组成，有的对冲击敏感，有的对摩擦敏感，有的对光、热、静电等敏感。环境因素中各种可能的危害因素在装卸、运输、储存中都可能出现，这些都给危险品包装带来很大困难。兵器工业中的各种弹药、火药、烟火剂、火工品都属于易燃易爆危险品。这类产品包装不仅要求确保产品的安全性，还必须保证产品的长期储存可靠性、流通适应性和使用方便性。

危险品的出口包装必须按照国际海事组织颁布的"国际海上危险货物运输规则"进行。

2. 微电子产品

微电子产品是一种特殊产品，如各种大规模集成电路元器件、集成电路板、某些精密光机电一体化产品，不但易于受潮锈蚀，易于受到冲击、振动而损坏，且极易受到外界场强的危害。电磁场、静电场、辐射场的屏蔽和防护对这类产品的性能和使用寿命具有极其重要的意义，对于元器件的防护是确保整机可靠性和使用寿命的重要措施，而且这种防护必须是全面的、可靠的。在产品从元器件到组装成组件或部件，以及由部件装配成产品的全过程中，任何包装防护上的疏忽都可能造成严重后果，带来比较大的损失。

某些常用电子产品的静电感度如表 2－3 所示。静电感度是指产品在静电作用下所受到的危害程度。静电危害的大小或静电损害的严重程度取决于静电积累的程度（静电电压）和静电敏感产品的静电感度。静电电压越高，危害越大，产品的静电感度越大，越易于受到静电的危害。

表 2－3　　某些常用电子产品的静电感度

产品名称	静电感度（静电电压）/V	产品名称	静电感度（静电电压）/V
场效应晶体管	30～7000	薄膜电阻	300～3000
工作放大器（微型组件）	20～2500	低功率集成电路	500～2500
二极管	300～2500	可控硅整流器	700～1000

五、产品在流通过程中的物理变化

被包装产品在流通过程中仅仅改变其物理性质而没有新物质生成的变化称为物理变化，如密度、颜色、光泽、气味、味道的变化，升华、挥发，溶解性、熔点、沸点、硬度、延展性、导热性、导电性、导磁性、光学性质的变化等，都可以利用人们的眼、耳、鼻、舌、身等感官感知或实验仪器测知。被包装产品在物理变化前后，其种类不变、组成不变，化学性质也不变。这里主要介绍产品的三态变化、渗漏与渗透、导热与耐热性变化、电磁性质变化和光学性质变化以及机械性（受力作用）变化等内容。

1. 三态变化

物质的外表形状在一定的温度、湿度、压力和时间条件下会发生固态、液态、气态之间的相互转化时，这种现象称为物质的三态变化。产品三态变化的表现形式有挥发与干缩、风化与溶解、熔化与凝固等。

（1）挥发与干缩　挥发是指液态、液化的气态或固态物质，如汽油、石油液化气、樟脑等，在常温常压下转化为气态的现象。它是由于物质表面分子比较活跃，引起物质表面蒸气压大于相邻气体的压力，从而造成物质表面分子连续地逃逸到相邻气体中所形成的。挥发速度与物质表面蒸气压的大小有关，而表面蒸气压与物质本身的沸点、环境温湿度、相邻气体的压力、流动速度以及相互接触面积等因素有关。物质表面蒸气压与相邻气体压力差越大、环境温度越高、相对湿度越小、相邻气体的流动速度越快、相互接触面积越大，则挥发速度就越快。

干缩是指包装物品的形状收缩，体积变小。产品的挥发一方面会使其质量减轻，严重时会产生干缩（如油漆挥发），造成品质变化或丧失使用性能。另一方面，某些挥发出来的气体具有毒性，或与空气混合而易燃易爆。这类产品需要密封包装以防止挥发，同时在装卸、运输、储存过程中也要防止由于包装容器的机械破损而引起渗透、渗漏等包装事故。

（2）溶解与风化　溶解是指某种物质（溶质）分散于另一种物质（溶剂）中成为溶液的过程。溶质溶解于水或潮湿空气的水分中，即固体物质溶解成为水溶液的过程，也常称为溶化，属于物理变化。溶化与水解不同，水解属于化学变化，是固体物质与水发生了化学反应，产生了新的物质。

产品的溶解现象与吸湿性、水溶性以及吸湿点有关。吸湿性表征产品吸收和释放水分的性质，它影响着产品对水的阻隔性、卷曲性和产生气泡等物理性质。水溶性表征产品溶解于所吸收水分而成为液体的性质。吸湿点是指产品在一定的温度和压力条件下开始吸湿的相对湿度值。若压力恒定，随着环境温度的升高，吸湿点会逐渐下降，使产品易于吸湿溶化。有些产品，如明矾、硫酸钾、过氯酸钾等，虽然具有优良的水溶性，但它们的吸湿性很差，因此在常温常压条件下不易溶化。还有些产品，如皮革、纸张、棉花、海绵、硅胶等，虽然有较强的吸湿性，但不具有水溶性，因而不会溶化。因此，产品同时具有很强的吸湿性和水溶性时，才能在潮湿的环境中逐渐被潮解并最终完全溶化成液体。空气的相对湿度对产品的溶化程度有极为重要的影响。若空气的相对湿度很低，即使吸湿性和水溶性都很强的易溶产品也不易溶化，而且在空气相对湿度很低的条件下，如在干燥沙漠地区，含有结晶水的产品会因散失水分而产生风化现象。

产品溶化性能除了与气压、温度、湿度、储存时间等外部环境条件有关，还与其自身的材质、组分、形状和结构等内在因素有关。材质越疏松，表面越粗糙，且内部含有类似毛细孔状结构的产品，其吸湿性和溶化性就越强。

（3）熔化与凝固　熔化是指产品受热后从固态转化为液态的过程。凝固是指液态产品受冷后由液态开始出现结晶，最终凝结成为固态产品的过程。熔化与凝固现象伴随着产品吸热和放热的过程，它们不仅与环境温度有密切关系，还与产品的熔点有关。某些食品、药品或日用化工品，如冰激凌、奶糖、奶油巧克力、油膏类、香脂类、蜡烛、肥皂、松香、石蜡、沥青、金属盐类中的硝酸锌等，都属于易熔化的固体产品。作为包装产品在流通过程中，如果因为环境温度影响发生熔化而造成产品与产品、产品与包装之间的联结，就会破坏包装产品外形、尺寸，使产品流失、损耗或造成对环境的污染。因此，这类产品应采用密封性、隔热性好的包装技术方法。还有些产品，如新鲜果蔬类食品、药用生物制剂、化工产品等，需要预防冻结和凝固现象的发生，应针对这类产品的具体特点，采用防冻结或防凝固包装技术方法。

2. 渗漏与渗透

（1）渗漏　渗漏主要指气态、液态或粉状固态产品由于包装材料或封口品质等原因，造成产品在流通过程中从包装容器中渗出、泄漏现象。当气体或蒸气通过包装材料的裂缝、微孔以及材料表面的微小间隙时，易产生封口、封盖处等泄漏现象，这种现象是对流和扩散共同作用所形成的。对流是指液体或气体各部分之间由于温度、压力或密度不均匀所引起的强制和循环流动，使其趋于均匀的过程。扩散是指气体、液体或固体物质由于浓度差、温度差或压力差引起的物质迁移现象，它可由一种或多种物质在气相、液相或固相内或在不同相之间进行。

引起渗漏的主要原因是包装容器品质差，如包装袋有砂眼、气泡、微孔、裂纹、微小间隙或热封不均匀、接口处和封盖处密封不牢固、不严密等。有些被包装产品由于材质原因，如耐蚀性差、受潮锈蚀或机械强度低，在装卸、运输过程中受到外力作用而发生破损、裂纹等。有些产品是气体、液体或部分易挥发固体，因环境温度变化引起三态变化，从而导致产品体积膨胀或气体使被包装产品内部压强增大而损坏。有些液态产品在低温或冻结时发生体积膨胀而造成包装破裂、产品泄漏等。

（2）渗透　渗透是指气体或蒸汽直接溶入包装材料的一个侧面，通过向材料本身的扩散，从另一侧表面解吸的过程。渗漏和渗透现象在所有包装中都存在，其中渗漏属于宏观作用，而渗透是微观作用，不容易被发现。当被包装产品的渗漏或渗透超过一定程度时，都会引起产品发生品质变化、质量减少，或对环境造成污染，甚至造成灾害。采用防渗漏防渗透包装技术方法对于易燃、易爆、有毒产品尤为重要。

3. 导热性与耐热性变化

导热性是指产品传递热能的性质，影响导热性的主要因素是产品的材质、结构形式、加工方法和外形尺寸等。耐热性是指产品在受热时，仍能保持其物理机械性能以及使用性能的性质，影响耐热性的主要因素除了产品自身的导热性因素和膨胀系数之外，还有环境因素，如湿度、气压、通风条件等。一般情况下，若产品导热性好而膨胀系数小，则耐热性好，抗温度变化能力强；反之，则耐热性差，抗温度变化能力差。有些产品，例如金属材料，由于其导热性、耐热性良好，可以露天存放，而导热性和耐热性差的粮食、橡胶制品等就不能在烈日下暴晒，也不能在温度和湿度过高的环境中储存，否则会因受热、受潮变黏、变质或加速老化与霉变。有些液体产品在低温或寒冷环境下会凝固或受冻结冰而产生体积膨胀，如果采用遇冷体积收缩且延伸率极低或无延伸率的玻璃、陶瓷等包装容器时，相互作用的结果会使包装受张力而发生破损。至于某些对温度敏感的生物制品，由于要求在一定的环境条件下和规定时间内不发生变质，则要求采用阻热包装。

4. 电磁性质变化

产品的电磁性质变化是内外界场强变化而引起导电性、导磁性的变化。场强变化一般是指电场、磁场、电磁场、静电场、辐射场等强度的变化。由于产品的材质、结构及其性能不同，当外界场强的变化超过一定限度时，就会对某些特殊产品造成损坏或影响其使用性能。对于危险品、精密电子产品、军用品以及高技术产品等对场强有特殊要求的产品，包装设计人员必须检测出它们对外界场强的感度，并采取有效的屏蔽或抗场强变化技术，以保护元器件或整机的可靠性能和使用寿命。

对于静电敏感类产品，由于静电放电现象，有些电子元器件很容易受静电场的影响，还有一些电子元器件易被电磁干扰或射频干扰而损坏。因此，对于静电敏感类产品，特别是微电子产品，在包装防护之前必须详细了解产品的静电感度、防护材料的电性能（表面电阻率和体积电阻率）与静电防护程度的关系。为了避免静电场对电器设备或非电器设备的影响，或避免电器设备的静电场对外界环境的影响，把这些设备放在接地的密封或基本密封的金属罩壳内，这种防护技术称为静电屏蔽。电磁屏蔽是为了避免外界电磁场对电器设备或非电器设备的影响，或为了避免电器设备的电磁场对外界环境的影响，把这些设备放在密封或近乎密封的由软磁金属材料制成的外壳内。

5. 光学性质变化

光对被包装产品的影响主要取决于光的强度以及包装材料的透明度等。透明度是指材质透过光线的能力。根据产品的透光程度，透明度大致分为透明、半透明和不透明三个等级。产品的透明度除与材质的透光系数有关之外，还与材质的结构形状、吸光、反射以及色散程度有关。在实际的包装工程应用中，一部分产品需要高透明度包装，以保证消费者能够清晰地看到产品，提高产品自身的销售能力。包装这类产品所用的玻璃容器、塑料容器、塑料薄膜等都要求具有高度均匀的透光性。某些食品、药品、化工产品、生物制品等，为了增加保护性、延长储存期，则需要使用不透明、半透明或具有一定折射率和色散率，并具有高度均匀性和在一定波长范围内具有透光选择性的包装材料或容器进行包装，例如深褐色的半透明包装材料可作为防止紫外线辐射的阻隔层，使食品或药品保持新鲜，也可以在某些材质的纸张或塑料薄膜中加入二氧化钛等颜料制成不透明的包装材料或容器，以提高光泽度。

6. 机械作用对包装产品的影响

包装品包含包装容器、包装材料、缓冲材料或结构等基本部分。包装件可以说是产品经过运输包装以后所形成的总体，从系统论角度，可以将包装件看做一个系统，流通过程中的冲击、振动和压力等机械性环境条件是系统的输入或激励，直接影响着被包装产品在装卸、搬运、运输、中转、仓储、陈列、销售等环节中的安全性。因此，机械性环境条件是造成被包装产品破损的一类重要的环境条件，对产品包装设计和安全流通有重要影响。

（1）冲击对被包装件的影响　冲击是造成包装件破损的主要因素之一，包装件所承受的冲击主要发生在装卸和运输过程中，可分为垂直冲击和水平冲击。垂直冲击主要由搬运、装卸、起吊时包装件的意外跌落引起。水平冲击主要发生于运输车辆在凹凸不平路面上行驶、车辆突然启动或制动、货车的编组溜放和转轨、飞机着陆、船舶靠岸等情况。

装卸作业分为人工装卸和机械装卸。一般情况下，流通过程越长，中转环节越多，装卸搬运次数也越多。人工装卸搬运时对包装件的跌落、抛扔、翻滚和其他野蛮装卸，机械装卸时叉车、吊车的突然起吊或下落，都可能造成包装件乃至被包装产品破损。包装件从搬运者肩上或手中滑落下来与地面碰撞是人工装卸作业中最常见的冲击现象，此时跌落冲击发生于包装件与地面之间，其冲击速度取决于跌落高度，而冲击力或加速度大小除了取决于跌落高度之外，还与包装件轻重、衬垫缓冲性能以及地面的回弹性有密切关系。当包装件较轻时，工人装卸时可以轻拿轻放；而包装件过轻或分装过于零散，则容易被工人抛掷，造成较大的冲击。野蛮装卸对包装件的危害很严重，在装卸作业中应尽量避免。包装件表面既光滑又坚硬，在装卸时所承受的跌落冲击就越剧烈。据测定，人工装卸的跌落冲击加速度通常在10g左右，最高达100g。考虑到装卸作业中跌落冲击对包装件和被包装产品的影响，在缓冲包装设计中应注意合理设计手孔或提手、单个包装件的质量，以减少被包装产品发生跌落破损的机会。

汽车、火车、飞机和船舶等运输过程中，产生冲击的直接原因和程度不同，对包装件的影响和破损程度也不同。

①汽车运输（或公路运输）。车轮越过路面上的凹凸部分、车辆的紧急制动，都将导致包装件承受冲击。冲击加速度的大小取决于路面状况、行车状况、产品质量以及运输工具的装载稳定性。表2－4列出了汽车和铁路货车运输对被包装产品所造成的冲击情况。

表2－4　　汽车和铁路货车运输对被包装产品所造成的冲击情况

运输种类	运行情况		冲击加速度峰值		
			上下	左右	前后
汽车	运行中 30～40km/h	铺修路 非铺修路	（0.2～0.9）g （1.0～3.0）g	（0.1～0.2）g （0.4～1.0）g	（0.2～0.2）g （0.5～1.5）g
	超过2cm高障碍		（1.6～2.5）g	（1.0～2.4）g	（1.1～2.3）g
	以35～40km/h车速刹车		（0.2～0.7）g	—	（0.6～0.7）g
	以50～60km/h车速刹车		0.2g	0.3g	（0.7～0.8）g
铁路货车	运行中 30～60km/h	轨道上 轨道接头处	（0.1～0.4）g （0.2～0.6）g	（0.1～0.2）g	（0.1～0.2）g
	一般启动和停车		—	—	（0.1　0.5）g
	急刹车		（0.6～0.9）g	（0.1～0.8）g	（1.5～1.6）g
	紧急刹车		2.0g	1.0g	（3.0～4.0）g
	减速		（0.6～1.7）g	（0.2～1.0）g	（0.2～0.5）g
	货车编组连挂		（0.5～0.8）g	（0.1～0.2）g	（1.0～2.6）g

②火车运输（或铁路运输）。火车运行时的冲击有两种：一种是车轮驶过钢轨接缝时产生的垂直冲击，在普通短轨运行时，冲击次数是 80 ~ 120 次/min，加速度为 1g；另一种是车辆编组的连挂作业中产生的水平冲击，连挂作业速度为 14.5km/h 时，冲击加速度为 18g。显然，火车连挂作业产生较大的冲击加速度，是包装件破损的主要原因。

③飞机运输（航空运输）。在飞机起降过程中，特别是降落时，因机轮与地面接触而产生较强的冲击。冲击加速度的大小与机种、驾驶技术、风力、载重有关，飞机着陆的冲击加速度在 2g 以内，一般飞行时较平稳，在恶劣气流条件下飞行时，冲击加速度最大可达 14g。

④船舶运输（航海运输）。船舶运输时的冲击与船舶类型、水域情况、满载程度和气象条件密切相关，冲击加速度相对较小。

另外还有铲车运输，包装件主要承受垂直冲击的影响，铲车的垂直冲击加速度约 0.7g。

（2）振动对包装件的影响　包装件在流通过程中的振动情况很复杂，与运输工具（车辆、船舶、飞机等）、运输环境（路面、海浪、气流）、包装结构形式（产品、材质、缓冲包装方法）以及装载情况有关。由于激励的多样性和影响因素的随机性，包装件在运输过程中的振动属于复合随机振动。

汽车运输时振动加速度的大小与路面状况、行驶速度、车型和载重量有关，但主要因素是路面状况，如公路的起伏和不平整。汽车在柏油路、土路、公路各种路面上行驶时，路面引起的汽车振动通过车厢底板传递给包装件。如果包装结构不合理或缓冲保护不足，会使包装件内产品的振动加速度增大，导致产品发生破损。火车振动与汽车振动相比有明显区别，火车驶过钢轨接缝时车轮受到冲击而引起运行车辆的周期性强迫振动。在火车正常运行、进出站、过岔道、车体摇晃、车体颤动、过钢轨接缝、过桥梁等运行中，以过钢轨接缝所引起的振动最为强烈。飞机运输时的振动受气流的影响不大，主要取决于飞机发动机的振动，呈现出单振动、高频率的特点，振动加速度较小，且比较稳定。船舶运输通常表现为两个不同级别的振动，即在平静的海面上，出现低强度的振动，振动加速度较小；遇到大的风浪或紧急操作航行时的高强度振动，振动加速度较大。

（3）压缩对包装件的影响　流通过程中压缩对包装件的影响有两种，即静压力和动压力。

静压力在静载荷作用下，包装容器、缓冲材料或结构发生变形、蠕变，会影响被包装产品的动态特性。而且静载荷过大，会导致被包装产品损坏。包装件在堆码储存和运输时，最底层包装件所承受的静压力最大，要求包装箱或外包装容器满足堆码强度条件。

动压力在运输过程中，包装件除了受到来自上层包装件的静压力之外，还受到来自运输工具底板传递的动压力，以及发生水平位移时的摩擦力，而且动压力比静压力对包装件的危害更大。因此，包装件在运输车辆上必须可靠地固定，以防止其在车辆底板上跳动或移动。减少动压力对包装件和被包装产品的危害。

第二节　影响包装工艺的化学因素

掌握被包装物品的化学成分、化学性质及化学变化，认识和研究物品在流通过程中的性质及变质机理，选择合理的化学防护技术措施，有助于正确地进行包装设计和编制包装工艺规程。

一、产品的化学成分

被包装产品的化学成分，可分为无机成分、有机成分及两者混合成分三大类。被包装产品在流通过程中的质量变化，主要是产品自身的化学变化、物理变化以及生理活动等综合作用的结果，亦即由被包装产品自身的组成成分及在流通环境中的条件所决定。

（1）食品的化学成分　食品分天然食品和加工食品两大类。天然食品是未经加工的鲜活与生鲜类食品。加工食品是以天然食品为原料经过加工处理而得到的产品，例如成品粮、糖果、糕点、蜜饯、罐头、饮料、烟、酒、茶叶、调味品、方便食品、乳制品、酱菜等，其主要成分是糖类、蛋白质、脂肪、纤维素、维生素、矿物质等。鲜活与生鲜类食品，例如瓜果、蔬菜、鲜活鱼虾等，除自身含有上述成分外，还进行着新陈代谢活动，继续在酶的催化下进行着生物氧化作用，即还进行着正常的生理活动。

（2）药品的化学成分　医药商品是以医药和保健为目的的药品，包括针剂、水剂、粉剂、片剂、丸剂、油膏与敷料等药剂。这些药剂大多是由几种成分或几种材料组成的混合物。其中有的是由几种无机成分或有机成分分别混合组成的，例如人参蜂王浆、银翘解毒丸等，都是由几种不同成分混合而成的。

（3）化妆品的化学成分　化妆品是用来保护及美化人体肌肤的日化产品，主要有膏剂、粉剂、水剂、油剂等，化妆品中含有显示香、显示色、去垢、滋养、药物等成分，均是由多种化学成分或天然材料混合而成的。

（4）机电产品的化学成分　机电产品的零部件大多采用铸铁、碳钢、铜、铝等金属材料制造，而多数为铸铁与碳钢，其主要成分为铁、碳及其化合物。铁是比较活泼的金属，与碳及不活泼的杂质金属易形成微电池，因此铁是极易被腐蚀的材料。另外，机电产品的某些零部件经燃、焊、热处理或扭、压、弯加工后，会引起金属内部的压力变化，这些机械因素也会促进金属的锈蚀，即“应力锈蚀”。

（5）化学危险品的化学成分　化学危险品是指具有易燃、易爆、剧毒、强腐蚀和放射性等性质的物品。按其化学性质可分为爆炸性物品、氧化剂、压缩气体与液化气体、自燃物品、遇水燃烧物品、易燃液体、易燃固体、毒害品、腐蚀性物品和放射性物品十大类。这些物品有的是由碳、氢、氧组成的有机化合物，有的是活泼金属或放射性金属，有的是有毒无机物或有机物等，其化学性质根据其类型不同而不同。

二、产品的化学性能

被包装产品的化学性能是指产品的形态、结构以及成分在光、热、氧、酸、碱、盐、温度和湿度等的条件作用下，发生本质变化的性能，主要有化学稳定性、腐蚀性、毒性、可燃性及爆炸性等。

（1）产品的化学稳定性　化学稳定性是指产品受外界因素的作用，在一定范围内不易发生分解、氧化或其他变化的性能。化学稳定性由产品的构成成分和结构，及外界条件等因素来决定。如红磷加热到160℃燃烧，而黄磷易氧化，在40℃即可燃烧。还有碳素钢和不锈钢的基本成分都是铁和碳，但它们的锈蚀性和磁性差别很大。

（2）产品的毒性　毒性是指某些产品能与有机体某部分组织相互发生化学作用，起到破坏有机体正常的生理功能的性质。具有毒性的产品主要有医药、农药和化工产品，分为剧毒品和有毒品。相关毒性知识可查阅有关资料。

（3）产品的腐蚀性　产品的腐蚀性是指某些产品与生物体或金属接触后能使生物体发生腐蚀性的灼伤、锈蚀，或使其他物质发生破坏性的化学变化。发生腐蚀的主要原因是与酸、碱或盐接触。

（4）产品的燃烧和爆炸性　燃烧属于氧化反应，通常因热和光产生。分为四类：易燃液体、易燃固体、自燃物品和遇火燃烧物品。爆炸性是指产品由固态或液态瞬间转变为气态的过程，并以机械能的形式释放出大量能量，在自然界中发出较大声音。根据产生的原因可分为物理爆炸和化学爆炸。

三、被包装产品的化学变化类型

化学变化是指有新物质生成的变化。在化学变化中，物质的组成和化学性质发生了改变。由于受空气中的氧、水蒸气、有害气体、微生物的作用及温度、湿度、压力、日光照射的影响，产品在运输、储存等流通过程中会发生化学变化，导致产品质变，甚至丧失使用价值。常见的化学变化有化合、分解、水解、氧化、腐蚀、老化等。

（1）化合　产品在流通过程中受外界条件的影响，发生两种或两种以上的物质相互作用，生成一种新物质的反应，称为化合反应，简称化合。其反应运式为：$A + B = C$

其中A和B既可以是单质，也可以是化合物。例如生石灰的吸湿过程，就是一种化合反应，其反应式为：$CaO + H_2O \rightarrow Ca(OH)_2$

（2）分解　由一种物质生成两种或两种以上其他物质的反应，称为分解反应。其反应通式为：$AB = A + B$

某些化学性质不稳定的产品，受光、热、酸、碱及潮湿空气的影响会发生分解反应，不仅导致产品失去原有的性能，而且产生的某些新物质还可能有危害性。例如，过氧化氢为无色液体，是一种不稳定的强氧化剂和杀菌剂，在常温下缓慢分解，如遇高温则迅速分解并放出热量，用（l）、（g）、（s）分别标示液体、气体、固体，其反应式为：

$$2H_2O_2(l) \rightarrow 2H_2O(l) + O_2(g)$$

硝酸很不稳定，见光或受热时缓慢分解为二氧化氮和氧气：

$$4HNO_3\ (l) \rightarrow 4NO_2\ (g) + O_2\ (g) + H_2O\ (l)$$

（3）水解　水解是指产品中的某些组分在一定条件下，遇水而发生分解的现象。水解的实质是物质分子遇水作用而发生复分解反应，生成的产物具有与原物质成分不同的性质。例如，蔗糖可被蔗糖酶（又称转化酶）水解为葡萄糖和果糖，其水解反应如下：

$$C_{12}H_{22}O_{11} + H_2O \rightarrow C_6H_{12}O_6\text{（葡萄糖）} + C_6H_{12}O_6\text{（果糖）}$$

高分子有机物中的淀粉、纤维素发生水解，会导致链节断裂、强度降低。例如，淀粉经酸或淀粉酶水解后的最终产物是葡萄糖。

（4）氧化　物质失电子的作用叫氧化，得电子的作用叫还原。狭义的氧化是指物质与氧化合的化学变化。物质与氧缓慢反应发热而不发光的氧化叫缓慢氧化，如金属锈蚀、生物呼吸等。剧烈的发光发热的氧化叫燃烧。一般物质与氧气发生氧化时放热，个别可能吸热。

产品在流通过程中，与空气中的氧或其他物质放出的氧接触发生氧化反应，导致产品变质，有些还会发生自燃，甚至发生爆炸。易于氧化的产品很多，如一些化工原料、纤维制品、橡胶制品、油脂类产品及棉、麻、丝等纤维织品，它们长期受空气、光线和热的影响会发生变色或硬化现象，就是产品被氧化的结果。

食物氧化的表现如油脂及富脂食品的酸败、食品褪色、褐变、维生素被破坏等。油脂类产品因水解和脂肪酸的氧化而酸败，不仅产生异味，使食品变质，而且酸败过程的氧化产物对人体系统有破坏作用，油脂中的过氧化物有致癌作用。

（5）腐蚀　金属与周围介质接触时，由于发生化学作用或电化学作用而引起的材料性能的退化与破坏称为金属腐蚀。金属的腐蚀现象十分普遍，例如钢铁制件在潮湿空气中的生锈，钢铁在加热过程中产生的氧化皮膜，地下金属管道遭受腐蚀而穿孔，化工机械在强腐蚀介质中的腐蚀，铝制品在潮湿空气中使用后表面所产生的白色粉末等。金属被腐蚀后，在外形、色泽以及机械性能诸方面都会发生变化，甚至不能使用。据统计，全球每年因腐蚀而损失掉的金属高达数亿吨。因此，研究腐蚀规律，避免腐蚀破坏，已成为国民经济建设中迫切需要解决的重大问题之一。

根据金属腐蚀过程的不同特点，可以将其主要划分为化学腐蚀、电化学腐蚀和微生物腐蚀三大类。

（6）老化　某些以有机高分子聚合物为主要成分的包装材料，如塑料、橡胶制品及合成纤维织品等，在使用过程中，受到热、氧、水、光、化学介质和微生物的综合作用，其物理、化学性质及力学性能发生不可逆的变坏现象，如发硬、发黏、变脆、变色、失去强度等，称为老化。

高分子材料的老化是一个复杂的物理、化学变化过程，其实质是发生了大分子的降解和交联反应。在一定条件下，高分子聚合物聚合度降低的反应称为降解反应。降解的结果可能是大分子链的无规则断裂，变成相对质量较低的物质．也可能是解聚，连接从末端逐步脱除。无论何种情况，都必然导致材料性能下降，如变软、发黏、失去原有的机械强度等。若干个线型高分子链通过链间化学键的建立而形成网状结构（体型结构）大分子的反应称为交联反应。其结果是高聚物的聚合度增大，会使原来的聚合物变硬发脆而丧失弹性。橡胶制品的老化即是以交联反应为主的，如形成氧桥等。此外，大分子间的交联也可以在双键的部位发生。

第三节 影响包装工艺的微生物因素

微生物种类繁多，与包装工业有关的微生物主要包括细菌、霉菌和酵母菌等。包装工艺中主要研究微生物的形态、结构、生理特征及生命活动规律。

一、微生物的形态结构

微生物类群庞杂、种类繁多，大致可分为细胞型和非细胞型两大类。凡具有细胞形态的微生物称为细胞型微生物。这里所说的细菌、霉菌和酵母菌均属于细胞型微生物，按其细胞结构又可分为原核微生物（如细菌）和真核微生物（如霉菌、酵母菌）。

（1）细菌　细菌是自然界中分布最广、数量最大、与人类关系极为密切的一类微生物，是微生物学的主要研究对象。细菌的形态具有多样性，在环境条件改变时，形态也随之改变，但是在一定的环境条件下，各种细菌经常保持着一定的形态。细菌具有三种基本形态：球状、杆状和螺旋状，分别称为球菌、杆菌和螺旋菌。

（2）霉菌　霉菌不是分类学上的名称，只是一些丝状真菌的统称，在自然界分布很广，它们往往能引起农副产品、衣物、食品、原料、包装材料等霉烂，与人们日常生活及生产密切相关。

（3）酵母菌　酵母菌是一群单细胞的真核微生物，其用途广泛，可用来发酵做馒头、面包和酿酒，还能生产酒精、甘油、甘露醇、有机酸、维生素等。酵母菌细胞蛋白质含量高达细胞干重的50%以上，并含有人体必需的氨基酸。有的酵母菌可用于石油脱蜡，降低石油凝固点，还可制备核苷酸及酶制剂等。

酵母菌也常给人类带来危害。腐生酵母菌能使食物、纺织品及其他原料腐败变质，少数嗜高渗压酵母菌可使蜂蜜、果酱败坏；还有些成为发酵工业的污染菌，它们消耗酒精，降低产量；或产生不良气味，影响产品质量。某些酵母菌可引起人和植物的病害，例如，白假丝酵母可引起皮肤、黏膜、呼吸道、消化道以及泌尿系统等多种疾病。新型隐球酵母可引起慢性脑膜炎、肺炎等。酵母菌主要生长在含糖质较高的偏酸性环境中，如果品、蔬菜、花蜜和植物叶子上。

二、影响微生物生命活动的因素

研究各种因素与微生物生命间的相互影响，不仅对探求微生物生命活动的规律是必要的，而且在包装工业生产上，对微生物的利用、抑制、杀灭和防止等方面均有很重要的指导意义。微生物与其所处环境之间存在着明显的相互影响。微生物只有与外界环境条件适应才能进行正常的生长繁殖。当外界条件发生变化时，微生物的生命活动就受到一定影响，可发生抑制、变异，甚至死亡。

根据控制微生物的需要和目的不同，对微生物生长控制的要求和采用的方法也就有很大的不同，因而产生的效果也不同。通常将能够杀死和消除材料或物体上全部微生物的方法称为灭菌，这是一种彻底的杀菌措施。将能够杀死、消除或降低材料或物体上的病原微生物，使之不致引起疾病的方法称为消毒，常用于牛奶、食品以及某些物体表面的消毒。而将能够防止或抑制微生物生长，不能杀死微生物群体的方法称为防腐，是一种防止食品腐败和其他物质霉变的技术措施，如低温、干燥、盐腌、糖渍等。

1. 物理因素对微生物生长与死亡的影响

通过对产品进行加热、冷却、光波照射等物理因素可以抑制或杀灭微生物，在控制微生物生长方面有着广泛的应用，常用的物理方法如表2－5所示。

表2－5　物理杀菌方法的应用

杀菌方法	效　应	应　　用
干热	蛋白质变性	玻璃器皿和金属物品等耐高温材料的灭菌
湿热	蛋白质变性	高压灭菌不能干热灭菌、不被湿热破坏的物品
巴氏德消毒	蛋白质变性	灭菌牛奶、乳制品及啤酒中的原菌
冷藏/冷冻	降低酶反应速率	可保藏新鲜食品数日或数月；不能杀死大多数微生物
干燥	抑制酶活性	某些水果和蔬菜的保藏，结合烟熏、盐渍可用于肉类的保藏
紫外线	蛋白质和核酸变性	包装材料和容器的表面灭菌
离子辐射	蛋白质和核酸变性	食品、包装材料以及包装成品的灭菌
超声波	细胞破碎	果蔬汁、饮料、酒类等不耐热食品及包装材料的灭菌
微波	水分子振动产生高温	纸盒装食品、塑料袋装食品、瓶装食品的灭菌

2. 化学因素对微生物生长与死亡的影响

生物体的主要组成是蛋白质，许多化学药剂改变蛋白质的性能，用来抑制微生物生长或杀灭微生物，在食品生产、医药卫生和无菌包装中有广泛的应用，如表2－6所示列出了常用的化学药剂的应用。

表2－6　常用化学杀菌剂的应用

杀菌剂	作用效果	应　　用
酸	降低pH，使蛋白质变性	食品保藏
碱	升高pH，使蛋白质变性	仓库、棚舍等环境的消毒
重金属	蛋白质变性	其化合物溶液可杀灭细菌、抑制真菌及藻类的生长
卤素	有机质缺乏时可氧化细胞成分	用于水及厨具的消毒
醇类	与水混合使蛋白质变性	用于皮肤的消毒，用作熏蒸剂
酚类	蛋白质和酶变性失活	用于皮肤或物体表面的消毒
氧化剂	破坏二硫键	30%的H_2O_2溶液浸渍或喷淋包装材料后再经热空气风干
烷化剂	破坏蛋白质和核酸结构	环氧乙烷气体用于包装容器和封口材料的消毒灭菌

随着生物科学技术的发展，人们微生物的产生和生存环境进一步认识，各种灭菌技术正在不断的改革更新。在各种科研报道中，国内外陆续开发出一些新的微生物控制技术，如电阻加热技术、超高压灭菌技术、脉冲电高压灭菌技术、脉冲磁场灭菌技术、微电解灭菌技术、光敏化灭菌技术等，具有高效、速效、节能、无毒和环保的特点，已开始应用于食品加工与包装过程。

第四节　影响包装工艺的气象环境因素

产品及其包装件在流通过程中会受到气象环境因素的影响。由于包装件流通的范围广，不同地域的气象环境条件存在很大差异，包装工程设计人员需要了解气象环境条件的变化规律，研究气象环境条件对包装件性能、品质的影响，加以必要的防护，使包装在规定的储存期或保质期内达到产品包装的要求，减少流通过程中的损失。

一、气象因素

气象因素俗称天气条件，主要包括温度、湿度、雨雪、风力以及太阳辐射等。

1. 温度

表示大气冷热程度的物理量，叫做气温。大气中的温度一般指气象站所观测的温度即距离地面2m高、无阳光直接照射且空气流通之处的空气温度。

纬度是各地气温变化主要因素，其次取决于当地地势与高度。我国幅员辽阔，各地区海拔高度差异显著，气候差别很大。例如，吐鲁番盆地最高气温曾达48℃，而黑龙江漠河出现过零下50℃的低温。东部地区从南到北有热带、亚热带、暖温带、寒带等气候带。青藏高原上有高山寒带和全年冰冻气候带。地表温度有日变化和年变化，使得空气温度相应有日变化和年变化，这种变化具有周期性，是由地面辐射收支的变化引起的。

每日气温有一个最高值和最低值。最低气温出现在接近日出的时候，日出后，气温逐渐上升，中午14～15时达到最高值，以后又逐渐下降，一直到日出为止。一昼夜间最高气温与最低气温的差值称为气温日较差，它与纬度、季节、地形、地表性质、天气情况及海拔高度有关。

气温年变化也有一个最高值和一个最低值（赤道附近地区除外）。一年中最高气温出现在夏季，大陆上多出现在7月，海洋上多出现在8月。最低气温出现在冬季，大陆上多出现在1月，海洋上多出现在2月。一年内最热月的平均气温与最冷月的平均气温之差称为气温年较差。同样地，它的大小也与纬度、地形、地面性质、天气情况及海拔高度等因素有关。例如在热带，大陆上年较差平均可达20℃，在沿海地区则为5℃左右，年较差不大。在温带年较差很大，且随着纬度的增高和深入内陆的程度而增加，在海洋沿岸年较差约15℃，而大陆上可达50～60℃。

气温的日变化对包装件品质将产生影响。在日变化最大的干热带地区，在日出前到午后的8h内温度日较差可接近30℃。大温度日较差可能引起封闭包装件内的相对湿度剧烈变化，甚至出现水汽凝结现象。例如，长途运输用的干式集装箱，内部处于密封状态，箱内空气状态随外界温度或太阳辐射的变化而变化，若货物或包装材料的含水量相当，即可能发生内部结露现象。在相对湿度不变的情况下，温度的变化可以降低或提高产品的含水量，同时温度的变化还会引起某些产品，例如易溶品、易熔品、易挥发液体及具有生理机能的产品发生质与量的变化，使产品在数量上和品质上受到损失。

随着国际贸易的迅速发展，各种商品需要跨地域流通。对我国而言，南北一线，跨越寒冷、寒温、干热、湿热等几个气温带。虽然温度随地域的变化比较平缓，但包装件常常在较短时间内经历较剧烈的温度变化，在跨越赤道的远洋运输中更是这样。如飞机航班机舱内一昼夜温度变化达30℃以上。如此剧烈的温度变化下，对温度较为敏感的产品如药品、食品、化工产品等很难保持品质稳定，同时一些包装材料、容器的性能也因温度变化而变化。

2. 湿度

表示大气中水汽含量多少的物理量叫做湿度。湿度常采用以下几种不同的表示方法：

①绝对湿度。绝对湿度是指单位体积湿空气所含有的水蒸气质量，即空气中的水蒸气密度。绝对湿度不能直接测得，常以水蒸气压强间接表示。

②相对湿度。空气中实际水蒸气压与同温度下饱和水蒸气压之比称为相对湿度，用百分数表示。相对湿度的大小直接表示空气饱和的程度。

③露点。当空气中水蒸气含量不变且气压一定时，如气温不断降低，空气将逐渐接近饱和，当气温降低到使空气刚好达到饱和时的温度称为露点（温度）。在气压一定时，露点的高低只与空气中的水汽含量有关。水蒸气含量越多，露点也越高。上述常用的湿度表示方法．虽然形式不同，但是本质是一样的，各从不同的角度表示大气中水蒸气含量的多少。

地球上相对湿度分布随纬度变化，由赤道到中纬度（约35°）附近相对湿度随纬度增高而降低。由中纬度到高纬变化时，由于气温逐渐降低，相对湿度随纬度增高而增高。

我国境内长江以南地区较湿润，年平均相对湿度为70%～80%，绝对湿度为1.6～2.4kPa；年出现相对湿度高丁80%的累积时数占午总时数的50%，相对湿度90%的时数占一年时间的25%以上。黄河流域年平均相对湿度为70%，绝对湿度为1.2kPa；东北地区年平均相对湿度为70%，绝对湿度则只有0.8kPa。

空气湿度高将促使金属腐蚀加速。一般金属的临界腐蚀湿度为：铁70%～75%，锌65%，铝60%～65%，当湿度超过金属临界腐蚀湿度，其腐蚀速度即成倍增长。高湿条件下，一些有机材料吸湿后表面发胀变形和起泡，既影响外观，又使机械性能变坏。另一方面，低湿度会使纸、木材、皮革、塑料等产生干燥收缩、变形甚至龟裂。药品、食品、化工产品以及纸制类容器等对湿度尤为敏感。例如，瓦楞纸箱的抗压强度与其含水量有很大关系，通常随相对湿度的提高而下降，设计时必须考虑湿度对容器强度的影响。

3. 风力

空气的水平运动称为风。风是一个表示气流运动的物理量，它不仅有数值的大小（风速），还具有方向（风向）。风速单位常用m/s、Lnot（海里/时）和km/h表示。另外，风作用在物体的表面会对物体产生压力，单位面积上所受的风力称作风压，在相对固定的出风口处常用风压来表示风力的大小。

大气环流是风形成的基本因素。风存在日变化与阵性，风的日变化是指近地面层中有规律的日变化。白天风速增大，午后至最大，夜间风速减小，清晨减至最小。风的日变化，晴天比阴天大，夏季比冬季大，陆地比海洋大。当有强烈天气系统过境时，日变规律可能被扰乱或被掩盖。而风的阵性是指风向变动不定、风速忽大忽小的现象，它是因大气中湍流运动引起的。

风对包装的影响主要表现为：风的存在加速了环境气体的流动，从而加剧了原有环境因素对包装件的影响；风对包装件有作用力，能使包装件和被包装物受到损坏。强风能破坏固定不牢的储存包装件的防护罩，强风能干扰装卸作业，并使包装件的装载和卸载产生危险。如果采用敞开式运输工具，风力的影响就更为严重。

4. 雨、雪、霜、雹

从云中降到地面上的液态或固态水，称为降水。由于云的温度、气流分布等状况的差异，降水具有不同的形态。

雨：自云体中降落至地面的液体水滴。

雪：从混合云中降落到地面的雪花形态的同体水。

霜：从云中降落至地面的不透明的球状晶体，由过冷却水滴在冰晶周围冻结而成，直径2 ~5mm。

雹：是由透明和不透明的冰层相间组成的固体降水，呈球形。

随着纬度的升高，年降雨量通常减少，雨量最丰富的地区在北纬5°附近。

在流通过程中，产品包装经常会接触雨水，雨水以各种方式影响包装件。雨水中有各种阴阳离子，这些离子在一定条件下会转成酸、碱、盐，是促使物体腐蚀的主要因素，有时暴雨伴随着强风，会使雨水降落的倾斜角最大达60°，极端情况下，大风会使降水几乎成水平方向，还可将落在地面的水吹离地面，这将对户外地面堆放的包装件产生较大的影响。在热带地区常会发生雨水降落地面后即很快蒸发的现象，这是由于热带地区温度高、风力大、阳光强烈、蒸发迅速，这将导致该区域空气的相对湿度显著提高，水蒸气包围包装件或运输件。包装材料长时间受雨淋水浸后会劣化变质，同时暴雨使雨水极易渗进货物内部，这对运输包装件则十分不利。

风雪环境大多发生在寒冷及严寒地区，当强风吹雪时，雪的晶体破裂开被磨蚀成大小大致相等的球形或略带棱角的颗粒，温度越低，雪的颗粒越小。包装好的物品会因这些小雪粒的积聚而受到损害。同时北方冬天冰雪积于露天堆放的包装件上，待融化后成雪水，继而影响被包装物品。

5. 太阳辐射

辐射是具有能量的称为光量子的物质以横波形式在空间传播的一种形态，传播时所具有的能量称为辐射能。太阳辐射是一种由太阳发出的以电磁波形式传到地球上的能量。若辐射能的来源是依赖从外界获得能量或有物体内能的消耗，这种辐射称为热辐射。

太阳的辐射能在地球表面的分布，由于纬度的不同而不一样。因为太阳不是总位于赤道上空，而是往返于赤道南北纬23°37′之间，这样就使地面有了四季之分，也造成了地球的气候带。

光辐射对包装件的影响主要是由于光具有很高的能量。包装材料、包装产品中对光敏感的成分能迅速吸收光并转化为光能，从而激发包装件发生物理、化学以及生化反应等，使包装件或内装物产生质量变化。在光照下，酒类产品能加速发生氧化反应而变混浊；食品中营养成分的分解将加速（包括加速油脂的氧化反应而发生氧化性酸败，使食品中的色素发生化学反应而变色，导致维生素破坏等）；橡胶、塑料、纺织品、纸张会加速老化。

光具有一定波长，不同波长的辐射构成了辐射光谱。太阳光谱主要由紫外线、可见光及红外线组成。在大气层外，紫外线占太阳光总光通量的7%左右，经过大气层的吸收到达地面时所占比例已很小，一般不超过1%。然而紫外线对包装材料，尤其是塑料、橡胶等产品的质量变化却影响很大。而红外线有增热作用，可以使包装件的温度升高，可增加产品的温度，降低产品的含水量。

6. 城市气候

城市里人口密集，气候变化大。工商业和交通运输频繁，耗能多，有大量温室气体、"人为热""人为水蒸气"、微尘和污染物排放至大气中。因此，人类活动对气候的影响在城市中表现最为突出。城市气候是在区域气候背景上，经过城市化后，在人类活动影响下而形成的一种特殊局地气候，城乡包装应有所不同。

二、环境因素

气压、臭氧、盐雾、化学气体、灰尘与沙尘等是影响包装的主要环境因素。

1. 气压

气压是指大气的压强，规定取纬度45°处海平面的平均大气压作为标准大气压，一个标准大气压在温度为0℃时，正常的重力加速度下，等于0. 101MPa（101. 325kPa）。在海平面以上，一般气压随海拔高度的增加而降低，在海拔1～5km，海拔每增高100m，气压降低0. 8～1. 07kPa。在垂直空间范围内，气压的变化亦近似该值。

通常气压呈现周期性变化与非周期性变化。一个地方的地面气压变化总是既包含周期变化，又包含非周期变化，只是在中高纬度地区气压的非周期性变化比周期性变化明显得多，因而气压变化多带有非周期性特征。在低纬度地区气压的非周期性变化比周期性变化弱小得多，因而气压变化的周期性比较显著。气压对包装件质量的影响主要表现为包装件内外压差所造成的影响，特别是对于气密性包装，低气压对包装件的影响尤应关注。在经历高原地区或航空运输中的包装件，低气压环境可能造成密封包装件的气体渗透加剧，密封性能下降，甚至引起包装容器的破损，引起低密度材料会发生物理和机械性能变化。同时研究表明，低气压对电子产品的某些电气性能有明显影响。随着气压的减小，电子产品的电压、电晕减小，外绝缘电气强度也降低；同时气压降低会使某些材料中含有的填料和溶剂物质加速挥发或蒸发，促使材料加速老化和失效。

2. 臭氧

大气中的臭氧主要是由于在太阳短波辐射下，通过光化学作用，氧分子分解为氧原子后和另外的氧分子结合而形成的。另外，有机物的氧化和雷雨闪电的作用也能形成臭氧。大气中的臭氧分布是随地势高度、纬度等的不同而变化。世界各地的大气臭氧浓度差别不大，大部分地区靠近地球表面的大气中，臭氧的浓度很少超过0. 04～0. 1mg/m^3，实际上浓度更低。但不能忽略它的作用，因它的化学腐蚀比大气中的氧的腐蚀性大200～500倍。

研究发现，2～4mg/m^3 的臭氧浓度，即能对聚硫橡胶的腐蚀产生大的影响，在老化过程中，由于臭氧能跟橡胶的不饱和键起作用，使橡胶膨胀，致使其表面产生裂纹，尤其在张力条件下，对暴露在户外的制品来说，不饱和橡胶的臭氧龟裂，是气候老化中最严重的问题。

3. 盐雾

由于海浪冲击海岸，飞溅的海水成为雾状而进入空气中形成的氯化物微粒（包括氯离子），通常称为盐雾。一般以单位体积空气中氯化物的含量来表示（mg/m^3）。盐雾的沉降量，通常是以一昼夜中物体单位面积上所沉积的氯化物含量［mg/（m^2·d）］来表示。盐雾可随风飘入距海面 30～50km 的沿海陆地上空。在包装产品流通过程中，堆放于沿海港口码头、运输船甲板的包装件会受到盐雾的影响。通常，干燥的盐粒影响极微，但是当空气潮湿，大雾或细雨降落时，盐粒便会被溶于水中呈离子状态，此时的氯离子，就具有很强的腐蚀作用，同时，易被受潮的金属表面所吸附，破坏金属或其表面镀层的钝化膜而导致金属腐蚀。

4. 化学气体

在城市以及工业区的大气中，生产和生活中燃烧的含硫煤以及石油制品制造等过程中产生的废气被排放到大气，这些废气中含有大量 HCl、Cl_2、SO_2、NO_2 等有害气体及水蒸气，在扩散过程中，与空气中的水分相结合，生成酸性物质，对环境造成污染，如表 2－7 所示。同时在风力作用下，飘洒在金属表面，破坏有色金属及不锈钢的钢化膜，对金属造成腐蚀，对包装件的表面油漆产生腐蚀作用。

表 2－7　工业排放物对环境的影响

排放物品	产生原因	环境影响
一氧化碳（CO）	碳的不完全燃烧	烟雾
二氧化硫（SO_2）	硫的燃烧产物	酸雨、烟雾
氧化氮（NO_2，NO）	燃烧过程的副产品	酸雨
水蒸气（H_2O）	氢的燃烧产物	汽雾
粒子尘、烟灰	未燃或部分燃烧的碳或碳氢化合物	烟雾

研究表明，在不同的大气环境下，金属材料呈现不同的腐蚀速率。其中，碳钢的腐蚀速率空间差异最为明显，铜次之，锌最不明显，这与它们对大气污染的敏感性顺序一致。同时碳钢、铜的腐蚀速率与大气 SO_2 关联最大，锌的腐蚀速率与降水酸度、相关湿度关联度最大，体现出酸性湿环境的强大气腐蚀性。

此外，一些包装材料，如塑料、木材及密封用的橡胶、黏合剂、密封胶等，也会挥发出一些化学活性物质，这些气体在产品流通过程中很可能影响内装物，在潮湿环境下也可能引起内装物的加速腐蚀。

5. 灰尘与沙尘暴

灰尘包括工业灰尘，是指直径为 1～100μm 范围内的颗粒，通常以空气中含有的浓度 mg/m^2 或沉积物 mg/（m^2·d）表示。通常在清洁的户外，灰尘沉积量较少，月平均值是 10 ~ 100mg/（m^2·d）；而在多尘地区的户外环境，其沉积量月平均达 300 ~ 500mg/（m^2·d）。

沙尘暴是指大风扬起地面的尘沙，使空气混浊，水平能见度小于 1km 的天气现象。其强度除用浓度、沉积量表示外，还可以用沙暴日数来表示。我国北方地区沙尘暴天气较为严重，一年中的沙尘暴主要集中在每年的春季，其中 4 月份最严重，约占所有沙尘暴次数的 50%。

灰尘、沙尘对包装和产品的危害主要是通过渗透和磨损造成的。空气中悬浮的灰尘、沙尘，直径大多较小，但具有一定的硬度。伴随着大风、灰尘、沙尘将易渗入密封不严的包装件，经过长时间的作用，将对包装件产生磨损等破坏作用。此外，一些酸性或碱性灰尘易吸水汽而潮解，加速包装物的腐蚀。

随着现代工业技术的迅速发展与国际贸易的扩大，包装件流通区域越来越广阔，包装件流通过程中所经受的气象环境条件也愈来愈复杂多样。产品在生产、储存、运输、使用过程中要受到各种环境条件的影响和制约，特别是在高温、低温、高湿、低湿、低气压等气象条件下保证包装产品质量与安全尤为重要。为此，只有对气象环境条件进行合理分析，才能制定合理的安全标准与制度，正确选择产品的环境防护措施，保证产品能承受恶劣气候环境的影响以及使用过程中的安全可靠。

防护包装的基本机理是根据被包装物的基本特性，结合包装件的流通条件，设计合理的防护包装，阻隔或延缓包装产品品质指标的变化，使产品在保质期内达到产品防护包装的要求。引起包装产品品质变化的原因不外乎产品本身的品质指标易变性、流通环境条件对其品质指标的影响。包装后的产品处于流通环境中，流通环境与包装件之间存在着影响产品品质指标的交换与传输，而这种相互的交换传输将直接导致产品品质指标的下降。

思考题

1. 产品的物理特征包括哪些内容？
2. 何谓物质的三态变化？它对被包装产品的影响如何？
3. 机械性环境条件对被包装产品的影响有哪些？
4. 包装产品按化学成分一般分为几类？其各自由哪些成分组成？
5. 什么叫包装产品的化学性质？化学性质包括哪几种？举例说明。
6. 什么叫包装产品的化学变化？产品在流通领域中发生的化学变化有哪几种？
7. 简述细菌的基本形态及其特征。
8. 常见的物理杀菌方法有哪些？简述其作用机理。
9. 常见的化学杀菌方法有哪些？简述其作用机理。
10. 气象环境因素主要有哪些？各种因素对包装产品有何影响？

第三章

软包装工艺与设备

软包装是指用柔性材料，在包装或取出内装物后，容器形状可以发生变化的包装。通常用纸、纤维制品、塑料薄膜、铝箔，以及它们的复合材料所制成的各种袋、盒、套、包封等都属于软包装。完成软包装工艺的机械装置统称为软包装设备。

第一节　常用软包装材料

软包装材料要求其硬度低，柔性好，易成形，有一定的拉伸性，常用的材质主要有纸张、纤维制品、塑料及软金属，生产中普遍使用的是复合材料。

一、纸张、纤维包装材料

纸张、无纺布、布料等柔性好、硬度低，有一定的拉伸性，但成形不稳定，通常用于手工包装物品或较慢速度的机械化包装。

二、软包装塑料薄膜

软包装常用的薄膜基材一般以高分子材料塑料薄膜为主。所有的热塑性塑料薄膜的性能，不仅与使用的原材料粒子有密切关系，还与薄膜的生产工艺及参数有关。塑料薄膜的常用加工方法有挤出流延法、吹塑法、双向拉伸法等。常见的软包装塑料薄膜有：

（1）通用塑料薄膜　聚乙烯薄膜（LDPE、HDPE、LLDPE、VLDPE、mPE），聚丙烯薄膜（CPP、BOPP），聚氯乙烯薄膜（PVC），聚酯（PET），聚酰胺薄膜（PA），聚苯乙烯薄膜（PS），纤维素塑料薄膜（PT）等。

（2）高性能塑料薄膜 聚碳酸酯薄膜（PC）、聚氨酯薄膜（PU）等。

（3）高阻隔塑料薄膜 聚偏二氯乙烯薄膜（PVDC）、乙烯－乙烯醇共聚物薄膜（EVOH）等。

（4）功能薄膜 热收缩薄膜、拉伸缠绕型薄膜、抗静电薄膜、保鲜薄膜等。

三、软包装复合材料

复合材料是指不同性质的薄膜通过一定的方式黏结在一起，使之成为统一的整体，从而发挥各自的优点，改进单一薄膜的不足，提高包装材料的综合性能。

1. 种类

复合材料的种类很多，①按生产工艺可分为干式复合膜、挤出复合膜、无溶剂复合膜、湿式复合膜、涂布复合膜等；②按基本材料可分为纸复合材料、铝箔复合材料、塑料薄膜复合材料、织物复合材料等；③按功能可分为高阻隔膜、蒸煮膜、抗菌膜、抗静电膜、真空包装膜、气调包装膜等。

2. 复合材料组成结构

常见软包装用复合材料的结构可用外层、中间层、黏合层、内层等来区分。①外层材料通常是机械强度好、耐热、印刷性能好、光学性能好的材料，常用聚酯（PET）、尼龙（Nylon）、拉伸聚丙烯（BOPP）、纸等；②中间层材料通常是用于加强复合结构的某一性能，例如阻隔性、蔽光性、保鲜性、强度等，常用铝箔、镀铝膜（VMCPP、VMPET）、聚酯、尼龙、聚偏二氯乙烯涂布薄膜（KBOPP、KPET、KONY）等；③内层材料主要作用是封合性，其次是材料的耐压、跌落、密封性能等，常用未拉伸聚丙烯（CPP）、聚乙烯（PE）及其改性材料等；④油墨层主要作用是实现图文信息的传递及色彩的再现，增加促销效果；⑤黏合层用于将两层或两层以上的材料黏合在一起，使之成为一个整体，黏合层与薄膜材料间的黏合强度是评价复合材料内在性能的一个重要指标，不同的包装对黏合剂的特性会有不同的要求。

第二节 袋装工艺

软包装中应用最为广泛的是各种袋装。所有的软包装材料都可以用于袋装。袋装具有很多优越性，适用范围较广，既可包装固体物品，也可包装液态物品，或包装低压气体物品；既可用于销售包装，也可用于运输包装。工艺操作简单，包装成本较低，包装件毛重与净重比值最小。无论空袋或包装件所占空间均少，销售和使用都十分方便。但与硬包装相比，强度较差，容易受环境条件影响，包装储存期较短。

一、包装袋的类型

包装袋从功能上可分为运输包装袋和销售包装袋两大类型。

1. 运输包装袋

（1）运输包装袋的种类按其承载量可以分为重型袋和集装袋两种。

①重型袋有全塑料薄膜袋、纸塑复合袋、塑料编织袋和塑料无纺织物袋等，承载量为20～50kg，广泛用于树脂、农药、化肥、水泥、矿砂、饲料、粮食、蔬菜、瓜果等颗粒状物品的运输包装。

②集装袋是用合成纤维或塑料扁丝编织并外加涂层的大袋。内层起增加强度，外层起到防水和印刷图文作用。承载量有500kg、1000kg和1.5t等多种。常用做粉状、颗粒状化工产品、矿石产品、水泥及农副产品的运输包装。

（2）运输包装袋的形式　运输包装袋常为三层以上的结构，通常为纸塑等复合材料，其结构形式主要有：

①阀式缝合袋。阀式缝合袋包括平袋和带M型裕边袋。这种袋在装货前已将袋口缝合，只在袋侧面留有一阀口，装货时通过该阀口装入颗粒状、粉末状物料后，将袋稍朝阀口侧倾斜，即可使阀关闭，保证充填装物料不从阀口流出。为了排出充填时袋内空气，袋子必须有一定的透气度，否则会使粉末物料反喷，影响生产环境和降低充填速度。其基本形式有：阀门在内侧，加筋片，两头缝的活门袋，如图3－1中①所示；阀门在外，加筋片，两头缝的活门袋，如图3－1中②所示。

②开口缝底袋。包括平袋和带M型褶边袋。这种袋包装货物前将底缝合，装填物料方便迅速，外形规格尺寸相同时平袋容积小。主要缺点是装货后必须封口，尖底很难自立堆放。其基本形式有：加筋片，一头缝合，另一头开口的重包装袋，如图3－1中③所示；不加筋片，一头缝合，另一头开口的重包装袋，如图3－1中④所示。

③阀式黏底袋。与缝底袋相比，阀式黏底袋无针脚孔引起的强度降低，密封性较好，再加上防潮底可制成良好的防潮纸袋。其基本形式有：如图3－1中⑥所示的内阀式黏底袋，也称内封式双黏底袋；如图3－1中⑦所示的外阀式黏底袋，也称外内封式双黏底袋，阀门在外。

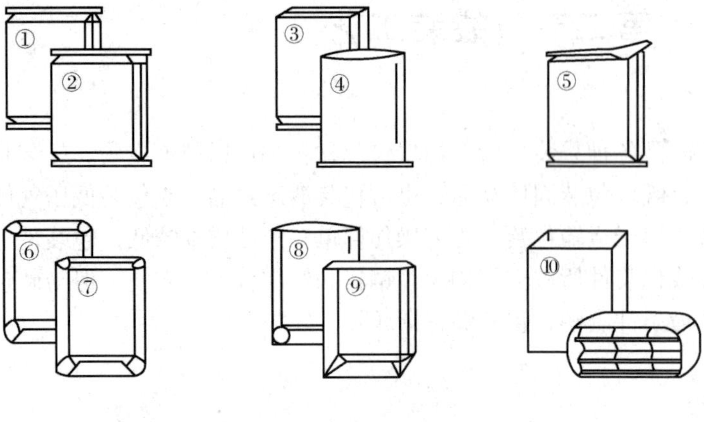

图3－1　运输包装袋的基本形式

④开口黏底袋。这种袋底是粘接而成的，呈六角形，装货后可直立堆放。其基本形式有：一头黏结的开口袋，如图3－1中⑧所示；如图3－1中⑨所示的自动黏底开口袋。

⑤角部开口的两端缝底袋。如图3－1中⑤所示。

⑥两头全开的捆包袋，如图 3 - 1 中⑩所示，常用于集装袋。

2. 销售包装袋

销售包装袋主要用于食品和日用品包装，一般装载量为 10kg 以内。按照制袋和装袋的方法可分为预制袋和在线制袋包装两类。

（1）预制袋是在包装之前用手工或制袋机制成，由制袋车间或专业制袋工厂供应。装袋时先将袋口撑开，充填后封口。图 3 - 2 和图 3 - 3 分别是以纸为基材和以塑料为基材的复合材料预制袋。

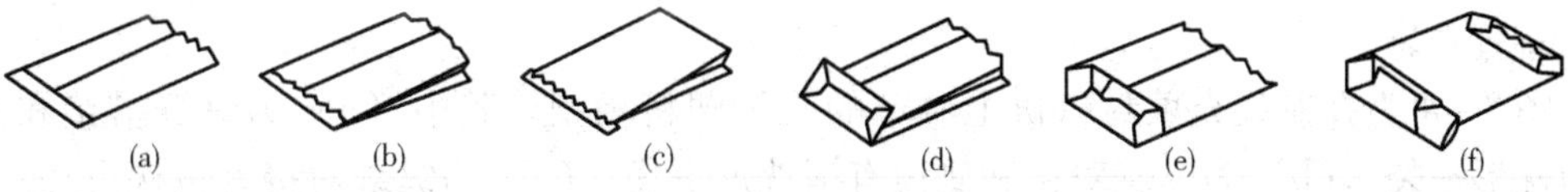

图 3 - 2　以纸张为基本材质的预制袋

图 3 - 2（a）、（b）和（c）是尖底袋。其中（a）是尖底平袋，类似信封，以纵向搭接和底部翻折黏结成型，用于装扁平的物品。

图 3 - 2（b）和（c）是尖底带 M 型褶边袋，袋子容积大，袋口易打开，装物方便，（b）袋底的封合方式为黏合式，（c）袋底的封合方式为缝合式。

图 3 - 2（d）、（e）和（f）是平底袋，物料装满后可以立放，且袋口容易打开。（d）为四边形平底袋，（e）和（f）为六边形平底袋。（d）通常带 M 型褶边，能够自动打开袋口，只要捏住袋口处一抖，袋口就会张开，袋底呈长方四边形，充填很方便。（e）也称书包型袋，两侧无褶，但撑开后与自动开口袋无异。（f）是一种粘接阀门袋，两端均封住，在袋的一端角部有充填用的阀管，充填后将阀管折叠后封住。

图 3 - 3 为常见的几种预制塑料小袋的形式。其中（a）为背面折叠搭接部位和底部经热封形成的扁平中封袋。（b）为筒状，两侧有褶、底部经热封形成的筒状侧褶袋。（c）为底部有褶，两侧边缝经热封形成的底部有褶袋。（e）为两侧边缝经热封，开口处有一根可咬合的塑料压带，用于包装食品及小工艺品的开启封合袋。（f）为两侧边缝经热封，开口处有小孔的侧封悬挂袋。（g）为两侧边缝经热封，开口处加盖并有按扣的按扣封合袋。（h）为两侧边缝经热封，开口处有加强衬板和小孔，穿上绳子后可提携的衬板带孔袋。（i）为筒状薄膜底部经热封，开口处有腰形孔的手提袋。（j）为两端热封，两侧有褶，上部模切成“w”型的开口，两侧留有手提带，是目前零售商店最广泛使用的一种方便购物袋，又称背心袋。

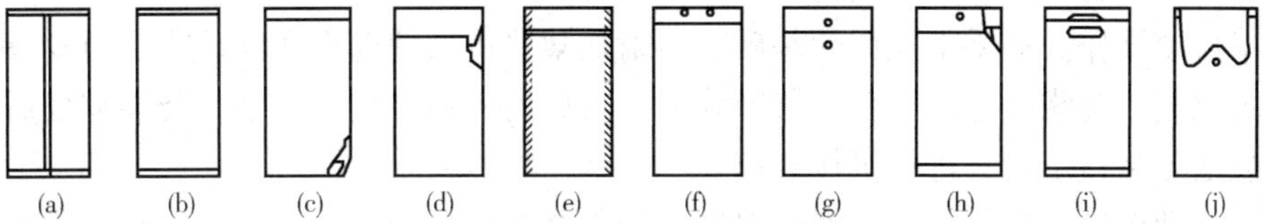

图 3 - 3　以塑料薄膜为基本材质的预制袋

预制塑料袋用手工或制袋机制成，在包装操作前已将不合格品剔除掉，因此，品质比较有保证。其优点是：制袋接缝牢固，平整美观，并可制成异型袋，但用预制袋包装时生产效率低，不便于机械化操作。

（2）在线制袋装袋是指在制袋－装袋（充填）－封口机上，连续完成制袋、装袋和封口等工序。袋子的主要形式有：

①枕形袋。枕形袋有纵缝搭接和侧边有褶的袋、纵缝对接和侧边有褶的袋，也可以是无纵缝筒状袋，它们的两端均需封合。

②三面封口袋。采用一卷筒塑料薄膜展开对折，充填后两侧与开口处封合的平袋。

③四面封口袋。采用两卷筒塑料薄膜展开对齐合为一体，底侧封合后充填并封口。

④直立袋。

图3－4为在制袋充填封口机上生产的几种塑料袋型。其中（a）为纵缝搭接和侧边有褶枕形平袋。（b）为纵缝对接和侧边有褶枕形平袋。（c）为纵缝对接裹包枕形袋。（f）为三面封口平型袋。（e）为四面封口平型袋。（f）为直立袋。

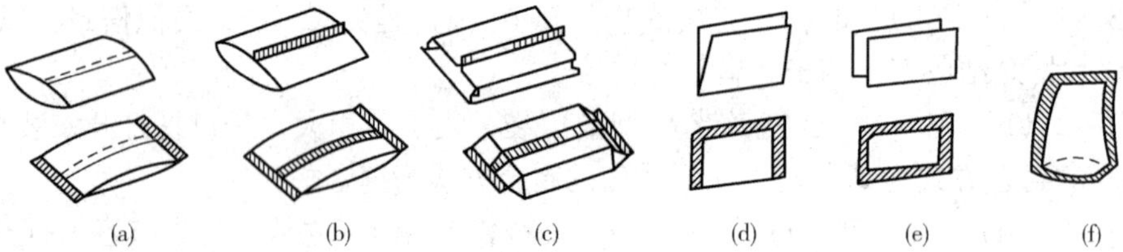

图3－4 制袋充填封口机生产的袋型

在制袋装袋封口机上可以连续完成制袋、装袋和封口的全部工序，节省了包装材料、劳动力和能源，而且生产效率高，生产成本低。缺点是不合格袋在充填包装前不易发现，只能在包装完成后进行检测剔除，造成了一定的浪费。

二、袋装工艺与设备

袋装工艺过程与包装物品所用的袋型、制袋方法及包装设备有关。

1. 大袋装袋工艺

大袋通常都是预制袋。

（1）操作方式

①手工操作。人工取袋、开袋，把袋口套在放料斗下或充填管上，充填完毕后将袋移至封口工位进行缝合、粘合或热封。

②半自动操作。在手工操作的基础上，附加某些机械辅助作业即成为半自动操作。通常由人工取袋、开袋，把袋口套在落料管上，其后由机械夹袋器夹袋，装袋完成后，由输送带将袋送至封口工位，进行机械封口。

③全自动操作。袋子从贮袋器中取出，开袋并夹持，送往装袋工位进行定量装料，其后送至封口工位进行封口，整个过程由机械操作自动进行。

（2）装袋方法 装袋是所有工艺中最主要的环节，而装袋方法与物料性质及其他因素相关。装袋的重点是定量、定位和物料移送，具体方法选择与工艺过程参见“灌装和充填工艺与设备”章节。

（3）封合方法　大袋的封合方法较多，封合方法的选用与袋子类型、材料以及包装要求有关。阀门袋子具有自折叠封合阀管，可用手工折叠后再封合，也可采用阀管闭合后再折叠封合。开口袋封口方法主要有三种，即缝合法、粘合法以及捆扎法，也有螺纹盖封口的大袋包装。

①缝合法。缝合法是目前开口大袋最常用的封口法，其方法一般是夹持袋口两角，用棉线或尼龙线，通过缝袋机进行缝合。应根据物料的颗粒度大小选择缝线针距以防物料散漏。通常缝线针距一般为3～6mm，较大时要求缝合密度约为8mm，太稀疏会降低缝合强度，使袋沿缝线处易破裂。也有采用双列缝线的。

缝合形式如图3－5所示，缝合方法分为链式缝合和双锁缝合。链式缝合是将线头穿过袋壁形成环扣，每环套住前一环扣的单线缝合。双锁缝合是将线头穿过袋壁形成环扣，每一环皆由第二根横向线环锁住的双线缝合。二者各有特点，使用时根据袋重、袋的结构来选择。若是轻载袋，可用简易缝合法，将袋壁捏拢后缝合即可。缝合重载袋时，为了增加封口强度，也采用先在袋口处加垫纸板或耐撕裂材料后，再进行缝合。此外，为了提高封口的密封性，也采用袋口皱纹胶带粘接缝合。

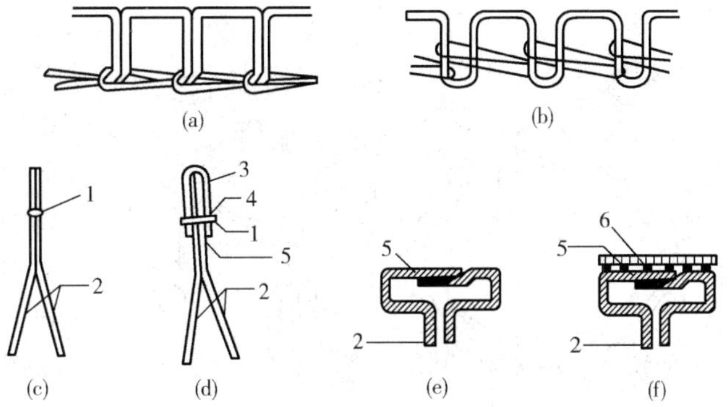

图3－5　大袋口的缝合法
（a）链式缝法　（b）双锁缝法　（c）简易缝法
（d）加封口袋缝法　（e）不带底部封条粘合　（f）带底部封条粘合
1—缝合线　2—袋壁　3—封口带
4—缝口软线　5—黏合剂　6—底部封条

缝合式封口方法坚固而又经济，适应性强，使用时开口极为方便，封口速度快，可达10m/min以上。但一般的缝合式封口处有缝合针眼，阻隔性能较差。

目前，对于带PE内衬层的双层纸袋，采用了热封合与缝合的联合封口方法。封口的密封性与封口强度都得到了保证，包装性能得到了进一步提高。既适合于轻载袋，也适合于重载袋封口。

②粘合法。开口袋封口也可采用粘合法，通常制袋时，在袋口处涂敷热熔性粘合剂，封口时加热，然后折叠加压进行封合，或在生产线上进行施胶加压封口。粘合式封合密封性能较好，封口速度较慢，封口强度较低，故粘合法一般适合于轻载袋的封口。

③捆扎法。用布条、线绳或金属丝扎紧袋口是最简单快捷的封口方法，但一般也只适合于轻载包装袋。重载多层袋纸的挺度大，扎紧时易使纸张勒破。

2. 小袋装袋工艺

小袋装袋工艺与袋型和所使用的设备有很大关系。

（1）预制小袋的装袋工艺　一般由取袋、开袋口、装料、封口等工序组成。常采用间歇回转式或直线移动式多工位开袋装料封口机。装入液体物料时，流动性好，生产速度可达约60袋/min。装入固体物料时的生产速度30～45袋/min。

图3－6所示为一种在回转式开袋装料封口机上，用预制塑料小袋进行包装的工艺过程示意图。储袋架1上叠放的预制小袋被取袋吸嘴2从最上面取走，并将袋转成直立状态，通过上袋吸头2，送交装料转盘4的夹袋手6夹住，然后随转盘4转动，在不同工位上依次完成打印、开袋、固体充填（或液体灌装）、预封袋口等工艺动作，再由送料机械手11将其移送给另一真空密封转盘12的真空室内，并经13、14二级抽真空后进行热封和冷却。最后打开真空室将包装件18送出机外，完成包装工艺。这种装袋工艺适合物料易装入，袋子较小，装入量不大的软袋包装，设备占用空间小，生产效率较高。

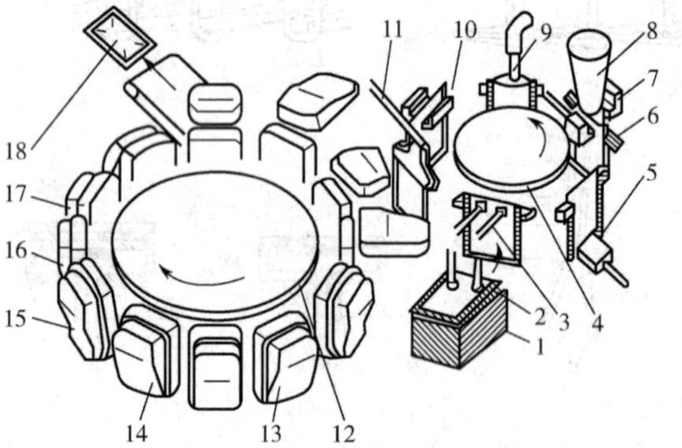

图3－6　预制塑料小袋的回转式包装工艺过程
1—储袋架　2—取袋吸嘴　3—上袋吸头　4—充填转盘
5—打印器　6—夹袋手　7—开袋吸头　8—加料斗（固态物料）
9—加料管（液态物料）　10—预封器　11—送料机械手
12—真空密封转盘　13—第一级真空室　14—第二级真空室
15—热封室　16、17—冷却室　18—包装件

图3－7所示为直立袋在直线平行移动式开口装料封口机上的包装工艺过程示意图。预制的直立袋下面封合着底材，当物品装入后，袋子就会成为图3－4（f）的形状。图中卷筒预制直立袋1在侧导轨2和下导轨3之间，由送进装置4间歇带动向前移动，经过光电监控装置5，四个袋子一组，在分切工位由分割器6切开连体袋身、切断器7切掉顶部，到达装料工位由吸嘴打开袋口，并由升降装置8将四个袋子一同升起，用装料机构9装入物品，完毕后降下，由封合装置热封袋口，然后成品10随传送带11输出。这种工艺过程适合包装物料难装入，包装量较大的场合，但生产效率较低。要提高工作速度，可设计成多列并行工位。

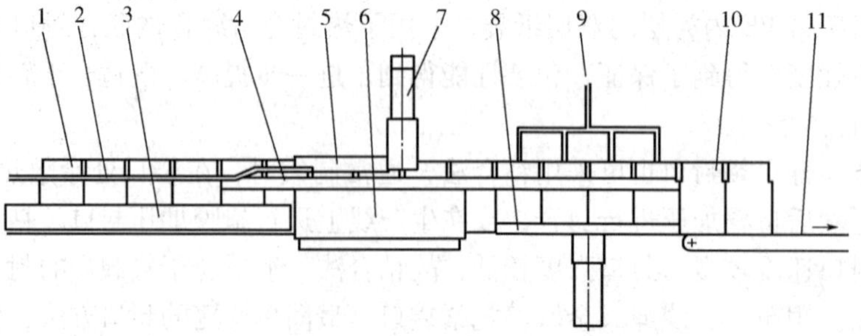

图3－7　直立预制塑料小袋的直线平行移动式包装工艺过程
1—卷筒预制直立袋　2—侧导轨　3—下导轨　4—送进装置　5—光电控制装置
6—分割器　7—切断器　8—升降装置　9—装料机构　10—成品　11—传送带

预制塑料小袋可以包装三面、四面封口的扁平袋，或者是各种直立袋。其材质主要是各种复合包装材料。

（2）在线制袋装料工艺 一般由制袋装袋封口机完成。制袋装袋封口机根据主要工序是上下布置还是水平布置，可分为立式和卧式两种，有一定流动性的物料常选用立式机。它们的制袋成型器有翻领、象鼻、三角板、U形板和V形板等多种形式。

图3－8所示为枕型袋在立式制袋装袋封口机上的包装工艺过程示意图。卷筒包装材料经翻领成型器2和纵封器4搭接成圆筒状，由送料管1供料并由送进皮带5利用摩擦力向下牵引，用横封器6从两边封口并用裁切刀7分切，横封器的热封面上带有锯齿形波纹，波纹相互啮合以获得良好的封合效果，裁切刀7在横封器6的中部，它将封口一分为二，一只袋的袋顶封和另一只袋的袋底封合，形成纵缝搭接两端封口的枕型包装件8。机器可安装不同的输料计量装置以供应不同形态的物料，如颗粒状、流质状或黏稠状物料。其送料管的直径可以变换，以获得不同尺寸的枕型袋。若将横封器6改为打金属卡，便可实现火腿肠的包装。机器的生产率随物料形态、包装材料不同而异，间歇送进时，生产速度为20~120包/min，在连续送进时，使用旋转或同步横封器，生产速度可提高到150~200包/min。

图3－9所示为三面封扁平袋在立式制袋装料封口机上的包装工艺过程示意图。卷筒纸1经导辊和U形成型器2对折成为双层膜，再经连续回转的纵封辊4和横封辊5封合为开口袋，物料由进料斗3从下料管装入后，再经封口并裁切排出，生产速度约为80包/min。

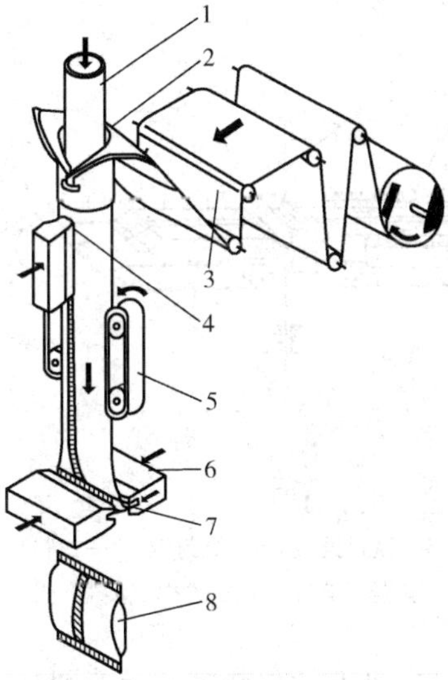

图3－8 枕型袋垂直包装工艺过程示意图

1—送料管 2—翻领成型器 3—卷筒包装材料 4—纵封器 5—送进皮带 6—横封器 7—裁切刀 8—包装件

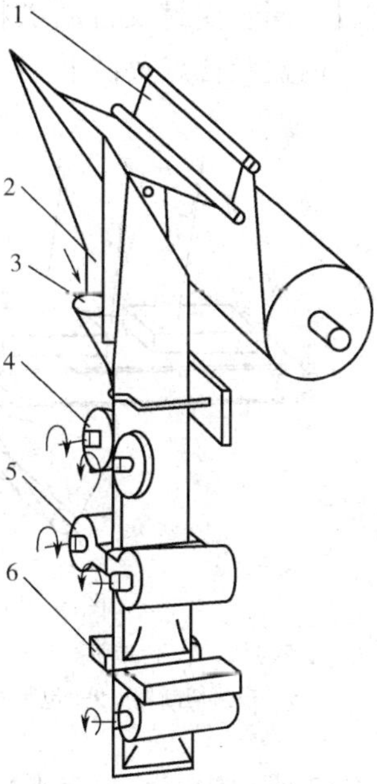

图3－9 三面封扁平袋垂直包装工艺过程示意图

1—卷筒包装材料 2—U形成型器 3—进料斗 4—纵封辊 5—横封辊 6—裁切刀

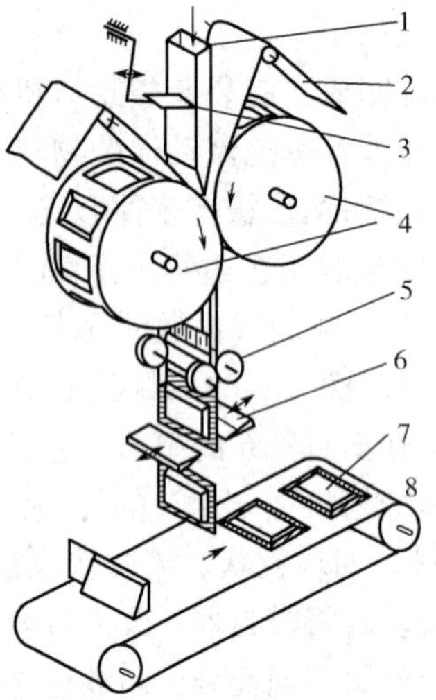

图 3－10 四面封扁平袋立式包装工艺过程示意图
1—料斗 2—卷筒包装材料（前后两卷）
3—供料栓 4—成型封合滚筒 5—送进辊
6—裁切刀 7—包装件 8—传送带

图 3－10 所示为四面封扁平袋在立式制袋装料封口机上的包装工艺过程示意图。料斗 1 由供料栓 3 控制，进行周期下料；前后两个卷筒包装材料 2 经一对成型封合滚筒 4 形成四面封合的包装件，并由送进辊 5 送至裁切刀 6 切断，包装件 7 由传送带 8 输出。该方法适于包装小量流动性颗粒状物品，如砂糖、食盐、胡椒，以及各种植物种子等。采用其他计量和充填装置，还可包装小型规则块状物品，如小型机械零件、药片、糖果和口香糖等。在间歇送进时，生产速度为 80 包/min；连续工作时，颗粒状物品生产速度可达 120 包/min，块状规则物品生产速度可达 300 片/min。需更快速度时，可采用多工位并列机型。

图 3－11 所示为枕型袋在卧式制袋装料封口机上的包装工艺过程示意图，被包装物品形状一般都比较规则。当间歇送进及人工供料时，生产速度为 25～40 包/min；自动供料时生产速度为 50～80 包/min；连续送进时，同步横封及自动供料，速度可达 200 包/min。常见的包装物品有块装方便面、香皂、内盒装糕点及饼干。

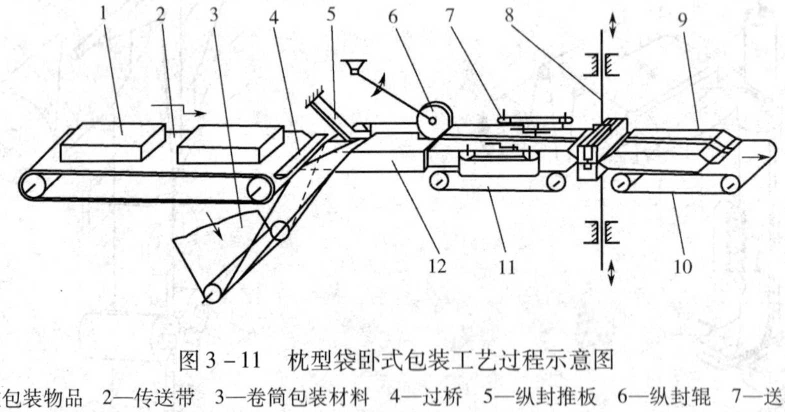

图 3－11 枕型袋卧式包装工艺过程示意图
1—被包装物品 2—传送带 3—卷筒包装材料 4—过桥 5—纵封推板 6—纵封辊 7—送料皮带
8—横封切断器 9—包装件 10—输出传送带 11—进给传送带 12—方框成型器

图 3－12 所示为三面封扁平袋在卧式制袋装料封口机上的包装工艺示意图。卷筒包装材料 1 经过张力辊 2 和三角板成型器 3 在水平方向移动，同时由折叠辊 4 折成 V 形，由纵封器 5 封侧边，经料斗 6 定量装料，再由横封器 7 封顶边，经裁切刀 8 切断，送出包装件 9。该方法封合质量较好，密封可靠，常用来包装小量黏滞性颗粒状物品，如调味汤料、

布丁粉等。工作时间歇送进，速度较慢，最高生产速度约为100包/min。

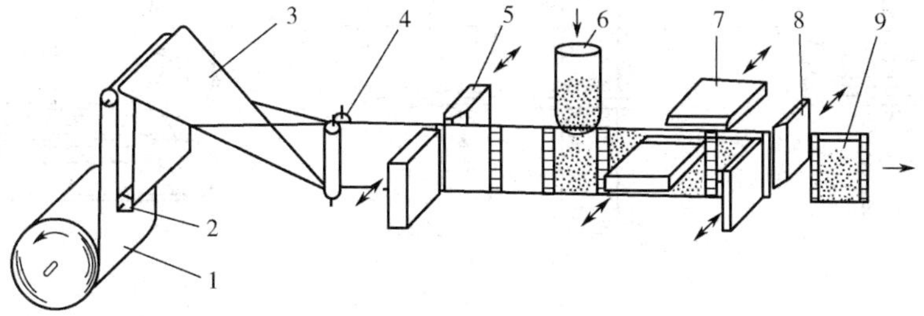

图3-12　三面封扁平袋卧式包装工艺过程示意图

1—卷筒包装材料　2—张力辊　3—三角板成型器　4—折叠辊　5—纵封器　6—料斗　7—横封辊　8—裁切刀　9—包装件

图3-13所示为四面封扁平袋在卧式制袋装料封口机上的包装工艺过程示意图。主要用于包装扁平物品，如用PE薄膜包装纺织品、书本。也可用于真空或充气包装切片熏肉、香肠、奶酪等，生产速度可达100包/min。

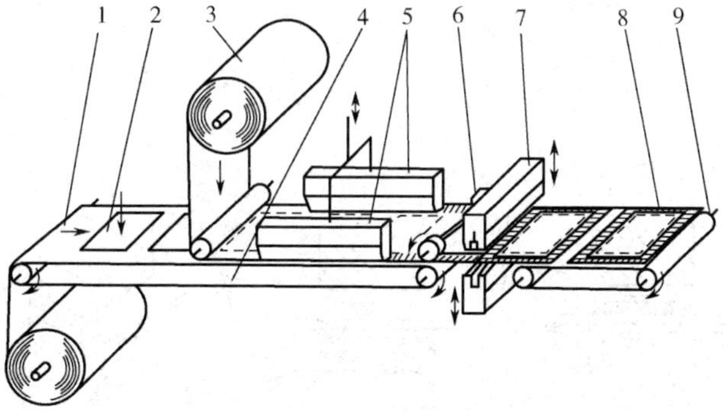

图3-13　四面封扁平袋卧式包装工艺过程示意图

1—下卷筒包装材料　2—被包装物品　3—上卷筒包装材料　4—传送带　5—纵封器　6—送进辊　7—横封切断器　8—包装件　9—输出传送带

由于生产厂家不同，立式或卧式制袋装料封口机都有很多机型。具体应根据被包装物品性质（颗粒、流体、黏性）、包装材料种类（单层薄膜、复合薄膜）、包装要求（尺寸规格、包装容量、装袋形状）等选用不同的机型，或设计相应的包装工艺过程。

3. 袋口塑料薄膜热封方法

软包装中主要的包装材料是塑料薄膜，通常采用热熔的方法封口。图3-14中列举了常用的塑料薄膜热封方法，其中（a）~（h）属于接触式热封方法，（i）和（j）属于非接触式热封方法。

（a）是板条热压封合的方式。板条1被加热到预定的温度后，把需要封合的塑料薄膜2紧压在工作台5上的耐热硅胶垫4和板条1之间，使其封合。它是热封装置中原理与构造最为简单的一种，封合速度快，可恒温控制，适于封合聚乙烯等复合薄膜，但对于受热易收缩、易分解的，如各种热收缩薄膜、聚氯乙烯等，不宜使用。

（b）是辊轮热压封合方式。将一对或其中一个相向等速回转的辊轮6加热，使连续通过其间的塑料薄膜2受压封合。辊轮中可镶入字码，完成压印码功能。主要用于复合薄膜的封合，但对于单层膜来，因受热易变形，以致封缝的外观质量较差，不宜应用。

（c）是环带热压封合的方式。用一对相向运动的环形钢带7，夹持并牵引需要封合的

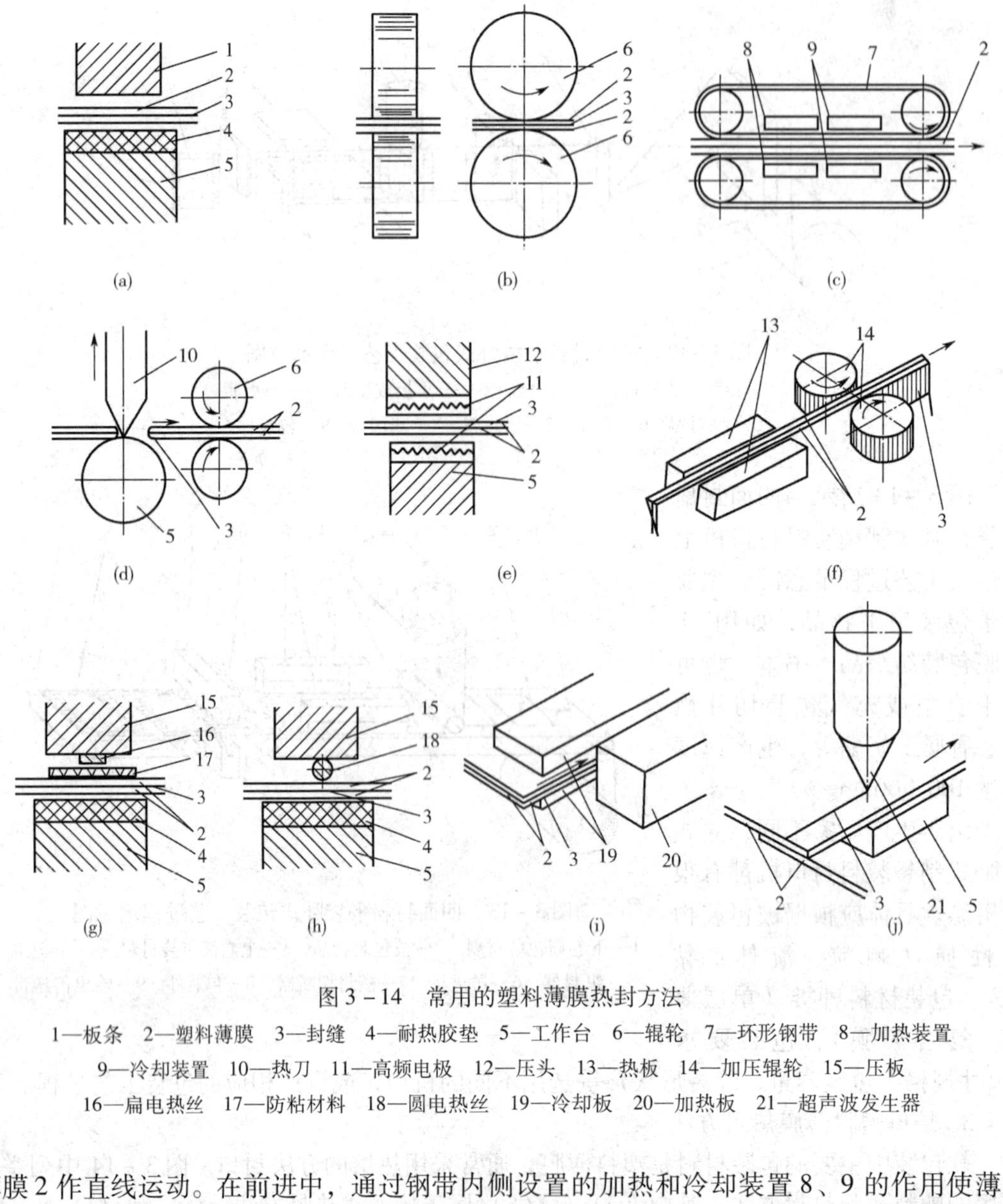

图 3－14　常用的塑料薄膜热封方法

1—板条　2—塑料薄膜　3—封缝　4—耐热胶垫　5—工作台　6—辊轮　7—环形钢带　8—加热装置　9—冷却装置　10—热刀　11—高频电极　12—压头　13—热板　14—加压辊轮　15—压板　16—扁电热丝　17—防粘材料　18—圆电热丝　19—冷却板　20—加热板　21—超声波发生器

薄膜 2 作直线运动。在前进中，通过钢带内侧设置的加热和冷却装置 8、9 的作用使薄膜封合。这种结构比较复杂，一般多用于单个充填袋的最后封口。工作是热封带连续运动，适于容易热变形的薄膜。

（d）是加压熔断封合的方式。采用热刀 10 与塑料薄膜 2 接触，使其熔封，同时切断。由辊轮 6 将薄膜送出。这种封缝牢固度相对较小，外观整齐。

（e）是高频加压封合的方式。塑料薄膜 2 被上下两高频电极 11 夹在压头 12 和工作台 5 之间，当外接高频电源时，由于聚合物存在感应阻抗而发热熔化形成封缝。这是一种内加热方法，中心温度偏高而不过热，所得封缝强度较高。对聚氯乙烯很合适，但不适于低阻抗的薄膜。

（f）是热板压纹封合的方式。薄膜先经一对热板 13 预热（电加热或热空气加热），再经一对相向回转的加压辊轮 14 进行压纹封合。这种方法原理结构简单，连续工作，能适应热变形较大的薄膜。

（g）是脉冲加压封合的方式。先由压板 15 连同扁形镍铬合金的电热丝 16 通过防粘材料 17 压紧薄膜 2 在工作台 5 的耐热胶垫 4 上，再通过瞬时的脉冲电流进行加热，然后用冷空气或冷却水强制对封缝冷却，最后打开压板 15 完成封合。该方法适用于容易热变形和受热分解的薄膜，封缝牢固度比较稳定。但工作周期较长，影响生产率，一般只用于间歇工作。

（h）是电热加压封合的方式。用圆电热丝 18 代替切刀，所得的封缝强度较好，特别适于热收缩薄膜。

（i）是热板熔融封合的方式。塑料薄膜 2 夹在两块冷却板 19 之间，加热板 20 按一定周期靠近薄膜的封合端，使封口熔融呈细条状，封口强度较高，适于热缩性材料，但工作速度较慢。

（j）是利用超声波熔焊封合的方式。将超声波发生器 21 发出的超声波传到塑料薄膜 2 的封口部位，使其从里向外发热而熔融粘合。因中心温度高，故对易热变形薄膜的连续封合较为理想，但设备价值较大，生产成本相对较高。

薄膜封合还有电磁感应熔焊和红外线熔焊等方式。薄膜封缝处夹上一层薄薄的磁性材料，在高额感应磁场的作用下，薄膜就会熔融粘合。将红外线直接照射在薄膜的封口部位，也可使其熔融黏合。

为了方便选用，经分析总结，表 3－1 中列出了热封方式与各种薄膜的适应关系。表 3－2 列出热封方法与袋型的配合关系。

表 3－1　　热封方式与各种薄膜的适应关系

薄膜种类	热　板	脉　冲	高　频	超声波	电磁感应	红外线
聚乙烯（低密度）	×～○	○			×	○
聚乙烯（高密度）	×～○	○			×	○
聚丙烯（无延伸）	○	○	×		×	△
聚丙烯（双轴延伸）	△	○	×	○	×	△
聚苯乙烯	×	○	×	○	×	△
聚氯乙烯（硬质）	△	○	○		△	△
聚氯乙烯（软质）	×	△	○		△	△
聚偏二氯乙烯	×	△	○	△		
聚氟化乙烯	×	×	×	×	○	○
聚乙烯醇	△	△	△	△	△	△
聚酯（双轴延伸）	×	△	×	○	△	△
聚酰胺（无延伸）	×	△	△			
聚酰胺（双轴延伸）	×	△				

续表

薄膜种类	热　板	脉　冲	高　频	超声波	电磁感应	红外线
聚碳酸酯	×	△	×	○	△	
尼　龙	×～○	○	△	△	△	△
防潮玻璃纸	△	△		△	△	
乙烯叉二氯	△	△		△	△	△
醋酸纤维素	△	△		△	△	

注：○—最适用；△——般用；×—不用。

表 3-2　　热封方法与袋型的关系

袋　型	热板	热辊	预热压纹	脉冲	熔断	熔焊	超声波	高频	薄膜种类
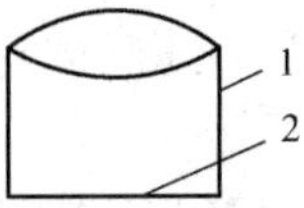					○				聚乙烯 聚丙烯（无延伸和双轴延伸）
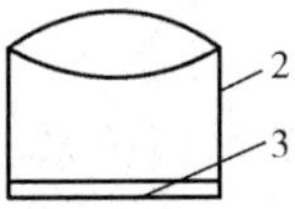	○								聚乙烯 聚丙烯
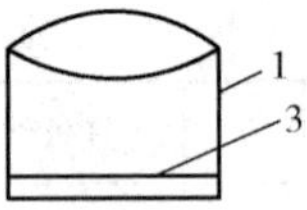				○		○			聚丙烯（双轴延伸）
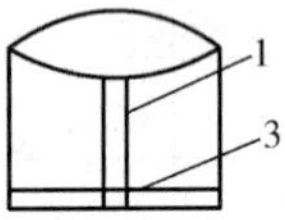		○		○			○		聚丙烯（双轴延伸）
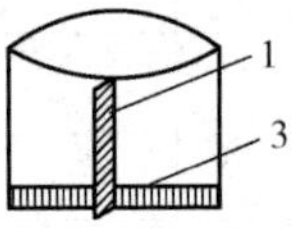	○	○	○	○					各种复合薄膜
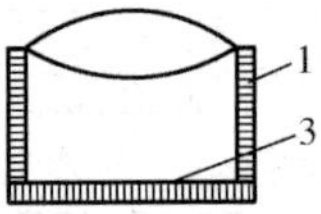	○	○	○	○					各种复合薄膜
				○				○	聚氯乙烯

注：1—纵封缝；2—折边；3—横封缝。

第三节 裹包工艺与设备

一、裹包的概念和基本形式

裹包使用较薄的软包装材料，如纸、塑料薄膜、金属箔以及其他的复合软包装材料，对被包装物品进行全部或局部的包封。裹包包装形式灵活多样，所用包装材料较少，操作简单，包装成本低，流通、销售和消费都方便，应用十分广泛。

1. 裹包形式

裹包是块状类物品包装的基本方式，能对物品直接作单体裹包，能够对包装物品作排列组合后的集积式裹包。另外，可对已作内包装的物品再作外表装饰性裹包，以增加其防潮性和展示性。裹包形式主要有以下几种方式：

①直接全裹包。用柔性材料将物品表面全部裹包的形式，这是应用最广的裹包方式。

②半裹包。用柔性材料裹包物品表面的大部分，而外露一部分不被覆盖的裹包方式。

③成型裹包。对不规则形状的产品的一种裹包形式。包装物包在产品上或是将产品通过一个模盒，以便使裹包材料收拢，然后在包装件底面上将其封合。

④集合裹包或打包裹包。将一些包装件裹包在一起，即首先将一定数量的小包装件组合（排列）成较大的整件，然后裹包一层结实的重负荷包装材料。

2. 裹包的基本要求

为了更好地满足产品的包装、贮运以及销售要求，裹包工艺的基本要求是：

①尽可能采用新型包装材料和先进技术以延长商品的储存期。

②在保证基本功能下，尽量采用简单、低廉的包装元件，并实现自动化生产。

③适应与实现商品市场化中各种销售单元分量的划分，实现数量、质量和尺寸的系列化与标准化。

④使商品包装满足超市化销售要求，使消费者能清晰识别商品的特性信息，有利于商品在货架上堆叠，且对商品提供有效保护。

⑤改进产品的包装设计，采取有效的防伪、防窃等安全措施。

二、裹包工艺

裹包的类型与产品特征、包装材料、封口方法等有关。按裹包的操作方式可分为手工操作、半自动机械操作和全自动操作三种；按裹包的形状可分为折叠式裹包和扭结式裹包等。

1. 折叠式裹包工艺

折叠式裹包是使用最普遍的一种方法。其基本工艺过程是：从卷筒材料上切取一定长度的包装材料，或从贮料架内取出一段预切好的包装材料，然后将材料包裹在被包装物品上，用搭接方式包装成筒状，再折叠两端并封紧。根据产品的性质和形状、表面装饰和机械化的需要，可改变接缝的位置和开口端折叠的形式与方向。

折叠式裹包工艺有多种，按接缝的位置和开口端折叠的形式与方向分类，可分为两端折角式、侧角接缝折角式、两端搭折式、两端多褶式、斜角式等。

（1）两端折角式　这种方式适合裹包形状规则方正的产品。包装时先裹包成筒状，接缝一般放在底面，然后将两端短侧边折叠，使其两边形成三角形或梯形的角，最后依次将这些角折叠并封紧。

两端折角式裹包工艺较简单，机械作业较易实现，但接缝通常在背面，包裹的紧密性、密封性较差。此外，接缝在背面一定程度上影响了装潢图案的完整性。

如图 3－15 所示，人工操作时，接缝可采用卷包接缝，包裹较紧密，包装件表面平整。机械化包装作业时，因工作原理不同，折角顺序和产品移动方向各有不同。如图 3－16为上下和水平移动的折叠顺序方向。

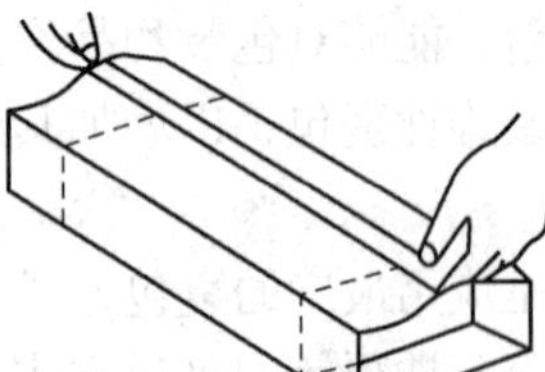

图 3－15　手工操作卷包接缝方法

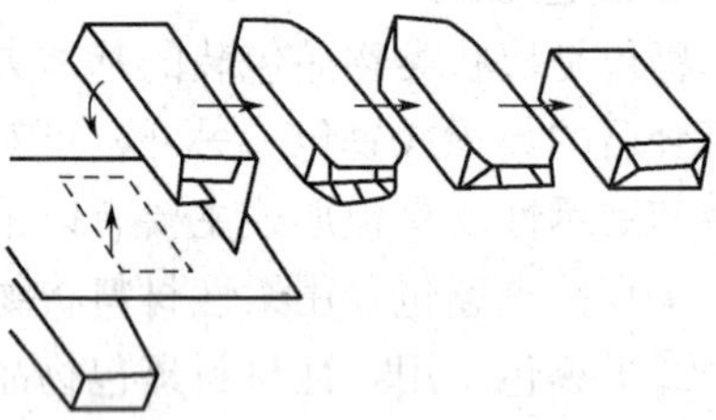

图 3－16　上下和水平移动式折叠合缝方法

块状黄油两端折角式机械化裹包工艺过程如图 3－17 所示。卷筒包装材料 1 由送料辊 2 送至裁切辊 3 处分切为单张片材，再由传递辊 4 送至裹包工位，到达转盘 11 的隔板位

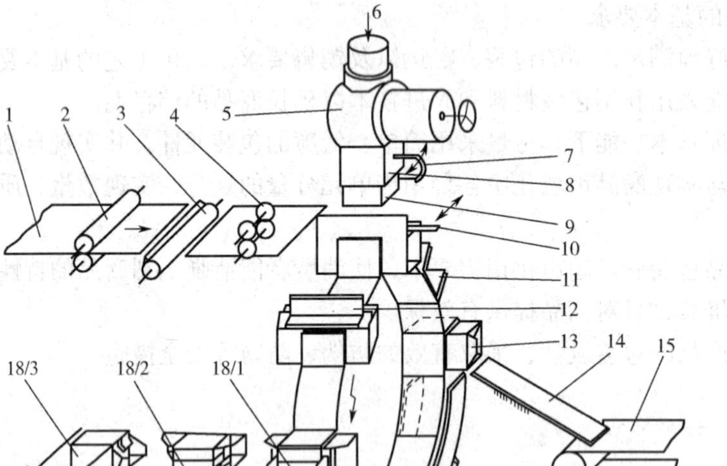

图 3－17　两端折角式裹包工艺过程示意图

1—卷筒包装材料　2—送料辊　3—裁切辊　4—传递辊　5—定量泵　6—加压料斗
7—钢丝刀　8—成型筒　9—块状黄油　10—内侧折叠器　11—转盘　12—外侧折叠器
13—包装好的物品　14—滑道　15—传送带　16—弧形压板　17、18—两侧折叠

置，黄油由加压料斗 6 经定量泵 5、成型筒 8 成型，用钢丝刀 7 切成块状黄油 9 落在裹包材料上，掉在转盘 11 的隔板中，由内侧折叠器 10 和固定的外侧折叠器 12 共同作用将黄油裹成筒状，在工位 18/1，18/2 和 18/3 处折叠两侧，再经弧状压板 16 将两侧压平封合，包裹好的物品 13 从滑道 14 落在传送带 15 上输出。

图 3－18 所示为接缝和最后折角均在背面的裹包。对于一些较薄的长方形产品，如口香糖、巧克力板糖等包装内层的铝箔，采用将长边折角全部折向底面与接缝贴合的方式，然后外套印有商标图案的封套。

（2）侧面接缝折角式　香烟的小包装是典型的侧面接缝折角式软包装，又称香烟裹包式。侧面接缝折角式裹包工艺过程如图 3－19 所示，其特点是折叠重合接缝及包封封口在包装体的三个侧面。这种裹包方式将包装裹包得较紧密，包装体正面、背面完整，可保证装潢图案的完整性，可补两端折角式裹包存在的缺陷，同时特别适应高速全自动裹包作业。

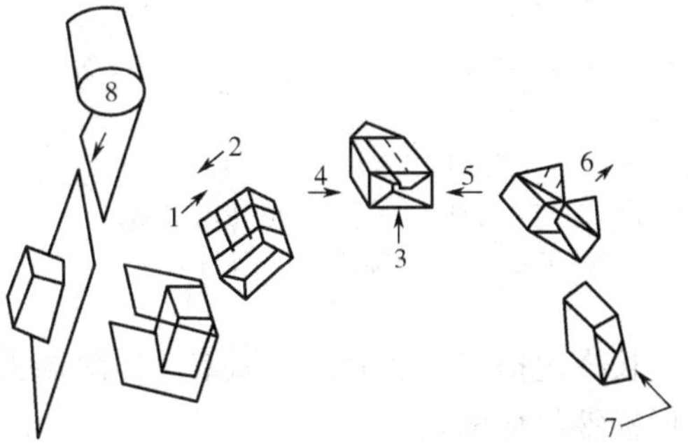

图 3－18　接缝和最后折角全在背面的两端折角式工艺

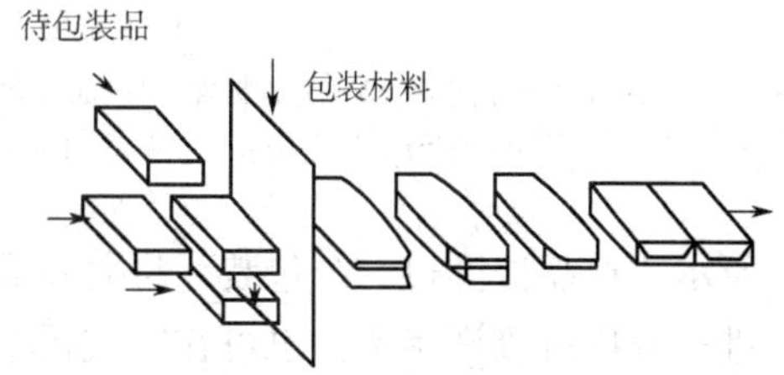

图 3－19　侧面接缝折角式工艺

如图 3－20 所示为典型的机械化侧面裹包工艺过程。卷筒料经导向辊 1、主送料辊 2 和涂胶辊 3 送到裹包工位，被包装物 6 在工作台上整理排列后，由推杆 7 推向前方，再由椎杆 5 推向右方，在固定折板 8 的作用下，折成图 I 所示的形状，裹包纸定长裁切后，推送到折叠工位 9 处，由三个固定折板折成图 Ⅱ 与图 Ⅲ 所示的形状，继续向前推行，由侧折板 10 折侧面（图Ⅳ），上、下两个前折板 11 折前面（图Ⅴ），用压板 12 压平，最后形成包装件 13（图Ⅵ），从工作台 14 输出。

香烟包装是侧面接缝折角式裹包中最具代表性的例子。普通香烟的小包装，在国内分为简装、精装和外表裹玻璃纸的三种，最内层的是浸沥青纸或裱纸铝箔，采用的是侧面接缝折角式包装。如图 3－21 所示，印有商标图案的一般为外层，采用侧面接缝折角式裹包，最后在开口处贴封签。也有商品如录音磁带、盒装药片等，为了零售方便在裹包时也采用侧面接缝折角式，但包装面只有五面，露出一面方便察看，如图 3－22 所示。

（3）两端搭折式　又称面包裹包式，适合于裹包形状不方正、变化多或质地较软的产品，如面包、糕点等。折叠特点为一个折边压住前一个折边，以此完成裹包。折叠工艺过程如图 3－23 所示。

（4）两端多褶式　该方法适合用于裹包圆柱状或类似的产品。操作过程如图 3－24

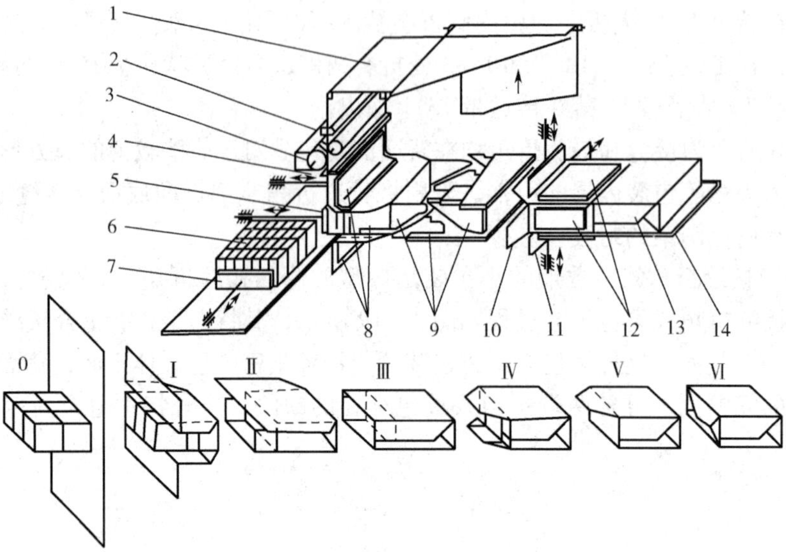

图 3－20　侧面裹包工艺过程示意图

1—导向辊　2—主送料辊　3—涂胶辊　4—切断工位　5、7—推杆　6—产品　8—固定折板　9—折叠工位　10—侧折板　11—上、下前折板　12—压板　13—包装件　14—工作台

所示，产品被推过一个包装片材而卷成一卷筒，长搭边搭接，然后沿圆周依次作两端头累进折叠以折成许多褶。也可在完成折叠后用圆形标签封住两端。

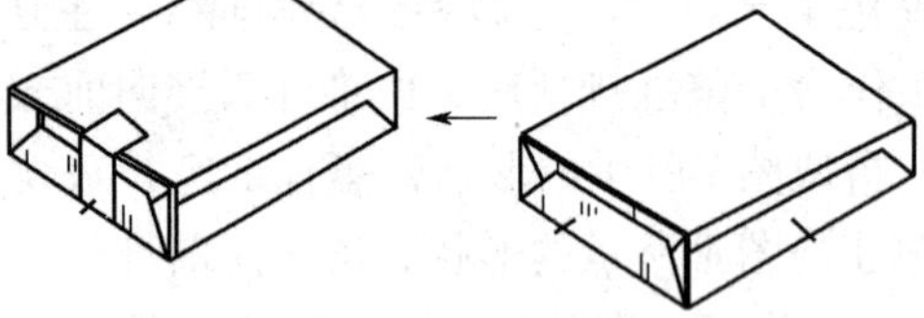

图 3－21　烟盒外层侧面接缝裹包示意图

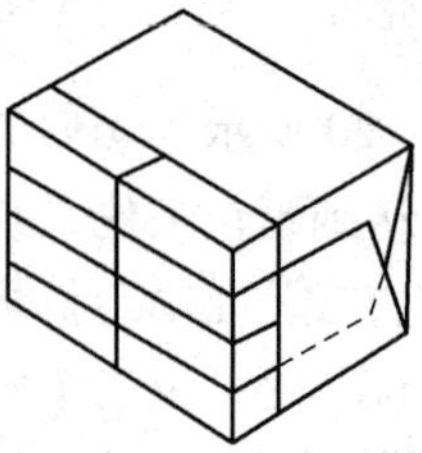

图 3－22　多件产品五面裹包示意图

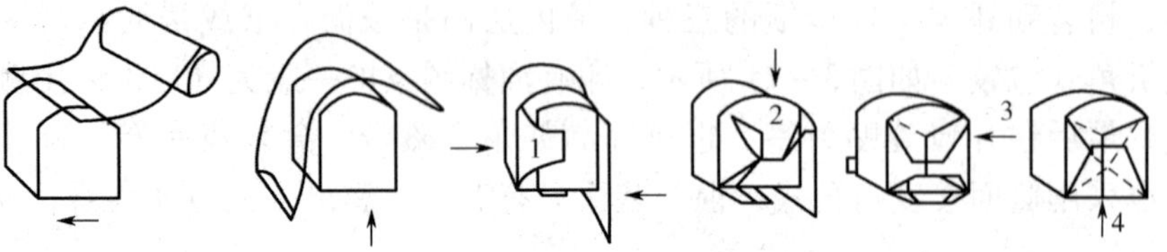

图 3－23　两端搭折式裹包工艺过程

此外卷筒式裹包还有另一种形式，即卷筒封合式裹包。如图 3－25 所示，其工艺过程为：产品被推过一个包装片材而卷成一卷筒，长搭边搭接封合，然后作端头封合。圆状饼

干、曲奇等产品多用此形式的包装。

（5）斜角式 如图 3－26 所示，用一对角放置的片材裹包，四角进行折合并在底部封合。其特点是所有折角都集中在底面上，产品对角线与包装片材对角线重合，适合于裹包较薄的方形、长方形以及浅盘产品，可以在包材接口处进行装饰。常见的有小礼品、明信片、书籍等包装。

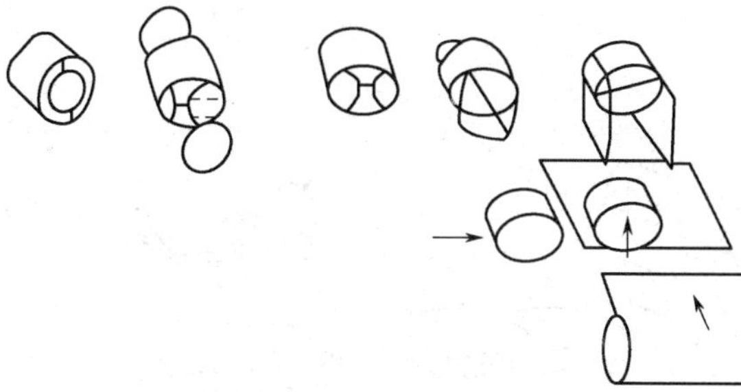

图 3－24 两端多褶式裹包工艺过程

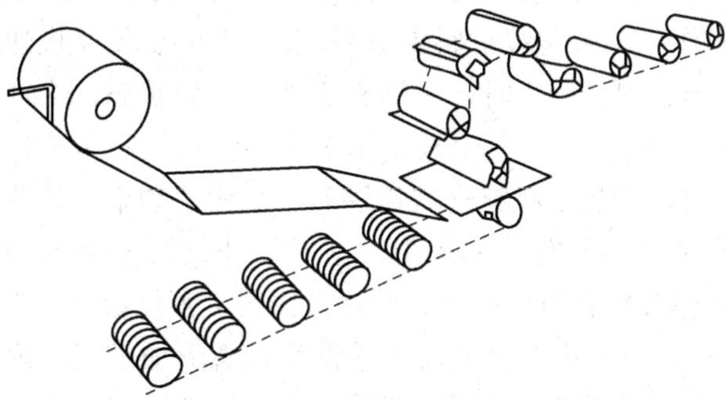

图 3－25 卷筒封合式裹包工艺过程

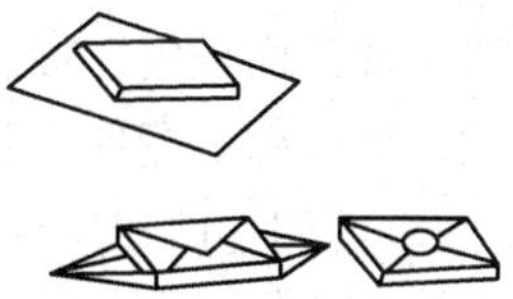

图 3－26 斜角式裹包工艺

随着社会需求的进步，近年来从节省材料、降低成本、方便销售等方面研究产生了一些新的方法。对于一些形状不规则或不定形的易碎食品，可先将其装入浅盘盒，或采用由纸板或塑料片材制成的各种形式的保护性支撑物，而后进行裹包。例如，烘焙食品常用平垫板、U 形板和浅盘，肉类、家禽和蔬菜等用浅盘等。

2. 扭结式裹包工艺

扭结式裹包是把一定长度的包装材料裹包产品成圆筒形，然后将开口端部分按规定方向扭转成扭结，其搭接接缝不需粘结或热封。为防止回弹松开和扭断，要求包装材料有一定的撕裂强度和可塑性。这种裹包动作简单，易于拆开。另一方面，对于包装物件的外形无特殊要求，球形、圆柱形、方形、椭球形等形状都可以。可手工操作或是机械操作，但手工操作时劳动强度大，且不易满足食品卫生要求。目前大部分扭结式裹包食品如糖果、雪糕等都已实现机械化作业。

扭结包装材料可采用单层或多层结构，若采用多层复合结构，其内层和外层所用包装材料通常不一样。扭结式裹包形式有单扭结、双扭结和折方等多种，一般多采用两端扭结方式。手工操作时，两端扭结的方向相反；利用机械化作业时，其方向通常是相同的。单端扭结用得较少，主要用于高级糖果、棒糖、水果和酒类等，如图 3－27 所示。双端扭结式如图 3－28 所示，普通糖果包装较多采用。

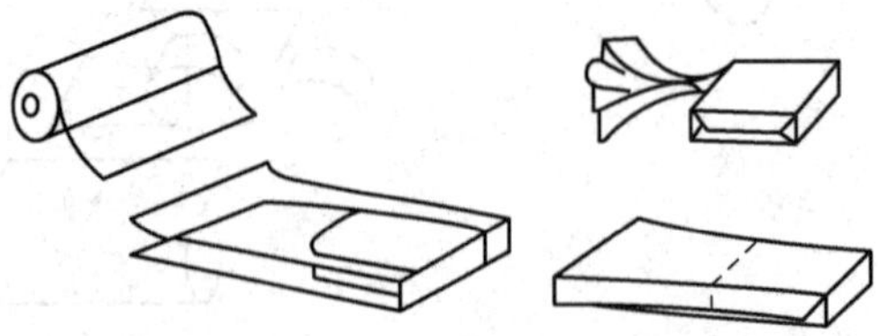

图 3-27　单端扭结式裹包

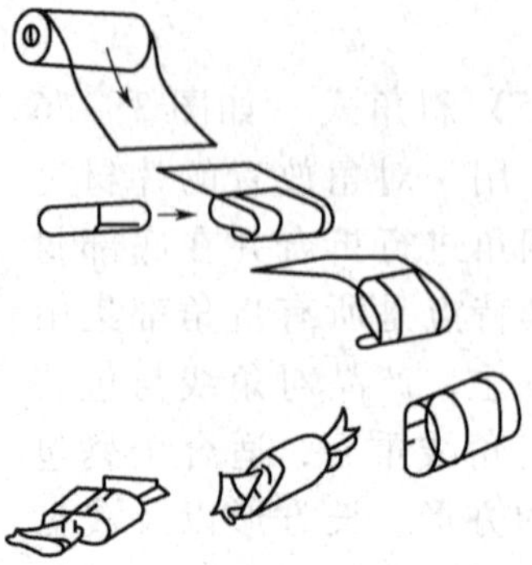

图 3-28　双端扭结式裹包

两端扭结式裹包应用比较广泛，其工艺分为间歇式和连续式两种。

（1）间歇式扭结裹包工艺　间歇式扭结裹包时包装材料和料块停留不动，两端扭结手作扭结运动，如图 3-29 所示，工作中，由包装材料供送系统 1、2、3，物品供送系统 11、10、9 分别将包装材料和料块送至进料工位Ⅰ时，主轴头正处于停歇状态，主轴头上位于Ⅰ处的钳手处于全开位置。此时下模板 4 和上模板 5 相对运动将料块和包装材料夹住，然后一同向上运动送入钳手 7。料块和包装材料进入钳手时，受钳手约束，包装材料对料块实现三面裹包，接着钳手由开到闭，上模板 5 退回起始位置，内侧折叠器 8 向左水平运动，将底部右侧伸出料块外面的包装材料折向左边，此后，钳手 7 钳住物品随着主轴头 12 间歇转动，由加压板将左侧包材折向右边，裹成筒状的糖块在弧形加压板 6 内侧滑动，至第Ⅳ工位，由一对夹爪 13 靠拢夹住薄膜两端同向扭转，然后松爪退回，在第Ⅴ工位，钳手张开，拨料器 14 将完成裹包的糖块拨入滑道 15，经传送带 16 输出。间歇扭结式裹包的操作方法简单，生产控制较易实现，但生产速度较低。

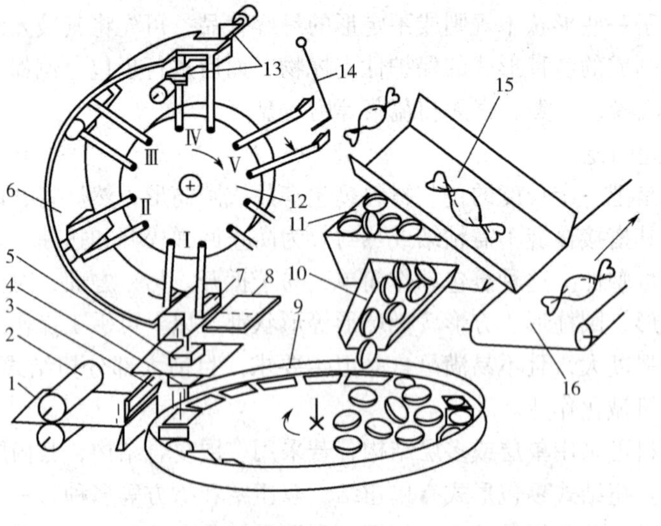

图 3-29　间歇式两端扭结裹包工艺过程示意图

1—包装材料　2—送进辊　3—切斜刀　4—下模板　5—上模板　6—弧形加压板　7—钳手　8—内侧折叠器　9—料盘　10—滑槽　11—料斗　12—主轴头　13—夹爪　14—拨料器　15—滑道　16—传送带

（2）连续式扭结裹包　与间歇式扭结裹包相比，包装材料和料块进入包装机后，持续运动，其速度更快，通常包装材料连续供进，各包装工序按设定程序自动完成，包装速度在600～1500件/min。

连续式扭结裹包工艺过程如图3－30所示。该机采用了链传动钳料手配合同步扭结机构，包装过程从送纸、落料、裹纸、钳料、切纸到扭结连续化完成。料块由料斗落入转盘5并随转盘旋转，在离心力作用下甩到转盘周边，利用转盘5与理料盘6的转速差，使料块依次进入转盘周边等分槽坑内。当转盘转到出料口时，料块依次落入链式输送带中，被刮刀4、推料板3推送，与包装纸同步进入成型器7。经过成型器，包装纸由平展自然形成卷包状，完成料果的良包动作。

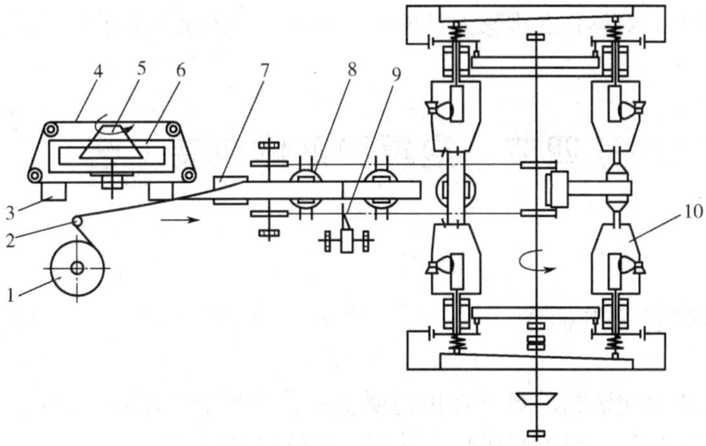

图3－30　连续式扭结裹包机工作示意图

1—包装卷纸　2—导辊　3—推料板　4—刮刀　5—转盘　6—理料盘
7—成型器　8—钳料手　9—切刀　10—扭结手

裹包后的料块与包装纸形成一条圆筒状，被随后到达的钳料手8夹住。钳料手通过销轴安装在链条上并由链条带动钳料手向前运行，而钳料手夹持裹包的料块从成型器连续地拉出，经过切纸工位时，被切刀9切断包装纸，形成颗粒裹包。接着，在运行过程中，钳料手在导向板的作用下旋转90°，使钳夹的料块转换成竖直状态，以便进行下一步的扭结工序。

三、裹包机械的选用

生产实际中裹包机的种类很多。从包装材料的供给上分为间歇式和连续式；从适用面和构造上分有通用和专用裹包机；从自动化程度上分为半自动和全自动裹包机等。它们可以单独使用，也可以配置在生产线中使用。选用裹包机时应考虑以下因素：

（1）半自动裹包机械　半自动裹包机械多属于通用型，更换产品尺寸和裹包形式较易，但机械调整与调试对操作人员的要求高。这种裹包机械多属于间歇式作业，生产率一般为100～500件/min。

（2）全自动裹包机械　全自动裹包机械通常是专用裹包机械。一般只能包装单一品种的产品，包装的可调性较小。机械作业有间歇式和连续式。生产速度分为中、高和超高速，超高速可达1500件/min。包装速度可根据产品的大小、形状和裹包形式，以及单件或多件包装而选用。

（3）裹包用的材料　裹包用的材料都是较薄的柔性材料，机械对材料的机械物理性能要求较严格，尤其是高速和超高速机械，对材料性能要求较为苛刻，往往由于材料不符合要求而不能保证裹包品质，或导致机器不能正常工作。所以，在选购裹包机械时必须考虑设备对材料的选择性及其适用材料的价格及供应情况。

（4）机械的自动化程度　机械的自动化程度越高，功能越完善。一般都具有品质监测、废品剔除、产品显示记录和故障报警等辅助功能。其中，检测和控制系统一般都采用微电脑控制，因此，对操作和维修人员的技术水平、管理水平要求较高。

第四节　泡罩和贴体包装工艺

一、泡罩和贴体包装的概念

泡罩包装是将被包装物品封合在由透明塑料薄片形成的泡罩与衬底（用纸板、塑料薄片、铝箔或它们的复合材料制成）之间的一种包装方法。

贴体包装是将被包装物品放在能透气的、用纸板或塑料薄片制成的衬底上，上面覆盖加热软化的塑料薄膜或薄片，然后通过衬底抽真空，使薄膜或薄片紧密地包住物品，并将其四周封合在衬底上的包装方法。

这两种包装方法都是用衬底作为基础，也叫做衬底包装或卡片包装。其特点是包装件具有透明的外表，让使用者可以清楚地看到物品的外观，同时，衬底上可印刷精美的图案和商品使用说明，便于陈列和使用。另一方面，包装后的物品被固定在薄膜薄片与衬底之间，在运输和销售中不易损坏。这种包装方法既能保护物品，延长储存期，又能起到宣传商品、扩大销售的作用。市场上主要用于包装形状比较复杂、怕压易碎的物品。如医药、食品、化妆品、文具、小五金工具和机械零件，以及玩具、礼品、装饰品等物品，在自选市场和零售商店里最为常见。

从包装材料来看，两种包装方法属于同一类型，但它们的原理和功能以及包装工艺过程各有特点。

二、泡罩包装工艺及设备

泡罩包装首先用于药品包装。为了克服玻璃瓶、塑料瓶等瓶装药品服用不便，在20世纪50年代出现了泡罩包装并得到广泛使用。经过对泡罩包装材料、工艺和机械等的深入研究和不断改进，使其在包装品质、生产速度和经济性等方面，都取得很大进步。现在，除了药品片剂、胶囊和栓剂等包装外，在食品和日用品等物品的包装中也得到广泛的应用。

泡罩包装可以保护物品，防止潮湿、灰尘、污染、盗窃和破损，延长商品储存期，并且包装是透明的，衬底上印有使用说明，可为消费者提供方便。药品按剂量封装在一块铝箔衬底上，铝箔背面印着药品名称，服用指南等信息，国外称为PTP（press through pack）包装，国内称为压穿式包装，因为在服用时，用手按压泡罩，药品即可穿过衬底铝箔而取出，或直接送入口中，避免污染。有些小件商品如圆珠笔、小刀、化妆品等采用纸板衬底的泡罩包装，衬底可以做成悬挂式，挂在货架上，十分明显，起到美化和宣传作用，有利于销售。

1. 泡罩包装形式

常见的泡罩包装形式如图3－31所示。图中（a）泡罩直接封合在衬底上，（b）衬底插入泡罩的沟槽内，（c）压穿式泡罩，（d）泡罩封合在模切的衬底上，（e）泡罩插入衬底的沟槽中，（f）衬底有铰链开口，（g）衬底有折叠部分，物品可立放或挂在货架上，（h）内装物品可以从泡罩内挤出，不需打开泡罩，（i）双面泡罩，衬底上有模切的孔，（j）双层衬底，（k）全塑料无衬底的分隔式条状包装，（l）多泡罩分隔式包装，（m）全塑料铰结式或双泡罩无衬底包装，（n）滑槽式可取出内装物品的泡罩包装。

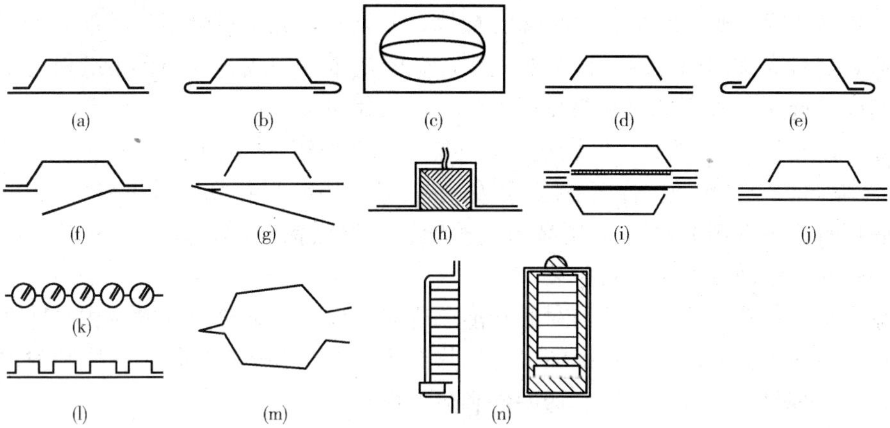

图3－31　常见泡罩包装的形式

2. 泡罩与衬底的连接方式

衬底是构成泡罩包装的基础，它对泡罩包装的美观和品质有很大影响。如图3－32是泡罩与衬底连接的横截面图。

衬底与泡罩连接的方法很多，除热封外，还可用其他封合方法。以图3－31中的泡罩包装形式为例，其中（a）在塑料薄片上方加热，热量透过薄片使之与衬底封合，也可以从下方通过衬底加热，使之与泡罩封合，（i）、（j）是从上下两个方向加热，使衬底与夹在中间的塑料薄片封合，（b）是将衬底插入泡罩的沟槽中，（e）是将泡罩插入衬底的沟槽中，这种连接方法可用胶粘或订合，封合方法灵活。

3. 泡罩包装材料

①塑料薄膜片。泡罩包装采用的塑料薄片种类和规格很多，选用时必须考虑被包装物

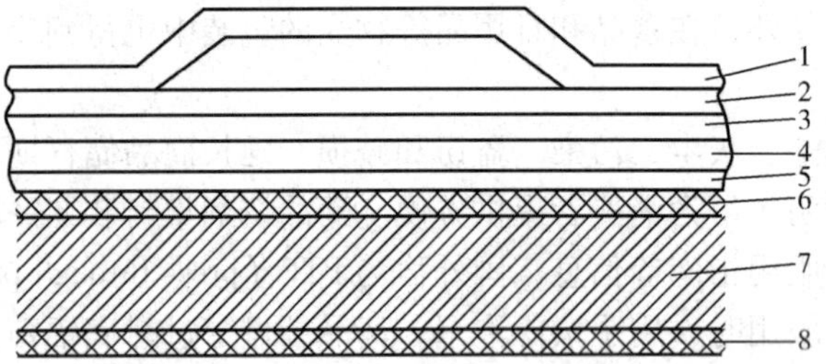

图 3-32　泡罩包装横截面图
1—泡罩的塑料薄片　2—热封涂层　3—印刷墨层　4、5—印刷涂层
6、8—衬底表面化学处理层　7—衬底内层

品的大小、质量、价值和抗冲击性等，还需考虑被包装物品是否有尖锐或突出的棱角，以及材料自身的热封性和易切断性。

泡罩包装用的硬质塑料片材有纤维素、聚苯乙烯和乙烯树脂三类，其中纤维素类应用最普遍，有醋酸纤维素、丁酸纤维素、丙酸纤维素等，它们都具有较好的透明性和热成型性，较好的热封性及抗油脂性，但纤维素的热封温度一般比其他塑料片材要高一些。

定向拉伸聚苯乙烯透明性极好，具有良好的热封性，但脆性大，抗冲击性差，容易破碎，低温时更明显。

乙烯树脂价格一般比聚苯乙烯便宜，有硬质的也有软质的，有较好的透明性，它与带涂层的纸板有良好的热封性，加入增塑剂后可提高耐寒性和抗冲击性。

对于要求阻隔性和避光的内装物品，应采用塑料薄片与铝箔的复合材料。包装食品和药品则需要采用无毒塑料，如无毒聚氯乙烯等，而且必须完全符合卫生标准。

②衬底。衬底常用白纸板。白纸板用漂白硫酸盐木浆制成，或用再生纸板为基层上覆盖白纸制成，选用时应考虑内装物品的大小、形状和质量。

衬底的表面应洁白有光泽，印刷适性好，能牢固地涂布热封涂层，以保证热封涂层熔融后，可将衬底和泡罩紧密地结合在一起，以免内装物品掉出。常用纸板厚度为0.45 ~0.60mm。

衬底材料还可选用 B 型或 E 型涂布瓦楞纸、带涂层铝箔和各种复合材料，特别是在医药包装中使用铝箔制做压穿式包装。

③涂层材料。热封涂层应该与衬底和泡罩有兼容性，要求热封温度应相对地低，以便能很快地热封而不致使泡罩薄膜破坏，常用热封涂层材料有耐溶性乙烯树脂和耐水性丙烯酸树脂，它们都具有良好的光泽、透明件和热封性。

4. 泡罩包装工艺

泡罩包装的泡罩空穴有大有小，形状因被包装物品形状而异。有用衬底的，也有不用衬底的，生产中有多种泡罩包装机械类型。泡罩包装的基本原理大致上是相同的，可用手工操作、半自动机械操作和全自动操作三种方式。其典型工艺过程为：

片材加热→薄膜成型→充填物品→安放衬底→热封→切边修整。

①手工操作。塑料薄片泡罩预先成型，衬底预先印刷并切割好，包装时用手工将物品装入泡罩内，盖上衬底，然后用热封器将泡罩与衬底封合为一体。也有先将物品放入衬底，再装上泡罩。有些物品对流通环境的温度和湿度要求不高，可不予热封，而用钢钉订封。最常见的是鸡蛋的包装。

②半自动化机械操作。将卷筒的或单张的塑料薄片送入半自动泡罩包装机内，机器操作有连续的或间隙的，成型模具的数量根据物品的大小和生产量而定，一般都采用多列式，薄片经成型冷却后，人工将物品装入泡罩内，将卷筒或单张形式的印刷好的衬底覆盖

在泡罩上，再进行热封、切边，得到完整的包装件。

③全自动化操作。所有工序将由机械完成，除了以上包装工序外还可将打印、装说明书、装盒等工序与生产线相连，其生产流程如图 3-33 所示，各工位功能是：

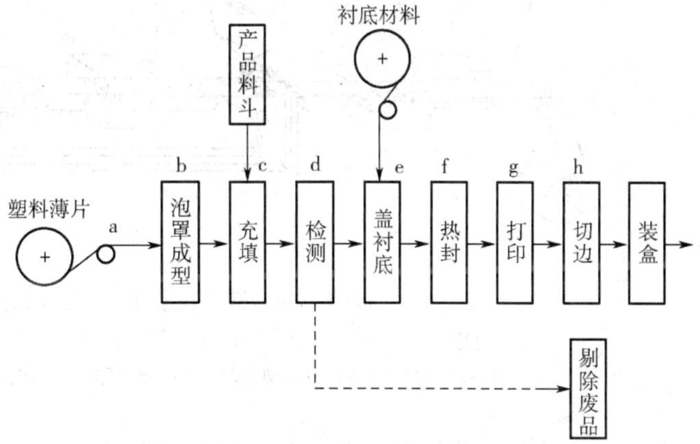

图 3-33　全自动泡罩包装生产工艺流程框图

a 工位将卷筒塑料薄片向前送进；

b 工位将薄片加热软化，在模具内用压缩空气压制或用抽真空吸制成泡罩；

c 工位用自动上料机构装入物品；

d 工位检测泡罩成型质量和装料是否合格。在快速自动生产线上，常采用光电检测器，出现不合格产品时，将废品信号送至记忆装置，在后续工序中将废品自动剔除；

e 工位将卷筒衬底材料覆盖在已装料好的泡罩上；

f 工位用板式或辊式热封器将泡罩与衬底封合在一起；

g 工位在衬底背面打印号码和日期等；

h 工位切边后形成包装件。如果装有剔除废品装置，则在切边工序之后，根据记忆装置储存的信号剔除废品。

全自动包装生产线适合于品种单一，生产批量较大产品。生产效率高、成本低，而且符合卫生要求。

5. 泡罩包装设备

(1) 泡罩包装设备的组成　泡罩包装设备的类型根据包装物品和包装形式的不同有很多种，具基本工艺过程相类同，如图 3-34 所示。首先，卷筒塑料薄片 1 被输送到加热器 2 中加热软化，软化的塑料薄片被输送到成型器 3，然后从上到下向模具内充入压缩空气，使薄片紧贴于阴模壁上而形成泡罩或空穴等，如泡罩不深、薄膜不厚时，也可采用抽真空的方法，从成型器底部抽气而吸塑成型。成型后的泡罩用推送杆 4 送进，由定量装料器 5 装入被包装物品，经检验后，覆盖印刷好的衬底材料 6，用热封器 7 将衬底与泡罩封合，由裁切器 8 冲切成单个包装件 10，从传送带 9 输出。

泡罩包装设备的基本组成如下：

①加热部分。对塑料薄片进行加热使其软化以便于成型。加热方式有两种：直接加热与间接加热。直接加热使薄片与加热器接触，加热速度快，但不均匀，适于加热较薄的材料。间接加热是利用辐射热靠近薄片加热，加热透彻而均匀，但速度较慢，适于较厚的材料。

②成型部分。泡罩成型有两种方式，即压塑成型与吸塑成型。压塑成型是用压缩空气将软化的薄片吹压向模具，使之紧贴模具四壁而形成泡罩之空穴，模具采用平板形状，一般为间歇传送，也可用连续传送，其成型品质好，对深浅泡罩均适用。吸塑成型是用抽真

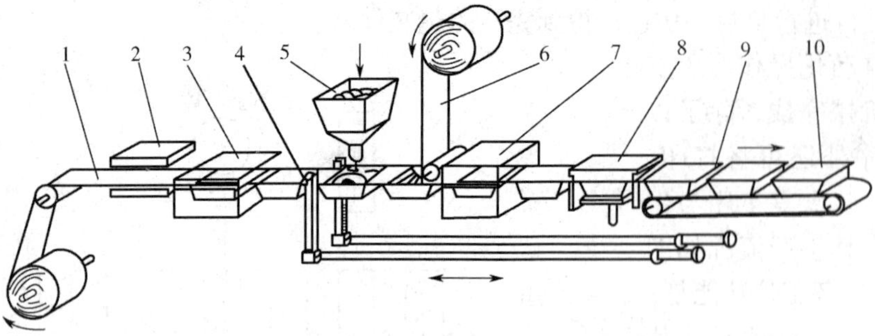

图 3－34　泡罩包装工艺过程示意图

1—卷筒塑料薄片　2—加热器　3—成型器　4—推送杆　5—定量装料器
6—卷筒衬底材料　7—热封器　8—裁切器　9—传送带　10—包装件

空的办法，将软化的薄片吸附在模具的四壁而形成泡罩之空穴，模具多采用连续传送的滚筒形状，因真空所产生的吸力有限，加上成型后泡罩脱离滚筒时受到角度限制，故只适用于较浅的泡罩和较薄的塑料片材。

③装料装置。多采用定量自动装料装置。

④热封装置。有平板式和滚筒式两种。平板式用于间歇传送，滚筒式用于连续传送。

（2）泡罩包装设备的分类　泡罩包装设备按自动化程度分类，有半自动包装机、自动包装机和自动包装生产线三种。

①半自动包装机。多为卧式间歇传送方式，以手工装料为主，生产效率较低，用于包装单件、颗粒状物品。这种设备在改变品种时，更换模具快，适用于多品种小批量生产。

②自动包装机。以卧式为主，有间歇式与连续式操作两种。它们具有一定的生产效率和通用性，既适用于多品种小批量生产，也适用于单一品种的中批量生产。

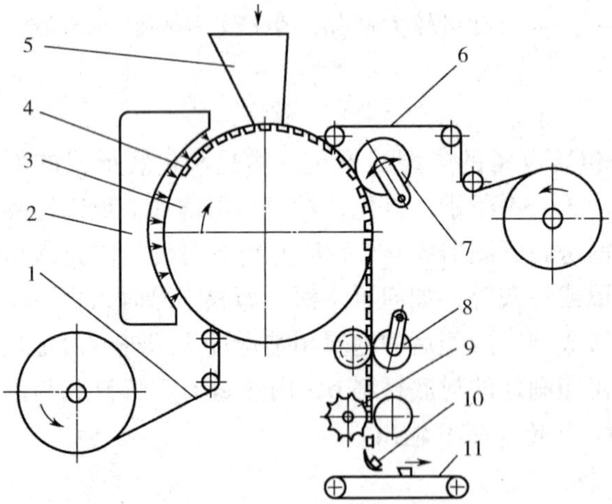

图 3－35　连续式 PTP 自动包装线工艺过程示意图

1—卷筒塑料薄片　2—加热器　3—成型滚筒
4—负压成目的泡影　5—料斗　6—衬底材料
7—热压辊（停车时摆开）　8—剥离辊　9—裁切辊
10—包装件　11—输出传送带

③自动包装生产线。有卧式与立式两种，主要用于药品，如药片、胶囊和栓剂等的包装，也称为 PTP 自动包装线。结构上采用多工位并列式，生产率高，包装品质好，并带有检测装置和废品剔除装置，可将打印、分发使用说明书和装盒工序联结于生产线内，目前生产中最具代表性。

连续滚筒式 PTP 自动包装生产线工艺过程示意图如图 3－35 所示。图中卷筒塑料薄片 1 输送到成型滚筒 3 上，在加热器 2 区间加热，用吸塑成型法制成泡罩

4，在连续传送过程中用料斗5装入物品，同时，覆盖用的衬底材料6由热压辊7封合在泡罩上，封盖后的泡罩经剥离辊8和裁切辊9后成为包装件10，从传送带11输出。这种自动包装生产线的生产速度可达1500~5000片/min。

图3－36为间歇式平板型PTP自动包装生产线的工艺过程示意图。卷筒塑料薄片1经调节辊2，通过加热器3间接加热，用压塑成型法在平板式成型器4上制成泡罩，成型时，薄片停歇不动，成型后的薄片由输送器带动前进一个步距，其距离等于加热器的长度，然后输送器返回原始位置，成型的泡罩在供料斗6处装入物品，同时，覆盖用的衬底材料7经输送辊8送至热封辊9，封合在泡罩上，封盖后的泡罩经过印码装置10和冲切装置11完成相应的工序，切下的边角余料用回收器回收或落入废料箱14中，包装件13由吸头12输出。工作速度相对较慢，通常为600~1800片/min，但结构简单，方便变化，适用面较广。

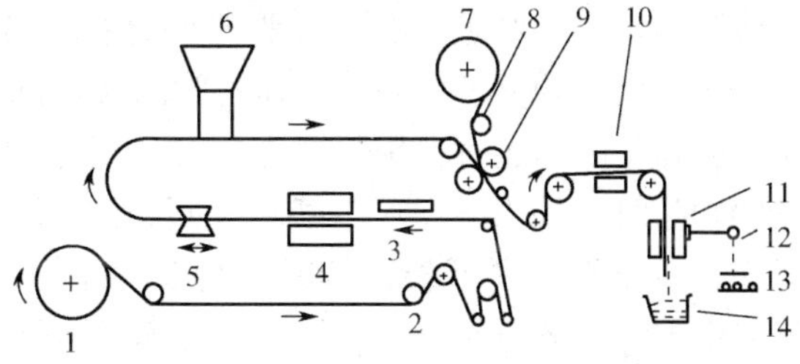

图3－36 间歇式PTP自动包装线工艺过程示意图
1—卷筒塑料薄片 2—调节辊 3—加热器 4—成型器 5—输送辊 6—供料斗 7—衬底材料 8—输送辊 9—热封辊 10—印码装置 11—冲切装置 12—吸头 13—包装件 14—边料回收箱

三、贴体包装及设备

贴体包装由三部分组成，即塑料薄膜、热封涂料和衬底（纸板或瓦楞纸板）。被包装物品本身就是模型，放在衬底上，上面覆盖着加热软化的塑料薄膜，通过底板抽真空使薄膜紧密地贴包着物品，并与衬底封合在一起。

1. 贴体包装工艺

贴体包装工艺过程如图3－37所示。图3－37（a）中卷筒塑料薄膜1由夹持架2夹住，上方的加热器3对塑料薄膜加热，被包装物品4放在衬底5上，被送到抽真空的平台6上。图3－37（b）中夹持架2将软化的薄膜压在物品上，开始抽真空。图3－37（c）中抽真空后，薄膜紧紧地吸附在物品上，并与衬底封合在完整的包装，此时上方的加热器3停止加热。图3－37（d）中完整的包装件被传送出去。

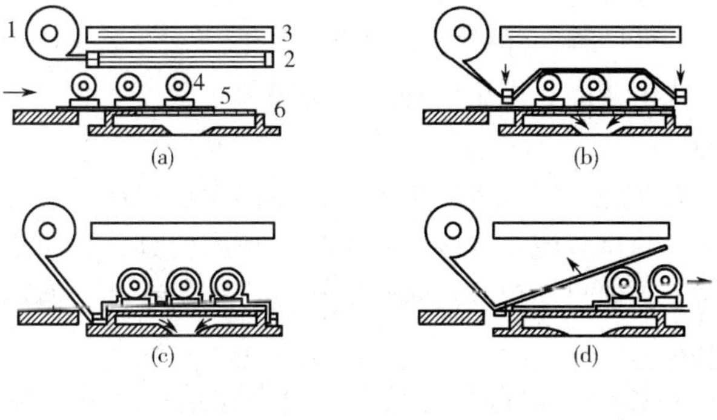

图3－37 贴体包装工艺过程
1—卷筒塑料薄胶 2—夹持架 3—加热器 4—被包装物品 5—衬底材料 6—抽真空平台

2. 贴体包装材料

选择包装材料时，应考虑物品的用途、大小、形状和质量等因素。对销售包装要注意塑料薄片的透明度、易切断性以及纸板的卷曲性能等，对以保护性为主的运输包装，要注意塑料薄片的戳穿强度和拉伸强度等。

贴体包装材料主要是塑料薄膜和衬底材料。常用的塑料薄膜是聚乙烯和离子键聚合物。离子键类聚合物分子中除了存在正常的共价键外，还有离子键存在，此类薄膜韧性较大。包装较轻小的物品时，用厚度为0.1~0.2mm的离子键聚合物薄片；体积大，且有一定重量的物品时，采用厚度0.2~0.4mm的聚乙烯薄片。

衬底材料通常用白纸板，其厚度为0.45~0.60mm，最厚不超过1.4mm。为了抽真空，衬底上需要开若干小孔，通过带针滚轮滚压衬底纸板开孔，每平方厘米冲出直径为0.15mm左右的小孔3~4个。

3. 贴体包装设备

贴体包装机械有手动式、半自动式和全自动式几种。手动式操作过程中，人工将物品放在衬底上，将薄片夹在夹持器中，然后进行吸塑加工。半自动式操作过程中，除放置衬底和物品外，其余过程均由机器自动进行，小型手动和半自动机器每分钟可运行2~3张小纸板，较大的机器每分钟运行1.5~3张大幅面纸板。

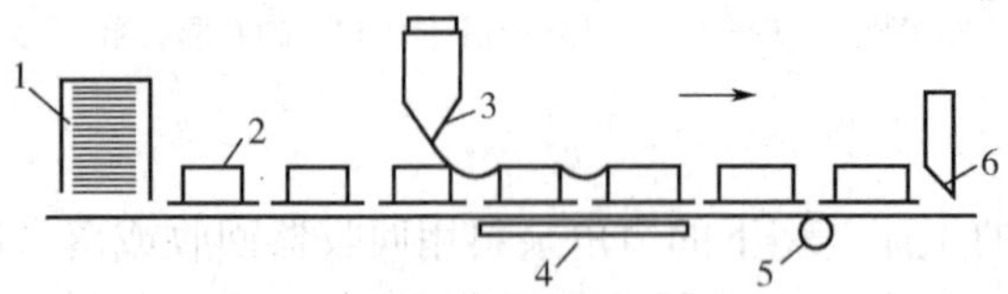

图3-38 连续式全自动贴体包装工艺过程

1—衬底供给装置 2—待包物品 3—塑料薄膜挤出头
4—抽真空装置 5—切缝器 6—切断刀

图3-38是一种连续式全自动贴体包装生产线的工艺过程示意图。自动化程度很高，包装效果很好，生产速度为5~6m/min。

四、泡罩包装与贴体包装的应用比较

1. 泡罩包装与贴体包装的共同点

①一般均为透明包装，能看见内装物品，可以悬挂和陈列。

②都能包装形状复杂的物品，可以包装成组或零件多的物品。

③通过衬底的形状和精美的印刷，可增强商品的宣传效应。

④与其他包装方法相比较，包装费用较高，人工消耗多，包装效率低。

2. 泡罩包装与贴体包装的不同点

①商品保护性。泡罩包装具有阻隔性能，可以真空包装。而贴体无法实现。

②包装操作。泡罩包装容易实现自动化或流水线生产，但需要更换模具，适用于少品种大批量的包装生产。而贴体包装难于实现自动化或流水线生产，生产效率低，但不需要更换模具，适用于多品种大批量的包装生产。

③包装成本。泡罩包装的包装材料和包装设备都比较贵，对大而重，且批量少的物品，由于要制作模具，成本更高。贴体包装一般比较便宜，但需要人工较多，在大批量包装生产时成本比较高。

④包装效果。泡罩包装比较美观，能够提高商品的价值。而贴体包装由于衬底上有抽

真空的小孔，外观稍差些。

因而，泡罩包装适用于大批量、小件、不要求良好阻隔性的物品。贴体包装适用于小批量、形状复杂、在流通过程容易破损而且不要求阻隔性的物品。

第五节　收缩和拉伸包装工艺

一、收缩和拉伸包装的概念

收缩包装或收缩薄膜裹包是利用有热收缩性能的塑料薄膜裹包被包装物品，然后进行加热处理，包装薄膜即按一定的比例自行收缩，紧密贴体被包装物品的一种方法。

拉伸包装或拉伸薄膜裹包是利用可拉伸的塑料薄膜在常温下对薄膜进行拉伸，对被包装物品进行裹包的一种方法。

这两种包装方法的原理并不相同，但包装的效果基本相同，都是将被包装物品裹紧，都具有裹包的性质。这种裹包方法的原理、使用的材料以及产生的效果都与前面所讲的裹包方法有较大差异，材料发生了较大变形。

二、收缩包装

1. 收缩包装的原理与特点

收缩包装开始应用于20世纪中期，70年代得到迅速发展，现在各类包装工业中已广泛应用。塑料薄膜制造过程中，在其软化点以上的温度拉伸并冷却而得到的分子取向的薄膜，当重新加热时，则有恢复到拉伸以前状态的倾向，收缩包装就是利用塑料薄膜的这种热收缩性能发展起来的。即将大小适度（一般比物品尺寸大10%）的热收缩薄膜套在被包装物品外面，然后用热风烘箱或热风喷枪短暂加热，薄膜会立即收缩，紧紧裹包在物品外面，物品可以是单件，也可以是有序排列的多件罐、瓶、纸盒等。图3－39为收缩包装工艺的基本示意图，图3－40所示为多件物品的收缩包装件。

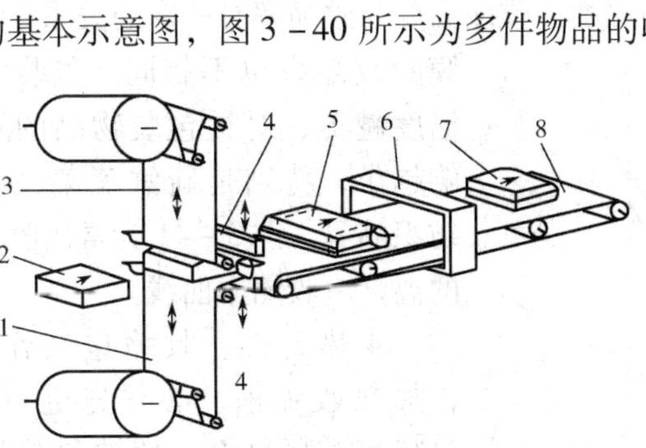

图3－39　收缩包装工艺过程示意图

1—下收缩薄膜　2—被包装物品　3—上收缩薄膜　4—横封加热装置　5—裹包物品　6—热收缩通道　7—包装成品　8—传送网带

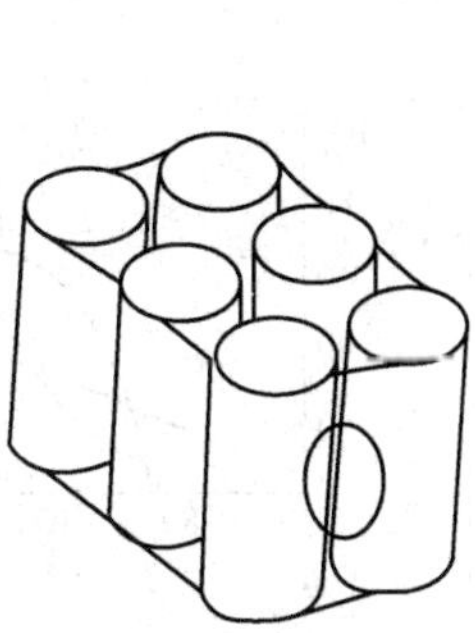

图3－40　多件物品的集合收缩包装

2. 收缩包装的材料

热收缩包装的材料主要是各种塑料薄膜，常见的有聚乙烯（PE）、聚氯乙烯（PVC）、聚偏二氯乙烯（PVDC）、聚丙烯（PP）、聚苯乙烯（PS）、乙烯－醋酸乙烯酯（EVA）和各种离子聚合物薄膜等，其中以PE薄膜用量最常见，其次是PVC，两者约占总量的75%左右。

普通塑料薄膜通常采用熔融挤出法、压延法、溶液流延法制得。而热收缩薄膜是将这种制得的片状薄膜或筒状薄膜，再进行纵向或横向的数倍拉伸处理，使薄膜的分子链成特定的结晶面，与薄膜表面平行取向，从而增加薄膜的强度和透明度，同时在薄膜拉伸时给予一定的温度，使薄膜在凝固前被拉伸的比例增至1:4到1:7的延伸率（普通薄膜延伸率为1:2），这就使薄膜在包装时具有所需要的收缩性能。

收缩薄膜按其制造工艺及使用范围不同，大致分为两种：一种是两轴型拉伸热收缩薄膜，薄膜在加工时纵横两轴向的拉伸量几乎相等；另一种是一轴型拉伸收缩薄膜，薄膜在加工时只向一个方向拉伸。两轴型薄膜的适用范围很广，可用于包装新鲜食品或食品的托盘包装等，一轴型常用于管状收缩包装和标签包装，如酒类容器的标签包装，矿泉水、饮料瓶上的标签包装，塑料瓶和玻璃瓶盖的密封包装及新鲜果蔬等的套管包装等。

（1）收缩薄膜的主要性能指标

①收缩率与收缩比。收缩率包括纵向和横向，测试方法是先量出薄膜的长度 L_1，然后将薄膜浸放在120℃的甘油中1～2s，取出用冷水冷却，再测量长度 L_2，计算公式是：

$$收缩率（\%）=（L_1-L_2）/L_1\times100\%$$

包装用的收缩薄膜一般要求纵横两个方向收缩率相等，即各约为50%，也有单向收缩膜的，收缩率为25%～50%，还有纵横两个方向收缩率不相等的偏延伸薄膜。

收缩比是指纵横两个方向收缩率的比值。

②收缩张力。收缩张力是指薄膜收缩后施加给被包装物品的张力。在收缩温度下产生收缩张力的大小与物品的性质有密切关系。包装金属罐等刚性产品可允许较大的收缩力，而一些易碎或易起皱的物品，收缩张力过大，就会变形甚至损坏，因此，收缩薄膜的收缩张力必须恰当合适。

③收缩温度。收缩薄膜加热到一定温度开始收缩，温度升到一定高度又停止收缩，在此范围内的温度称为收缩温度。对包装作业来讲，包装件在热收缩通道内加热，薄膜收缩产生预定张力时所达到的温度也称为收缩温度。收缩温度与收缩率有一定的关系，不同薄膜的收缩率也不相同。包装时收缩温度越低，对被包装物品的不良影响越小，特别是新鲜蔬菜、水果及纺织品等。图3－41为常用收缩薄膜的温度－收缩率曲线。

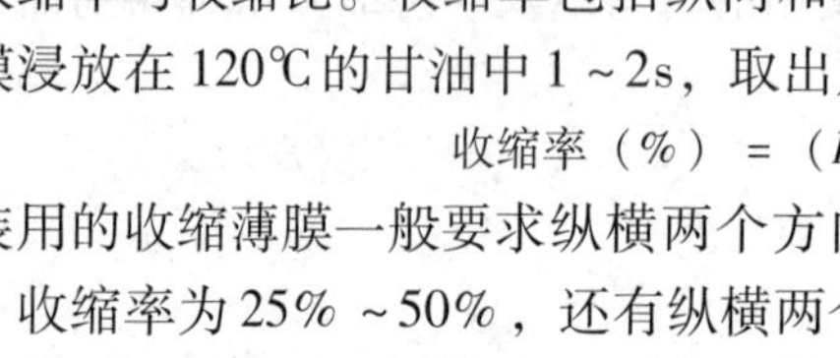

图3－41　四种常用收缩薄膜的温度－收缩率曲线图

1—聚乙烯　2—聚氯乙烯　3—聚丙烯　4—乙烯－醋酸乙烯酯

④热封性。收缩包装作业中，在加热收缩前，必须先进行热封，包装膜首尾粘合，使被包装物处于封闭的收缩薄膜之中，且要求封接缝具有较高的抗拉强度。

(2) 常用收缩薄膜的选用 常用的收缩薄膜有聚氯乙烯、聚乙烯、聚丙烯和聚偏二氯乙烯等，其中聚氯乙烯收缩温度比较低而且范围大，在 40 ~ 160℃之间，加热通道温度为 100 ~ 160℃，其热收缩快，作业性能好，包装件透明而美观，热封部位整齐。由于氧气渗透率比聚乙烯低，而透湿率较高，故对含水分多的蔬菜、水果包装较为适宜。其缺点是抗冲击强度低，在低温下易变脆，不适于运输包装。另外，封缝强度差，热封时会分解产生臭味，当其中的增塑剂发生变化后薄膜易断裂，失去光泽。目前，聚氯乙烯薄膜主要用于杂货、食品、玩具、水果和纺织品等的包装。

聚乙烯收缩薄膜的抗冲击强度大、价格低、封缝牢固，多用于运输包装，其光泽与透明性比聚氯乙烯差，在作业中，收缩温度比聚氯乙烯高 20 ~ 30℃，因此，在热收缩通道后段应设有通风冷却装置。

聚丙烯收缩薄膜有较好的光泽和透明性，耐油性和防潮性良好，收缩张力强，其缺点是热封性差，封缝强度低，收缩温度比较高且范围窄，适合录音磁带和唱片等物品的多件包装。其他收缩薄膜如聚苯乙烯主要用于信件包装，聚偏二氯乙烯主要用于肉类包装。

乙烯 - 醋酸乙烯共聚物抗冲击强度大，透明性高，软化点低，熔融温度范围宽，热封能好，收缩张力小，被包装物品不易破损，适合带突起部分的物品或形状不规则物品的包装。

随着收缩薄膜的技术研究发展，薄膜的气体阻隔性进一步改善，降低了热封温度，改进了综合性能，提高了保鲜效果。如 PVDC - PDC 共聚收缩薄膜，具有良好的阻隔性，特别适合食品包装，诸如加料烹调的午餐肉、冷冻禽类及冷冻糕点等。

3. 收缩包装工艺

收缩包装工艺一般分为两步进行。首先是预包装，用收缩薄膜将物品裹包起来，留出热封必要的口与缝；其次是热收缩，将预包装的物品送到热收缩设备加热 - 冷却收缩。

(1) 预收缩包装 用于收缩包装的薄膜有平张膜、筒状膜和对折膜三种，以适应不同包装方法选择。预包装的薄膜尺寸应比物品尺寸大 10% ~20%。如果尺寸过小，充填物品不方便，还会因收缩张力过大，可能将薄膜撕破。尺寸过大，则收缩张力不够，包不紧或不平整。所用收缩薄膜厚度可根据物品大小、质量以及所要求的收缩张力来决定。如 PE 热收缩薄膜一般选用厚度为 0.08 ~ 0.1mm，对大托盘收缩薄膜，厚度可增加到 0.5mm。

(2) 热收缩包装方法 对于不同的包装材料，其加热 - 冷却收缩方法略有不同。

①两端开放式或称套筒式收缩包装法。它是用套筒膜或平张膜先将被包装物品裹在一个套筒里然后进行热收缩作业，完成后在包装物两端均有一个收缩口，如图 3 - 42 所示。

平张膜包装不受物品品种的限制，多用于形状方整的单装或多件盒装物品的集合包装等。

用筒状膜包装的优点是减少了 1 ~ 2 道封缝工序，外形美观，缺点是不能适应物品多样化要求，只适用于单一物品的大批量生产的包装，形状多为圆柱形，如电池、卷筒纸、瓶子的热收标签等。

②四面密封式或称搭接式收缩包装法。将物品四周用平张膜或筒状膜包裹起来，接缝采用搭接式密封，适合要求密封的物品包装。

第一种用对折膜可采用 L 形封口方式，如图 3 - 43 (a) 所示。采用卷筒平张对折膜，

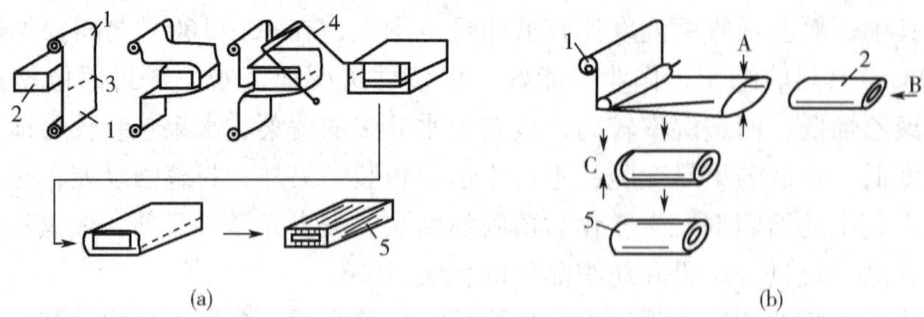

图 3－42　两端开放式收缩包装法
（a）平张收缩膜　（b）卷筒收缩膜
1—薄膜卷筒　2—物品　3—封缝　4—封切刀　5—包装件
A—开口　B—将物品推入筒状薄膜　C—切断

将薄膜拉出一定长度置于水平位置，用机械或手工将开口端撑开，把物品推到折缝处。在此之前，上一次热封剪断后留下一个横缝，加上折缝共两个缝不必再封，因此，用一个 L 型热封剪断器从物品后部与薄膜连接处压下并热封剪断，一次完成一个横缝和一个纵缝，操作简便，手动半自动均可，适合包装异形及尺寸变化多的物品。

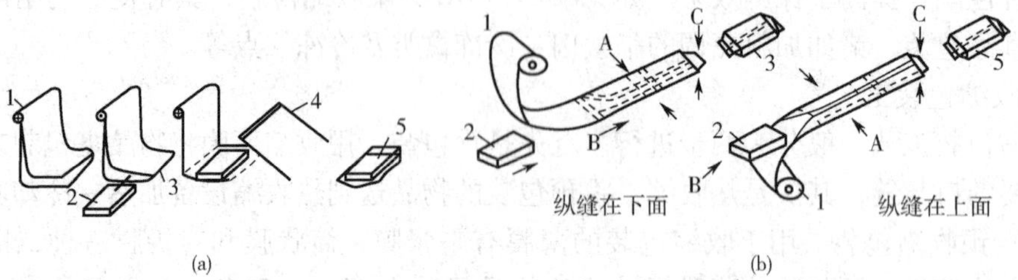

图 3－43　四面密封式收缩包装法
（a）对折膜 L 型封口　（b）平张膜枕型袋
1—薄膜卷筒　2—物品　3—封缝　4—L 型封切刀　5—包装件
A—纵封缝　B—将物品推入筒状薄膜　C—横封缝切断

另一种是用卷筒平张膜可采用枕形袋式或筒式包装，这种方法是使用单卷平张膜，先封纵缝成筒状，将物品裹于其中，然后封横缝切断制成枕型包装，或者将两端打卡结扎成筒式包装，操作过程如图 3－43（b）所示。

筒式包装主要用于熟肉制品，如火腿肠的包装，其一般包装工艺流程为：

原料验收→预处理→计量充填→真空封口（打卡结扎）→热收缩→冷却干燥→成品

采用四面密封方式预封后，内部残留的空气在收缩时会膨胀，使薄膜收缩困难，影响包装质量，因此在封口器旁常设有刺针，热封时刺针在薄膜上刺出放气孔，在热收缩后封缝处的小孔会自行封闭。

③一端开放式或称罩盖式收缩包装法。它是有边容器使用的一种包装方法。将容器或托盘边缘下部薄膜加热收缩，如图 3－44 所示，是罩盖式碗装方便面收缩包装方法示

意图。

④托盘收缩包装是运输包装中发展较快的一种包装方法。其主要特点是物品可以以一定数量为单位牢固地捆包起来，在运输过程中不会松散，并能在露天堆放。托盘收缩包装过程如图 3－45 所示。包装时将装好物品的托盘放在输送带上，套上收缩薄膜袋，由输送带送入热收缩通道，通过热收缩通道后即完成收缩包装工艺。

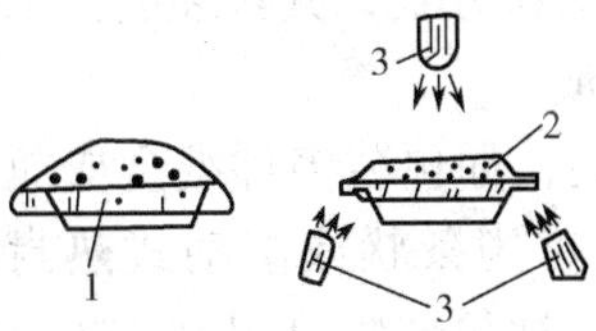

图 3－44　罩盖式热收缩包装法

1—被包装物品上覆盖薄膜

2—用热风喷嘴加热收缩薄膜　3—热风喷嘴

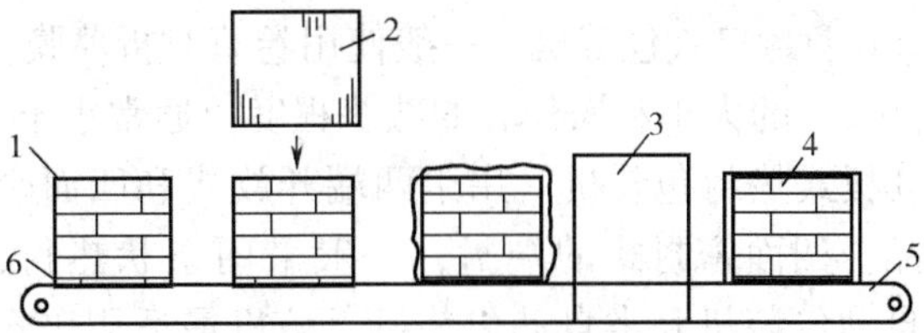

图 3－45　托盘收缩包装工艺

1—集装物品　2—筒状收缩薄膜　3—热收缩通道

4—包装件　5—输送链　6—托盘

(3) 热收缩操作　如图 3－46 所示，热收缩通道是热收缩的关键部位，它由输送链、加热室和冷却装置组成。将预包装件放在输送链上，按设定速度运行进入加热室，利用热风对包装件进行加热（也可采用蒸汽加热），收缩完后，进入自然冷却后从输送链上取下。包装物品体积过大或薄膜热收缩温度较高时，应在离开加热室后用冷风扇加速冷却。

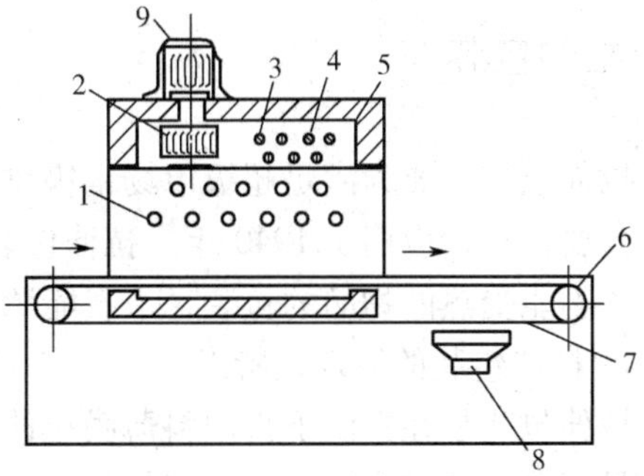

图 3－46　热收缩通道结构图

1—热风口　2—热风循环风扇　3—加热器

4—温控器　5—隔热材料　6—驱动轮

7—输送链　8—冷却风扇　9—热风电机

加热室是一个内壁装有隔热材料的箱形装置，为了保证热风均匀地吹到包装物品上，采用温度自动调节装置以确保室内温度恒定（温差为 ±5℃），并采用强制循环系统进行热风循环。加热时，热风速度、流量、输送带结构、出入口形状和材质等，对收缩效果均有影响。各种塑料薄膜的特性不同，热收缩通道的控制参数也不同。表 3－3 是常用收缩薄膜的热收缩工艺参数，供参考。

表 3－3　常用收缩薄膜的收缩工艺参数

拉伸薄膜	厚度/mm	温度/℃	加热时间/s	风速/（m/s）	特点应用
聚氯乙烯	0.02～0.06	140～160	5～10	8～12	温度低，对食品类较适宜
聚乙烯	0.02～0.04	160～200	6～10	15～20	紧固性强
聚丙烯	0.03～0.10 0.12～0.20	160～200 180～200	8～10 30～60	6～10 12～16	收缩时间长，应控制加热时间，可间断加热

另外，对于大型托盘集装式物品或体积较大的单件异形物品，可以采用手提式热风喷枪进行现场热收缩，简单迅速、方便经济。

4. 收缩包装设备

①小型收缩包装机。主要用于包装水果和新鲜蔬菜等，一般为纸浆或塑料浅盘包装，因包装件尺寸小，多采用枕形袋式包装，其结构与卧式枕形袋包装机相似，配套的热收缩通道温度因包装材料而异。

②L 型封口式包装机。一般使用卷筒对折薄膜，用手工送料方式，其包装能力取决于包装件尺寸的大小和操作者的熟练程度，通常小于 15 包/min。

③板式热封包装机。用于两端开放式和四面密封式包装，如包装多件纸盒或瓶、罐装物品。四面密封式的端封，一般采用条状热封，侧面封可用条状或滚动式热封。机器有自动包装机和半自动包装机。该机最适用于箱类包装，被包装物品尺寸在宽 200 ~ 500mm，长 250 ~ 1500mm，其包装能力随制品长度而异，长度 1m 左右的制品，可包装 8 ~ 10 件/min。

④大型收缩包装机。这类机械用于瓦楞纸箱和大袋包装件的集合包装，产品单边尺寸一般在 1m 以上，有用托盘的，也有不用托盘的，如玻璃制瓶厂的成品瓶出厂包装。

三、拉伸包装

拉伸包装主要为满足超级市场销售禽类、肉类、海鲜产品、新鲜水果和蔬菜等产品包装的需要，开始应用于 1940 年。拉伸包装过程中不需要对塑料薄膜进行热收缩处理，适于某些不能受热的物品的包装，节省能源，用于托盘运输包装能降低运输包装成本。

1. 拉伸包装的原理及特点

拉伸包装是在常温下将塑料薄膜拉伸，同时缠绕在被包装物品的外面，由于薄膜经拉伸后具有自黏性和弹性，从而将物品牢牢裹紧。拉伸包装不需要热收缩设备，可以控制裹包力，防止物品被挤碎，薄膜具有透明性，可看见内装物，特别是作为运输包装，比木箱和瓦楞纸箱容易识别内装物，但拉伸包装的防潮性比收缩包装差，拉伸薄膜具有自黏性，不便堆放。

2. 拉伸薄膜

（1）拉伸薄膜的基本性能参数

①拉伸与许用拉伸量。拉伸是薄膜受拉力后产生弹性伸长的能力，纵向拉伸增加时，薄膜变薄，宽度变窄，易撕裂，施加于包装件的张力增加。许用拉伸量是指在一定用途的情况下，保持各种必需的特性所能施加的最大拉伸量。许用拉伸量越大，所用薄膜越少，包装成本越低。

②自黏性。自黏性是指薄膜之间接触后的黏附性，在拉伸缠绕过程中和裹包之后，能使被包装物品紧固而不会松散。自黏性受外界环境，如温度、湿度、灰尘和污染物等的影响。

③应力滞留。应力滞留是指在拉伸裹包过程中，对薄膜施加的张力能保持的程度，应力滞留性越差，包装效果越好。

④韧性。韧性是薄膜抗戳穿和抗撕裂的综合性能，薄膜包装后应具有足够的韧性，以

保证包装品质。

另外，拉伸薄膜还应具有透光性能和热封性能，以满足某些特殊包装件的需要。

（2）常用的拉伸薄膜 常用的拉伸薄膜有聚氯乙烯（PVC）、低密度聚乙烯（LDPE）、乙烯－醋酸乙烯共聚物（EVA）和线性低密度聚乙烯（LLDPE）薄膜。表3－4是几种拉伸薄膜的性能参数，供选用。

表3－4 常用拉伸薄膜的性能参数

拉伸薄膜	拉伸率/%	拉伸强度/MPa	自黏性/g	戳穿强度/Pa
线性低密度聚乙烯	55	0.412	180	960
乙烯－醋酸乙烯共聚物	15	0.255	160	824
聚氯乙烯	25	0.240	130	550
低密度聚乙烯	15	0.214	60	137

3. 拉伸包装工艺

拉伸包装方法按包装用途可分为销售包装和运输包装两类，不同类型的包装所用的包装设备不同，因而包装工艺也不一样。

（1）销售包装 销售包装根据自动化程度不同分为人工拉伸包装和机械自动拉伸包装两种。

①人工包装。通常由人工将软而脆的物品或多件包装的零散物品放在浅盘内，放在浅盘的目的是防止物品损坏。有些物品本身具有一定的刚性或牢固程度，如各种小工具、硬塑料制品以及大白菜等，可不用浅盘。

人工操作包装过程如图3－47所示。首先从卷筒拉出薄膜，将被包装物品放在其上并卷起来，向热封板移动，用电热丝将薄膜切断，再移动到热封板上进行封合。然后用手抓住薄膜卷的两端进行拉伸，拉伸到所需程度，将两端的薄膜向下折至物盘的底面，压在热封板上封合，各工序时间由操作人员根据具体情况决定。

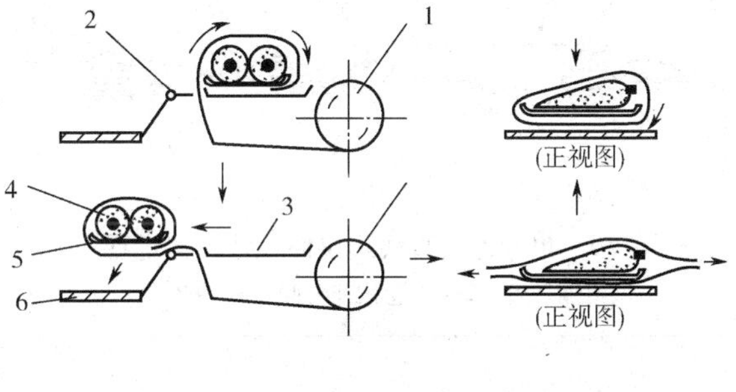

图3－47 人工操作拉伸包装工艺过程
1—拉伸薄膜 2—电热丝 3—工作台
4—包装物品 5—浅盘 6—热封板

②机械自动拉伸包装。人工操作方便灵活，但劳动强度大，生产率低。大批量生产中常采用机械化全自动拉伸包装。根据工作原理主要有下列几种方式。

（a）上推式工艺。在销售包装中普遍使用，其工艺过程如图3－48所示。自动将物品落入输送线上的浅盘内，由供给装置推至供给传送带，运送到上推装置，同时预先按物品所需长度切断薄膜，送到上推部位上方，用夹子夹住薄膜四周，上推装置将物品上推并顶着薄膜，薄膜被拉伸，然后松开左、右和后面的三个夹子，同时将三边的薄膜折入浅盘的底下，启动带有软泡沫塑料的输出传送带，浅盘向前移动。同时前边的薄膜被拉伸，此时松开前薄膜夹，将前边薄膜折入浅盘底，将包装件送至热封板封合，完成包装过程。

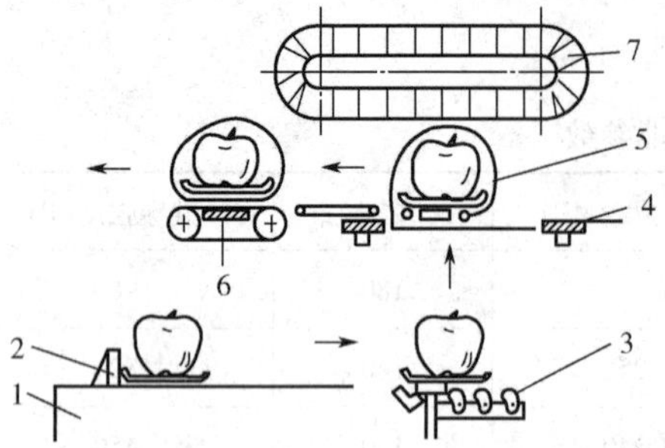

图 3－48　上推式拉伸包装工艺过程

1—供给输送台　2—供给装置　3—上推装置

4—薄膜夹子　5—薄膜　6—热封板　7—输出装置

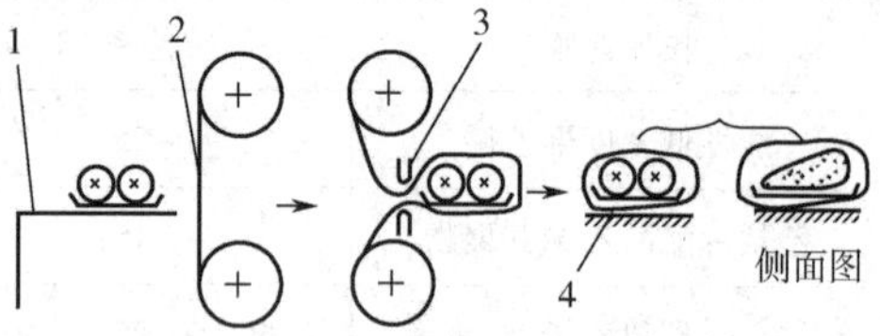

图 3－49　双卷连续直线式拉伸包装工艺过程

1—供给输送台　2—双卷拉伸薄膜

3—封切刀　4—热封板

（b）双卷连续直线式工艺。其操作过程如图 3－49 所示。由供给装置将放在浅盘内的物品送到薄膜（浅盘长边方向与前进方向垂直），前一个包装件的后部封切时，同时将两个卷筒的薄膜封合，被包装物送至此处，继续向前推移时，使薄膜拉伸，当被包装物品全部被覆盖后，封切刀将后部热封并切断，然后将薄膜左右拉伸，折进浅盘底部送到热封板上热封，完成包装。此工艺在包装较高物品时稳定性不好。

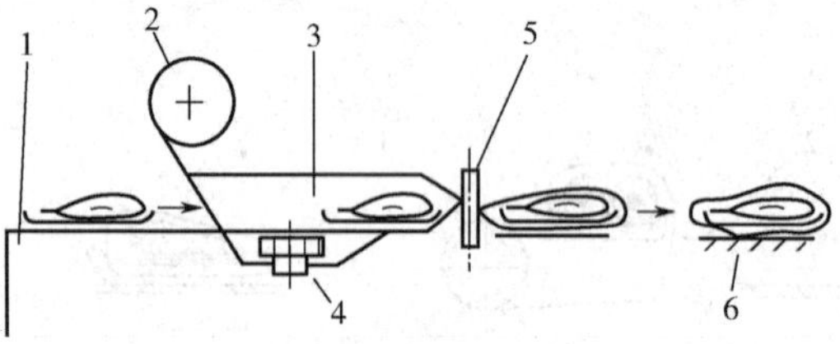

图 3－50　单卷连续直线式拉伸包装工艺过程

1—供给输送台　2—单卷拉伸薄膜　3—制袋器

4—热封辊　5—封切刀　6—热封板

（c）单卷连续直线式工艺。如图 3－50 所示，其工艺过程是物品向前推进时，薄膜两侧下折，通过热封辊将两侧形成一条纵缝，此时薄膜形成筒状，裹包着物品然后用封切刀将包装件热封切断，将薄膜 2 的前后两端经拉伸后折入浅盘底部，送到热封板上封合。

（2）运输包装　拉伸包装也普遍用于运输包装，相对传统用的木箱、瓦楞纸箱等包装质量轻、成本低。包装时根据物品有用托盘集合包装，也有用无托盘包装。常见方法有下列几种。

①物品回转式拉伸包装工艺。将物品放在一个可以回转的平台上，把薄膜端部贴在物品上，然后旋转平台，边旋转边拉伸薄膜，转几周后切断薄膜，将末端粘在物品上，如图 3－51 所示。可以用整幅宽膜包装，宽度与物品高度一样或更宽一些的整幅薄膜，适用于包装形状方正的物品，优点是效率高而且经济，缺点是要求储备幅宽规格齐全的薄膜。另一种为窄幅薄膜缠绕式包装，薄膜幅宽一般为 500～700mm，包装时薄膜自上而下以螺旋线形式缠绕物品，直至裹包完成，两者之间约有一半部分重叠，这种方法适于包装堆码较高或高度不一致，以及形状不规则或较轻的物品，包装效率较低，但可使用同幅宽的薄膜

包装不同形状或堆码高度的物品。

②包装臂回转式拉伸包装工艺。其工艺过程如图 3－52 所示，图 3－52（a）所示的包装臂围绕垂直轴回转，适于裹包较小物品堆垛的包装件或堆垛不规矩的包装件；图 3－52（b）所示包装臂围绕水平轴回转，用于裹包流水生产线上的物品或在传送带上移动的物品。

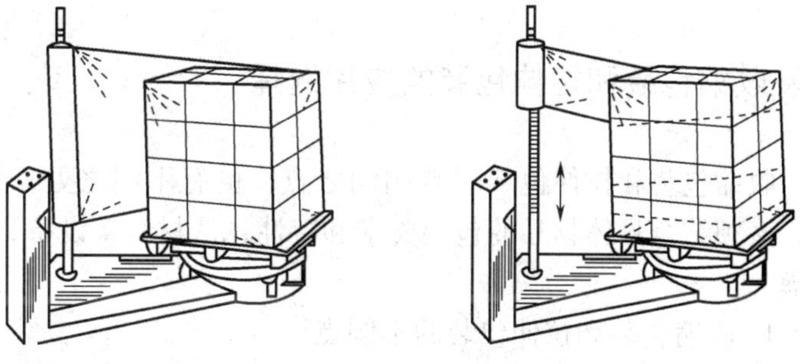
(a)　(b)

图 3－51　物品回转式拉伸包装工艺
（a）整幅薄膜拉伸包装　（b）窄幅薄膜螺旋式拉伸包装

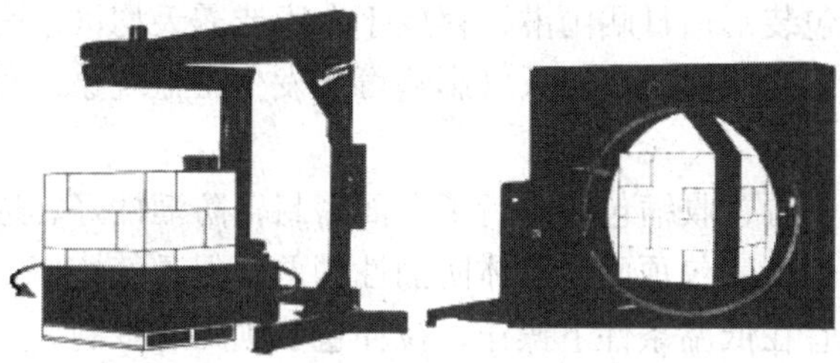
(a)　(b)

图 3－52　包装臂回转式拉伸包装

③物品移动式拉伸包装工艺。其工艺过程如图 3－53 所示，将物品放在输送带上，由送进器（a）或辊道（b）推动向前，在包装工位有一个龙门式的架子，两个薄膜卷筒 1 直立于输送带两侧，并装有制动器。开始包装时，先将两卷薄膜的端部热封于物品前面，当物品向前推动，将薄膜包在其上，同时将薄膜拉伸，到达一定位置后用封合器 2 将薄膜收拢切断，并将端部粘贴在物品背后。

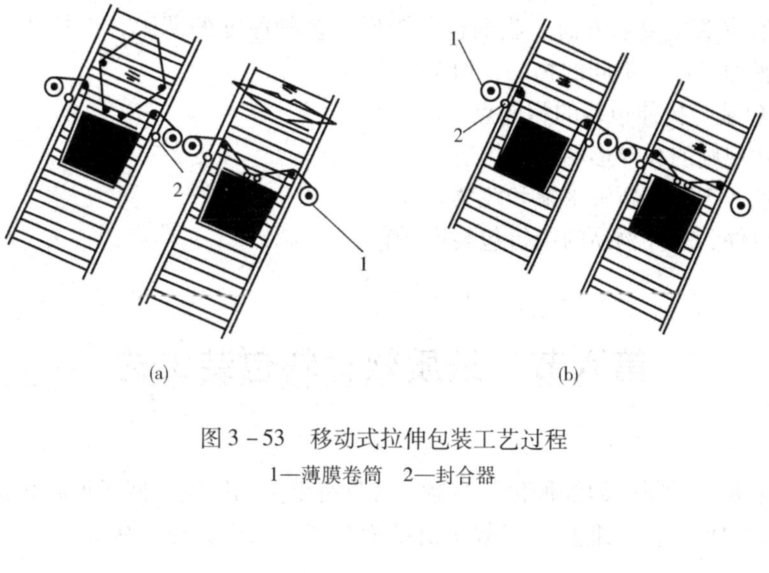

(a)　(b)

图 3－53　移动式拉伸包装工艺过程
1—薄膜卷筒　2—封合器

拉伸包装设备有全自动与半自动两种类型。半自动设备中，开始时粘结薄膜，结束时切断薄膜，均由手工操作。

四、收缩包装和拉伸包装的应用选择

收缩包装和拉伸包装既有相同之点，也有不同之处，且各有利弊，在进行应用选择时，必须结合具体物品的包装要求和特性，从材料、设备、工艺、能源和投资等方面综合考虑。

1. 收缩包装和拉伸包装的不同点

（1）对产品的适应性

①收缩包装不适合冷冻的或怕受热的物品，而拉伸包装不受此限制。

②收缩包装可将物品裹包在托盘上，拉伸包装只裹包托盘以上的物品。

（2）对流通环境的适应性

①从包装件存放场所来看，收缩包装不怕日晒雨淋，存放于仓库或露天均可，因而可节省仓库面积，拉伸包装则因薄膜受阳光照射或高温天气影响可能发生松弛现象，只能在室内仓库存放。

②从运输包装的防潮性和透气性来看，收缩包装进行了六面密封，防潮性好、透气性差，拉伸包装一般只裹包四周，有时也可裹包顶面，总体防潮性稍差，但透气性好。

③从操作环境来看，收缩包装不宜在低温条件下操作，拉伸包装则无此限制。

（3）设备投资和包装成本方面　收缩包装需热收缩设备，设备投资和维护费用均较高，能源消耗和材料费用也较多，设备回收期也较长；拉伸包装因无须加热，设备投资和维护费用均较低，能源消耗少，材料消耗比收缩包装少25%，投资回收期也较短。

（4）包装应力方面　收缩包装不易控制，但比较均匀，拉伸包装虽容易控制，但楞角处应力过大易损。

（5）堆码适应性方面　收缩包装适应性较好，拉伸包装由于薄膜有自粘性，包装件之间易粘结，搬运过程易撕裂，所以堆码性较差。

（6）库存薄膜的要求方面　收缩包装需要有多种厚度的薄膜，而拉伸包装只要有一种厚度的薄膜即可用于不同的物品，但幅宽有多种。

2. 收缩包装与拉伸包装的相同点

①对形状规则的和异形的物品均适合。

②都特别适于包装新鲜水果和蔬菜。

③对于单件、多件物品的销售包装均适宜。

第六节　纸质软材料包装工艺

以纸为主要材料制成的各种包装容器，常见有纸盒和纸箱，两者形状相似，习惯上小的称为盒，大的称为箱。纸盒大多数是由纸板制成，由于其原材料来源广泛，制造成本低，常用的折叠式空纸盒，重量轻，便于贮运。但是纸板耐水、防潮和阻隔性较差，强度和成型性也有限，故纯纸板纸盒主要用于对密封性要求较低的固体物料包装，也用于经一次包装后的二次包装。目前制盒材料已由单一材料向纸基复合材料发展，纸板与塑料、铝箔复合后制盒，极大地提高了纸盒的阻隔性与封合工艺，扩大了它的应用范围。

一、纸盒的类型

纸盒的分类方法很多，归结起来可分为以下几种：①按纸盒的加工方式分，有手工纸盒和机制纸盒；②按制盒材料分，有薄板纸盒、厚板纸盒、平纸板盒、瓦楞纸盒、纸板/塑料或纸板/塑料/铝箔复合纸盒等；③按纸盒的结构分，有折叠纸盒和固定纸盒两大类，这是生产实际中最常见的分类。

1. 折叠纸盒

折叠纸盒通常是把较薄的纸板经过裁切和压痕后，通过折叠组合成型的纸盒。它是目前机械式包装最常用的纸盒。所用纸板厚度通常在0.3～1.1mm。生产折叠纸盒的纸板有白纸板、挂面纸板、双面异色纸板及其他涂布纸板等耐折纸箱板。近年来，楞数较密，楞高较低的瓦楞纸板也开始应用。折叠纸盒的特点是：

①结构形式多样。折叠纸盒可进行盒内间壁、摇盖延伸、曲线压痕、开窗、展销等多种新颖处理，使其具有良好的展示效果。

②贮运费用较低。由于折叠纸盒可折成平板状，在流通过程中占用空间小，运输仓储等费用较低。

③适用于大中批量生产。折叠纸盒在包装机械上易实现自动粘盒、充填、折盖、封口、集装和堆码等包装工序，可实现批量生产，因此生产效率高。

常用的折叠纸盒形式有扣盖式、黏结式、手提式、开窗式等。折叠纸盒按盒型的主体成型方法又可分为管式折叠纸盒、盘式折叠纸盒、非管盘式折叠纸盒和非管非盘式折叠纸盒四大类。

2. 固定纸盒

固定纸盒又称粘贴纸盒，是用贴面材料将基材纸板裱合而成的纸盒。要求在储运过程中不改变其原有形状和尺寸，因此其强度和刚性要较折叠纸盒高。

固定纸盒结构挺度好，易于开启，货架陈列方便，但制作较麻烦，占据空间大，自身成本、储运费用都较高。制造固定纸盒的基材主要选用挺度较高的非耐折纸板，如各种草纸板、刚性纸板以及食品包装用双面异色纸板等。内衬选用白纸或细瓦楞纸等。盒角可以采用涂胶纸带加固、订合等方式进行固定。常用固定纸盒有套盖式、筒盖式、摇盖式、抽屉式、开窗式等。

二、纸盒的选用

产品包装对纸盒的要求很多，很多因素都将影响对纸盒的选择，如被包装物的特性、形状、保护性要求、贮运要求、生产技术状况、销售对象、陈列展示效果等。在选择纸盒时应遵循下列基本原则：

（1）普通块状物料　经过一次包装后的块状产品，若易于从盒的端面放入或取出，一般可选用插装式，即采用盖片插入式封口和开启的纸盒，若不易从盒的端面放入或取出的，应选用盘式折叠纸盒。

（2）颗粒状、粉状物料　由于需要一定的密封性，通常可选用粘结式封口的折叠纸盒，或采用纸板/塑料复合纸盒以进行热封合。

（3）液体物料　因其对阻隔性、密封性要求高，通常选用纸板/塑料或纸板/塑料/铝箔复合折叠纸盒，或采用带有衬袋的纸盒，并实施热封合。

（4）大批量生产的普通产品包装　折叠式纸盒是首选，小批量生产的特殊要求产品如礼品、体积或表面积较大的轻质产品，可采用固定纸盒，同时可增强其展示性与装饰性。

三、装盒包装工艺

装盒包装工艺可以完成单件或多件组合包装入盒，包装物以固体最多，也有包装液体的纸盒。主要按盒子的结构和自动化程度来分类。

1. 根据纸盒的结构特征分类

生产实际中按纸盒特征分为开盒－包装、包装－成盒、裹包成盒三种方式。

（1）开盒－包装式工艺　盒子的基本形状已预制成形，基本工序是：开盒成型—充填—封口。

①单件或多件产品装盒。单件或多件产品的装盒一般采用侧填式横向装盒方法。产品推入的方向与运盒输送带运动的方向垂直。

图 3－54 所示是单件产品的横向装盒工艺过程。取盒装置将折叠的纸盒坯 1 自盒库中吸出，并在递送过程中撑展成规则的盒筒 2，再送入传送带的纸盒托槽内。包装盒的两端口都是敞开的，之后，与其一一对应并作横向往复运动的推料杆将内装物平稳地推进包装盒 3 中，由折封盒盖装置进行折舌，搭接封口盖，实现包装封口 4，封口接合部位粘贴封口签，得到装盒包装成品 5 输出。实际生产中，也有采用黏结方式封盒，即在产品推送进纸盒后，利用涂胶或喷胶装置对纸盒折舌的相应部位施胶，其后折舌搭接并压实，实施黏结封盒。该包装过程生产能力较高，一般可达 100～200 件/min。

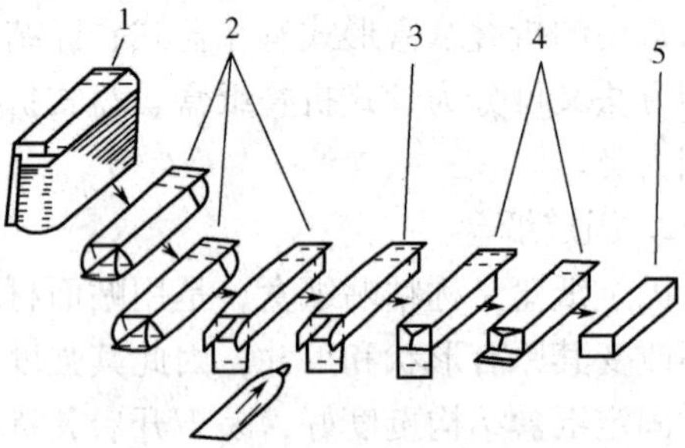

图 3－54　单件产品开盒成型—充填—封口横向装盒工艺过程示意图

1—纸盒坯　2—盒筒　3—包装盒　4—封口　5—成品

多件产品的横向装盒工艺过程如图 3－55 所示。将盒坯从盒库中取出、撑开成筒状，待被包装物排列整理好后，由装填装置推入盒中，再由封盒装置封盒得到成品。

②固体流动性物品装盒。对于一些固体流动性物品，如小颗粒粮食、洗衣粉、米粉、糖果、皂片、螺钉等的初次包装，包装过程中包装盒始终是处于立式的，采用竖直方向装

盒的。如图 3 - 56 所示，包装基本过程为：由取盒装置将盒库中的盒坯吸出并撑展成立体状态的盒筒，送入传送纸盒托槽内。接着，由折封盒底装置折合封底折舌和插接底封盖，形成封闭的盒底，被包装物品通过供料定量充填装置装入包装盒中，此后由折封盒盖装置折合折舌和插接封口盖，实现包装封口。有时，封口接合部位要粘贴封口签，最后输出。

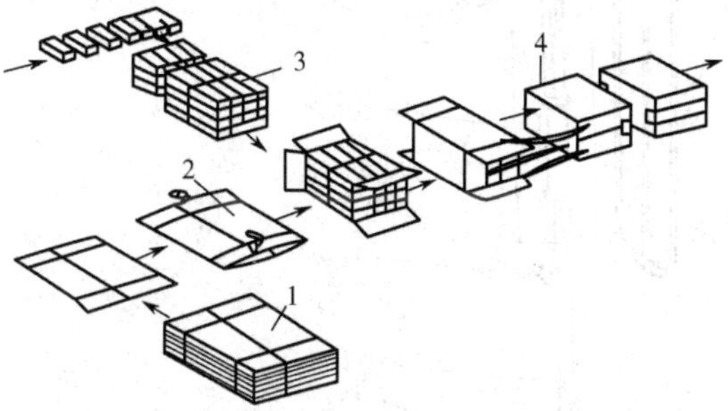

图 3 - 55 多件开盒成型—充填—封口横向装盒工艺过程示意图

1—盒坯 2—撑开 3—被包装物 4—封盒

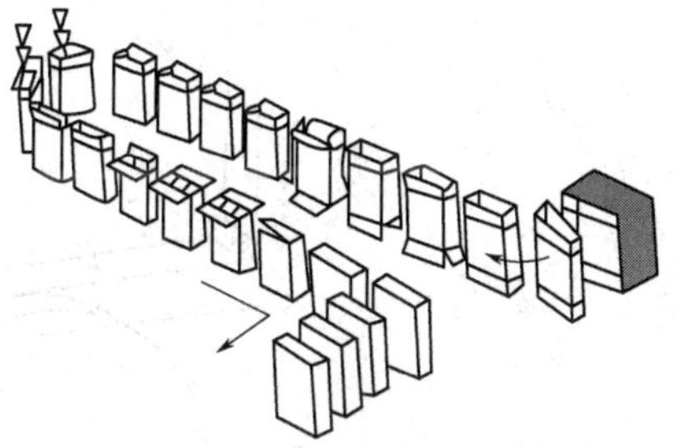

图 3 - 56 直立式装盒工艺（开盒成型—充填—封口）过程示意图

③液体类物料的装盒工艺。液体类物料的装盒，由于其阻隔性、密封性要求高，故选用纸板/塑料或纸板/塑料/铝箔复合折叠纸盒，或采用带有衬袋的纸盒，液体由高处向下流动进入直立式盒中。如图 3 - 57 所示，带有衬袋的纸盒包装过程与上述非衬袋盒包装过程基本相同，只是在折封盒底前需热封衬袋袋底，而在封口盖前热封衬袋袋口。当然，带有衬袋的纸盒也适用于包装要求高的固体流动产品的包装。

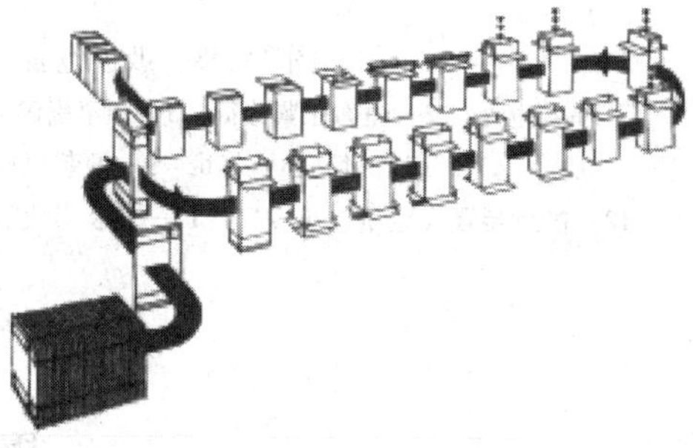

图 3 - 57 衬袋盒装盒工艺过程示意图

目前纸板、塑料或纸板、塑料、铝箔复合折叠纸盒的应用愈来愈广，纸盒结构也呈现多样化，例如用于鲜牛奶、果汁饮料包装的屋顶式纸盒包装。

（2）包装 - 成盒工艺 这种包装工艺与袋式包装工艺基本一样，包装材料通常是卷材，制盒与包装交替进行，封口后再进行盒子的整形，应用在具有较好流动性的物品包装中。

无菌鲜奶包装中应用最为典型，通常采用纸板、塑料、铝箔多层复合纸盒，例如用于饮料、牛奶等产品的砖形无菌纸盒包装。如图 3 - 58 所示为砖型包装盒包装的基本工艺流程。

（3）裹包式装盒工艺

①半成型盒折叠式裹包。通常有连续裹包法和间歇裹包法两种。如图 3 - 59 为连续式半成型盒折叠式裹包原理图。工作时，首先把模切压痕好的纸盒片折成开口朝上的长槽形

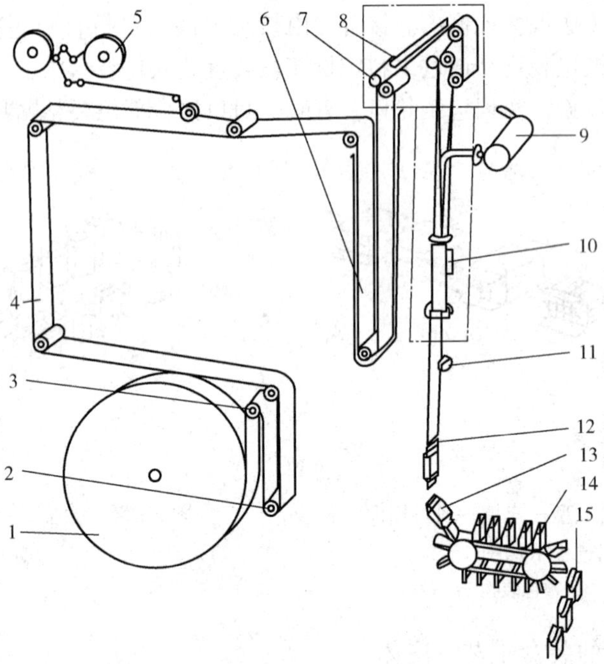

图 3-58 纸板包装-成盒工艺过程示意图

1—纸板卷 2—恒力张紧滚筒 3—预牵引滚筒 4—印码区域 5—封条粘贴器 6—杀菌槽 7—挤压滚筒 8—气帘 9—灌装机构 10—纵封装置 11—图案校正系统 12—横封装置（定量、压棱） 13—包装半成品 14—砖型折叠器 15—成品输出（射粘吸管）

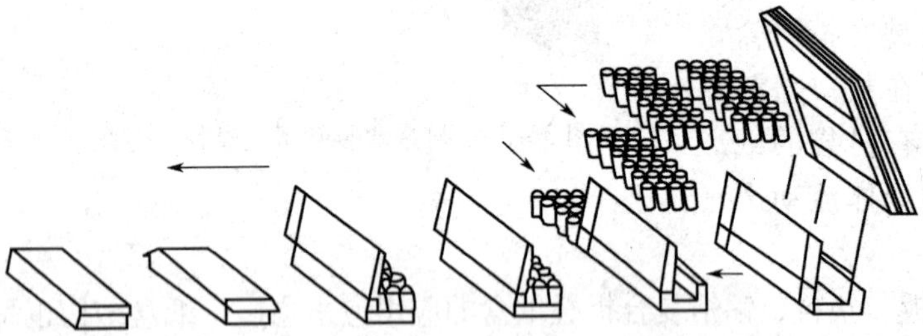

图 3-59 半成型盒折叠式裹包工艺过程示意图

插入模座，已排列好的成组内装物被推送到纸盒底面上，而后进行各边盖的折叠、粘搭等裹包过程。此机适合的盒体尺寸较大，采用此包裹式装盒方法有助于把松散的物件成组包装，可进行水平方向的连续作业，可增加包封的可靠性，生产速度可达 30 ~ 70 件/min。

②纸盒片折叠裹包。纸盒片折叠式裹包是先将内装物按规定数量放置到模切纸盒片上，然后通过向下的推压使之通过型模，一次完成翻转折叠，然后沿水平移动折合完成上盖和侧盖的融合封口，经稳压定型后再排出机外。此法适用于形状较规则且有一定强度的物件进行多件层或多层集合包装，如图 3-60 所示。

2. 根据装盒工艺过程机械化程度分类

按操作机械化程度分为手工、半自动和全自动装盒工艺三种方法。

①手工装盒工艺。不需要设备投资和维修费用，但包装速度低，劳动强度大。主要适用于产品批量小、品种变化多、现有技术难以实现机械作业的包装。

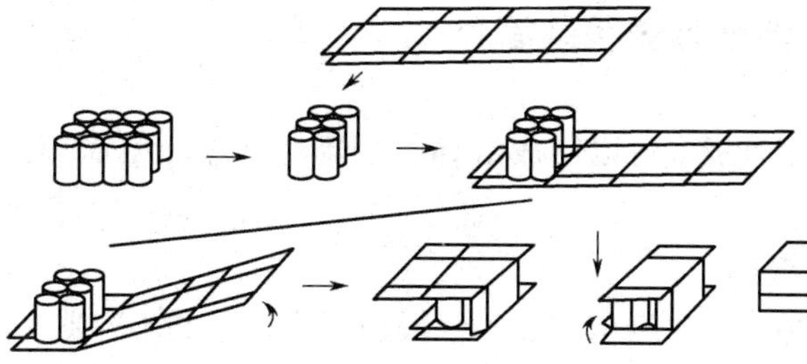

图 3－60　纸盒片折叠式裹包工艺过程示意图

②半自动机械装盒工艺。由操作工人配合机械来完成装盒的一种工艺过程。装盒过程中的一个或多个工序由人工完成。通常，将产品（包括使用说明书）装入盒中是手工操作，其余工序，如取盒坯、打印、撑开、封底、封盖等都由装盒机械来完成。

半自动装盒机的结构较简单，但其纸盒种类和尺寸可以多变，且变换纸盒种类、尺寸时调整机械所需时间短，适合多品种小批量产品的装盒。生产速度一般为 30～70 件/min。

③全自动机械化装盒工艺。全自动装盒工艺与半自动装盒工艺的工艺流程相似，只是它全部的作业工序都实现了机械自动化。全自动装盒包装速度高，一般为 50～600 件/min。包装质量有保证，同时排除了因手工作业可能引起的对产品质量的影响（如食品、药品），但通常设备的适应性较小，产品变换种类和装盒尺寸调整受到限制，故主要适用于大批量、单规格产品的包装。

四、装盒方法的选用原则

装盒方法与盒及盒坯的供应、产品对象、是否组合包装以及装盒设备等关系密切，用时必须综合考虑。一般按下列四项原则确定选用。

（1）纸盒的选用　纸盒的选用是确定装盒工艺的基础。主要考虑各产品的特征和包装要求，实际生产中应结合目前生产技术状况、设备投入、管理技术水平等，进行综合考虑。

（2）盒坯与卷材的供应　需考虑盒坯与卷材的来源，预制盒与盒坯一般委托专业制盒厂加工，其纸盒质量有保障，品种多样，可大量节省设备投资。同时需考虑纸盒成本，目前一些专用预制盒的成本较高。采用卷材进行制盒包装，包装材料成本较低，但通常设备投入较大，纸盒品种与质量受限制。

（3）装盒工艺　装盒工艺的选择，要根据产品的特性、纸盒型式与特点、产量、包装机械性能以及设备投入等确定。

（4）装盒设备的自动化程度和生产能力　包装机械的自动化程度和生产能力，则根据产品的批量、生产能力及产品变换的频繁程度来选择，在产品生产、包装一体化生产线上，包装机械要与产品生产设备的生产率相适应，以保证整个生产线的连续高效运行。

五、其他纸容器包装简介

利用纸板也可以制成纸杯、纸罐、纸盘、纸筒等进行包装，通常属于一次性使用的包装。

1. 纸杯

纸杯是以白纸板或加工纸板加工成杯形的小容器。20 世纪 50 年代纸杯开始应用于冰激凌的包装，60 年代出现了咖啡、啤酒等饮料纸杯。杯装快餐面的流通，使得纸杯的需求量激增。现在纸杯已扩大到了酸乳酪、果酱、快餐食品的包装上，纸杯应用呈现出不断扩大的趋势。随着复合材料的不断发展，纸容器制造技术的不断提高以及充填机械的进一步自动化，复合纸杯的生产还将迅速发展。

与其他纸容器比较，纸杯重量较轻且不易破损。纸杯一般都采用复合材料制作，可采用先进的灭菌包装工艺，能较好地保护食品的品质。较容易通过造型及印刷装潢的变化，达到良好的装饰及广告效果。可采用机械化、自动化设备，高效率地进行纸杯的制造及充填。

制杯用的原材料是专用纸杯材料，主要有三类：第一类是 PE/纸复合材料，可耐沸水煮而做热饮料杯；第二类是涂蜡纸板材料，主要用做冷饮料杯或常温、低温的流体食品杯；第三类是 PE/铝/纸，主要用做长期保存形纸杯，具有罐头的功能，因此也称纸杯罐头。纸杯分为有盖和无盖，杯盖可用粘结、热合或卡合的方式装在杯口上，以形成密封。纸杯产品包装都是选择预制纸杯，包装时采用半自动或全自动方式进行灌装，并进行封盖。

2. 纸罐

以纸板为主要材料制成的圆筒形容器，并配有纸质或其他材料制成的底和盖的容器通称为纸罐或复合纸罐。

纸罐的罐身可用高性能纸板与铝箔、塑料等制成的复合材料，复合纸罐可部分作为金属、玻璃、陶瓷、塑料包装容器的代用品，与这些包装容器相比，复合纸罐的特点是：①包装保护性能较好，可防水、防潮，有一定的隔热效果；②特别适用于食品包装，无臭、无毒，安全可靠；③造型结构多样，印刷性能好，具有良好的陈列效果；④重量轻，流通容易，使用方便，价格较低。

根据复合纸罐具有的特点，常用于盛装各种液态食品，如果汁、矿泉水、牛奶等，也用于盛装固体产品等。复合罐也可应用特殊包装技术，如真空包装，充气包装等。复合罐的绝热性可阻隔外界温度的影响，但在冷冻和热加工包装上会减缓冷却和加热的速度。

3. 纸盘与纸碟

纸盘多用于包装冷冻食品，其容器较浅，故称纸盘，由一片毛坯纸板冲压成圆形或方形浅盘。

比纸盘较深的纸碟是用树脂复合纸板，从卷筒纸或平板纸经模切、热压成型制成。所用的复合纸板是以漂白硫酸盐浆纸板为基材，涂以低密度聚乙烯、高密度聚乙烯、聚丙烯、聚对苯二甲酸乙二醇脂等制成的复合纸板。这样的复合纸板具有耐水、耐油、耐热性，涂布 PET，可耐 200℃以上的热加工温度。纸碟主要用于包装微波炉烹调食品、食品加热及快餐食品，具有加工快、成本低、使用方便、外观好等优点。

4. 纸筒与纸管

纸筒一般用多层纸板卷制而成，为了降低成本，中间层往往采用再生纸板。为了提高密封性能，可复合一层塑料或铝箔。表面则用防水性好的材料，如沥青纸，外层也常用白纸板或金属箔，以便进行装潢印刷，用来宣传产品。

纸管为直径小、纵向尺寸大的管状包装容器，它可平卷成单层或多层，大体上分为以下两种结构：一种为有活盖的纸管，主要用来包装毛笔、玻璃温度计及羽毛球之类的产品；另一种为有死盖的纸管，主要用来包装巧克力豆等，管内还可加衬微型瓦楞纸以防食品破碎。另外，纸管大量用于纺织工业和合成纤维工业的卷轴管。

5. 纸桶

纸桶是以纸板做坯料，加内衬（或不加）材料制成的大型桶形包装容器，其容积可为 25 ~ 250L。纸桶主要用来储运散装粉粒状产品，若经特殊处理或附加塑料内衬后，也可用来储运膏状或液状产品。与金属桶、木桶相比，单个货物包装成本和运输成本均较低，自重轻且具有一定的强度和刚度，用于某些低级别危险品，包装十分安全可靠，是很有发展前途的运输包装容器。

6. 纸浆模制容器

纸浆模塑包装材料是以纸浆（或废纸浆）为主要原料，纤维在可排水的金属模网上，经成型、压实干燥制成的纸浆制品。我国从 20 世纪 80 年代初开始进行纸浆模塑产品生产，首先应用于易碎商品运输中的缓冲包装，如蛋托。目前其应用范围已扩大至运输包装，如纸浆模制托盘、一些机电产品缓冲结构件等。生产纸浆模塑制品时，如辅以漂白、增强、上色、涂布等工艺，则可使模塑制品在使用性能及外观上有进一步的改善，用于食品等的销售包装。随着人们环保意识的增强，纸浆模塑制品可能成为取代泡沫塑料等难处理材料的最好替代品。

思考题

1. 什么是软包装工艺？软包装工艺使用哪些材料？
2. 软包装袋有哪些类型？分别举例说明适合何种类型产品包装。
3. 分别叙述预制袋包装和在线连续制袋包装的工艺特点。
4. 结合实例说明裹包的工艺特点和方法。
5. 对比说明泡罩包装和贴体包装的原理及特点，分别适用于哪些产品包装？
6. 简述收缩包装与拉伸包装的特点。
7. 纸盒有哪些基本类型？分别适用于何种类型产品的包装？
8. 装盒工艺有哪几类？结合实例说明其特点。
9. 举例说明纸杯、纸盒、纸管、纸桶、纸罐及纸浆模塑容器的包装应用。

第四章

硬包装工艺与设备

硬包装是指在装入或取出被包装物品后，包装容器形状基本不发生变化的包装。该容器一般用金属、木质、玻璃、陶瓷、纸板或具有一定刚度的硬质塑料等材料制成。完成硬包装工艺的各种机械和器具统称为硬包装设备，通常根据功能来命名，如灌装机、充填机、装箱机、装盒机等。

第一节　金属容器包装

一、金属包装容器的种类

金属容器包装在包装工业中占有十分重要的地位。常用的金属包装容器按用途的不同可分为以下几类：

1. 金属罐

金属罐用作食品罐，包括马口铁罐（镀锡薄钢板）、TFS 罐（无锡薄钢板）、铝罐等。它们的种类及应用见表 4 -1 所示。

表 4 -1　　常用金属罐的种类和应用

种　类	品　种	特点与应用
马口铁罐	三片锡焊罐（可异型） 二片冲拔罐（圆型） 二片深冲罐（可异型）	内需涂料。主要应用于： 热加工食品包装，如鱼肉、家禽、蔬菜等。 非热加工食品包装，如干粉、酱类、食油等。 饮料包装，主要用于二片罐

续表

种　类	品　种	特点与应用
TFS 罐	三片熔接罐和三片粘接罐（可异型） 二片深冲罐（可异型）	内需涂料。主要应用于热加工食品包装，饮料包装或喷雾罐
铝罐	三片粘接罐（可异型） 二片冲拔罐（圆型）	应用同上，主要用于啤酒和饮料包装

2. 金属桶

金属桶主要是指钢桶，还有一些其他桶型，其种类与应用见表 4 -2 所示。

表 4 -2　常用金属桶的种类和应用

种　类	品　种	特点与应用
钢桶	小口（闭口）钢桶 中口钢桶 大口钢桶	用低碳钢板制成的圆形容器，用于液体、浆体、粉状或块状食品及轻化工原料的大型包装
其他金属桶	镀锌钢桶 镀锡钢桶 铝桶	中小型运输包装容器，较轻便，镀锌、镀锡钢桶适用于某些腐蚀性产品，铝桶可用作啤酒桶

3. 其他金属包装容器

常用的金属包装容器还有喷雾罐和金属软管。

喷雾罐分为马口铁三片罐或二片罐，主要用于气雾产品的包装，如杀虫剂、空气清新剂、发胶、香水等。

金属软管有铅、锡、铝软管，主要用于糊状、乳剂状产品包装，如牙膏、药膏、粘合剂等，目前市面中使用的基本为铝管。

二、食品用金属罐包装工艺

1. 金属罐的罐型

金属罐的罐型和编号见表 4 -3 所示。其规格系列可参看有关标准和手册。

表 4 -3　金属罐罐型和编号

罐型	编号	罐型	编号
圆罐	按内径、外高排列	椭圆罐	500
冲底圆罐	200	冲底椭圆罐	600
方罐	300	梯形罐	700
冲底方罐	400	马蹄形罐	800

2. 金属罐包装工艺

（1）空罐　根据不同产品特点可采用抗硫涂料罐、抗酸涂料罐、防黏涂料罐或钝化处理素铁罐。空罐搬运时应避免罐边摩擦和碰撞，并注意搬运过程中的卫生。装罐前应经热水喷冲洗罐，然后倒罐沥水或烘干。

（2）装罐　根据产品要求，可采用生装或熟装、人工装或机械装。罐内食品应保证规定的质量或数量，固体物品注意排列整齐美观，切忌充填过量。一般罐内应有6~9mm剩余空间（顶隙）。顶隙过小，杀菌时食品受热膨胀，罐内压力增加，会影响罐的密封与耐腐蚀性，顶隙过大，罐内残留空气多，也会促进罐的腐蚀。装罐时还要求保持罐口清洁，不得有小片、碎块、油脂、糖渍或盐渍等，否则影响罐体卷边的密封性。饮料类灌装工艺见“灌装与充填工艺”章节。

（3）排气与封罐　封罐前要排除罐内空气，以减少空气对食品品质的影响和减少对罐壁的腐蚀，防止加热杀菌时胀罐。排气与封罐的方法有：

①热力封罐排气法。即用食品热灌法排气，或食品灌装预封再加热排气。一般肉类罐头采用高温（80~90℃）短时间排气工艺，而果蔬罐头含空气最多，宜采用低温（60~75℃）长时间排气工艺，以保证密封罐头有合适的真空度。

②真空封罐排气法。将食品装罐预封后，用真空封罐机在真空密封室内排气密封，真空度一般可达33~40kPa。由于真空封罐机占地面积小，比较清洁卫生，且对一些加热困难的食品罐头也可获得较好的真空度，因此，大部分食品罐头多用此法排气。

③蒸汽喷射排气法。封罐时向罐头顶隙内喷射蒸汽以去除空气，并迅速密封。冷却后，顶隙内蒸汽冷凝，便形成部分真空。此法适用于空气的溶解和吸收量极低的食品罐头，而且比较方便经济。

（4）杀菌及冷却　密封罐头加热的目的，是杀死食品中所污染的致病菌、毒菌和腐败菌，并破坏食品中的酶，以使食品能储藏规定时间而不变质。根据食品的性质，可用蒸气高温杀菌或巴氏杀菌法，杀菌后应迅速进行冷却。冷却不当，会造成食品色香味变差、组织变质，甚至失去食用价值；同时还会促进嗜热微生物繁殖和加快罐壁腐蚀。一般用喷水或浸水冷却。罐头冷却终止温度一般在38℃左右，过低易引起外壁生锈。

（5）贴标及装箱　将已冷却、干燥和检验后的罐头进行贴标与装箱，要加热杀菌的食品罐头外壁常用标签装饰，可用人工或机械粘贴，装箱可按QB 222《罐头产品包装、标志、验收规则及运输与保管》标准进行，一般用瓦楞纸箱包装。

三、喷雾罐包装工艺

1. 喷雾包装原理及应用

喷雾包装是指将液体、乳膏状或粉末状等内装物和推进剂装入带有阀门的气密性容器中，使用人工按压开启阀门，内装物在推进剂产生的压力作用下被喷射出来，方便使用。

按出口喷雾形态和作用方式，可将喷雾分为三种类型，如图4-1所示。图4-1（a）是三相结构，液相推进剂和液态内装物不混溶而分层，气相推进剂在上端，称为空间喷雾。图4-1（b）用压缩气体与液相内装物，用于表面喷雾。图4-1（c）用气相推进剂与混溶的推进剂和内装物的均质液体，喷出物为泡沫。从相数讲，后两种是两相结构。

（1）空间喷雾　喷雾剂为液化气，一般与液相内装物混溶或部分分层，部分蒸发气化。开启阀门，气相推进剂推动液相内装物和液相推进剂经喷嘴喷出释放到空气中，由于压力变化，液相推进剂迅速气化将内装物分裂成细雾状（颗粒直径小于30μm）充满空间，如杀虫剂、空气清新剂等。典型的喷雾罐喷出后1s可产生上亿个细微颗粒。一份液相推进剂变成气体时，能充填的容积为其原体积的250倍，所以虽然罐内剩余的液体内装物很少，只要还有液相推进剂，其空位就会被气相推进剂所填补，内部压力也始终保持不变，直至内装物喷完，如图4－1（a）所示。

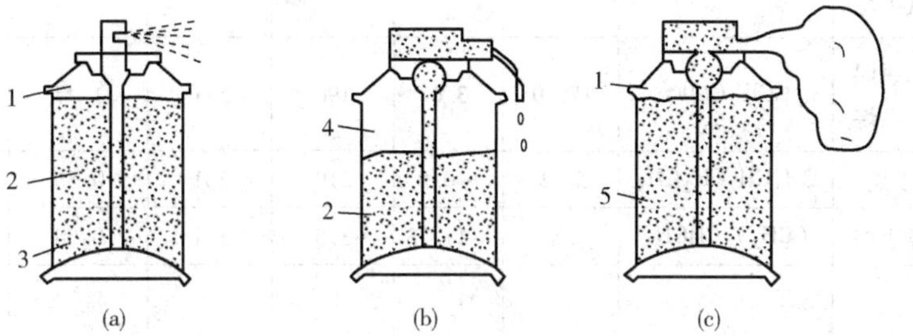

图4－1　喷雾形态的类型

1—气相推进剂　2—液相内装物　3—液相推进剂　4—压缩气体　5—推进剂和内装物的乳化均质液体

（2）表面喷雾　推进剂为压缩气体，它不与液相的内装物相混合。开启阀门，压缩气体推动内装物进入阀体经阀嘴喷出，液相内装物悬浮于压缩气体上，颗粒较大（直径大于50μm），也称“固体流”，喷出后附着于被喷物体表面，属表面喷雾，如油漆、祛臭剂等。随着压缩气体的消耗，喷出压力越来越小，因此喷雾越来越不均匀，如图4－1（b）所示。

（3）泡沫　推进剂为液化气，内装物和推进剂乳化为均质液相，开启阀门，蒸发了的气相推进剂推动乳化均质的内装物和推进剂进入阀体经阀嘴喷出，推进剂气化后将液相内装物分裂并膨胀，产生泡沫，如刮须膏、护发摩丝等，如图4－1（c）所示。

喷雾形态取决于推进剂及内装物配方和喷雾阀门结构。

2. 推进剂

推进剂也称抛射剂，是迫使内装物从阀嘴喷出的动力源，它能产生气压，使内装物以雾气状、细流状或泡沫状喷出而分配使用。推进剂有液化气和压缩气体两大类。

（1）液化气　常用的液化气有碳氮化合物（氟利昂）和碳氢化合物，其种类及性能见表4－4所示。

（2）压缩气体　常用的有氮气、二氧化碳和氧化氮等，其物理性质见表4－5。压缩气体作为推进剂，有如下特点：

①它在喷雾容器中还是保持气态，能部分溶于水，通常不与产品混合，其喷出状态是“固体流”型。

②压缩气体通常使用的压力是600kPa，温度对压力变化影响较小。但在使用过程中，随容器内装排出，空间变大，压力会变小，影响喷雾特性，过低将无法使用。

③压缩气体比较安全卫生，可用于食品喷雾包装。

表4-4　液化气的种类和性能

类别	代号	化学名称	分子式	相对分子质量	沸点/℃	蒸汽压/kPa（绝对压力）		密度/(g/mL)(21℃)	使用性能
						21.1℃	54.4℃		
碳氟化合物	F-11	三氯一氟甲烷	CCl_3F	137.5	23.8	92.1	263.6	1.485	低压、有臭味，用于玻璃瓶
碳氟化合物	F-12	二氯二氟甲烷	CCl_2F_2	121	-29.8	584	1371	1.323	高压，可单独使用，有臭味
碳氟化合物	F-114	二氯四氟乙烷	$CClF_2CClF_2$	170.9	3.6	190	511	1.47	低压，用芳香油溶解好，用于玻璃瓶
碳氢化合物	A-17	丁烷	$CH_3CH_2CH_2CH_3$	58.1	-0.5	219	561	0.56	
碳氢化合物	A-31	异丁烷	$(CH_3)_2CHCH_3$	58	-11.73	315	771	0.58	
碳氢化合物	A-108	丙烷	$CH_3CH_2CH_3$	44.1	-42	846	1931	0.50	气味较小，价格较低，相对密度低，用量少，毒性小，但易燃

表4-5　压缩气体的物理性质

名称	分子式	相对分子质量	沸点/℃	蒸气压（21.1℃）/kPa 表压	在水中溶解度（25℃）V_g/V_s
二氧化碳	CO_2	44	-78.3	5767	0.7
一氧化二氮	N_2O	44	-88.4	4961	0.5
氮	N_2	28	-198.3	3287	0.014

注：$L=V_g/V_s$，Ostwald 溶解度系数：给定温度 T 和气体分压 p_g 下单位体积溶剂所吸收的气体体积。

推进剂的选用请参阅相关专业资料，表4-6给出一些推进剂的选例供参考。

表4-6　常用推进剂选例

内装物	配方号	内装物份额/%	推进剂/%				喷雾特性
			F-12/40 F-114/60	F-12/50 F-11/50	F-12/57 F-114/43	压缩气 N_2 (600kPa)	
抗生素		2	8				泡沫
乳剂基质		90					泡沫
香水	1	50		50			细雾
	2	93			7.0		泡沫
刮须膏	1	93			7.0		泡沫
	2					占罐容积25%	固体流

3. 喷雾罐容器与阀门

喷雾罐需能承受一定的气压，大部分材料是金属，也有低压罐用强度较好的塑料制成。常见的有马口铁三片罐和铝合金两片罐，容积通常为 15 ~ 1000mL。如图 4 - 2 是喷雾罐的工作原理图，阀门安装在罐的顶部，用一个导管通向罐的底部，工作时喷雾罐基本保持直立。

阀门是用来控制喷雾罐内装物流动与喷出特性的关键构件，它能控制容器中内装物的流动，使用时将它喷出。喷出的产品是泡沫状、雾粒状或是喷流状，完全取决于不同的阀门与按钮开关。阀门的设计形式很多，但原理基本相同。

如图 4 - 3 为典型的阀门结构。喷雾时压下按钮开关 1，阀杆 2 下降，使阀杆喷嘴 12 与阀体空间相通，同时喷雾罐内产品在推进剂气体压力推动下经阀体喷嘴 8 进入混合室 11，再经已打开的阀杆喷嘴进入阀杆通道，最后从按钮开关喷嘴 13 喷出，少部分液化气经排气孔 6 进入阀体协助内装物呈雾状喷出，放松按钮开关 1，阀杆 2 在弹簧 10 的作用下复位，使阀杆喷嘴 12 与混合室 11 隔断，恢复到不工作位置，罐中内装物处于密封状态。

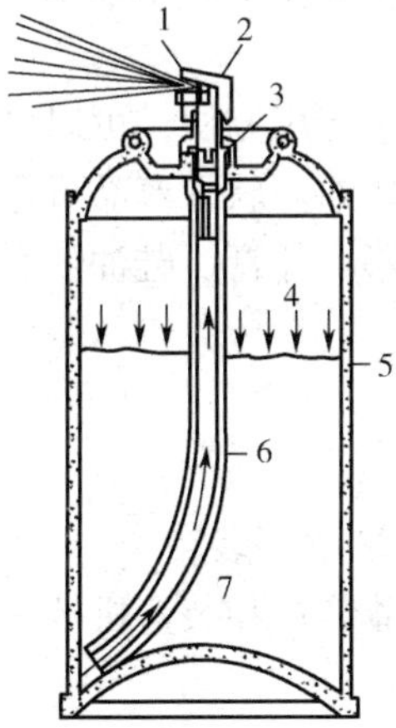

图 4 - 2 喷雾罐的结构和喷雾原理

1—喷嘴 2—按钮开关 3—阀门
4—推进剂气相 5—容器 6—导管
7—内装物与推进剂液相

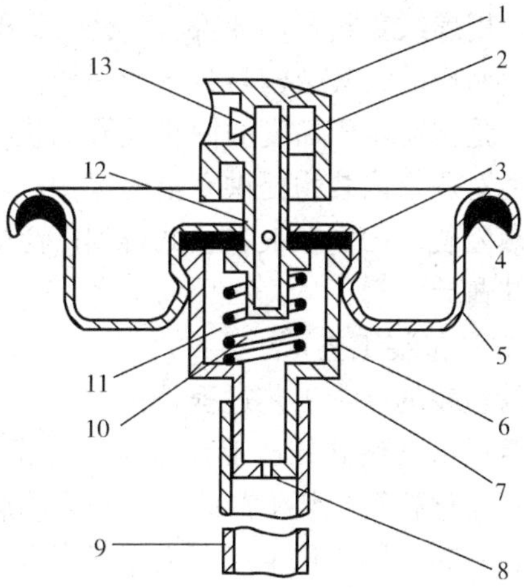

图 4 - 3 喷雾阀门结构图

1—按钮开关 2—阀杆 3—阀座 4—衬垫
5—阀门盖 6—排气孔 7—阀体 8—阀体喷嘴 9—导管
10—弹簧 11—混合室 12—阀杆喷嘴 13—喷嘴

喷雾阀的结构，特别是喷嘴的形状和尺寸是影响喷雾特性的关键因素，通常喷嘴中心孔直径设计时取 0.5 ~ 5mm，有的在工作时还可以调节通流量。

4. 喷雾内装物及推进剂的灌装工艺

通常喷雾内装物的生产工艺流程是：

内装物的配制及灌装→推进剂的配制及灌装→喷雾罐盖的接轧密封→漏气、质量及压力检验→最后包装

内装物及推进剂的灌装是喷雾包装中最重要的工艺。灌装法分为冷装和压装两种。

（1）冷灌装法 若主成分不含水分时，可采用冷灌装法。即将内装物与推进剂冷却至推进剂沸点以下，定量装入喷雾容器，然后尽快放上阀门，同时接轧卷边密封。其特点

是灌装时需要冷却设备，灌装速度快，推进剂损失较少。灌装后要回到常温以便贴标包装，设备投资大，能耗较大。

（2）压力灌装法　在室温下先灌装内装物，并灌入少量推进剂以驱除容器内空气，接着放置阀门并接轧卷边密封。最后将大量推进剂用灌装头以高压通过阀杆喷嘴逆向压入已密封的喷雾容器内。这种方法对产品配方没有特殊要求，可以含有水分。灌装时不会有冷凝水混入产品，不用冷冻及回温设备，投资较小。缺点是用此法灌装时容器内空气不易驱除干净，通过阀嘴灌装，速度较慢。目前多数喷雾产品采用这种方法灌装。

金属罐通常表面图文在制罐时已印制好，灌装及密封完毕后，要对罐体进行检漏试验，将罐浸入热水中（约55℃）保持3min，检查有无漏气，待干燥后进行喷码包装。

四、金属软管包装工艺

1. 金属软管包装的应用

软管是用软金属制成的圆柱形薄壁容器，它的一端折合压封或焊封；另一端形成管肩和管嘴并用螺纹盖封合。开盖后，挤压管壁时，内装物由管嘴流出。近年来软管的材料也有用塑料制作的，其结构与金属管一样。

软管是包装不同黏度的糊状或乳剂状物品的良好容器。它使用方便，可以多次、小量挤用，并对剩余内装物提供完全的保护。软管外壁可以印刷装饰。软管产品可用专门设备高速充填灌装，因而在很多领域得到广泛的应用，如包装油彩、牙膏、鞋油、药膏、黏合剂、调味酱等。

2. 软管包装工艺

软管包装的基本工艺过程是：

软管供给（链式传送带）→灌装（膏体供应）→封口→装盒→装箱

在自动化软管包装生产线上，通常将软管供给机、膏体灌装机和装盒机按一定的生产率组合在一起，同步化生产。主要工序有：

（1）软管的供给　软管按一定顺序排列进入灌装部位，为了方便灌装头进入，管口应进行整形，并保持固定间距。

（2）灌装　灌装按型式分类，有转盘式、链带式和直线式；按结构分类，有单管式、双管式和多管式；按生产能力分类，有低速机（50～80支/min）、中速机（100～200支/min）和高速机（200支/min以上）。膏体灌装为容积定量。定量装置由料斗、可调节送料泵、可定时开闭的三通转换开关以及喷嘴射膏器等组成。

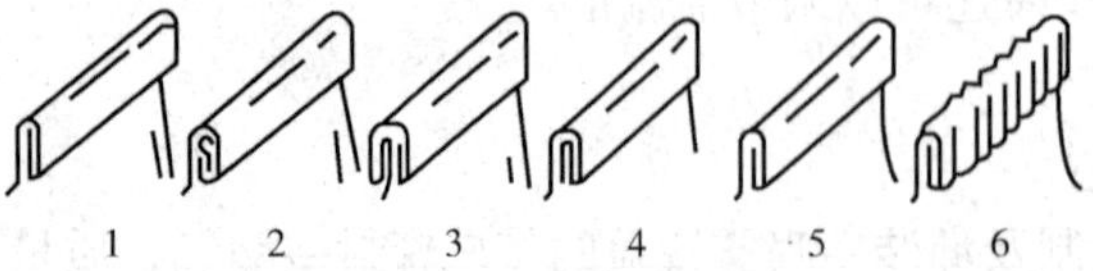

图4-4　金属软管的封尾形式图
1—单折边　2、4—双折边　3—鞍式折叠
5—平式管底　6—波纹管底

（3）封尾　膏体从软管尾部灌装后要进行封尾，金属软管采用多次折叠，压紧封尾；而塑料软管采用热熔封尾。图4-4是金属软管的封尾形式。

（4）装盒　已灌满膏体的软管要装入纸盒，对产品进行保护和装潢。装盒工序包括：纸盒上料分舌、撑开成型、膏管进入纸盒、折左右小舌（折角）、折大舌、推进大舌完成装盒。装盒可以手工或机械化。机械化装盒机有间歇式和连续式两种，连续式装盒机运行平稳，操作及保养较方便，生产能力大，使用较多。

（5）装箱　单支膏管装入小盒后要再装入中盒（一般每盒 20 支），进行保护包装，也可用热收缩薄膜包装。最后中盒包装再装入瓦楞纸箱（一般每箱 12 ~ 18 个中盒），以便于运输。

第二节　玻璃容器包装

一、玻璃容器包装的应用

玻璃是目前一种较好的环保型包装材料，无污染、可回收重复利用。玻璃包装容器是食品、医药、化学工业中传统的包装容器，它对液体包装有特别优良的适应性。玻璃包装容器中，80% ~90% 是食品包装用瓶、罐，如酒瓶、饮料瓶、水果罐和酱菜罐等。此外，还有药瓶、化妆品瓶及化工用酸碱瓶等。食品用玻璃瓶罐一般为钠钙硅系普通玻璃瓶罐，主要用于液态食品包装。另外用陶瓷或硬质塑料制成的各种小容器也广泛用来替代玻璃瓶罐包装，其包装工艺基本相同。

二、食品包装用玻璃瓶罐的类型及选用

食品包装用玻璃瓶罐的类型很多，这里介绍三种日常食品用瓶。

1. 小口瓶

小口瓶也称细口瓶，是酒类、液体调味品常用的包装容器。小口瓶有溜肩和端肩之分，其外形及各部分名称如图 4－5 所示。

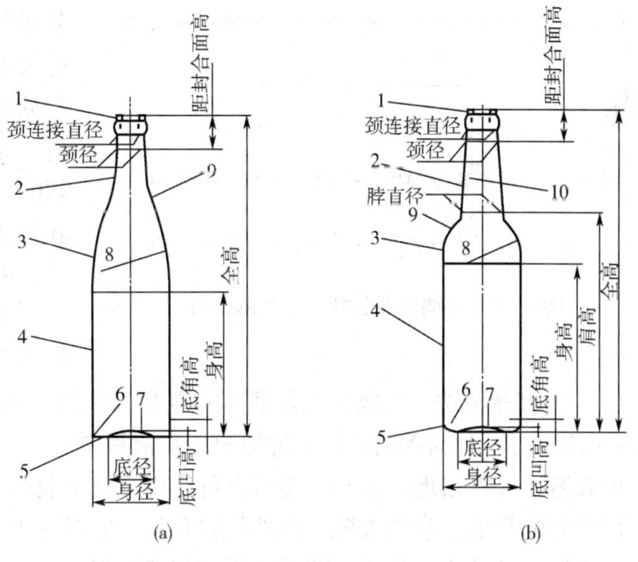

图 4－5　小口瓶瓶型及各部分名称

（a）溜肩瓶　（b）端肩瓶

1—瓶口　2—瓶颈　3—瓶肩　4—瓶身　5—瓶底　6—底角弧　7—底凹弧　8—肩内肩　9—肩内弧　10—弧内弧

在我国的小口酒瓶结构尺寸已制定的行业标准中，瓶子的大小按容量分，公称容量有 125mL、250mL、350mL、500mL、640mL、750mL 六种规格，

瓶身多为圆柱形。目前各企业对容量也有一些其他规格，瓶身有正锥、倒锥、鼓形、收腰及异形。

小口瓶瓶口的封盖形式有压塞、皇冠盖（压盖）、螺旋盖和滚压盖（防盗盖）等。用量最大的啤酒瓶和汽水瓶全部用皇冠盖，皇冠盖由马口铁加工而成，内衬塑料密封垫。瓶口以皇冠盖用压合密封，具有密封严、耐内压的优点，多用于啤酒和汽水包装。但开启不便，要用启盖器，一经开启便不能完全回封。

2. 罐头瓶

罐头瓶是较矮胖的大口瓶，用于包装在空气中易腐败、密封后必须加热杀菌的食物，如水果罐头。罐头瓶规格可参见《罐头工业手册》。罐盖为压封盖，用马口铁制作，内衬橡胶垫，用封罐机滚压封盖。它封口严密，耐内压，但是开启十分费力不便，目前已较少使用。

3. 广口瓶

广口瓶也称三/四旋瓶，它是一种容易启闭且密封较好的大开口瓶，瓶口有螺纹，常用于各种酱菜、果酱包装。三/四旋瓶瓶口通过不连续的螺纹与瓶盖密封，需开启时只要转动一定角度便可拧下盖子。盖子用马口铁制造，盖沟内注入硅胶可加强密封性。盖中间部位较薄，易变形，根据其变形情况可判断瓶内的压力变化。

三、小口玻璃瓶包装工艺

小口玻璃瓶常用来灌装白酒、红酒、汽水、啤酒、调味品等，包装的主要工序是洗瓶、灌装、封口及装箱。啤酒是消费量最大的含气饮料，一般熟啤酒用瓶装或易拉罐装，而鲜啤酒多用桶装。绝大部分啤酒用小口玻璃瓶包装，其常见容积有350mL、640mL及其他规格，保存期为3~6个月。这里以啤酒的玻璃瓶包装工艺为例进行介绍，其工艺步骤较全面，其他物料相对简单，可根据情况删减。

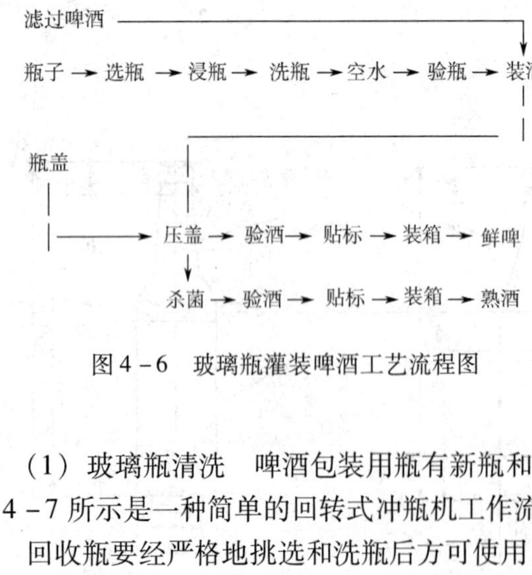

图4-6　玻璃瓶灌装啤酒工艺流程图

玻璃瓶灌装啤酒的工艺流程如图4-6所示。

（1）玻璃瓶清洗　啤酒包装用瓶有新瓶和回收瓶，新瓶只需高压水冲洗后即可使用，图4-7所示是一种简单的回转式冲瓶机工作流程图。

回收瓶要经严格地挑选和洗瓶后方可使用，由于瓶内外污染较大，洗瓶时要用到清洗剂。浸洗瓶的目的，是洗去瓶子内外的残存物，并对瓶子进行杀菌处理。瓶外标签若是纸质的，经浸泡冲洗后可清除；若是不干胶塑料标签，通常是用一定温度的热风吹瓶，标签塑料自动收缩卷曲脱落。浸洗后瓶内外水应尽量沥干，滴水应无碱性反应。现代化啤酒灌装车间浸洗瓶由洗瓶机组完成，根据进出瓶位置情况分为单端式和双端式结构，如图4-8所示为单端式浸洗瓶机工艺流程简图。

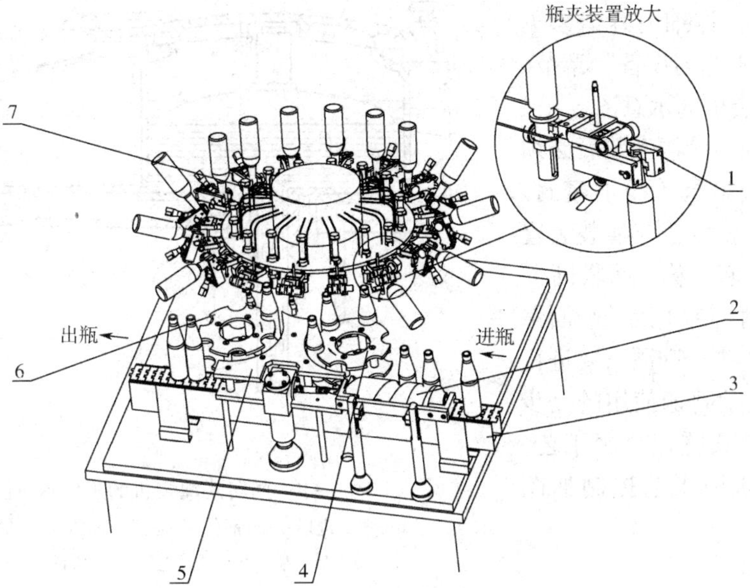

图4－7 回转式冲瓶机的工作流程图

1—瓶夹装置 2—进瓶螺旋 3—输送带 4—进瓶星轮 5—导板 6—出瓶星轮 7—冲瓶机主体

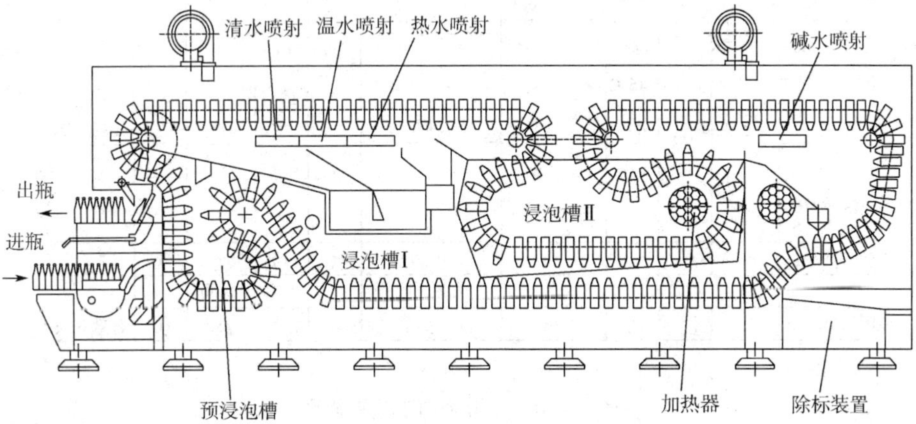

图4－8 单端式浸洗瓶机工艺流程简图

洗瓶的关键工序及技术要求有：

①浸洗液清洗剂。要求无毒、低泡、高效。常用碱性清洗液，如3% NaOH水溶液。清洗液剂有多种配方，根据瓶子的污染程度选用。

②浸洗温度。玻璃导热差，升温应平稳。瓶温与液温之差不大于35℃，以防爆裂。碱液最高温度为65～70℃，低温不小于55℃。

③喷淋压力。喷洗液压力0.2～0.25MPa，无菌压缩空气压力0.4～0.6MPa。

④验瓶。浸洗吹干的瓶子，要用人工或光学仪器逐个检验，不合格的应剔除。

（2）灌装酒 啤酒是含气饮料，需用专用灌装机灌装，通常为多工位回转式灌装机，装酒温度控制在 0 ~ 4℃，以防 CO_2 逃逸冒酒。详细内容请参见“灌装和充填工艺与设备”章节。图 4 - 9 为灌装机的示意图。

(3) 压盖　啤酒灌装后必须快速封口，将皇冠盖压上密封，由压盖机完成，压盖与灌装装置通常安装在一起，称为两联机。

(4) 杀菌　为了延长啤酒保存期，普通（熟）啤酒需要进行巴氏杀菌。目前普遍使用的是步进或网链喷淋式隧道杀菌工艺，喷淋式啤酒杀菌工艺控制如图 4 - 10 所示。

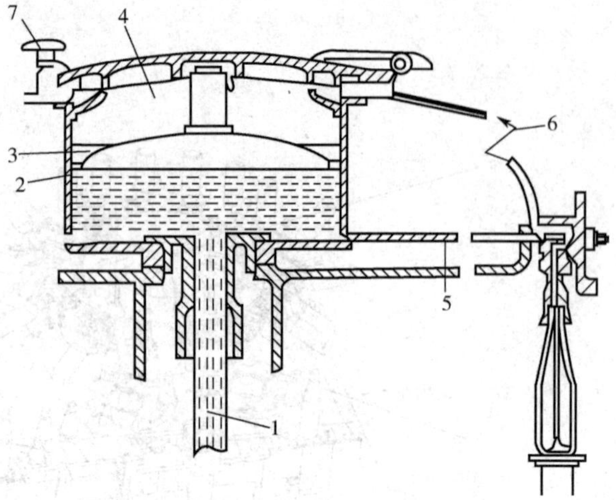

图 4 - 9　回转式灌装机的工作示意图

1—啤酒进口　2—液位浮标　3—泡沫　4—储酒缸　5—导酒管　6—气路通道　7—固定螺丝

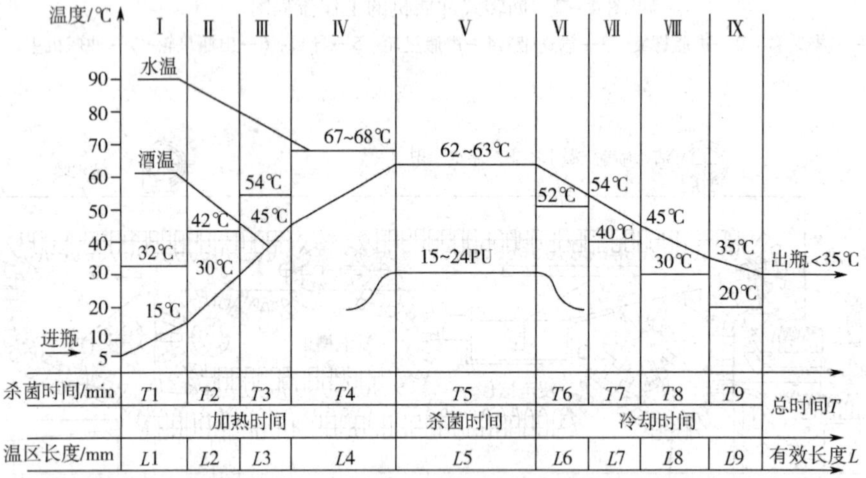

图 4 - 10　喷淋杀菌工艺控制图

杀菌工艺要求：

①灌装液位不能太高，即酒不得装满，瓶内应留有 3% ~ 4% 的剩余空间，保证升温时有膨胀空间，以防涨瓶。

②杀菌温度一般为 65℃左右，保持 10 ~ 15min。

③加热水与酒的温差应保持在 2 ~ 3℃，以防局部过热。

④升温、降温应缓慢，以防瓶子破损。

(5) 检验　瓶内啤酒应清明透亮，液位高低一致；无悬浮物和杂质，瓶身无裂纹，瓶盖无漏气漏酒，瓶外无不洁物。

(6) 贴标　贴标有纸标和不干胶塑标，一般用耐湿耐碱纸商标，用贴标机粘贴。

（7）装箱　可用塑料周转箱或瓦楞纸箱、花格木箱等。装箱用机械自动化装箱机完成。

用玻璃瓶包装其他液体物料或具有一定流动性的固体颗粒状物料的工艺流程与灌装啤酒基本一致，但大多没有杀菌工序。而广口瓶在封盖后通常都有杀菌工序。

四、玻璃容器包装的防破损

玻璃包装容器性脆，所包装物品在流通过程中容易破损。据统计，在短距离储运时其破损率为5%～7%，长距离储运流通时则达20%～30%。因此，玻璃容器包装，尤其在包装液态物品时，要特别注意防破损。防破损一般采取以下措施：

（1）选用合适的外包装。由于玻璃容器较重，过去多采用强度大的木箱做外包装。但木箱笨重、回收不便、用量越来越少。塑料周转箱曾是瓶装啤酒、汽水的主要运输包装形式，它强度大且较轻便，但价格贵，回收也不便。现在普遍使用纸板箱或热收缩包装。

（2）为了便于储运，单个外包装的产品总重量和体积要适当。一般规定包装件质量在操作者体重的40%以下，约为15～30kg，便于操作者搬动。

（3）瓶罐在外包装内的安放形式要合适，有时要考虑增加缓冲措施。一般瓶罐在外包装内是竖立式，并尽量排列紧密，防止碰撞。运输距离长时，要考虑采用缓冲措施，如瓶间用瓦楞纸板隔开，瓶子先装入纸盒或套入气垫薄膜、泡沫塑料中等。

第三节　纸箱包装

一、纸箱的类型

用较硬纸板制作的包装容器称为纸质容器，其形状有圆筒形和方形，以方形应用较多，习惯称方形纸容器为纸箱，纸箱多用于运输包装。包装用纸箱根据纸板材料结构可分为硬纸板箱、瓦楞纸箱和蜂窝纸板箱等。其中供长时间储存和运输用的，仍以瓦楞纸箱为最多。

（1）纸箱的类型　瓦楞纸箱的型式种类繁多，主要有折叠式、固定式以及片材式纸箱。

（2）瓦楞纸箱的选用　瓦楞纸箱的选择需考虑的因素较多，首先应考虑包装产品的性质、状态、重量、储运方式与条件、流通环境以及展示性等基本因素，同时应保证足够的强度，此外，还要考虑包装件的运输要求，遵循有关国家标准或国际标准。

二、装箱工艺

装箱工艺和装盒工艺相似，但一般装箱的产品质量、体积较大，组合包装数量较多，同时多为运输包装，根据具体产品包装要求，需要加入隔离附件、缓冲衬垫等。

1. 根据装箱自动化程度分类

（1）人工装箱　用人工先把箱坯撑开形成筒状，然后将箱底的翼片和盖片依次折叠并封合，产品从另一开口处装入，最后封箱。通常采用粘胶带或捆扎式封箱。人工装箱方便灵活，但劳动强度大，生产速度慢，包装质量受人员因素影响差别较大。

（2）半自动或全自动机械装箱　全自动装箱，其作业流程如取箱坯、产品排列整理、开箱、封底、充填、封口等都由机械自动进行，生产速度快，包装质量有保障，同时根据需要可选择不同的封合方法。采用半自动装箱时，通常取箱坯、开箱、封盒为人工操作。

2. 按产品装入的方式分类

按产品装入的方法分，装箱工艺可分为三类，即装入式、裹包式和套入式。

（1）装入式装箱工艺　装入式装箱是最常用的装箱工艺，箱子经预制成型，保持一面开口，把整理、计数、排列好的物品从开口处装入箱内。包装产品不同，其排列堆积的方向性不同，相应的装箱方向也不同。产品可以沿竖直方向装入立放的箱内，也可沿水平方向装入横卧的箱内或侧面开口的箱内。因此，装入式装箱工艺又可分为立式装箱法和卧式装箱法两种。

①立式装箱法。装箱时纸箱是正常排放状态，即箱开口在上，物品从开口处装入箱内。其基本装箱工艺过程为：

产品供送→整理排列
↓
取箱坯→箱张开成型→箱底封合→充填（装箱）→封盖→成品

主要用于直立排放的各种瓶装、罐装、盒装产品，也适用于无特殊要求的袋装产品。立式装箱工艺根据被装箱产品的特性、装箱的目的要求不同，又分为三种方式。

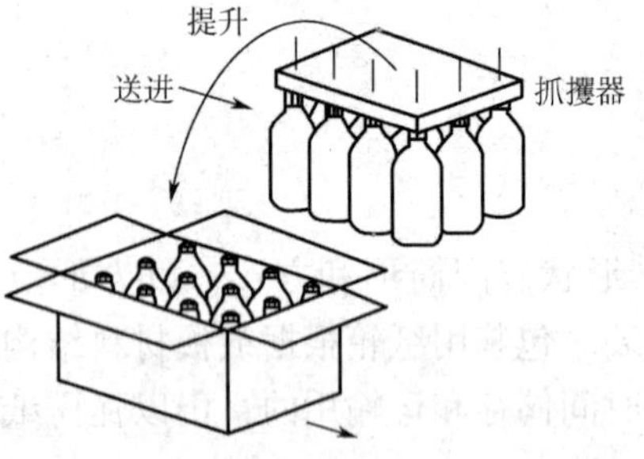

图4－11　吊入式装箱工艺过程图

a. 吊入式装箱。多用于多件瓶型产品，或不易采用推入式装箱产品的装箱，各种瓶装物料如酒、调味品的装箱都是吊入式装箱，其工艺方式如图4－11所示。

b. 夹送式装箱工艺。夹送式装箱工艺主要适用于具有平行六面体形状物品的装箱。装箱时，装箱机上一对夹送辊作相反方向转动，把待装物品夹持送入箱内。

如图4－12所示，待装物品2由传送带1输入，当物品通过所规定的数量时，计量装置3就发出信号，由相应机械装置控制阻挡后续物品通过，推料板4把一组待装产品推向装箱工位处，即6、7两夹送辊之间的支承平面上，与此同时已完成封底的纸箱8由输送带5送至装料工位，接着两夹送辊相向转动，把物品夹送入箱内，完成一组物品的装箱工作循环。

c. 跌落式装箱工艺。如图4－13为袋装产品跌落式装箱工艺过程。箱坯6经开箱后成箱筒7，进行底面的折片封底，成为上盖打开的纸箱8，并到达装箱工位，待装箱的袋装物品1，由传送带2、3输送，经活门4到达可转动的装箱板5处待装，当装箱板向下转动时，产品就自由落入纸箱内，期间可借助移箱机构的作用，使产品在箱内按照一定顺序排列堆积，直至完成规定数量的充填，此后纸箱向前输送，在经过上盖折片 9 和封口作用 10 后，即完成装箱工艺过程。

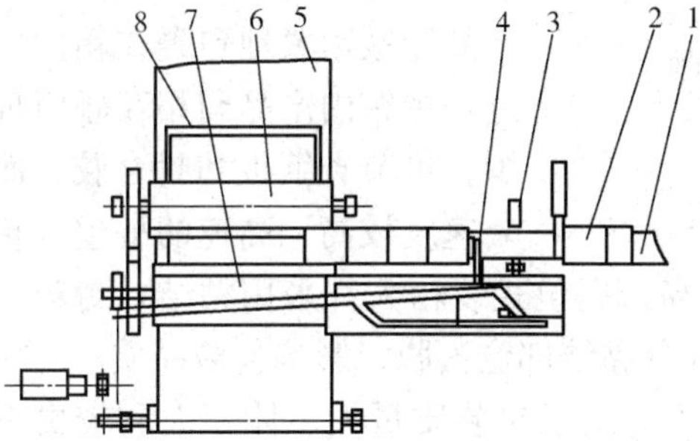

图 4－12 夹送式装箱工艺过程图

1—物品传送带 2—装箱物品 3—计量装置 4—推料板 5—纸箱输送带 6、7—夹送辊 8—纸箱

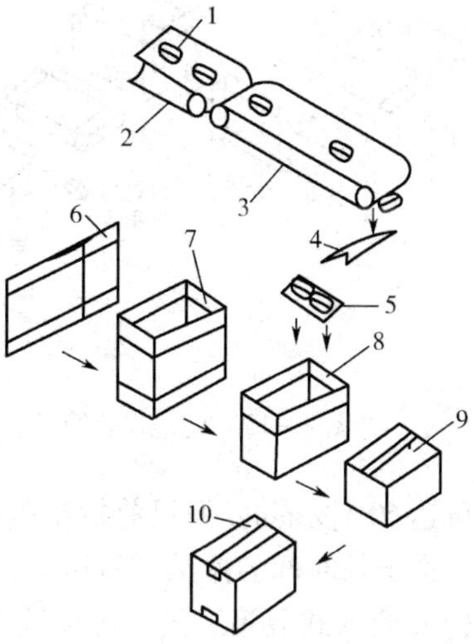

图 4－13 跌落式装箱工艺过程图

1—待装物品 2、3—传送带 4—活门 5—装箱板 6—纸箱坯 7—箱筒 8—合底上开的纸箱 9—上盖折片 10—封合纸箱上盖

对于瓶装产品，也可采用跌落式装箱工艺，只是不能采用上述的直接跌落装箱，通常需要设置专用的跌落滑道，装箱时，排列产品依靠重力沿各自的滑道滑落至包装箱内。

②卧式装箱法。装箱时纸箱呈侧放状态，即箱开口在水平方向，物品从开口处装入箱内。其基本装箱工艺过程与立式装箱法基本相同。这种装箱工艺常用于对产品在箱内的排放方向无特定要求，并便于整理排列的规则状产品。

常见的卧式装箱工艺过程如图 4－14 所示。从箱坯储存架上取出一箱坯，将箱坯横推撑开成水平筒状，将箱筒送至装箱工位，并合上箱底的翼片，将整理排列好的产品从横向推入箱内。并合上箱口的翼片，其后在箱底和箱口盖片的内侧涂胶，合上全部盖片并压紧实施封箱。

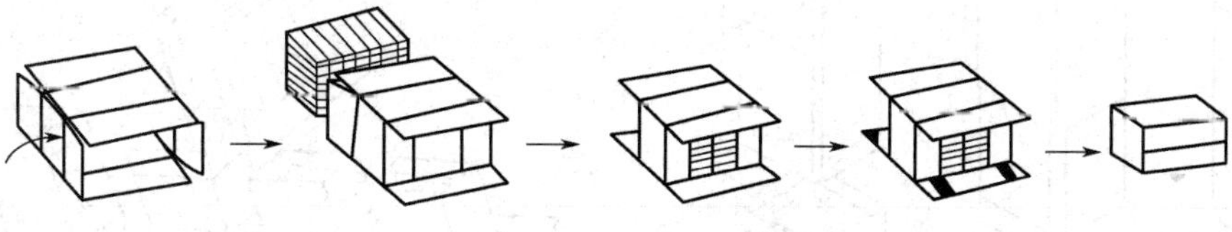

图 4－14 卧式装箱工艺过程图

（2）裹包式装箱工艺 裹包式装箱是用片状瓦楞纸板或厚的纸板把整理排列好的产品四周裹包起来，并胶粘封合实施装箱包装。

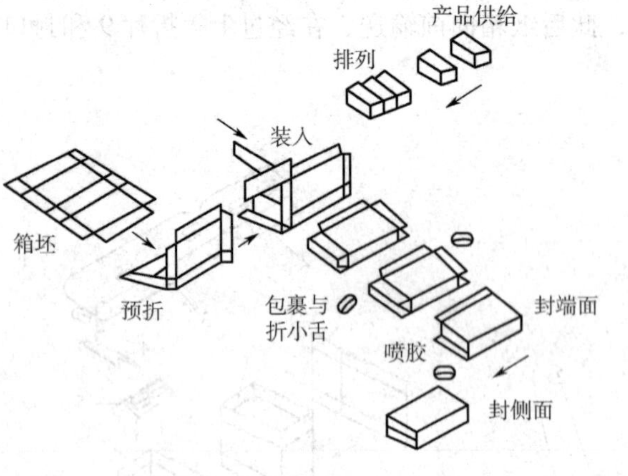

图 4－15　裹包式装箱工艺过程图

包裹式装箱的工艺流程如图 4－15 所示。由箱坯库取出一纸板箱坯，并预折成规定形状，产品经整理排列送至装箱工位，由推板推入箱坯，其后实施相应裹包作业，使制品包裹在箱坯内。折页后喷胶，封端页，再喷胶封侧页，热压封合后送出。

裹包式装箱与普通装箱相比，产品能被紧紧地包裹在箱内，运输过程中箱内产品间相互碰撞现象减少，可节省纸板和封合胶，而且包装速度较高，高速的裹包装箱生产速度可达 60 件/min。但目前封箱质量有待提高，裹包式装箱大都采用粘结式封箱，贮存过程中由于长时间的振动、挤压，往往造成部分黏结部位松脱，影响包装品质。

（3）套入式装箱工艺　这种装箱方法主要适用于包装质量大、体积大和较贵重的大件物品或包装时不易翻倒的物品。按装箱物品装入数量不同可分为单体套入式装箱和集合套入式装箱。

①单体套入式装箱。如图 4－16 所示，这种装箱方法适合包装质量大、体积大的大件物品，如电冰箱、洗衣机等。其特点是纸箱采用两件式，大套件比产品高一些，箱坯撑开后先将上口封住，下口无翼片和盖片，另一件的小套件（浅盘式盖）。装箱时先将浅盘式盖放在装箱台板上，里面放置缓冲衬垫，然后产品置于浅盘上，再将大套件从产品上部套入，直到把浅盘插入其中。最后进行捆扎封箱。

②集合套入式装箱。集合套入式装箱工艺是指把经过整理排列好的盒装、瓶罐类集合体套上纸箱而完成装箱的方法。如图 4－17 所示，将贮存架上的箱坯取出后撑开成筒状，并进行箱底封合，同时将成组待装产品送至装箱位置，将箱筒自上部套入集合体，然后翻转 180°，纸箱上开口折页，封合顶部，完成装箱工序。

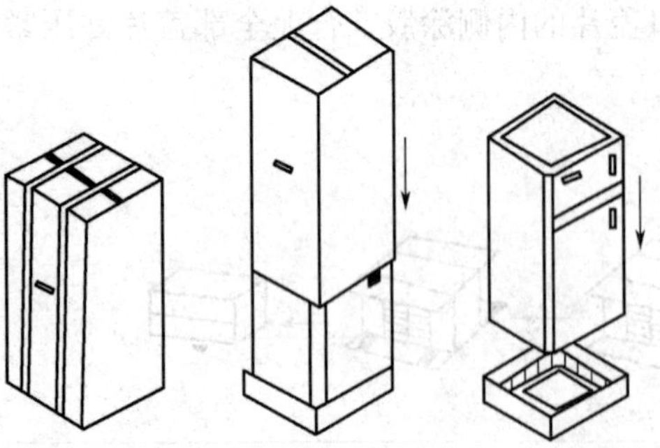

图 4－16　电冰箱单体套入装箱工艺过程图

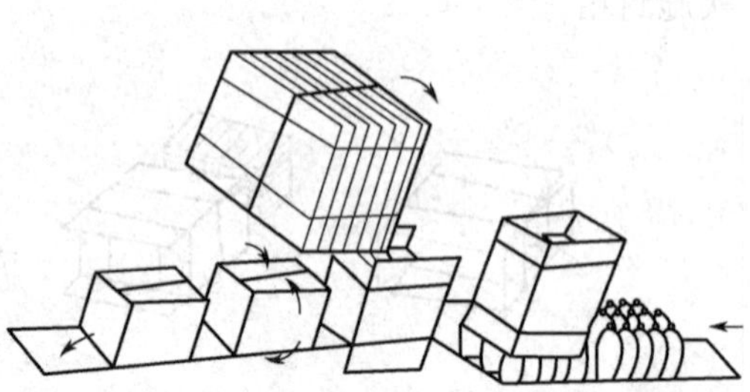

图 4－17　多件集合套入装箱工艺过程图

第四节　木质容器包装

一、木质容器包装的应用

以木材为主要包装材料的容器包装，通称为木质包装。木质容器主要有箱、桶、盒以及木托盘。另外，常把竹、柳、藤、荆和条编的筐篓和笼也归入木质容器中，其中木箱为最常用的包装容器。

1. 木箱结构类型及用途

木箱主要用来作储运包装，按物品储运要求的不同，木箱结构也有所不同。通用标准按箱板排列疏密和装载量，以及有无滑木将木箱分为3大类11个品种，如表4－7所示。

表4－7　　木箱结构分类

类型	载重/kg	名称	图例
封闭箱（满板箱）	<100	普通木箱	图4－18（a）
		胶合板箱	
		铁皮胶合板箱	
	100～1000	普通滑木箱	图4－18（b）
	>1000	框架滑木箱	图4－18（c）
	>1000	胶合板框架滑木箱	
花格箱（条板箱）	<100	小型花格箱	图4－18（d）
	100～500	中型花格箱	
	>500	大型花格箱	
捆板箱	<200	铁丝捆扎箱	

普通木箱、普通滑木箱、框架滑木箱和小型花格箱的结构如图4－18所示。其中花格箱用于无防湿、防潮要求而怕磕碰损坏的机电产品，如较大玻璃、瓷器、变压器等类。花格箱用料省，结构简单，经济实用。封闭箱适用于有防锈、防霉和防潮要求的机电产品，如仪器、仪表、机床、电工产品等。普通木箱结构较简单，框架滑木箱较复杂，框架箱承重大，滑木结构便于机械搬运。

2. 木箱的选用

木箱作为外包装，其选用要根据木箱包装产品的分类及有关标准而定。

①木箱包装产品的分类。根据产品装箱的难易程度及产品对木箱载荷作用的差异，可将木箱包装分为三类，如表4－8所示。

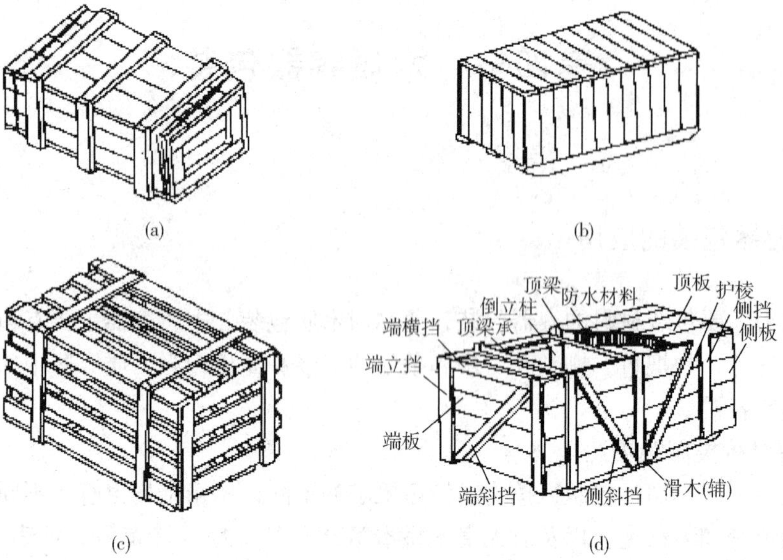

图 4-18　木箱结构图

（a）普通木箱　（b）普通滑木箱　（c）框架滑木箱　（d）小型花格箱

②木箱除按产品外形尺寸确定箱内尺寸外，还应使箱外尺寸符合 GB/T 4892—2008《硬质直方体运输包装尺寸系列》和 GB 1834—1980《通用集装箱最小内部尺寸》以及机车界限尺寸所规定的要求，选用时请查阅各相关标准手册。

表 4-8　木箱包装产品分类

类别	产品特征	木箱承载特征	实例
一类产品（易装产品）	形状规则，不易损坏，集装单元质量不大，且可与箱内表面紧密接触	内箱各板面均匀受载（一类载荷）	布匹、香烟、肥皂、散装小钉
二类产品（留空产品）	形状规则，集装后与木箱内表面留有空隙	木箱内表面受均匀分布的集中力（二类载荷）	各种罐头，瓶装产品及卷料
三类产品（难装产品）	外形不规则，质量大，在箱内易移动发生破损或破箱	载荷随机，木箱承受大（三类载荷）	机器、自行车、机械零件精密仪器、机床

二、木箱包装工艺

木箱以包装机电或较大型物品为主，为了确保安全运送，装卸方便，具体包装中应考虑以下工艺问题。

1. 产品在箱内的重心位置

产品的重心尽量与箱体的平面形心一致，降低竖直方向的重心位置。对于一些重心偏高的机电产品，如压力机等，应考虑采取卧倒包装，以降低重心，确保储运作业安全。若重心不在木箱的形心竖直线上，应在箱外明显标注。

2. 产品的固定与缓冲

物品安放到木箱内时，应加以固定或采取缓冲措施，常见的方法有：

①螺栓固定。它是大中型机电产品常用的固定方法。此法是用螺栓通过产品的地脚螺孔将产品固定在木箱底座上，如图4－19所示。

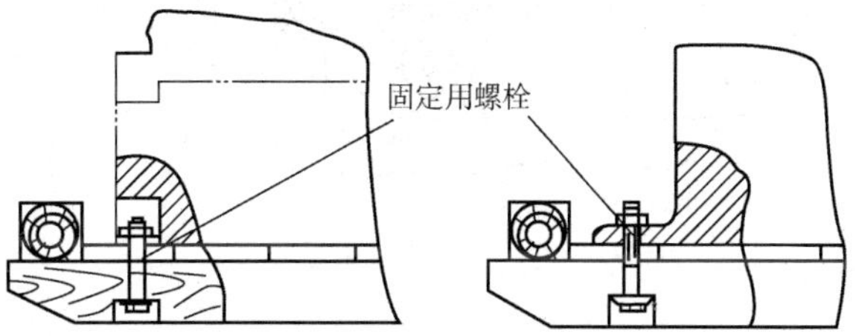

图4－19 物体与木箱用螺栓固定

②压杆固定。若大中型机电产品无地脚螺孔或重心偏高，可用卧倒包装，用压杆固定。压杆可为方木、角钢、槽钢等。压杆部位可利用产品孔洞或直接压在产品上，被压面如为加工面则作衬垫毛毡或橡胶，并加防锈处理；被压面为涂漆面则仅加衬垫即可。如图4－20所示用压杆和长螺栓固定物体。

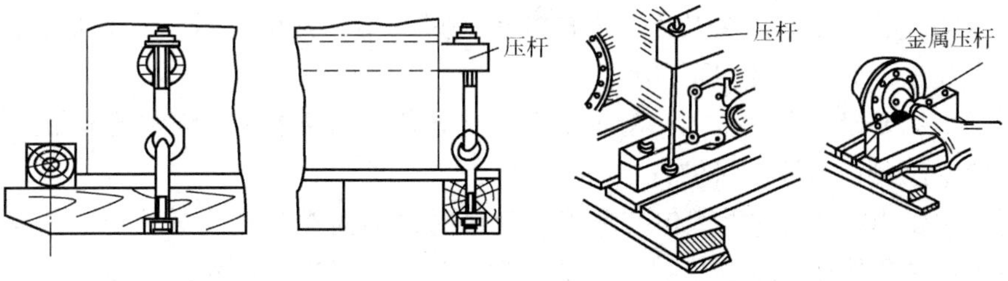

图4－20 用压杆固定物体的形式

③木块定位固定。有些精密机电产品，如控制中心、光学仪器、显微镜等，在木箱内要防止移动和震动，常用定位木块（上贴丝绒或海绵）将它从上至下、从左至右，从前至后各个方向紧紧卡住，并起到缓冲作用，如图4－21所示。

④铁箍固定。外形呈柱形的大中型机电产品或部件，如各种贮料罐、立柱等，通常用铁箍固定，并衬以毛毡、橡胶板等缓冲材料，如图4－22所示。

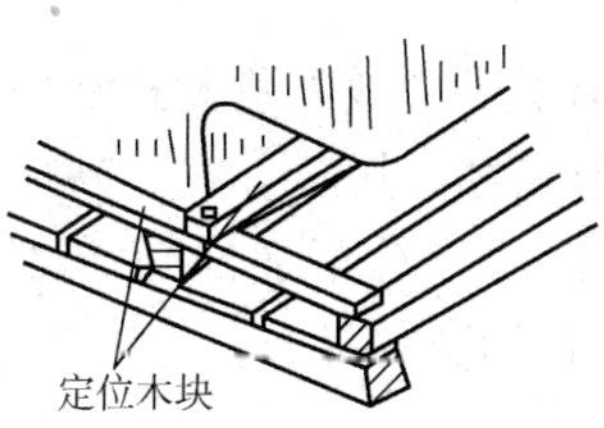

图4－21 用木块固定物体位置

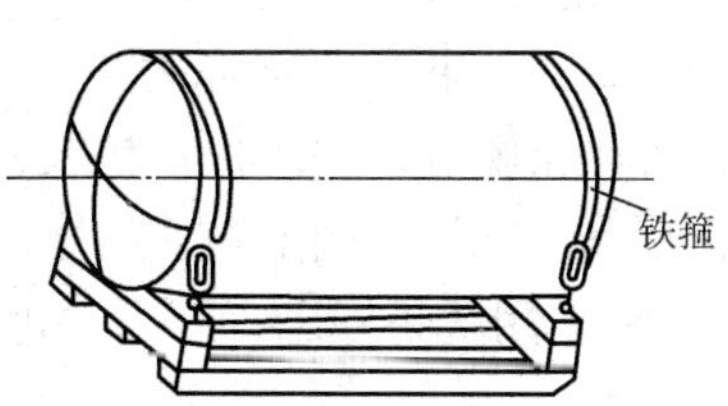

图4－22 用木块固定物体位置

3. 木箱的防雨和通风

木箱包装的产品由于体积较大，在储运过程中常在室外露天堆放，为防止雨水漏入，应采用一定形式和结构的箱顶。海运出口包装木箱宜用平顶，以便于装仓；内销包装用木

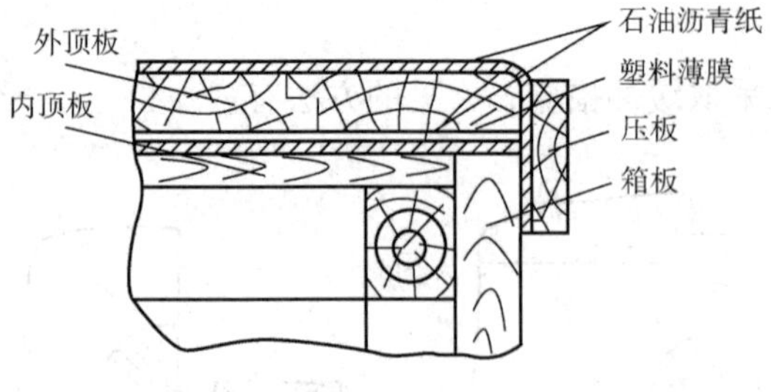

图4－23　木箱顶防雨结构

箱采用屋脊顶较好，可防箱顶积存雨水，也可采用单面斜顶。箱顶可用油毛毡、塑料薄膜等材料组成的防雨结构，如图4－23所示。

此外，露天堆放的包装箱，可能因昼夜温差造成箱内产生凝露水而导致产品生锈，有时大型木箱要开通风孔或设通风罩。但开孔不宜太大，或加装铁丝网，以防小型动物进入。

4. 木箱的钉合与加固

木箱的侧面、顶面及底面通常用钢钉钉合，也有用专用螺栓连接。钢钉规格和排列方式以钉合强度的要求而定。

为了加固，还可用包铁、钢带（铁腰子）等加固件。对于载重1t以上的重大型木箱，应尽可能用螺栓接合，并在柱、撑、梁结合处用U形钉、L形钉、T形钉等加固。

5. 木箱的安全运送

重型木箱包装在车站码头及送达用户的运送过程中，常用吊运、铲运及滚杠等方法。要做到安全运送，必须注意以下几点：

①重型木箱要设有滑木，木箱滑木要有一定导角，以便滚杠运输和装放吊绳。载重大的木箱，滑木吊装口常镶上保护铁。

②对载重量10t以上的重型包装木箱，起吊时吊绳对箱顶夹力较大，易损坏上框木，因此吊绳夹箱位置要增设加强措施，如加L形保护角铁或内衬加固方木等。

6. 装箱单

装箱单是提供给客户的货物明细表，用以表明每箱或每批货物的明细内容，应放在木箱内，基本内容有：①日期；②发票编号；③合同或订货编号；④装船、卸船港；⑤船名；⑥项目编号；⑦货名；⑧净重及毛重；⑨尺寸及体积。

7. 箱面标志

已包装好的木箱的箱面要印刷标志，以指导搬运、装卸和储存，防止损失和避免事故。这些标志包括收发货标志、储运标志、贸易标志以及危险品标志等，根据需要加以选用。这些标志应符合国家标准的规定。

（1）收发货标志　收发货标志为文字说明，供有关部门收发货及理货使用，内容有：①产品型号、名称和规格；②体积：包装件最大外形尺寸，用长、宽、高标示；③质量：包装件净重、毛重（kg）；④箱（件）号：第几型（件）/总箱（件）；⑤收发货单位或个人（全称），外销用贸易标志；⑥到站港全称，外销用贸易标志；⑦出产地全称；⑧制造厂。

收发货标志的印刷位置参考GB 6388—1986《运输包装收发货标志》。

（2）贸易标志　它是用于出口商品包装的收发货标志，是由外贸买卖双方确认的。还可以有主标志、副标志之分。

（3）储运作业图标志　用于指示搬运、装卸和储存等作业，其类型、图示、印刷均应符合GB 191—2008《包装储运图示标志的规定》。如起运方式、重心、堆码层数等。

思考题

1. 纸箱的类型有哪些？选择瓦楞纸箱的原则是什么？

2. 根据产品装箱方式不同，装箱工艺可分为哪几类？各类纸箱工艺有何特征？其包装适应性如何？

3. 金属包装容器在应用上有何优缺点？马口铁罐、铝二片罐、钢桶各适用于哪类商品包装？

4. 了解金属罐装食品包装工艺过程及其一般要求。

5. 喷雾包装中喷雾的形态与作用方式有几种类型？喷雾形态与哪些因素有关？

6. 说明喷雾阀的结构组成。

7. 说明喷雾包装中压力灌装工艺过程及其优缺点。

8. 简述软管包装的含义。它们在应用上有什么特点？

9. 了解牙膏软管包装工艺过程及设备的一般要求。牙膏灌装时如何定量？有哪些铝软管的封尾形式？

10. 玻璃包装容器对液态商品包装有较好的适应性，为什么？玻璃包装容器在应用上有何缺点？如何防破损？

11. 说明小口玻璃瓶包装工艺过程及设备的一般要求。

12. 重物木箱包装在包装工艺上有何要求？请扼要说明。

13. 了解运输包装箱面标志的种类、有关标准及表示方法。

第五章 灌装和充填工艺与设备

第一节 概述

如何将物料供送、计量（质量、容量、数量），并快速送入包装容器是各种物料包装工艺的关键，也是各种包装机械的主要部分。

一、灌装和充填

将液体产品装入包装容器的操作称为灌装，实现灌装的设备统称灌装机。将固体产品装入包装容器的操作称为充填，实现充填物料的设备统称充填机械。它们都是包装工艺中最常用的装料方法。灌装与充填工艺是包装工艺过程的中间工序，灌装与充填之前是物料的制备和供送的准备，包括容器制备、清洗、消毒、干燥、排列，之后是密封、封口、贴标、打印、码垛等辅助工序。

灌装的物料是液体，其主要影响因素是黏度和含气状况，以及流动中的发泡现象。充填的固体物料种类繁多，按物理状态可分为颗粒、粉末、块状或混合状等，有些有较好的流动性，有些表面有一定的黏性。按包装容器不同，可分为装袋、装瓶、装罐、装盒、装箱等。

灌装和充填的物料种类、形态、流动性及价值等各不相同，所以计量方法也不相同，按计量方法分，有容积法（容量）、称重法（质量/重量）和计数法（数量）等。

二、灌装和充填工艺的精度

包装量的准确性是影响包装质量的主要因素，也称作包装工艺精度。工艺精度是指装入包装容器内物料的实际数量值与要求数量值的误差范围。工艺精度低，允许的误差范围大，容易产生装料不足或装料过量。装料不足将损害消费者的利益，也影响企业的信誉。装料过量将会增大成本，影响企业的经济效益。但工艺精度要求过高，所需设备价格就越高，包装成本高，就会造成产品的销售价格过高，影响产品的销售。因此，应该根据产品的种类、价值、应用场合及生产的实际情况，确定合适的工艺精度。一般贵重物料和对定量要求严格的物料，如贵重物品、高档饮料、药品等，装料精度应高一些，而价格低廉的物品，装料精度可要求低一些。

三、灌装和充填工艺的选用

灌装和充填工艺方法根据不同性能要求有很多种，一般要求装料准确，不损坏内装物和包装容器。食品和药品类的物品应注意清洁卫生，危险品应注意安全防护。在选择工艺方法时，应综合考虑物品的物理状态、性质、价值，包装容器的种类，包装设备、计量方法、工艺精度、包装成本和生产效率等因素，以下将针对不同性能要求分别介绍灌装和充填工艺及完成这些工艺的设备。

第二节 灌装工艺与设备

一、液体灌装基础

将液体产品装入瓶、罐、桶等包装容器内的操作，称为灌装。液体物料与固体物料相比，具有流动性好，密度稳定，压缩性小等的特点。被灌装的液体物料种类很多，主要有各类食品、饮料、调味品、工业品、化工原料、医药、农药等。由于它们的物理、化学性质差异很大，因此，对灌装的要求也各不相同。影响灌装的主要因素是液体的黏度，其次是液体内是否溶有气体及流动起泡现象等。一般液体按黏度可分为三类。

第一类是黏度小，流动性好的稀薄液体物料，如水、酒、牛奶、酱油、药水等。

第二类是黏度中等，流动性比较差的黏稠液体物料，为了提高其流速需要施加外力。如番茄酱、稀奶油等。

第三类是黏度大，流动性差的黏糊状液体物料，需要借助外力才能流动，有时还须升高灌装温度，如果酱、牙膏、浆糊等。

另外，液体物料根据其是否溶有二氧化碳气体，分为含气饮料和不含气饮料。啤酒、汽酒、香槟、汽水等是含气饮料，又称碳酸饮料。各种矿泉水、纯净水、红白酒、调味品等都是不含气饮料，但调味品在流动时会产生气泡，影响定量。

液体灌装是将液体从储液缸中取出，经过管道，按一定的流速或流量装入包装容器的过程。管道中流体的运动是依靠流入端与流出端压力差，即流入端压力必须高于流出端压力。根据流体力学理论，流体在流动过程中由于其所具有的基本条件不同，会出现两种不同的流动状态：即稳定流动状态和不稳定流动状态。如果流体在管道中流动时，其任一截面处的流速、压强等物理量均不随时间变化，即属于稳定流动。只要其中一个物理量随时间变化，即为不稳定流动。在液体灌装中，这两种状态都有可能存在。

科学研究表明，液体在管道中流动时有两种完全不同的流动状态，称作层流和紊流。若流体质点沿管轴作有规则的平行运动，各质点互不碰撞，互不混合，为层流。若流体质点作不规则的杂乱运动，并互相碰撞，产生各种旋涡，为紊流。紊流质点的速度和压强都是脉动的，是一种不稳定流动。流体力学中用雷诺系数来判断，判断准则是：当雷诺数 $Re<2000$ 时为层流；$Re>2000$ 时为紊流。一般管道截面为圆形，假设流过圆形管道截面的液体为稳定均匀层流，根据相关研究公式可知：液体容积流量与压力差成正比，与管内径的四次方成正比，与管长成反比，平均流速与流量成正比。由此，可得出以下结论：

①同一种液体，当管长与管径不变时，如果压力差成倍增加，容积流量也成倍增加，平均流速同样成倍增加。

②同一种液体，当管径不变时，如果管长与压力差均成倍增加，则容积流量不变，平均流速也不变。

上述结论是设计最佳灌装系统的依据。

二、液体灌装方法

液体物料性能不同，流动性相差较大，流动性好的靠自重即可灌入包装容器，流动性差的则需要施加压力才能灌入包装容器，灌装方法也多种多样。根据灌装压力的不同可分为常压灌装、压力灌装和真空（负压）灌装等。按定量方式不同，液体常采用液位定量（等液位）和容积定量，较贵重液体采用称重法定量。

1. 常压灌装（G）

常压灌装，又称重力灌装，即在常压下，利用液体自身的重力将其灌入包装容器内。该灌装方法适用于不含气又不怕接触大气的低黏度液体物料，如各种水、白酒、果酒、酱油、牛奶、药水等。

灌装设备中最关键的部件是灌装阀，也称灌装头。常压灌装时，贮液缸位于容器的上方，物料从贮液缸中通过灌装阀，靠自重流入包装容器。其方法有两种，一种是由升降机构托着容器上升，容器的口部与灌装阀接触，顶起灌装阀，灌装开始，灌装时瓶子中的空气由排气管排出；另一种方法是灌装阀向下移动，与容器口接触，打开灌装阀，灌装结束时，容器与灌装阀脱离接触，弹簧力使灌装阀关闭。

常压灌装方法如图 5－1 所示，升降机构 8 将包装容器 7 向上托起，容器的口部与灌装阀下部的密封装置 5 接触并压紧，将容器密封。容器继续上升开启灌装阀 3，使贮液缸 1 中的液体物料靠自重流入包装容器，同时，容器内的空气沿着排气管 2 排到贮液缸上部，当包装容器内的液面升到排气管口（A－A 截面）后，容器内的空气就不能再排出，而被继续注入的液体略微压缩，当达到压力平衡时，容器内的液面保持在规定的液面高度，液料沿排气管上升到与贮液缸的液面相等时，不再上升，升降机构将容器降下，灌装阀失去压力，靠弹簧 4 自动关闭，排气管内的液料也随之滴入容器内，灌装结束。

这种常压灌装方法的计量是采用定液位灌装，容器中液面的高度由排气管口在容器中的位置确定，并由此来计量包装容器的灌装量，特点是每个容器的灌装高度保持一致。也可以采用定时装置，控制阀门开启关闭时间来调节流量，但要在灌装液面处装置过流管，以取代排气管。这种灌装系统不需要在容器和灌装头之间保持密封。此外，还可以采用容积灌装，利用定量杯量取液体物料，再将其灌装到包装容器中，此法比定液位灌装计量精度高，但灌装速度低，如图 5－2 所示是常压定量灌装原理图。

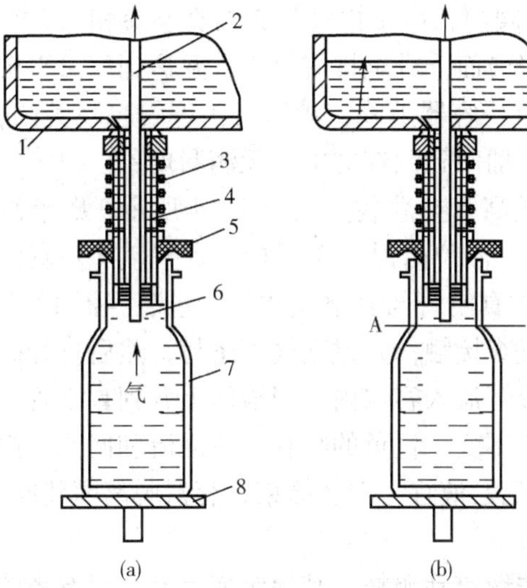

图 5－1　常压等液位灌装工艺过程图

（a）开始灌装　（b）完成灌装

1—贮液缸　2—排气管　3—灌装阀

4—弹簧　5—密封装置　6—分流头

7—包装瓶子　8—升降机构

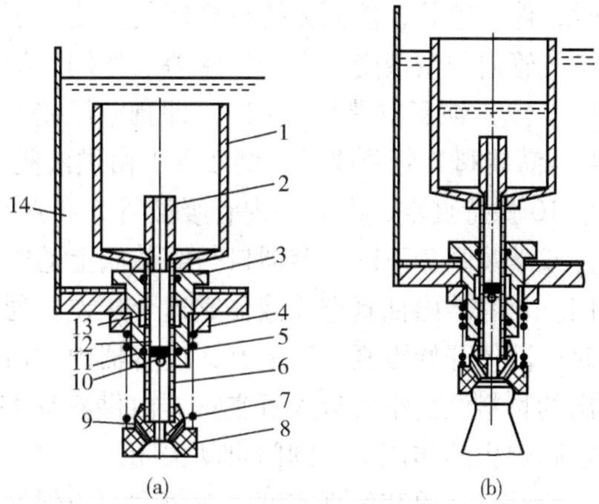

图 5－2　常压定量灌装工艺过程图

（a）容积定量　（b）进行灌装

1—定量杯　2—调节管　3—阀体　4—固定螺母

5—密封装置　6—进液管　7—弹簧　8—灌装头

9—排气孔　10—下孔　11—隔块　12—上孔

13—中间环槽　14—贮液缸

2. 真空（负压）灌装

真空灌装时，灌装头与容器密封，先将容器内空气抽出，形成一定真空后，再将液体物料灌入容器内。这种灌装方法不但能提高灌装速度，而且能减少容器内残存的空气，防止液体物料氧化变质，可延长产品的保存期。此外，还能限制毒性液体的逸散，并可以避免灌装有裂纹或缺口的容器，减少浪费，适用于不含气体，且怕接触空气而氧化变质的黏度稍大的液体物料以及有毒的液体物料，如果汁、果酱、糖浆、油墨及农药等。

真空灌装是在低于大气压力的条件下进行灌装，亦称负压灌装。根据抽真空的方式不同，分为两种方法。第一种贮液缸封闭，且灌装阀直接安装在其下部，工作时直接对贮液缸抽气，通过灌装阀内的排气管将包装容器内的空气抽走，贮液缸与包装容器具有相等的真空度，液体在自重作用下灌入容器，常称为重力真空灌装，由于灌装真空度较小，也称低真空灌装。第二种是贮液缸处于常压状态，只对包装容器抽气，容器的压力远低于贮液缸，液体是在真空不等压状态下进行灌装的，称为真空压差灌装，也称纯真空灌装，或高真空灌装。

（1）重力真空灌装（GV） 重力真空灌装是低真空（10～16kPa）下的重力灌装。其灌装方法基本与常压灌装相同，但比常压灌装速度快，可以避免灌装有裂纹或有缺口的容器，还可以防止液体的滴漏。重力真空灌装消除了纯真空灌装产生的溢流和回流现象，特别适用于蒸馏酒精、白酒、葡萄酒的灌装。

重力真空灌装工艺如图5－3所示，贮液缸3与真空室4合为一体，贮液缸是密封的，其上部是真空室，液面高度由液位浮子2控制，升降机构9将包装容器8托起，与灌装阀6的密封装置7接触，将容器密封，继续上升打开阀门，由于排气管5与真空室相通，容器形成低真空，液体物料靠自重灌入包装容器，当液面上升至排气口上方并达到压力平衡时，停止灌装，液面保持在规定的高度，灌装结束，容器下降，灌装阀由弹簧自动关闭，排气管内的余液受上下管口压差的作用，沿排气管抽回到贮液缸中，无滴漏现象。

（2）纯真空灌装（V） 即真空压差灌装，或高真空灌装。如图5－4所示，贮液缸4与灌装阀7分开放置，供液管1由供液阀2控制，液位由浮子3保持，真空室9由真空泵10保持真空，灌装阀内有吸液管5和真空管8，真空管与真空室相连，包装容器12上升或灌装阀7下降，容器口与灌装阀上的密封装置6接触，并建立气密密封，然后打开阀门，对容器内抽真空，液体靠这个压差，通过吸液管流入容器内，当液面上升到真空管口时，液体开始沿真空管上升，使容器内的液位保持不变。过量的物料形成溢流和回流，溢出的物料经真空管流入真空室，由供液泵11送回到贮液缸，灌装结束，容器脱离灌装阀，在弹簧力的作用下，阀门自动关闭。

纯真空灌装的真空度一般较大，应保证液体连续流动顺畅，其灌装速度高，但有溢流和回流现象，使液体物料往复循环，且能耗较多，灌装结构复杂，管路清理困难。

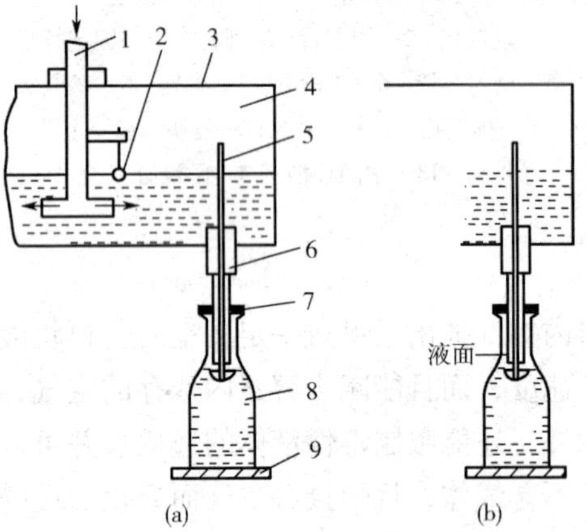

图5－3 重力真空灌装工艺过程图

（a）正在灌装 （b）完成灌装

1—供液管 2—液位浮子 3—贮液缸

4—真空室 5—排气管 6—灌装阀

7—密封装置 8—包装瓶子 9—升降机构

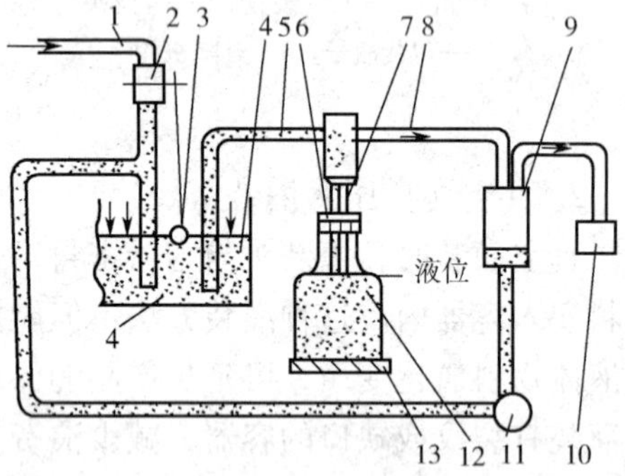

图5－4 纯真空灌装工艺过程图

1—供液管 2—供液阀 3—液位浮子 4—贮液缸

5—吸液管 6—密封装置 7—灌装阀 8—真空管

9—真空室 10—真空泵 11—供液泵

12—包装瓶子 13—升降机构

3. 等压灌装（PG）

等压灌装也称正压重力灌装，工作时贮液缸和容器内的压力均大于常压。即先向容器内充气，使容器内压力与贮液缸内压力相等，再将贮液缸的液体物料灌入包装容器内。这种方法主要用于含汽饮料，如啤酒、汽水、香槟等的灌装。该方法可以减少 CO_2 的损失，保持含汽饮料的风味和质量，并能防止灌装中过量泛泡，保持包装计量准确。

等压灌装时，阀的基本工作过程如图 5－5 所示。贮液缸是全封闭的，由气室和液室组成。在往贮液缸输送液体物料之前，先往贮液缸内通入压缩气体（无菌空气或 CO_2），使贮液缸的气室保持一定的压力（0.1～0.9MPa），该气体压力必须等于或稍高于液体物料中 CO_2 溶解量的饱和压力，以使饮料中的 CO_2 溶解。当升降机构 8 将包装容器 7 上升与灌装阀 5 接触并密封时，旋塞式灌装阀将进气管 4 与容器接通，使贮液缸气室内的气体沿进气管压入容器，通常称为建立背压，当气压与容器压力相等时，灌装阀旋转接通进液管 2 和排气管 3，液体靠自重流入容器中，同时，气体沿排气管排至气室中；当液面上升封住排气管口时，液面停止上升，液体沿排气管上升到与贮液缸液面相同为止，这时，自动停止灌装，灌装阀关闭，灌装结束，然后，容器下降，排气管内的液体物料流入包装容器。为了防止容器失去密封时液体喷出，在阀门中间装一个机械泄压口，使容器顶部与大气相通。

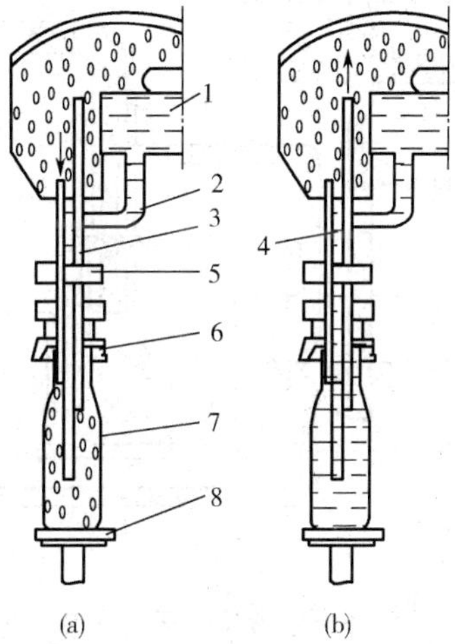

图 5－5 等压灌装工艺过程图
（a）充气等压 （b）完成灌装
1—贮液缸 2—进液管 3—排气管
4—进气管 5—旋塞式灌装阀 6—密封装置
7—包装瓶子 8—升降机构

在灌装过程中，与物料接触的气体主要来自瓶内及贮液缸内留存的空气，为了减少物料中氧气的含量，延长保存期，可将贮液缸做成三个腔室：贮液室、背压气室和回气室。贮液室内充满物料，与空气脱离接触，容器内排出的空气引入回气室。这样不但可以提高排气和灌装的速度，而且减少了物料与空气接触的时间。

4. 压力灌装

压力灌装是借助外界压力将液体物料压入包装容器。外界压力有机械压力、气压、液压等。主要适用于黏度较大、流动性较差的黏稠物料的灌装。对一些低黏度的液体物料，虽然流动性很好，但由于物料本身的特性或包装容器材料及结构限制，不能采用其他灌装方法的，也可采用压力灌装。例如对酒精饮料采用真空包装，会降低酒精的含量。对热物料（如果汁、特种调味品等）抽真空，可引起液体急剧蒸发。医药用葡萄糖等液体均采用塑料袋或复合材料袋包装，则也不能用真空灌装，如果采用常压灌装注液管道比较细，阻力大，效率低，为了提高灌装速度，可采用压力灌装。压力灌装，由于采用的外界压力不同，计量方式不同，而有多种类型。这里根据计量方法不同，介绍两种方法，一种是定液位式压力灌装；另一种是容积式压力灌装。

（1）定液位式压力灌装（P） 又称为纯压力灌装，是将压力施加在物料上，可以通过在贮液缸上部空间加压力的方法实现灌装，或者直接把产品泵送到灌装阀实现灌装。对于那些不能抽真空的物料，该方法是比较理想的。这种灌装方法通常用于灌装含较少 CO_2

的液体物料，如一些果酒，可在压力下保持较低的 CO_2 含量，也可以用于将不同黏度的物料装入同一包装容器。

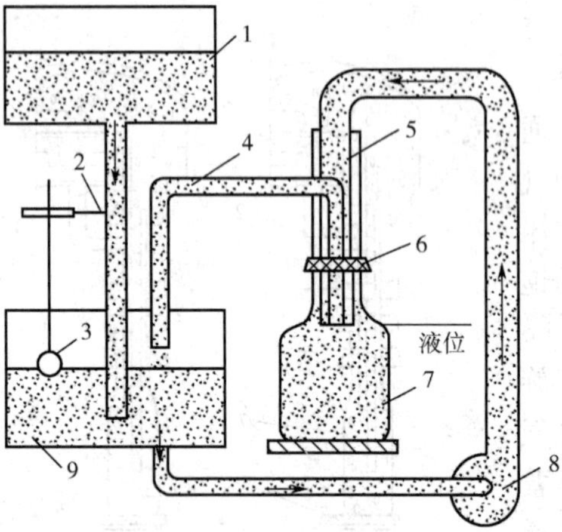

图5－6　定液位式压力灌装工艺过程图
1—供液缸　2—供液阀　3—液位浮子
4—溢流管　5—灌装阀　6—密封装置
7—包装容器　8—物料泵　9—贮液缸

灌装过程如图 5－6 所示，贮液缸 9 中的液体物料由物料泵 8 抽出，经灌装阀 5 进入包装容器 7；当容器与灌装阀接触并密封时，灌装阀开启进行灌装；同时，容器内的空气由溢流管 4 排到贮液缸，容器灌装的液位高度，由溢流管管口在容器颈部的位置决定，当液面上升到溢流管管口时，容器内液面不再上升，保持规定的高度，灌装结束。过量的液体物料经溢流管送回到贮液缸，只要灌装阀下的容器是密封的，物料就会连续不断地通过溢流管流出，直到容器脱离密封装置 6，灌装阀关闭灌装口和溢流口，物料停止流动。

（2）容积式压力灌装（PV）　由各种定量泵进行灌装计量，灌装压力由泵施力，也称为机械压力灌装。主要适用于黏度较大，流动性较差的黏稠状液体物料，如果酱、牙膏、浆糊、印刷油墨、鞋油、美术颜料、润滑脂等。也适用于一些不适于其他方法灌装的低黏度液体物料，如针剂注射液，其灌装嘴截面细小；输液用的无毒塑料软包装袋，其灌装管道比较细，这类容器，若采用常压灌装，灌装速度慢，生产能力低，采用真空灌装其结构不允许，所以采用容积式压力灌装是最佳方法，可以提高灌装的生产效率。

定量泵的种类很多，有活塞式、刮板式、齿轮式等，其中采用活塞泵的活塞容积式灌装方法应用最广泛。活塞容积式灌装方法如图 5－7 所示。

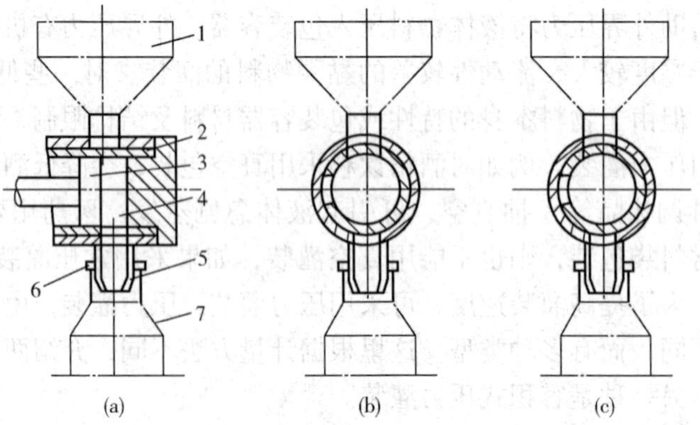

图5－7　活塞容积式灌装
（a）阀结构　（b）灌装　（c）进料
1—料斗　2—旋转阀　3—活塞　4—计量室　5—下料管　6—释放环　7—容器

旋转阀 2 上开有一定夹角的两个孔，一个是进料孔，另一个是出料孔，旋转阀作往复摆动。当旋转阀的进料孔与料斗 1 的料口相通时，出料孔与下料管 5 隔断，如图 5－7（c）所示，这时活塞 3 向左移动，将物料吸入活塞筒的计量室 4；当旋转阀转动其出料孔与下料管相通时，进料孔也与料斗隔断，如图 5－7（b）所示，这时活塞向右移动，物料在活塞的推动下，经下料管流入包装容器 7。灌装容量即为计量室的体积，容量大小由活塞的行程决定，通过调节活塞的行程可调节灌装容量。该灌装系统还具有“无容器不灌装”装置，只有当包装容器顶起下料管上的释放环 6 时，活塞才能向右移动，进行灌装。如果下料管下面无容器，释放环不动，则活塞不运动，物料不会外流。

活塞容积式灌装方法计量准确，灌装容量调节方便，适于灌装各种高黏度的物料，可以灌装瓶、罐、软管等容器。

5. 称重灌装（WF）

适用于一些较贵重的液体物料灌装，如食用油、瓶装酸奶等。工作时利用电子计算机辅助操作，可以对塑料、玻璃或金属容器进行低黏度或中等黏度液料的灌装。容器用常规方法放置在旋转工作台的各个工位上，每个工位都是一个有应变载荷元件的精密秤盘，当容器进入旋转工作台的工位上，秤盘首先扣除容器的毛重，然后精确控制液料流入容器，在灌装过程中电子计算机监控着液料的流动速度和灌装量，使其均匀落入容器，并不断调节其流速，使灌装精度达到最高，实际误差接近于零。液料用压力泵和管道系统直接输送到气密型的灌装阀中，容器在整个工作过程中不与灌装阀接触，也不要求密封，最大优点是精确度较高。

6. 液位传感式灌装（LS）

液位传感式灌装方法是利用传感方法，如极低的空气流传感装置、电子传感装置，检测容器是否到位以及灌装液面的高度，并发出适当的信号启闭灌装阀。该灌装方法的计量方式为定液位灌装。采用这种方法，包装容器在灌装过程中不需要密封，灌装速度比常压灌装和真空灌装快，灌装液位非常精确。适用于那些由于压力或真空作用，会出现鼓胀或凹陷的塑料容器，特别适用于狭颈塑料瓶和玻璃瓶的高速灌装，也可以用于难以清洗的液体物料的灌装，如油漆等。

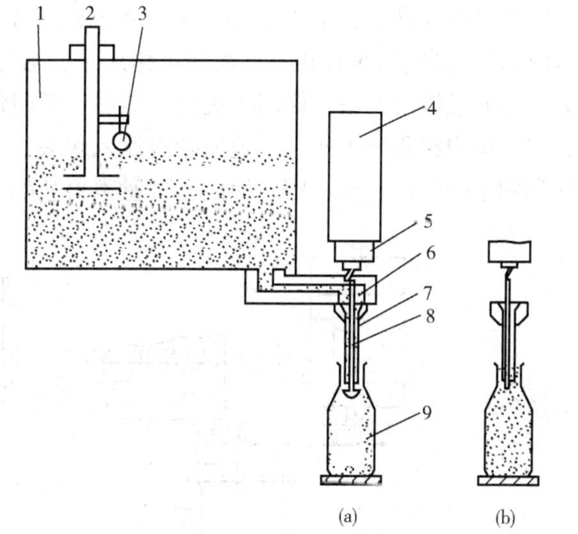

图 5－8　液位传感式灌装示意图
（a）正在灌装　（b）完成灌装
1—贮料缸　2—供料管　3—液位浮球　4—控制器　5—界面阀　6—进液管　7—灌装阀　8—空气传感器　9—包装容器

液位传感式灌装过程如图 5－8 所示。贮液缸 1 是封闭的，液体物料由供料管 2 进入，液面高度由液位浮球 3 控制。液面保持的压力在 100kPa 内，液料经进液管 6 和灌装阀 7 流入容器 9 中，由于容器未密封，液料罐入时容器中的空气从瓶口缝隙排出。

液料的流动是通过由差压或低压的射流装置构成的气动控制器4来操纵。控制器检测容器的液面是否到位，然后通过界面阀5的信号开启或关闭灌装阀7。当包装容器9到位后，控制器启动，开始灌装，在进液管6中有一个空气传感管8，在灌装过程中，2.5kPa的低压空气通过空气传感管吹入容器，当液位上升到与传感管口平齐时，传感气流停止，由于射流装置的作用，使控制器4通过界面阀5关闭灌装阀7，灌装停止。

这种灌装方法比重力法和真空法的灌装速度高，而且液面精确度非常高，没有容器时不灌装，是高速灌装塑料容器的良好工艺。

在此装置中进液管要根据不同的物料和容器进行设计，要求能准确地控制流入容器的液体流量，并且能使液体沿容器内壁流动，以保证非紊流状态，尽量减少液体与空气的接触，若在进液管内装上筛网，则可以灌装高泡沫的液体物料。

7. 隔膜容积式灌装（DV）

隔膜容积式灌装，是用一个挠性的起伏隔膜在压力气体的作用下，将液体物料从贮液缸抽到灌装室，再注入包装容器中。

隔膜容积式灌装与活塞容积式灌装都是采用容积式计量法，即由计量室计量容量，再灌装到容器中，但隔膜容积式灌装是靠隔膜来实现完全密封，从而避免了活塞容积式灌装中，活塞的密封圈与活塞筒之间的滑动摩擦。因为这种滑动摩擦可能引起擦伤，并会产生细微的粉粒掺入物料中，尽管数量极少，但对于静脉注射液和注射药物来讲还是影响很大。而采用隔膜容积式灌装方法，可以保证液体物料的清洁卫生，且灌装精度高，物料损失少，灌装速度快，适用于灌装较贵重的液体物料，特别适用于各种静脉注射液和针剂的灌装，可以灌装狭颈瓶。

隔膜容积式灌装过程如图5-9所示。贮液缸4的液面上方保持一定的压力（7~100kPa），液缸阀门5打开时，在气压作用下，液体物料流入计量室2，当计量室充满液体后，通向贮液缸的液缸阀门5关闭。然后，通向包装容器7的灌装阀门3开启，同时进气，空气压力将隔膜1压下，迫使物料流入包装容器，计量室内的物料全部压入容器后，加在隔膜上的气压释放，阀门换向，计量室再从贮液缸吸液。

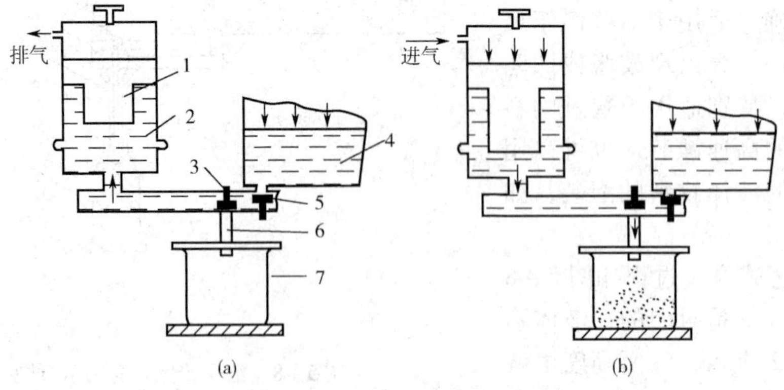

图5-9 隔膜容积式灌装工艺图

（a）物料压入计量室 （b）向容器灌装

1—隔膜 2—计量室 3—灌装阀 4—贮液缸 5—液缸阀门 6—进液管 7—容器

另外，在瓶颈导向装置上还装有“无容器不灌装”机构，该机构只有在运动时碰到容器，才能触动气源控制系统，使气流推动隔膜运动，否则气源不开启，不会进行灌装。

8. 定时灌装

定时灌装是在流量和流速保持一定的情况下，通过控制液体流动时间来确定灌装容量。灌装容量的调整，可以通过改变液体流动时间，或调节进料管的流量来实现。其灌装精度，取决于液体流动的均匀性和机构的精确性。

（1）恒容积流量定时灌装（TF）　此灌装方法的定时调节机构有很多种形式，常用的有回转定量盘式、回转泵式和螺杆式三种。下面以回转定量盘式为例介绍恒容积流量定时灌装方法。

灌装过程如图5－10所示，灌装头由两块固定盘和一块回转盘组成，称为回转定量盘。供料泵将液体物料经进液管1输入开有进液槽的固定盘2使两个固定盘的通道内充满液体物料，回转盘4开有数个灌装孔，并与容器以一定转速转动。当回转盘上的灌装孔与固定盘3上的进液槽相通时，液体物料由灌装孔经排料管5灌入包装容器6内，当回转盘转到其灌装孔被固定盘堵住时物料停止流动，灌装结束。

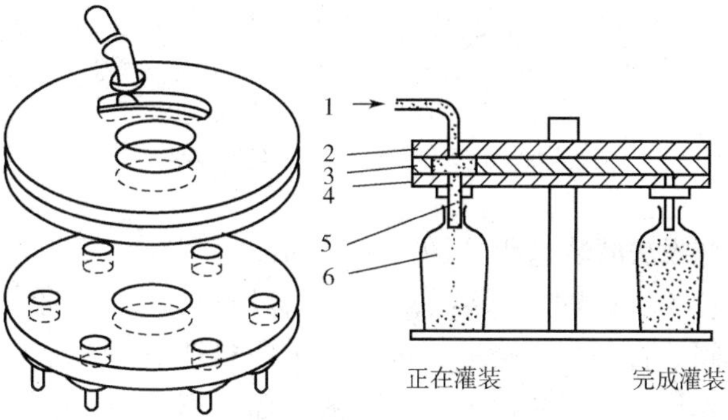

图5－10　恒容积流量定时灌装工艺图
1—进料管　2—上固定盘　3—下固定盘
4—回转盘　5—排料管　6—包装容器

灌装容量由灌装孔在进液槽下面的停留时间决定，时间由回转盘的回转速度确定。改变回转盘的回转速度或灌装孔的尺寸、位置，都可以调节灌装容量。

这种灌装方法简单，设备便宜，适于灌装中高黏度的液体物料，如花生酱等，不适于灌装低黏度的液体物料，因为盘与盘之间的泄漏很难控制。如果在固定盘上开几个进液槽，则可以一次将几种不同的物料灌入一个包装容器。由于该灌装系统没有“无容器不灌装”装置，因此，当容器没到位时，会引起物料外流。

（2）可控压差定时灌装（TP）　可控压差定时灌装的灌装容量是依靠精确地控制液流时间来实现的。其灌装精度由灌装管口处压差的稳定性及液流时间控制的精确性来决定。可以采用加压贮液缸或使物料溢流过一个隔板形成的固定液位，使灌装管口处的液体保持准确的压差。

可控压差定时灌装过程如图5－11所示。加压贮液缸1中部装有进液阀2，上部有供压阀3，无毒的空气或氮气经压力控制器4可进入供压阀。加压贮液缸内的液体物料受压力作用，被输送到多路供液管6，然后经可控输液阀8送到灌装工位，再经灌装管9流入包装容器10内。液体的压力可由压力传感器5随时检测，以确保灌装管口压差的准确性。微处理机7可以根据压力的变化，控制每个灌装管口的开口时间，因此，计量极其准确。

这种灌装方法是比较先进的灌装方法，最大特点是灌装精度极高，灌装系统不必拆卸

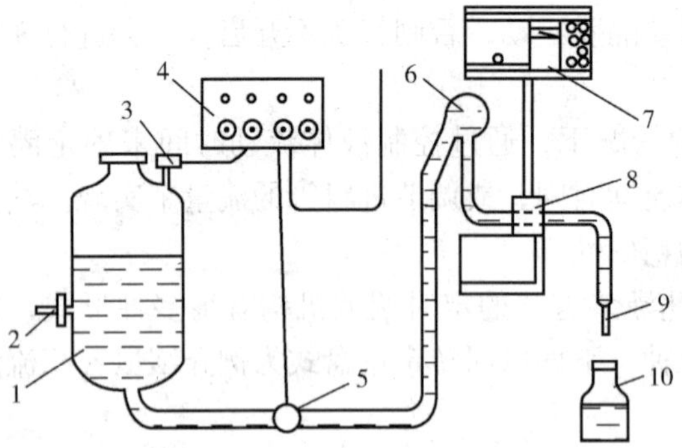

图 5－11　可控制压差式定时灌装工艺图

1—加压贮液缸　2—供液阀　3—供压阀　4—压力控制器　5—压力传感器　6—多路供液管　7—微处理器　8—可控输液阀　9—灌装头　10—包装容器

即可进行清洗或蒸汽消毒，易于实现无菌灌装，并且很容易从灌装一种物料转换成灌装另一种物料。适用于灌装流动性比较好且不含气体的液体物料，尤其适用于灌装精度要求比较高的贵重物料或药品以及有剧毒或强腐蚀性的物料，这种灌装方法一般不用于高速灌装。

9. 虹吸法灌装（S）

虹吸法灌装是利用虹吸原理，使贮液缸中的流体物料经虹吸管吸入容器。这种灌装系统结构简单，但灌装速度较低，适用于灌装低黏度不含气的液体物料，如果酒、醋等。

虹吸法灌装过程如图 5－12 所示。当虹吸管 5 下降时，灌装头 7 压紧容器口，灌装阀 6 打开，贮液缸 2 内的液体物料即被吸入包装容器 8 内，当容器内液面的高度与贮液缸液面相同时，不再进液，灌装停止，液面保持在规定的高度，然后，虹吸管上升，灌装头与容器脱离，切断虹吸通路，灌装阀自动关闭。虹吸管另一端设有贮液杯 3，可以利用物料封闭管口，以保证下一次循环的正常进行。

虹吸法灌装属于定液位灌装，容器液面高度由贮液缸液面控制。利用浮子 4 来控制进液阀 1 的流量，以保证贮液缸液位的稳定，贮液缸液位的稳定是确保虹吸法灌装精度的关键。

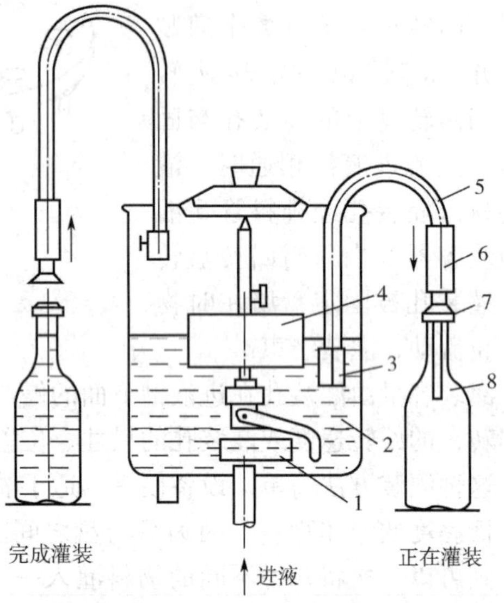

图 5－12　虹吸法灌装工艺图

1—进液阀　2—贮液缸　3—贮液杯　4—液位浮子　5—虹吸管　6—灌装阀　7—灌装头　8—包装容器

三、液体灌装工艺的选用原则

针对不同的液体特性和包装容器要求，制订合理的灌装方法。具体确定液体灌装工艺时，应对液体的黏度、包装容器、生产速度、设备要求及各种灌装方法的特点进行综合分析和比较。表 5－1 列出了各种灌装方法的特点，这些特点是选用灌装工艺的基本原则。

1. 液料的黏度

灌装时首先要考虑的因素是液体黏度，黏度常用 mPa · s 表示。黏度范围为 1 ~ 1000mPa · s 的液体物料，各种方法都能灌装。黏度范围为 1000 ~ 10000mPa · s 的半流体可用表 5－1 中 LS、TF、TP、PV、DV 或 WF 等方法灌装。黏度大于 10000mPa · s 的黏滞体，仅可用TF、PV两种方法灌装。

2. 包装容器的材料和刚性

刚性容器包括玻璃、金属、陶瓷或复合材料等，它们在承受约80N压力时不会变形，适用于任何灌装方法。半刚性容器多用吹塑成型或热成型的塑料制成，也可用纸板或复合材料制成，可用G、PG、LS、TF、TP、DV和WF等灌装方法。软性容器用塑料薄膜、塑料和金属箔复合材料制成，在灌装时不能承受密封的压力，可用LS、TF、TP、DV或WF等灌装方法。

3. 包装容器的形状和容量

包装容器按其口颈形状可分为小口瓶和广口瓶。

小口瓶可以用任何方法灌装，常用G、GV、P、V、PG、LS或DV等灌装方法，它们的灌装速度一般为400瓶/min。

广口瓶包括气密性金属罐，通常使用G、PG、TF或PV等灌装方法。对于容量为150~800mL的容器，若灌装不含CO_2的液体，其灌装速度一般为400瓶/min。对于容量为800~3500mL的容器，其灌装速度一般为200瓶/min。容量在3500mL以上，灌装速度一般都相当慢，通常用半自动设备灌装，其灌装速度为20瓶/min。

4. 灌装速度与灌装系统及容器的关系

气密罐通常采用高速灌装（350~2000瓶/min），并需要和罐盖封合机相匹配，可使用G或PV灌装法。如果在气密罐中灌装含CO_2的饮料，则需使用PG灌装法，其灌装速度为800~1500瓶/min。

LS和WF灌装法通常用于小口塑料容器，其灌装速度一般不超过400瓶/min。

V灌装法通常用于刚性窄颈容器，其速度不超过400瓶/min。DV灌装法通常用于窄颈容器，其速度不超过400瓶/min。

根据上述原则举例说明如下。

例5-1　灌装不含气体的液料，黏度800mPa·s，用小口半刚性容器，要求速度为200瓶/min。

从表5-1⑤列查出，所有方法都能灌装黏度800mPa·s的液料；又从⑨列查出，适用半刚性容器者有G、PG、LS、DV、TF、TP、WF；但其中以G、PG、LS、DV适用于小口窄颈容器；又从⑩列得知，这几种方法都能达到灌装速度的要求，但是PG仅限于灌装含CO_2的液料；而且经过检验，容器材料的强度不太高，G亦不适用，于是只有在LS与DV之间考虑。结合设备价格分析，如果用定液面法，可选中等价格的液面传感灌装设备；如果用精确的定容法，可选中等价格的隔膜定容灌装设备。

例5-2　灌装某种半流体液料，黏度9000mPa·s，用广口刚性容器，要求速度为350瓶/min。

从表5-1⑥列查出，P、LS、PV、DV、TF、TP与WF均适于灌装中等黏度的液料，而且也适于灌装刚性容器；但其中以PV和TF适用于广口容器。从⑯列可见，只有PV能满足灌装速度的要求。从设备价格上分析，选用中等价格活塞定容式灌装设备较为合适。

可见，选择灌装工艺及设备必须考虑许多因素，并进行分析比较，才能作出合理的选择。

表 5－1　　各种灌装工艺特性及适用性

行号	灌装	代号 ①	计量方法 液位 ②	计量方法 容积 ③	计量方法 密封 ④	适合灌装的液体物料 性质	黏度/mPa·s 1~1000 ⑤	黏度/mPa·s 1001~10000 ⑥	黏度/mPa·s >10000 ⑦	容器 材料 刚性 ⑧	容器 材料 半刚性 ⑨	容器 材料 软性 ⑩	容器 口颈 广口瓶 ⑪	容器 口颈 小口瓶 ⑫	灌装速度/(瓶/min) 1~20 ⑬	灌装速度/(瓶/min) 20~120 ⑭	灌装速度/(瓶/min) 120~300 ⑮	灌装速度/(瓶/min) 300~1500 ⑯	特点
1	常压灌装	G	○		○	不含气、不怕接触大气的低黏度液体物料	○			○	○		○	○	○	○	○	○	1. 液位最准确 2. 设备最简单 3. 比真空灌装速度低
				○															比定液位灌装计量精度高，但灌装速度低
2	纯真空灌装	V	○		○	不含气、怕接触大气而氧化变质的低黏度、中等黏度以及有毒的液体物料	○			○				○	○	○	○	○	1. 灌装速度比常压灌装速度高，精度高 2. 可避免给有裂纹或缺口容器灌装，可消除液体物料滴漏 3. 有溢流、回流现象，物料循环能耗多 4. 设备结构复杂，清洗困难
3	重力真空灌装	GV	○		○	不含气、怕接触大气而氧化变质的低黏度，特别是要求完全不能接触大气的液体物料	○			○				○		○	○		1. 无溢流、回流现象，物料不循环 2. 可避免给有裂纹或缺口容器灌装，物料不滴漏 3. 比纯真空灌装速度低

续表

行号	灌装	代号 ①	计量方法：液位 ②	计量方法：容积 ③	计量方法：密封 ④	适合灌装的液体物料：性质	黏度/mPa·s：1~1000 ⑤	黏度/mPa·s：1001~10000 ⑥	黏度/mPa·s：>10000 ⑦	容器材料：刚性 ⑧	容器材料：半刚性 ⑨	容器材料：软性 ⑩	容器口颈：广口瓶 ⑪	容器口颈：小口瓶 ⑫	灌装速度/(瓶/min)：1~20 ⑬	灌装速度/(瓶/min)：20~120 ⑭	灌装速度/(瓶/min)：120~300 ⑮	灌装速度/(瓶/min)：300~1500 ⑯	特点
4	纯压力灌装	P	○		○	低黏度、中等黏度的液体物料；不能抽真空的液体物料；含较少 CO_2 的液体物料	○	○		○				○	○	○	○		1. 压力作用在产品上，可保持较高压力 2. 可将不同黏度液体物料装入同一容器 3. 有溢流、回流现象，物料循环
5	等压灌装	PG	○		○	只适应于含气液体	○			○	○		○	○			○	○	1. 可减少 CO_2 的损失，保持含汽饮料的风味和质量 2. 防止灌装中过量泛泡，保证计量准确
6	液位传感式灌装	LS	○		×	低黏度、中等黏度的液体物料；难于清洗的液体物料	○	○		○	○	○		○	○	○	○	○	1. 液位非常准确 2. 可实现高速灌装 3. 进料管加筛网，可灌装高泡沫液体物料
7	虹吸法灌装	S	○		×	不含气、低黏度液体物料	○			○						○	○		1. 液位稳定 2. 物料损失少 3. 设备结构简单 4. 灌装速度低

续表

行号	项目 灌装 列号	代号	计量方法			适合灌装的液体物料				容器					灌装速度/（瓶/min）				特点
							黏度/mPa·s			材料			口颈						
			液位	容积	密封	性质	1~1000	1001~10000	>10000	刚性	半刚性	软性	广口瓶	小口瓶	1~20	20~120	120~300	300~1500	
		①	②	③	④		⑤	⑥	⑦	⑧	⑨	⑩	⑪	⑫	⑬	⑭	⑮	⑯	
8	机械压力灌装	PV		○	×	中等黏度和高黏度黏稠状、粘糊状的液体物料；不适于用其他方法灌装的低黏度液体物料	○	○	○	○			○			○	○	○	1. 可用不同速度灌装各种黏度的物料，应用范围广 2. 计量准确，灌装量容易调节
9	隔膜容积式灌装	DV		○	×	低黏度和中等黏度的液体物料，较贵重的物料，医用注射液及药水等	○	○		○	○	○		○		○	○	○	1. 计量精度高 2. 灌装速度快 3. 清洁卫生
10	恒容积流量定时灌装	TF		○	×	中等黏度、高黏度的液体物料；不适于低黏度液体物料	○	○	○	○	○	○	○			○	○		1. 灌装简单，设备便宜 2. 可将不同物料装入同一容器
11	控压差定时灌装	TP		○	×	低黏度和中等黏度的液体物料；灌装精度要求高、贵重物料及药品；有剧毒和强腐蚀的物料	○	○		○	○	○			○	○	○		1. 计量精度极高 2. 清洗容易 3. 可实现底升式灌装和无菌灌装

续表

行号	灌装	代号	计量方法：液位	计量方法：容积	计量方法：密封	适合灌装的液体物料：性质	黏度/mPa·s：1~1000	黏度/mPa·s：1001~10000	黏度/mPa·s：>10000	容器：材料：刚性	容器：材料：半刚性	容器：材料：软性	容器：口颈：广口瓶	容器：口颈：小口瓶	灌装速度/（瓶/min）：1~20	灌装速度/（瓶/min）：20~120	灌装速度/（瓶/min）：120~300	灌装速度/（瓶/min）：300~1500	特点
		①	②	③	④		⑤	⑥	⑦	⑧	⑨	⑩	⑪	⑫	⑬	⑭	⑮	⑯	
12	称重灌装	WF	称重		×	低黏度、中等黏度的液体物料；灌装精度要求高的液体物料	○	○		○	○	○	○	○		○	○		1. 容器自重对灌装量无影响 2. 电子计算机监控灌装量，精度极高 3. 灌装速度不高

第三节　固体充填工艺与设备

一、影响充填工艺的因素和计量方法

固体充填工艺是指将固体物料装入包装容器的操作过程。固体物料的范围很广，种类繁多，形态和物理、化学性质也有很大差异，导致其充填方法也是多种多样，其中决定充填方法的主要因素是固体物料的形态、黏性及密度的稳定性等。

固体物料按物理状态可分为粉末状物料、颗粒状物料、块状物料。按其黏度可分为非黏性物料、半黏性物料和黏性物料，其特点如下：

①非黏性物料。流动性好，常温下互不粘连，倾倒在平面上，可以自然堆成圆锥形，经适当振动可平摊，这类物料最容易充填，如谷物、咖啡、粒盐、砂糖、茶叶、硬果、砂粒等。

②半黏性物料。有一定的黏附性，流动性较差，充填时易搭桥或起拱，难以输送和定量，经振动可提高流动性。如面粉、奶粉、绵白糖、洗衣粉、药粉、颜料粉末及含有一定水分的颗粒状物料等。

③黏性物料。黏附性大，易黏结成团，流动性差，并且易黏附在充填设备上，充填极困难。如红糖粉、蜜饯果脯及一些化工原料等。

固体物料的充填工艺根据计量方式不同，有容积充填法、称重充填法和计数充填法。形状规则的固体块状物料或大颗粒状物料通常用计数充填法；形状不规则的块状或松散粉粒状物料通常用容积式充填法或称重充填法。

二、容积式充填工艺

容积式充填法是将物料按预定容量充填到包装容器内。主要分为量杯式和螺杆式，容积充填设备结构简单、速度快、生产效率高、成本低，但计量精度较低。适用于充填视密度比较稳定的粉末状和小颗粒状物料，或体积比质量更重要的物料。

1. 量杯充填

量杯充填是采用定量的量杯量取物料，并将其充填到包装容器内。充填时，物料靠自重自由地落入量杯，刮板将量杯上多余的物料刮去，然后再将量杯中的物料在自重作用下充填到包装容器中。量杯的结构有转鼓式、转盘式、插管式三种。适用于充填流动性能良好的粉末状、颗粒状、碎片状物料。对于视密度稳定的物料，可采用固定式量杯，对于视密度不稳定的物料，可采用可调式量杯。该充填方法充填视精度较低，通常用于价格低廉的产品，但可进行高速充填提高生产效率。

（1）鼓轮式定容充填　又称定量泵式定容充填，如图5－13所示，鼓轮的外缘有数个计量腔，鼓轮以一定转速回转，当转到上位时，计量腔与料斗相通，物料靠自重流入计量腔，当转到下位时，计量腔与落料口相通，物料靠自重流入包装容器。计量腔容积有定容积型和可调容积型两种，适用于视密度比较稳定的粉末状物料的充填。但由于落料口只有一个，充填速度较慢，效率较低。

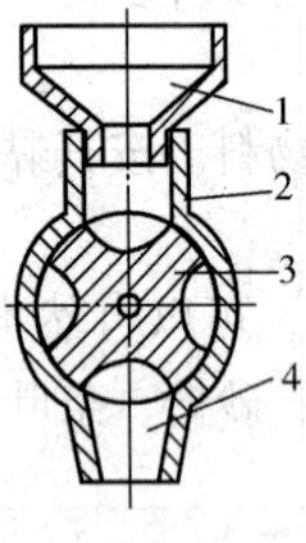

图5－13　鼓轮式定容充填结构简图

1—料斗　2—转鼓机架

3—定量转鼓　4—落料口

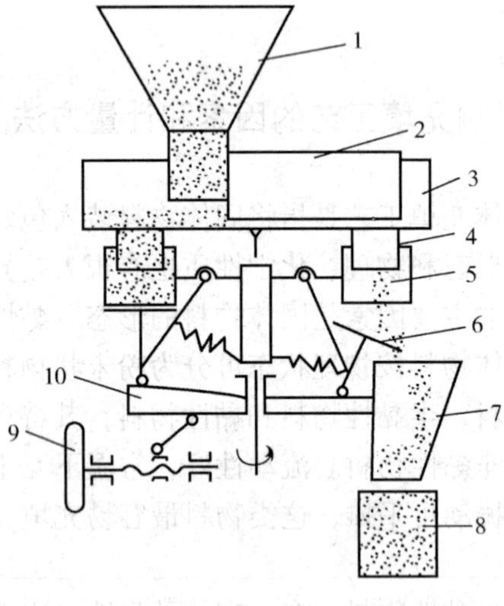

图5－14　转盘式量杯定量充填工艺示意图

1—料斗　2—刮板　3—料盘　4—上量杯　5—下量杯　6—底门

7—落料口　8—包装容器　9—调节手轮　10—开杯凸轮

（2）转盘式量杯充填　其装置如图5－14所示，量杯由上量杯4和下量杯5组成，旋转的料盘3上均布若干个量杯，料盘在转动过程中，料斗1内的物料靠自重落入量杯内，并由刮板2刮去量杯上面多余的物料，当量杯转到卸料工位时，由凸轮10打开量杯底部的底门6，物料靠自重经落料口7充填到包装容器8内。旋转手轮9可通过凸轮使下量杯的连接支架升降，调节上下量杯的相对位置，从而实现容积调节。根据生产率要求可在圆周上增设多个落料口，以提高生产效率。

有的量杯充填系统带有反馈系统或称重检验系统，能对充填量进行抽样检测，并能自动调节量杯的容量，以纠正因物料密度变化而引起的质量误差。这种充填系统特别适合于流动性好的颗粒状物料，如稻谷、去污粉等的充填，并可实现高速充填。

（3）插管式容积充填　是利用插管量取产品，并将其充填到包装容器中。如图5－15所示，充填时，先将插管插入贮料斗，插管内径较小，可以利用粉末之间及粉末与壁之间的附着力上料，然后提起插管，转到卸料工位，再由顶杆将插管内的物料充填到包装容器中，适用于充填带有黏附性的粉末状物料，如充填小容量的药粉胶囊。计量范围为100～400mg，误差较大，约为7%。

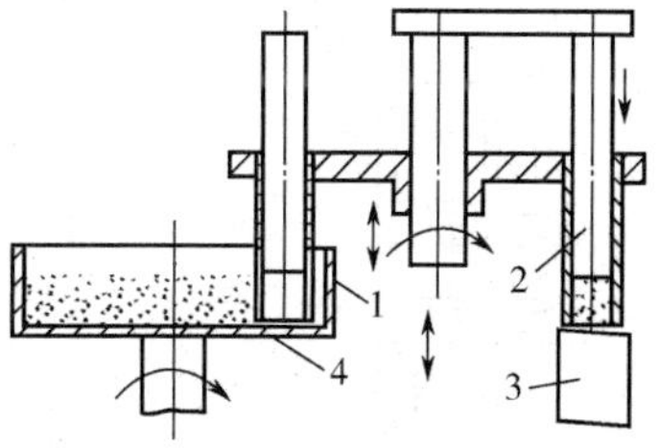

图5－15　插管式容积充填原理图

1—插管　2—顶杆　3—容器　4—贮料盘

（4）真空充填　是将包装容器或量杯抽真空后再充填，此方法可获得比较高的充填精度，并能减少包装容器内氧气的含量，延长物料的保存期，还可以防止物料粉尘弥散到大气中。

真空充填有两种类型：一种是真空容器充填，另一种是真空量杯充填。

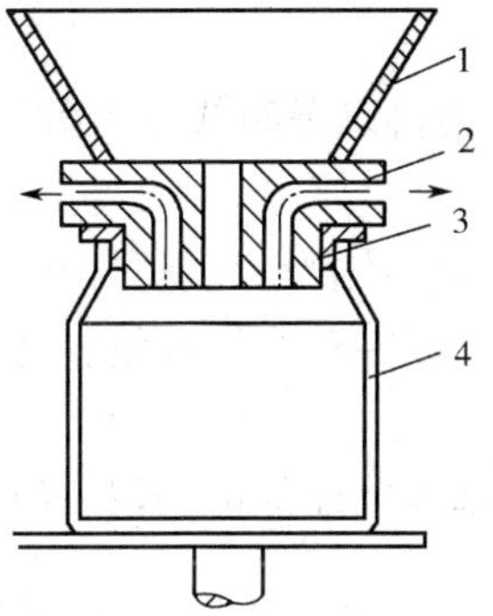

图5－16　抽真空容器充填原理图

1—料斗　2—抽气座　3—密封垫　4—包装容器

①真空容器充填。即把容器抽真空，物料通过一个小孔流入容器。其充填容量的确定与液体物料灌装中的定液位灌装原理相似，如图5－16所示。升降机构将包装容器4升起，使密封垫3紧紧压在容器顶部，并建立密封状态，通过抽气座2下部的滤网给容器抽真空，然后将料斗1中的物料充填到包装容器上，为了使容器内的物料充填得更紧密，多采用脉冲式抽真空。最终充填容量内真空度和脉冲次数决定，基本容量内伸入容器的真空滤网深度决定，这个深度可通过改变密封垫的厚度来调节。

由于容器处于真空状态，故物料充填到容器内相当均匀、紧密，因而充填精度也比较高。这种充填方法的缺点是充填精度要受容器容积的影响，如果容器的壁厚不均匀，就会引起充填容积的变化。因此，要获得较高的充填精度，则要求每个容器都有相对恒定的容积，并有足够的硬度，使其抽真空时不内凹。如果使用非刚性容器，则应在容器外套上一个刚性密封套或放入真空箱内充填，以保证充填过程中包装容器不塌陷、不变形，达到符合要求的充填精度。

另外，对于不同形式的物料，其最佳的真空压力是不一样的。真空度过高，某些物料会被压成粉末。真空度太低，可能达不到所需夯实作用，空度应根据物料的特征决定。

②真空量杯充填。又称为气流式充填，其方法是利用真空吸粉原理量取定量容积的物

料，并用净化压缩空气将产品充填到包装容器内，属于容积充填。充填容量由量杯确定，可通过改变套筒式量杯深度的方法来调节充填容量。

这种充填方法克服了真空容器充填方法充填精度受包装容器容积变化影响的缺点，充填精度高，可达到 ±1% 的精确度，充填范围大，可从 5mg 到 5kg，适用于粉末状物料的充填，安瓿瓶，大小瓶、罐，大小袋等容器都可以包装。

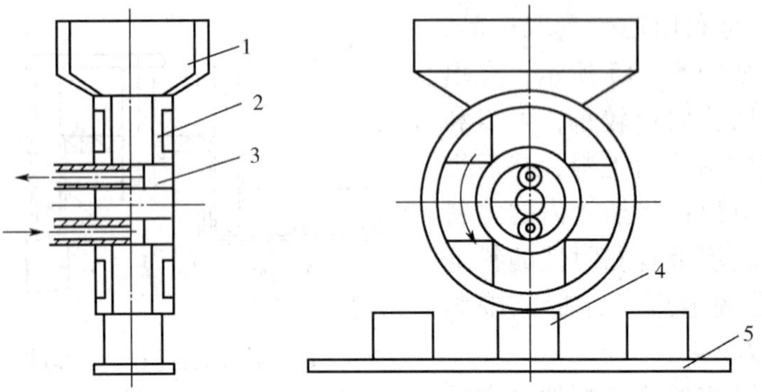

图 5－17　真空量杯充填

1—料斗　2—充填轮　3—配气阀　4—容器　5—输送带

真空量杯充填过程如图 5－17 所示，料斗 1 在充填轮 2 的上方，量杯沿充填轮的径向均匀分布，并通过管子与充填轮中心连接，充填轮中心有一个圆环形配气阀，用于抽真空和进空气。充填时，充填轮作匀速间歇转动，当轮中量杯口与料斗接合时，正好配气阀也接通真空管，物料被吸入量杯，当量杯转位到包装容器上方时，配气阀接通空气管，且杯中的物料被净化压缩空气吹入包装容器中，完成充填。

（5）倾注式充填　倾注式充填过程如图 5－18 所示，物料以瀑布式流入敞口容器中。容器在下落的物料流中随输送带移动，并得到充填。

位置Ⅰ：物料在振动中逐渐充填到包装容器中，这样可以使物料充填紧密。

位置Ⅱ：容器向前运动，并经过有一定倾斜角的斜面，以控制充填容量，外溢的物料经回流输送又回到物料仓中。

位置Ⅲ：充填结束，各容器中物料的密度、充填容量基本上能保证均匀一致。充填量可以由倾斜角度控制。

2. 螺杆充填

螺杆充填是控制螺杆旋转的圈数或时间量取物料，并将其充填到包装容器中。充填时，物料先在搅拌器作用下进入导管，再在螺杆旋转的作用下通过阀门充填到包装容器内。螺杆可由定时器或计数器控制旋转圈数，从而控制充填容量。

螺杆充填具有充填速度快、飞扬小、充填精度较高的特点，适均于流动性较好的粉末状、细颗粒状物料，特别是在出料口容易起桥而不易落下的物料，如咖啡粉、面粉、药粉等。但不适用于易碎的片状、块状物料和视密度变化较大的物料。

螺杆充填过程如图 5－19 所示，贮料斗 1 中装有旋转的螺杆 2 和搅拌器 3。当包装容器 4 到位后，传感器发出信号使电磁离合器合上，带动螺杆转动，搅拌器将物料拌匀，螺旋面将物料挤实到要求的密度，在螺旋的推动下沿导管向下移动，直到出料口排出，装入包装容器内，达到规定的充填容量后，离合器脱开，制动器使螺杆停止转动，充填结束。螺杆每转一圈，就能输出一个螺旋空间容积的物料，精确地控制螺杆旋转的圈数，就能保证向每个容器充填规定容量的物料。

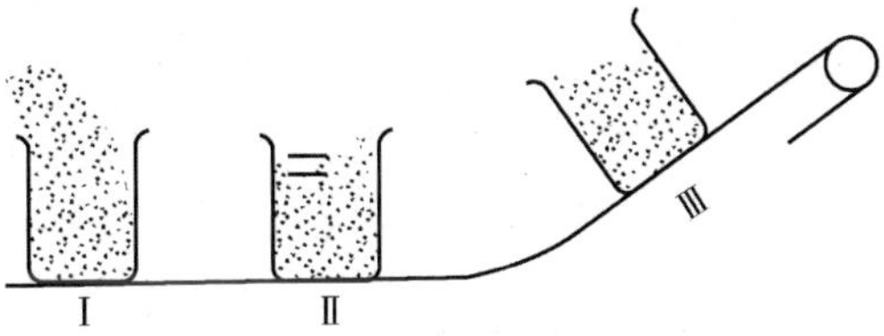

图 5－18　倾注式充填原理

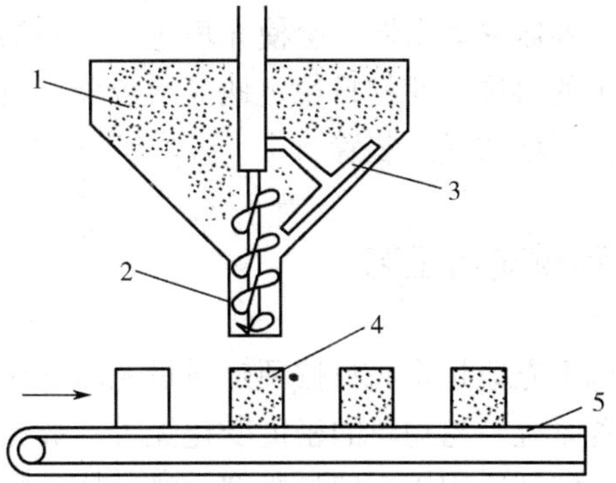

图 5－19　螺杆式定量充填原理

1—贮料斗　2—螺杆　3—搅拌器　4—包装容器　5—输送带

3. 定时充填

定时充填是通过控制物料流动时间或调节进料管流量来量取产品，并将其充填到包装容器中。它是容积充填中结构最简单、价格最便宜的一种，但充填精度一般较低。可作为价格较低物料的充填或作为称重式充填的预充填。

（1）计时振动充填　如图 5－20 所示，贮料斗 1 下部连有一个振动托盘进料器 2，进料器按规定时间振动，将物料直接充填到包装容器中。充填容量由振动时间控制，通过改变进料速率、进料时间或振动盘进料器的倾角，调节充填容量。进料速率用改变振动器 3 的频率或振幅的方法来控制，进料时间由定时器 5 控制。

计时振动充填适用于各种固体物料，如粉末状物料、松脆小食品物料以及蔬菜加工中的一些大的松散颗粒料或磨料等。

（2）等流量充填　如图 5－21 所示，物料以均匀恒定的流速落下，通过料斗落入进料管 1，再经过出料斗 3 进入包装容器 4，完成物料充填。

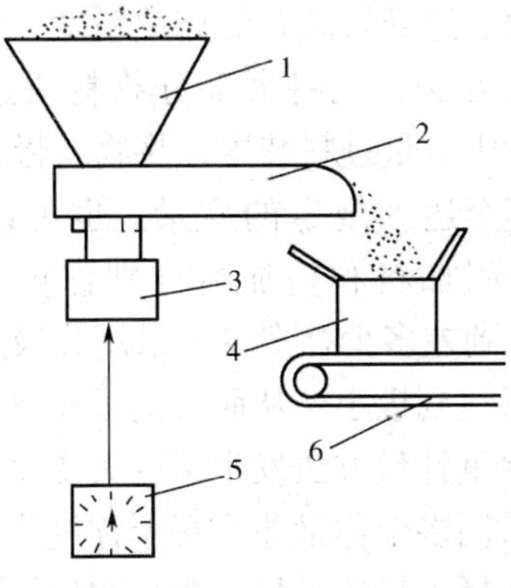

图 5－20　计时振动充填原理

1—贮料斗　2—振动盘进料器　3—振动器

4—包装容器　5—定时器　6—输送带

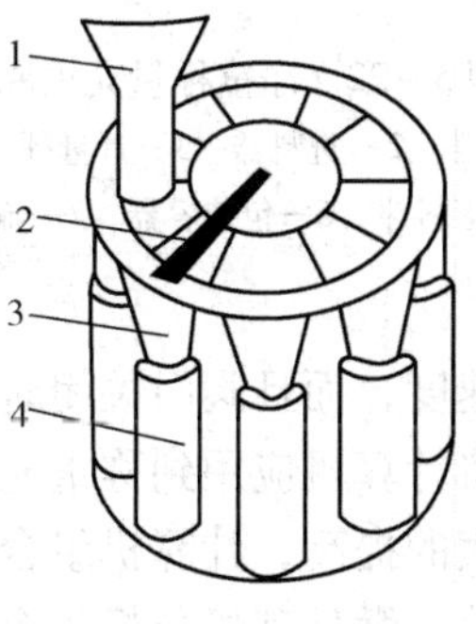

图 5－21　等流量充填原理

1—进料管　2—刮板

3—出料斗　4—包装容器

充填容量由物料流动时间控制，由于物料是等流量流动，在相同时间内，各容器的充填容量基本可以保持一致。在充填过程中，容器移动速度及物料流速的变化都会影响充填容量，容器移动太慢，会使充填过量，容器移动太快，又会使充填不足。为了保持物料在料斗中的料位，使物料稳定地流入容器，可采用振动或螺杆送料机构，为防止物料结团或结块，可增加搅拌装置。

三、称重充填工艺

称重充填是将物料按预定质量充填到包装容器的操作过程，其充填精度主要取决于称量装置系统，与物料的密度变化无关，故充填精度高，但生产率较低。称重充填适用范围很广，特别适用于充填易吸潮、易结块、粒度不均匀、流动性能差、视密度变化大及价值高的物料。通常分为净重充填和毛重充填两类。

1. 净重充填

净重充填是先称出规定质量的物料，再将其填到包装容器内。这种方法称重结果不受容器自重变化的影响，是最精确的称重充填法，但充填速度低，所用设备价格高。

净重充填广泛用于要求充填精度高及贵重的流动性好的固体物料，还用于充填酥脆易碎的物料，如膨化玉米、油炸土豆片等。特别适用于质量大且变化较大的包装容器，尤其适用于对柔性包装容器进行物料充填，因为柔性容器在充填时需要夹持，而夹持器会影响称重。

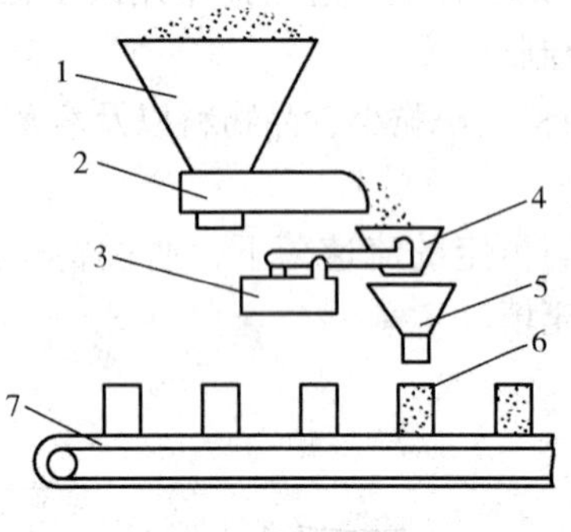

图 5－22 净重称量充填原理

1—贮料斗 2—进料器 3—计量秤 4—秤盘 5—落料斗 6—包装容器 7—输送带

净重充填装置如图 5－22 所示，物料从贮料斗 1 经进料器 2 连续不断地送到秤盘 4 上称重，当达到规定的质量时，就发出停止送料信号，称准的物料从秤盘上经落料斗 5 落入包装容器 6。净重充填的计量装置一般采用机械秤或电子秤，用机械装置、光电管或限位开关来控制规定重量。

为了达到较高级的充填精度，可采用分级进料的方法，先将大部分物料快速落入秤盘上，再用微量进料装置，将物料慢慢倒入秤盘上，直至达到规定的质量。也可以用电脑控制，对粗加料和精加料分别称重、记录、控制，做到差多少补多少。采用分级进料方法可提高充填速度，而且阀门关闭时，落下的物料流可达到极小，从而提高了充填精度。

目前将计算机应用到称重充填系统中，产品称重计量方法发生了巨大变化，计量精度也有了很大的提高，计算机组合净重称重系统，采用多个称量斗，每个称量斗充填整个净重的一部分。微处理机分析每个斗的质量，同时选择出最接近目标重量的称量斗组合。由于选择时产品全部被称量，消除了由于产品进给或产品特性变化而引起的波动，因此，计量非常准确，适用于包装尺寸和重量差异较大的物料，如快餐、蔬菜、贝类食品等的充填包装。

2. 毛重充填

毛重充填是物料与包装容器一起被称量，在计量物料净重时，规定了容器质量的允许误差，取容器质量的平均值。毛重充填装置结构简单、价格较低、充填速度比净重充填快，但充填精度低于净重充填。

毛重充填适用于价格一般的流动性好的固体物料、流动性差的黏性物料，如红糖、糕点等的充填，特别适用于充填易碎的物料。由于容器质量的变化会影响充填精度，所以毛重充填不适于包装容器质量变化较大，或物料质量占包装件质量比例很小的包装。

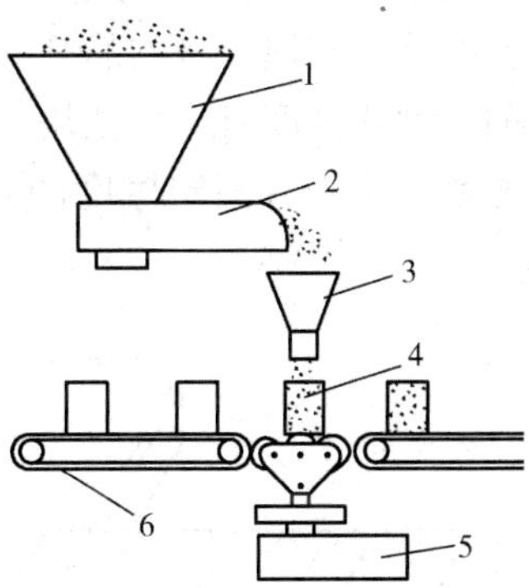

图 5－23　毛重称量充填原理

1—贮料斗　2—进料器　3—落料斗

4—包装容器　5—计量秤　6—输送带

毛重充填装置如图 5－23 所示。贮料斗 1 中的物料经进料器 2 与落料斗 3 充填进包装容器 4 内，同时计量秤 5 开始称重，当达到规定质量时停止进料，称得的质量是毛重。为了提高充填速度和精度，可采用容积充填和称重充填混合使用的方式，在粗进料时，采用容积式充填以提高充填速度，细进料时，采用称重充填以提高充填精度。

四、计数充填

计数充填是将产品按预定数目装入包装容器的操作过程，要求被包装物料有规则的形状，按个数进行计量和包装。如常见的 20 支香烟一包，10 小包茶叶一盒，100 丸药一瓶等。因此，计数充填在形状规则物品的包装中应用甚广，适于充填块状、片状、颗粒状、条状、棒状、针状等形状规则的物品，如饼干、糖果、胶囊、铅笔、香皂、纽扣、针等。也适用于包装件的二次包装，如装盒、装箱、裹包等。分为单件计数充填和多件计数充填两种。

1. 单件计数充填

单件计数充填是采用机械、光学、电感应、电子扫描等方法或其他辅助方法逐件计算产品件数，并将其充填到包装容器中，其装置结构比较简单。例如用光电计数器进行计数的充填装置，物品由传送带或滑槽输送，当物品经过光电计数器时，将光电计数器的光线遮挡，表明有一件物品通过检测区，计数电路进行计数，并由数码管显示出来，同时物品被充填到包装容器中。当达到规定的数目时，发出控制信号，关闭闸门，从而完成一次计数充填包装。

2. 多件计数充填

多件计救充填是利用辅助物理量或计数板等，确定产品的件数，并将其充填到包装容器内。产品的规格、形状不同，计数充填的方法也不同。常将物品分为有规则排列和无规则排列两类。

（1）有规则排列物品的计数充填　利用辅助物理量如长度、面积等进行比较，以确定物品件数，并将其充填到包装容器内。常用的有长度计数、容积计数、堆积计数等。一般用于形状规则，规格尺寸差异不大的块状、条状或成盒、成包物品的充填。

①长度计数充填。将物品叠起来，根据测得的长度或高度确定物品的件数，当物品达到规定的长度或高度时，由挡块、传感装置发出信号，将物品推入或落入包装容器内。长度计数充填适用于有固定厚度的扁平产品，如饼干、糕点、垫圈的装盒或包装件的二次包装。

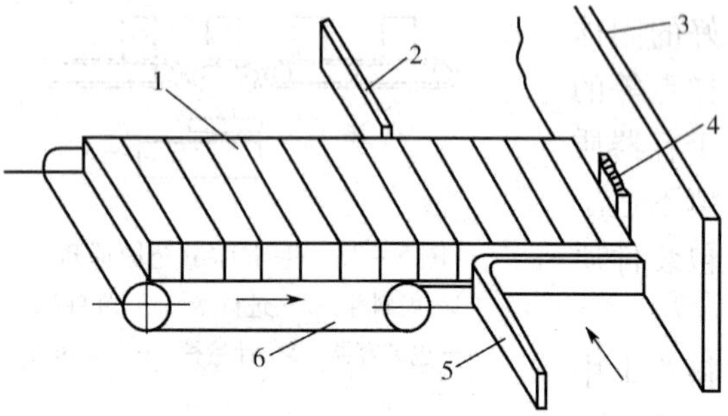

图 5－24　按长度计量充填原理

1—物品　2、3—挡板　4—触点开关　5—推板　6—输送带

长度计数充填装置如图 5－24 所示。排列有序的规则块状物品 1 经传送带 6 输送到计量机构，当前端的物品接触到挡板 3 上安装的触点开关 4 时，触点开关受压迫发出信号，指令横向推板 5 动作，将挡板 2、3 间的物品投入包装容器，横向推板的长度就是规定数量物品的长度，所以，调节推板的长度就可以调整被充填物品的数量，通常推板长度略小于规定数量物品的叠合长度。

②容积计数充填。将物品整齐排列到计量箱中，当充满计量箱时，打开闸门将产品推入或落入包装容器内。计量箱的容积即为规定数量物品的体积，适用于等径等长的棒状物品及规则的颗粒状物品的包装，如等径等长的棒状小食品、香烟、火柴、粉笔、定位销等。

容积计数充填装置如图 5－25 所示。物品整齐地水平置于料斗 1 内，振动器 2 使料斗振动，以免架桥，并促使物品顺利地下落而充满计量箱 4，当物品充满计量箱时，即达到了规定的计量数目，这时关闭闸门 3，隔断料斗与计量箱的通道，同时将计量箱底门 5 打开，物料落入包装容器。由于每件物品体积基本相同，所以内容积箱容积确定的物品数目可达到大致相同。此种方法简便，充填装置结构简单，但计量精度低。一般适用于价格低廉，计量精度要求不高的物品的包装。

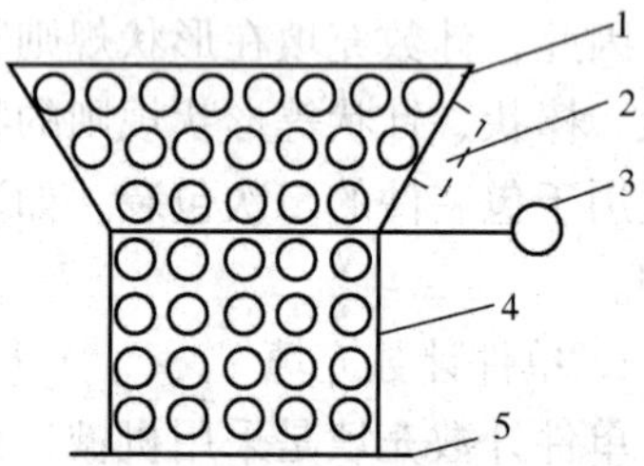

图 5－25　按容积计数充填原理

1—料斗　2—振动器

3—闸门　4—计量箱　5—底门

③堆积计数充填。即从几个料斗中分别提取一定数量（等额或不等额）的物品，依次充填到同一个包装容器中，完成一次计数充填包装。堆积计数充填主要用于几种不同品种物品的组合包装，如颜色、形状、式样、尺寸有所差异的物品的计数充填包装。

堆积计数充填装置如图 5－26 所示。工作时，包装容器 2 在托体的带动下，作间歇运动，且与组合料斗 1 中的上下推头协同动作，组合料斗共分四个料斗，每个料斗装有一种颜色的物品，当容器移动到第 1 个料斗下时，推头将一红色物品推入包装容器中，然后容器继续前进，到第 2 个料斗下，又将一黄色物品推入包装容器中。这样依次动作，容器移动4次，完成一个容器的计数充填。

（2）无规则排列物品的计数充填　利用计数板从杂乱的物品中直接取出一定数目的物品，并将其充填到包装容器中。可以一次充填得到规定数量的物品，也可以多次充填得到规定数量的物品。适用于难以排列的颗粒状物品的计数充填。

①转盘计数充填。利用转盘上的计数板对物品进行计数，并将其充填到包装容器内。每次充填物品的数目由转盘在充填区域中计数板的孔数决定。适用于形状规则的颗粒物料，如药片、巧克力糖、钢珠、纽扣等。

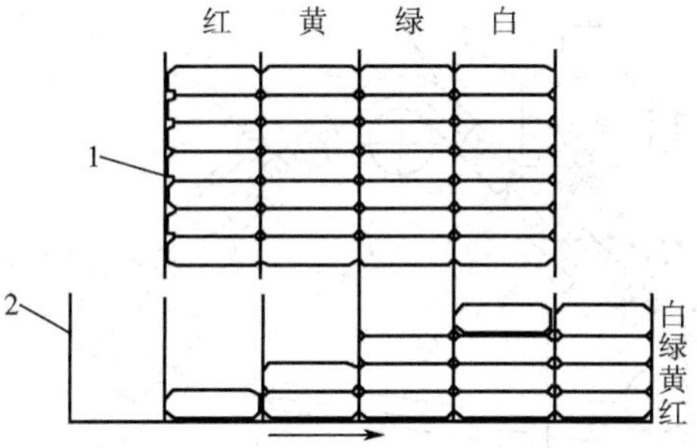

图5－26　按堆积计数充填原理
1—组合料斗　2—包装容器

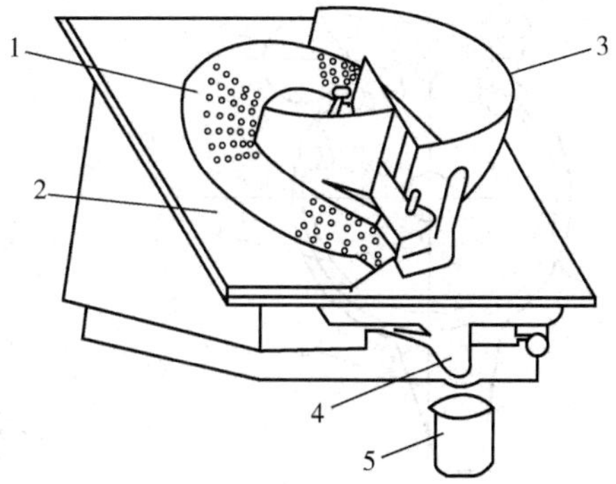

图5－27　用转盘计数充填原理
1—计量盘　2—底板　3—防护罩
4—落料槽　5—包装容器

转盘计数充填装置如图5－27所示。物料装在由防护罩3和底板2组成的料斗中，计量盘1上有三组计量孔1呈120°分布。孔是通孔，孔径略大于物料，每组计量孔的数目与一次充填物料要求的数量相同，每个孔可容纳一颗物料，底板固定不动，在卸料区域，底板上开有与一组计量孔面积相同的扇形开口，其下部是落料槽4，整个给料装置是倾斜安装的。计量盘作连续回转，当计量盘转动时，在料斗中物料由于与转盘相接触而被搅动，物料进入计量盘的一组计量孔内，每孔一个物料，其余的物料被刮板挡住，装入计量孔中的物料随计量盘一起转动。当该组物料到达卸料区域，由于底板上开有扇形开口，物料失去依托，在重力作用下，从底板上的扇形开口，经落料槽进入包装容器5中。当物料尺寸变化或每次充填数量改变时，可以更换相应尺寸和形状的计量盘。

②转鼓式计数充填。利用转鼓上的计数板对物品进行计数，并将其充填到包装容器中。其计数原理与转盘基本相同，只是计数板均布在转鼓上，适用于直径比较小的颗粒物品的计数充填包装，如糖豆、钢球、纽扣等。

转鼓式计数充填装置如图5－28所示。在转鼓3圆柱表面上均匀分布有数组计量孔，其孔为盲孔，转鼓做连续回转，当转鼓转到计量孔与料斗1相通时，物料依靠搓动和自重进入计量孔中。当该组计量孔带着定量的物料随转鼓转到出料口时，物料靠自重经落料斗4落入包装容器5内。

③履带计数充填。利用履带上的计数板对物品进行计数，并将其充填到包装容器内。适用于形状规则的片状、球状物品的计数充填包装。

如图5－29所示，计数板为条形，其上有计量孔，孔为上大下小的通孔。根据需要将有孔的板条与无孔的板条相间排列组成计数履带3，在链轮带动下进行移动。当一组计量孔行经料斗1下面时，物品由料斗靠自重和振动器8的作用落入计量孔中，并由拔料毛刷2将多余的物品拨去，该组计量孔带着定量的物品继续移动，当到达卸料区域时，借助鼓轮的径向推头5的作用，将物品成排地从计量孔中推出，并经落料斗6进入包装容器7中。

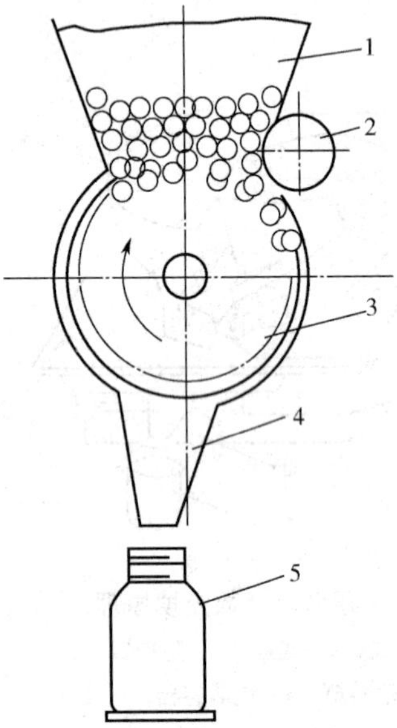

图5-28　用转鼓计数充填原理
1—料斗　2—拨轮　3—计数鼓轮
4—落料斗　5—包装容器

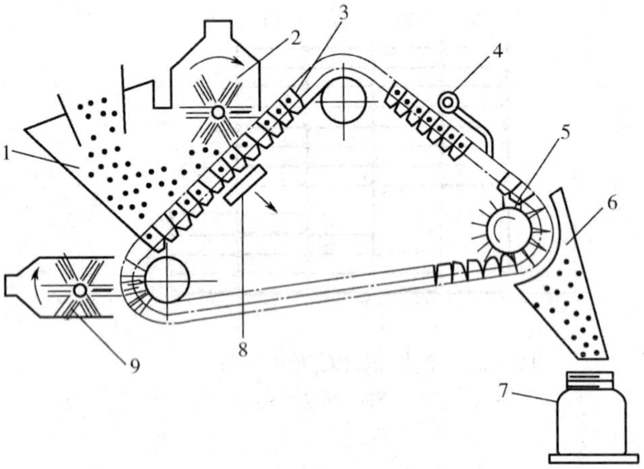

图5-29　用履带计数充填原理
1—料斗　2—拨料毛刷　3—计数履带　4—探测器　5—径向推头
6—落料斗　7—包装容器　8—振动器　9—清屑毛刷

形状规则的物品品种、类型很多，其计数充填的方法也很多，除上述介绍的几种外，还有很多，如推板式计数充填、板条计数充填、格盘式计数充填等。在选择计数充填方法时，应综合考虑物品的形状、规格、特性、价值、计量精度等因素。

五、固体充填方法的选用

固体物料充填方法的基本要求是定量要准确，根据不同物品的特点各有适用性，在选择固体物料充填工艺时要考虑许多因素。首先根据被包装物料的情况，选择所使用的充填方法，在保证充填精度的同时，还要注意以下几项。

（1）生产速度　生产速度一般以每分钟（min）充填的件数计算，因充填系统的自动化程度不同而不同，最高可达500件/min。

由于设备与材料的影响，生产速度与实际出产量是不同的。例如，系统的生产速度为30件/min，则每班8h产量为14400件，但由于机器检修、待料停工以及操作不当等，实际产量可能仅为11000件左右，通常实际产量按理论量的80%计算。

在手动或半自动充填系统中，手动将容器放在工位上，然后手压按钮或脚踩开关，使机器开始动作，生产速度为 5 ~ 15 件/min。

在间歇式自动充填系统中，容器被机械装置传送到充填工位，停在工位上进行充填，整个循环完成后，容器输出，下一个容器依次进入充填工位。大部分间歇式充填系统生产速度为 30 ~ 150 件/min，其实际产量取决于充填量、充填精度以及容器大小和产品装卸要求等。

连续自动充填系统的生产速度可达 500 件/min，这种系统采用转盘工作台，用定时输送器将容器送到充填工位，容器在充填料斗下方随工作台一同转动，并在转动中充填物料。

（2）变换物料品种的灵活性　充填系统变换产品品种时的复杂性是不同的。一般而言，充填系统的生产速度越高，变换品种越费时亦越困难，如果充填的物料品种较少而且其物理特性相近，变换品种较易实现。

变换物料时，最简单的方法是把贮料斗的物料用另一种物料代替，也可能需要更换充填器具。螺旋充填机是最灵活的固体物料充填系统，它几乎可用于各种物料，但是在变换产品时常需要变换充填器具。

更换容器的时间对机器生产速度有很大影响，大多数间歇式充填系统使用连续传送带和气动定位销使容器定位，因此，在更换容器时需要调节导轨和定位销的位置，并调节定时供料器。连续移动的旋转工作台系统则需要更换零件并需花费时间进行安装，这些零件包括主旋转台、装卸包装容器的星轮以及定时供料器等。

思考题

1. 什么是充填？什么是灌装？选择充填方法的准则是什么？

2. 常用的灌装方法有哪些？它们各自是如何计量灌装容量的？

3. 什么是常压灌装、真空灌装、等压灌装、压力灌装？它们各有什么特点？适用于哪类物品包装？

4. 纯真空灌装与重力真空灌装有何异同？

5. 常用的固体充填方法有哪些？各自是如何计量充填量的？

6. 净重充填与毛重充填有何异同？各自适用于充填哪类产品？

7. 请给下列产品选择合适的包装方法，并说明选择的理由。

酱油、白酒、葡萄酒、啤酒、浓缩果汁、草莓果酱、绵白糖、红糖粉、糕点、药片、牙膏、去污粉。

第六章

辅助包装工艺与设备

包装完成后，要对容器进行封口、贴标、捆扎、印码等辅助工艺处理，由于处在主要包装的后期工序，生产中常称为后包装或辅助包装，是包装工艺过程中必要的工序，在保证包装质量和功能方面起着重要的作用。在操作中一般要使用黏合剂、胶带、金属钉、瓶盖（塞）、印制好的标签及特种印油等辅助包装材料和构件。

第一节　封口工艺与设备

一、封口工艺的作用和形式

封口是指用包装材料或包装容器，将产品包装后，为了确保内装物品在流通运输、储存和销售过程中保留在包装品内，并避免受到污染而进行的各种封口工艺。其含义广泛，也称封合、封闭，或者封缄。完成包装容器内盛装物料后，对容器进行封口的机器称为封口设备。不同的包装容器有不同的封口方式，封口型式及封口设备品种呈现多样化。封合包装工艺使用的封口方法、材料和构件有很多种类，如图 6 – 1 为几种包装容器封口方式。按照封口材料的有无、封口方法的不同，分为以下几种类型。

（1）无封口材料［图 6 – 1（a）～图 6 – 1（e）］，有热压式封口、熔焊式封口、压纹式封口、折叠式封口及插合式封口。

（2）有封口材料［图 6 – 1（f）～图 6 – 1（i）］，有滚压式封口、卷边式封口、压力式封口及旋合式封口。

（3）有辅助封口材料［图 6 – 1（j）～图 6 – 1（l）］，这类封口有结扎封口、胶带封口及缝合封口等。

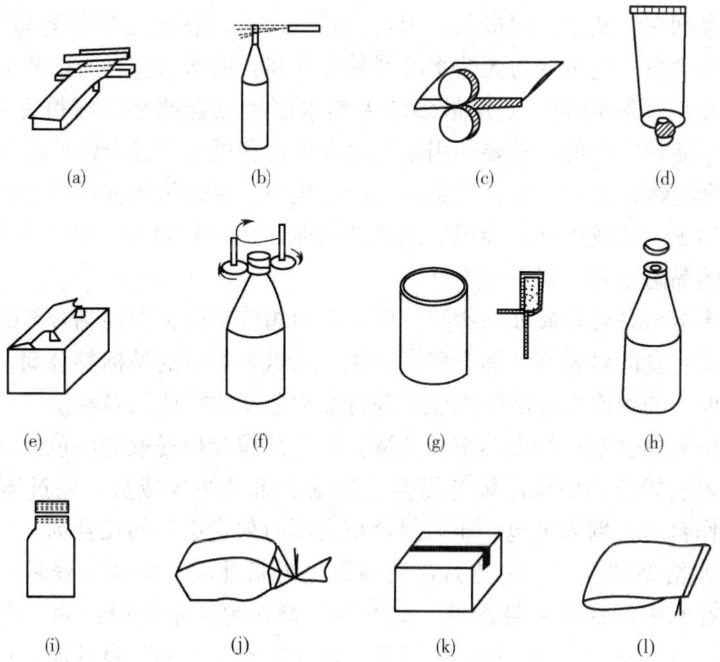

图 6-1　常见的几种封口型式

（a）热压式　（b）熔焊式　（c）压纹式　（d）折叠式　（e）插合式　（f）滚压式
（g）卷边式　（h）压力式　（i）旋合式　（j）结扎封口　（k）胶带封口　（l）缝合封口

在日常生活中，这些封口的产品随处可见，如玻璃瓶装啤酒和汽水等含气饮品，以压力式封口产品为主，习惯称之为压盖机。瓶装水及医药产品以旋盖封口方式的产品最常见，习惯称之为旋盖机。马口铁容器的罐头类食品以卷边封罐方式封口，习惯称之为封罐机等，不一一列举，它们都属于包装设备的范畴。

二、黏合封口工艺

1. 黏合剂的作用和类型

利用黏合剂将包装品封合的方法称作黏合工艺。其优点是工艺简单，生产率高，黏合强度大，应力分布均匀，密封性好，适应范围广，并可增加绝热与绝缘性能。在包装工业中广泛用于纸张、布料、木材、塑料、金属等各种材料的黏合。在封口、复合材料的制造、封箱、贴条、贴标签等过程中，起着重要的作用。

黏合剂种类繁多，成分复杂，许多天然材料和合成材料都可作为黏合剂。按黏合剂的基料性质可分为无机黏合剂和有机黏合剂；按黏合剂的物理形态可分为水溶型、溶剂型和热熔型三类；按黏合剂工作时是否加热分为冷胶和热熔胶两类。

2. 冷胶黏合

冷胶黏合时不需加热，在常温下进行。有水溶型胶和溶剂型胶，溶剂型黏合剂由于受到成本、安全性、环保法规和生产效率等因素的限制，只用于不宜采用水溶型黏合剂和热熔黏合剂的场合，生产中用的主要是水溶型黏合剂。

水溶型黏合剂在包装中使用最久，用量也最大。它的优点是操作容易、安全、节能、成本低和黏合强度高。它可分为天然水溶型黏合剂和合成水溶型黏合剂两类。

（1）天然水溶型黏合剂　使用最多的天然水溶型黏合剂是以淀粉为基料的黏合剂，它是用生面粉或淀粉生产的。主要的用途是封合纸箱和纸盒、黏合螺旋纸管、纸袋封缝和成型以及粘贴金属罐标签等。在瓦楞纸板生产过程中，普遍采用淀粉黏合剂。其优点是容易处理和易于加工，且成本低，能很好地黏合纸张，耐热性良好。缺点是黏合速度较慢，对塑料和涂层的黏附较差，耐水性不好。

其他天然水溶型黏合物质如动物胶，可作为封箱胶带的再湿性黏合剂的主要成分，或作为糊制硬质固定盒的黏合剂；如干酪素，主要用做啤酒瓶的贴标黏合剂，因为它能满足啤酒瓶标签所要求的耐冷水浸泡的性能，并且在酒瓶回收后能用碱水洗掉，也可用来制作铝箔和纸复合用的黏合剂；如天然橡胶乳液，它是从橡胶树提取的白色乳液，在包装中主要用途是作为多层袋结构中聚乙烯与纸复合用黏合剂的主要成分，通过压力即可自身黏合，因此多用作自封合糖果裹包、压力封合箱及压力封合纸袋的黏合剂。

（2）合成水溶型黏合剂　这类黏合剂多数是树脂乳液，特别是聚醋酸乙烯乳液—聚醋酸乙烯颗粒在水中的稳定的悬浮液。这类黏合剂在包装中应用最为广泛，例如用于成型、封合或箱、盒、软管、袋、瓶的贴标签。由于它有一系列优良性能，目前已在很大程度上取代了天然黏合剂。

（3）冷胶黏合工艺　冷胶黏合剂的黏合过程可用手工操作，也可用涂布设备操作，其主要黏合操作程序是：涂布、压合和固化（挥发）。固化是溶解冷胶的水分或有机溶剂挥发，直至黏合剂本身固化的过程。被黏合物涂布黏合剂后，需在相当长的时间内保持压合状态，直至固化。手工涂布时用毛刷或喷枪。机械设备涂布时，工作方式大致有三种：

①滚轮涂胶法。如图6－2（a）所示，容器中的冷胶靠旋转的滚轮进行涂布。调节涂胶厚度有两种方式：当滚轮为光滑圆柱形时，可通过轮面与刮刀的间隙进行调节；当滚轮表面有凹槽时，则取决于凹槽的深度。采用滚轮涂布法能够在常温下使用黏合剂，设备结构比较简单，广泛用于折叠纸盒粘贴机等。由于它能对纸盒的折翼全面涂胶，因此，即使内装物为粉末状的，纸盒也能完全密封。但设备需每天清洗，黏合剂损耗较大；若使用有机溶液，则需考虑环境保护问题。

②喷嘴涂胶法。用喷嘴喷胶的方法有两种。一种如图6－2（b）所示的喷嘴头与被黏合物接触方式；另一种如图6－2（c）所示的非接触的方式。

向喷嘴供给黏合剂的方法可采用压力罐或压力泵。非接触式喷胶时，喷嘴与被黏合物之间有一定距离，大多使用喷射压力较高的压力泵。此外，从维护保养的角度出发，对于如瓦楞纸板等纸屑容易积攒在喷嘴上的材料，采用非接触方式较为适宜。

与滚轮涂胶法相比，非接触式涂布方向可任意调节，而且不必每天清洗设备；然而由于是通过小口径的喷嘴喷胶，存在着胶液干结堵塞喷嘴的问题，为此，需采取一些措施，例如流水线停车时，应将喷嘴放在潮湿的地方或者向喷嘴端部吹湿气等。此外，有的黏合剂会加速金属喷嘴的腐蚀，在选用时应予以考虑。

喷嘴涂胶法适用于纸盒封口、低速瓦楞纸箱装箱机。

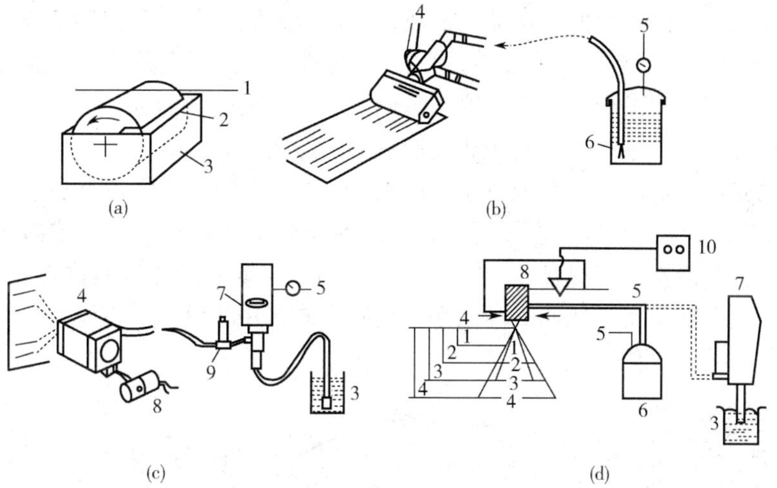

图6-2　冷胶黏合工艺原理

（a）滚轮法　（b）接触式喷嘴法　（c）非接触式喷嘴法　（d）喷雾法

1—被黏合物　2—刮刀　3—贮胶槽　4—喷头　5—压力表

6—压力罐　7—压力泵　8—电磁阀　9—过滤器　10—控制器

③喷雾涂胶法。喷雾涂胶与喷嘴涂胶系统的构成没有太大差异，不同之处在于喷嘴涂胶是使冷胶呈线状涂布，喷雾涂胶则使冷胶呈雾状涂布，如图6-2（d）所示。优点是涂布面积大，涂布少量胶即可获得较好的黏合效果，而且压合时间可缩短，缺点是涂布面边缘模糊。多用于瓦楞纸箱的封合。

3. 热熔胶黏合

热熔黏合剂是以热塑性聚合物为主的固体黏合剂，它的黏合过程是：熔胶→涂布→压合→固化（冷却）。涂布液是加热熔融的胶液，固化则是熔融胶液冷却的过程，不同于冷胶的液体挥发。因冷却所需时间比挥发时间要短得多，从而能适应自动包装生产线较高的生产速度。是目前包装中相当重要的黏合剂。

热熔黏合剂应用得最多的有三种，第一种是乙烯-醋酸乙烯共聚物（EVA），它能与蜡和增黏树脂配合制成更有用的黏合剂，蜡的作用是降低黏度和控制黏合剂的固化速度、挠曲性和耐热性，增黏树脂的作用是控制黏度和黏合力。第二种是以低分子量聚乙烯为主体的热熔黏合剂，广泛用于纸材黏合，例如纸箱封合和袋子的封缝和封口。第三种以无定形聚丙烯为主体的黏合剂，用于复合纸张，生产耐水包装材料或两层增强的运输包装用胶带。

此外，还有一些满足其他特殊用途的热熔胶。不论是哪种热熔胶，它们都具有一个共同的基本优点，即通过简单的冷却就可完成黏合。但由于它们的固化速度非常快，常发生热熔剂未触及润湿基材就固化的不良黏合现象，而且在提高温度时，它们的强度都会迅速下降，如果经过适当配制则可适合大多数包装应用，但不宜于非常热的充填操作或供烘烤的包装。

给封合处上胶，通常称作涂布。热熔胶常用的涂布方法有三种，如图6-3所示。

①滚轮涂胶法。方法简单，但总体效果不良。

②喷嘴涂胶法。热熔后的胶液放在贮胶筒 6 内，贮胶筒与涂胶喷嘴 7 连接；瓦楞纸箱 10 由传送带 9 送至涂胶位置，喷嘴将加压的胶液喷出，在纸箱片上形成涂胶层 8，经折叠、压合和冷却即完成黏合。由于喷嘴与纸箱不接触，而且胶液在压力下喷出，因此涂布速度较快且均匀。在各种黏合方式中，是应用最广泛的一种。

③平板涂胶法。热熔后的胶液盛于贮胶槽 11 中，纸盒坯片 13 的涂胶表面向下，放置在涂胶平板 12 上，涂胶平板作上下运动，下降时携带纸盒坯片在贮胶槽内涂胶，然后向上经折叠、压合和冷却，完成黏合。涂胶平板上刻有与纸盒坯片涂胶部位相适应的空槽，可将各涂胶表面一次涂布，从而提高效率。这种方式多用于纸盒的粘贴。

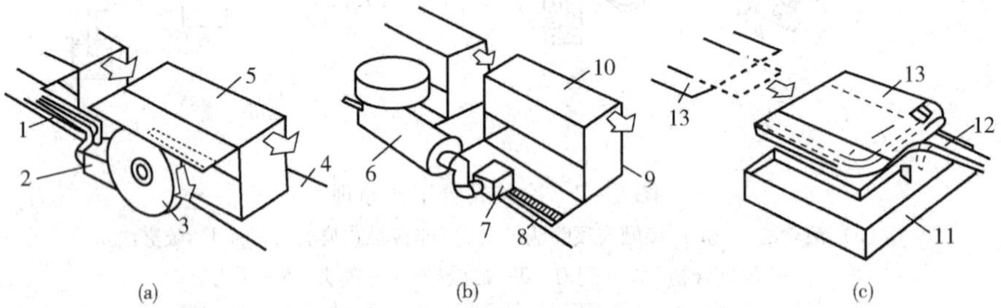

图 6-3 热熔胶黏合工艺原理

(a) 滚轮涂胶法 (b) 喷嘴涂胶法 (c) 平板涂胶法

1—输胶管 2、11—贮胶槽 3—涂胶滚轮 4、9—传送带 5、10—瓦楞纸箱

6—贮胶筒 7—涂胶喷嘴 8—涂胶层 12—涂胶平板 13—纸盒坯料

三、胶带黏合工艺

胶带是预先涂有黏合剂的带状材料，主要用于封合包装容器，也有用来连接两件物体。常用的胶带有普通胶带和压敏胶带（有单面、双面和泡棉等）两大种。

1. 普通胶带

普通胶带又称再湿型胶带，简称胶带。它是在不同基材上涂布一层水活化性黏合剂。使用时在胶面上涂一层水，溶解黏合剂而产生黏结力，即可粘贴被黏合物。基材有纸质、布质、纤维增强纸质、复合材料等多种。主要用于密封瓦楞纸箱的中央和箱端的接合处。胶带的黏合力，一般可分为初期黏合力和持久黏合力，目前还没有两种黏合力都强的胶带，往往是初期黏合力越强持久黏合力越弱。粘贴操作条件和使用条件对黏合力有很大影响，主要有环境温度、环境湿度、涂水温度和涂水量。普通胶带由于使用时要加水溶化，使用不方便，日常生产生活中已较少使用。

2. 压敏胶带

(1) 压敏胶带的类型和特性　压敏胶带是将压敏黏合剂涂在基材上，使用时只要轻轻地按压基材背面，就可以黏合到被黏合物的表面，不需溶剂或加热，且基材的背面可进行防粘处理，便于从胶带卷上拉开使用。常见的有单面、双面和泡棉涂胶等。基材应柔软而有弹性，以便撕断或切开，还应有良好的纵向抗拉强度以及横向抗拉强度，以保证胶带有足够的抗冲击能力。常用基材有纸质、布质、双向拉伸聚丙烯薄膜或拉伸聚酯薄膜等。黏合剂采用橡胶和黏性树脂或丙烯酸类树脂等。成品按一定宽度分切成卷筒状，方便手工或机械使用。

（2）压敏胶带封黏工艺　压敏胶带最常见的使用是封黏纸箱，可用人工粘贴，也可用封箱机械粘贴。工业自动封箱机可将纸箱顶部和底部同时封合，每分钟封合 5 ~ 20 箱。自动封箱机从流水生产线上将充填好的纸箱顶部盖片折下，然后进行封合。半自动封箱机放在包装工作地，由包装工人充填纸箱，折下盖片，送到封箱机上封合。封箱机的工作高度和宽度可调节，以适应纸箱封合的要求。

压敏胶带的粘贴方式有两种。如图 6 - 4 所示，第一种是 I 字形粘贴，其优点是封箱作业少而且容易，成本较低，缺点是强度不够，不能完全密封，用于一般包装。第二种是 H 字形粘贴，它可以完全密封而且强度高，但是封箱费时，成本高，多用于出口商品、精密仪器等包装。

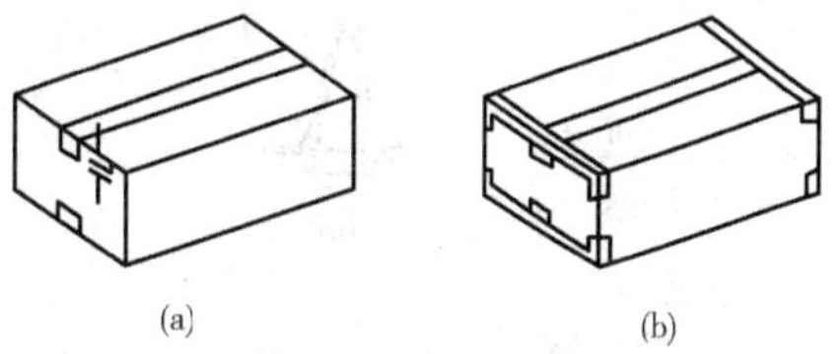

图 6 - 4　压敏胶带的粘贴方式
（a）I 字形粘贴　（b）H 字形粘贴

（3）影响压敏胶带黏合力的因素

①环境温度。压敏胶带通常在 10 ~ 30℃ 条件下能发挥良好的黏合性能。由于胶带上的黏合剂是半流动的黏弹性物质，在低温情况下，不易渗透到瓦楞纸板等粗糙表面的深部，以致粘贴面积不够而影响黏合强度。因此当工作环境温度较低时应采取升温措施。

②粘贴压力。为了保证粘贴牢固，工作时应施加一定的下压力。粘贴时可能会在胶带和被粘物表面封入空气泡，降低粘贴接触面，如果粘贴有效面积不够，会影响黏合强度，这时应适当加大粘贴压力。

③折弯长度。用压敏胶带封合纸箱时，为防止纸箱盖片反弹，应有足够的折弯长度，一般不小于 50mm，折弯长度越长，盖片保持封闭的时间就越长，因此，对反弹力较强的纸箱可适当长一些。

④内装物的状态和重量。内装物为较大整体物件时，胶带的受力并不大，如电视机、冰箱等。以同等重量的内装物进行比较，胶带所受力的大小为液体最大，散装物次之，整体物较小。因而在纸箱中装物时最好有内包装。

四、用封闭物封口

封闭物是产品装入包装容器后，为了确保内装物在运输、储存和销售过程中保留在容器里并避免受到污染而附加在包装容器上的盖、塞等封合或覆盖器材的总称。封闭物种类繁多、功能各异，需根据包装容器和内装物的要求来选择。

1. 瓶罐的封口

瓶和罐的封闭物主要是盖和塞。这类封闭物与容器一起可完成三个功能：通过有效的密封达到对内装物的保护；提供方便的开启和再封口能力；提供视觉、听觉和感觉三方面的信息。它们按用途可分为密封型、方便型、控制型和专用型四类，但由于在功能上的交叉和重叠，不可能截然分开。

（1）密封型　密封型封闭物的主要功能是为了在大规模生产中提供密封和开启，几乎所有的封闭物都能提供密封性能，例如用于一般用途密封的螺旋盖、用于加压饮料密封的皇冠盖和滚压盖、用于食品真空密封的凸耳盖和压合盖等，都属于这一类。

（2）方便型　方便型封闭物如图6－5所示，主要是为满足消费者方便地开启和取用产品，并能使液体、粉末、片状和颗粒状产品从容器中倾倒、挤出、淋洒、喷雾或泵射出来。

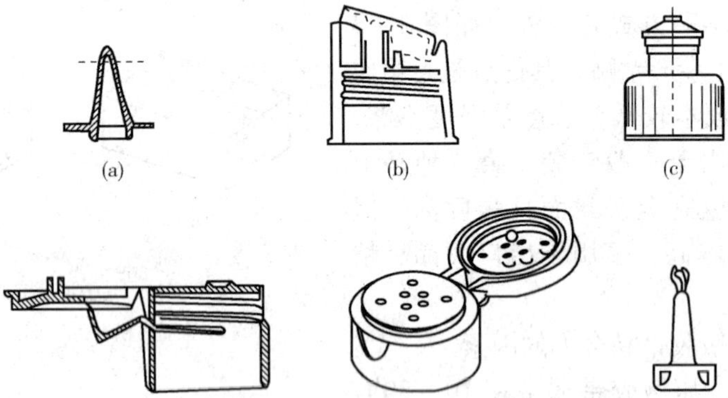

(a)　(b)　(c)　(d)　(e)　(f)

图6－5　方便型封合物

（a）顶端剪开型　（b）掀转倒型　（c）推拉型　（d）塞孔型　（e）振摇筛盖　（f）刷式塞

（3）控制型　控制型封闭物要求容器的开启符合特殊规定，以保护消费者的安全和利益。常见有防盗盖，开盖后有明显印记，如图6－6所示。还有儿童安全封闭物型，打开时需较大外力。

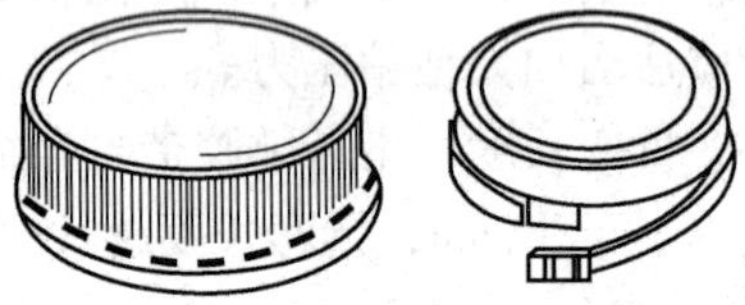

(a)　(b)

图6－6　常见防盗盖

（a）扭断式　（b）撕裂式

（4）专用型　是指为特殊用途或高级容器设计的封盖，它们包括艺术化封盖、特殊功能封盖、瓶塞和罩盖。艺术化封盖是为了促进销售而将封盖制成艺术品；特殊功能封盖在销售过程中具有专门作用，例如能使容器保持一定压力并可排放多余气体的封盖等；用天然的或人造的软木、橡胶和塑料制成的瓶塞目前只用于某些特种物品，如酒、化学品和医药品；罩盖是为保护内盖而设计的与容器配合使用的封闭物。

（5）瓶罐封合物及工艺过程　在包装生产线上，瓶罐封闭工序多采用半自动或全自动封口机。封口机按其工作原理和所完成的封口形式可分为压纹封口机、滚压封口机、压力封口机、旋合封口机等。如图6－7是易拉罐两重卷封封盖过程。

2. 袋类包装件的封合

袋类包装件封合所用的封闭物主要有卡子、带提环的套、按钮带、扭结带和扣紧条等。图6－8为6种使用方便的塑料袋封闭物。其中图（a）为卡子，用于袋装烘焙食品

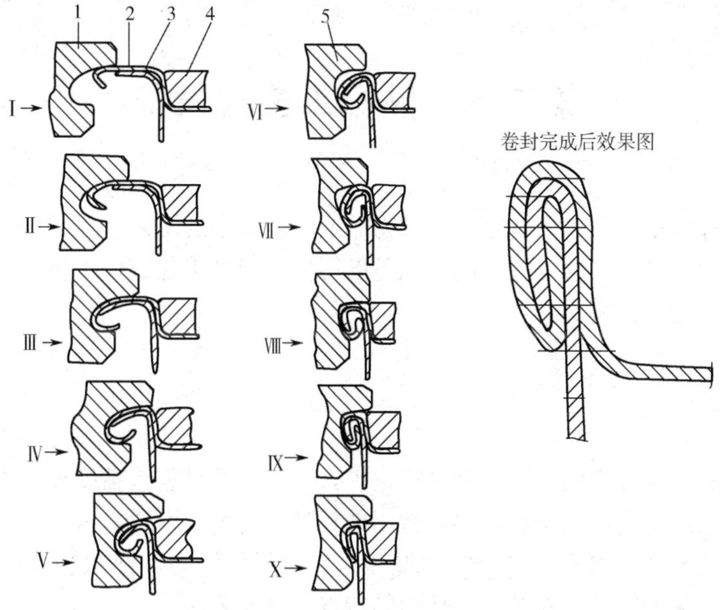

图6－7　易拉罐两重卷封封盖过程

1—头道封轮　2—盖　3—罐体　4—压盖头　5—二道封轮

封口。图（b）为带环的套，包括一个提环和一个套，提环下部两侧有齿可以调节松紧。图（c）为扭结带，类似电视天线的扁馈线，由两条铝丝外面包以软塑料，扭结后不会松开。图（d）为按钮带，将袋口捆扎后，用按钮固定。图（e）为条形拉锁边，在塑料袋一面制一条扁条，另一面制一条扁槽，两者吻合压紧，就可锁住袋口。图（f）是塑料扣紧条，作用与带提环的套一样，但更简单。具有一定强度的复合纸袋、编织袋或布袋用线缝合。

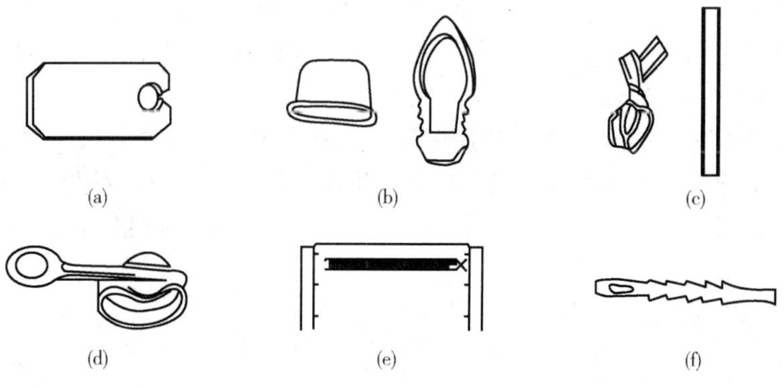

图6－8　塑料袋封闭物

（a）卡子　（b）带环的套　（c）扭结带　（d）按钮带　（e）条形拉锁　（f）塑料扣案条

3. 纸盒及纸箱的封合

传统的纸盒及纸箱的封合用卡钉钉合，或用胶带封合。为了方便纸板回收利用，现代包装行业普遍推行用热熔环保胶进行黏合，可采用刷胶或喷胶工艺，为了保证纸板变形量减小，在保证粘接牢固度的情况下尽量少用胶，点胶最好。

第二节　贴标工艺与设备

贴标是把标签粘贴在一个特定表面、物品或包装件上的工艺。标签用以指明内装物的名称、性质，制造者或其他内容，同时也可以用标签起到美化或保护作用。完成贴标工艺的机械装备通称为贴标机。

一、标签的种类

在包装领域使用标签的范围和种类日益扩大，所用的材料包括纸板、复合材料、金属箔、纸、塑料、纤维制品及合成材料。常用的标签可分为三大类，第一类是无黏合剂型，基材为非涂布纸和涂布纸；第二类为自黏型，包括压敏黏合和热敏黏合；第三类为润湿型，又可分为普通胶型和微粒胶型。他们的特点与粘贴方法是：

（1）非黏性标签　无黏合剂的普通纸标签用水溶胶粘贴，目前仍被广泛使用。纸张大多是单面涂布纸，也有相当数量采用非涂布纸。这种标签用于大容积的物品，如啤酒、饮料、葡萄酒和罐装食品等。

（2）压敏自黏标签（也称不干胶标签）　这种标签背面涂有压敏黏合剂，然后黏附在涂有硅树脂的隔离纸上。使用时将标签从隔离纸上取下，贴在商品上。压敏标签可制成单个的，也可黏附在成卷的隔离纸上。压敏标签还可分为永久型和去除型两种。永久型的黏合剂能将标签长时间黏结在某一位置，如果试图去除，则会损坏标签或损伤商品表面；去除型的黏合剂可在一定时间后取下标签并不损伤商品表面。

（3）热敏自黏标签　这种标签有即时型和延时型两种。前者施加一定的热量和压力后，即会粘贴固定在物品表面上，适用于小平面或凸面物品粘贴；后者受热后转变为压敏型，不用直接在物品上加热，适用于食品等产品。

（4）湿润型标签　这种标签为使用两种黏胶，即普通胶和微粒胶的带胶标签。前者在纸基材的反面涂敷一层不溶性胶膜，后者是将黏合剂以微小细粒的形式施加在基材上，这样就避免了普通胶纸经常出现的卷曲问题，其加工效率和可靠性较高。

二、贴标工艺与设备

产品的标签必须粘贴在一个特定的正确位置上，不仅要求粘贴牢固，而且还应在产品或容器的有效寿命期内固定于起始位置而不错动，并保持其良好的外观。另外，容器回收后，标签应易于去除。

贴标签工序应与包装生产线上其他工序的生产率相适应，不得引起生产线停工。

简单的贴标签设备是用枪式装置将标签贴到产品或容器上。半自动或全自动贴标签设备适用于特殊类型的标签，例如湿胶型、压敏型或热敏型标签。常用贴标签设备有以下几种：

1. 湿胶贴标机

湿胶贴标是最便宜的贴标方法，设备有简单的半自动机和高速的（600 个/min）全自动机，其结构形式在容器供给（直线型或回转型）、标签传送（真空传送或粘取传送）及涂胶方式（全幅涂胶或局部涂胶）上，虽有所不同，但它们都具有下列功能：①从标签储仓中一次传送出一枚标签；②用黏合剂涂布标签；③将带胶标签传送到待贴产品要求方位上；④将产品固定在正确的位置上；⑤施加压力，使标签牢固粘贴在产品上；⑥移走贴好标签的产品。

用于湿胶贴签的黏合剂有 5 种主要类型，即糊精型、干酪素型、淀粉型、合成树脂乳液和热熔胶。其中除热熔胶外，都是水溶型的。

图 6－9 是一种真空取标机械式的贴标机，取标鼓 7 上的真空吸嘴 8 将标签 6 从标盒 5 内吸出，标签导板 9 与背辊 4 配合将标签推入送标辊 10 送至涂胶辊 3 涂胶，然后由送标爪 12 送至贴标位置在送进螺杆 15 送进的容器 13 上贴标，再由压紧皮带 11 与承压衬垫 14 将标签压紧并送出生产线。该机的特点是可以高速贴标，并可以使用各种黏合剂。

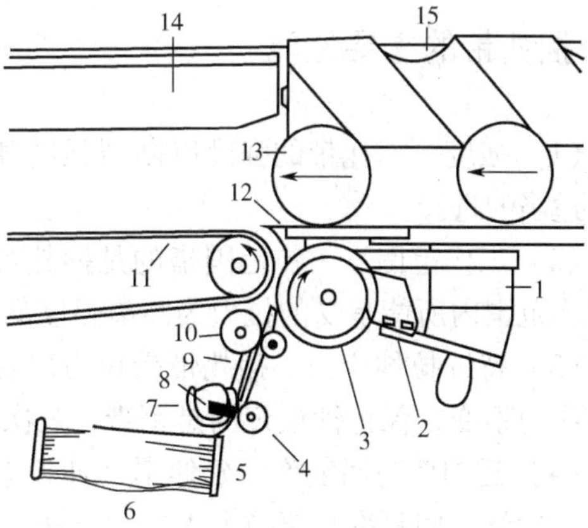

图 6－9　真空取标贴标机结构示意图

1—供胶盒　2—刮胶板　3—涂胶辊　4—背辊　5—标盒　6—标签　7—取标鼓　8—真空吸嘴　9—标签导板　10—送标辊　11—压标皮带　12—送标爪　13—瓶罐　14—承压衬垫　15—分瓶螺杆

2. 压敏贴标机

压敏标签预先涂有黏合剂，为避免粘住其他物品，胶面带有防粘材料的衬纸。因此所有的压敏贴标机都有一个共同的特点，即要有将标签从衬纸剥离的装置，一般是将成卷的模切标签展开，在张力下牵引它们绕过一剥离板，随着衬纸围绕一锐角挠曲，标签的前沿被剥离下来。当标签从衬纸上取下后，就可采用不同的方法将它们向前输送，并压贴在容器的正确位置上。

例如，容器被转送到贴标辊下，由贴标辊和承压衬垫之间产生的轻压将标签移贴在容器上，如图 6－10 所示。或者标签被吸附在真空室或真空鼓上，当容器到达正确的位置时将它们粘贴；也可以通过真空的消失和施加气压将标签吹压在容器上，如图 6－11 所示。

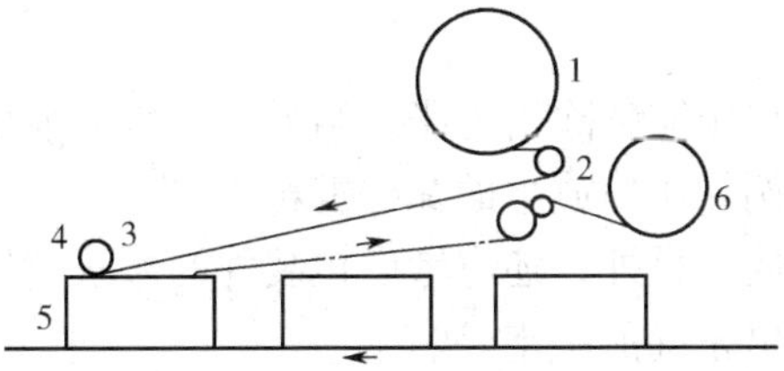

图 6－10　滚压式贴标机工作示意图

1—标签卷　2—导辊　3—剥离板　4—贴标辊　5—容器　6—衬纸回收卷

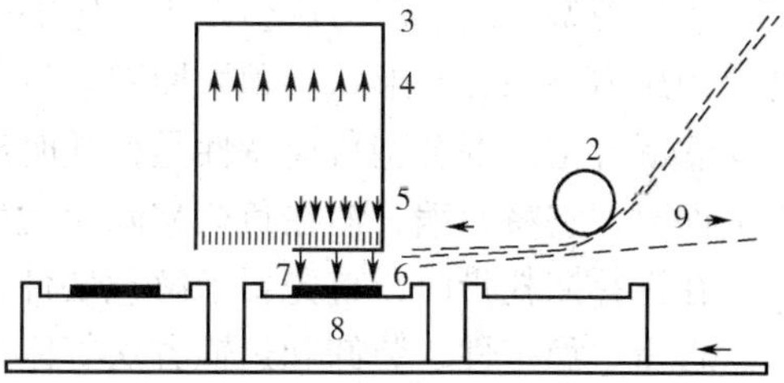

图 6－11　空气吸吹式贴标机工作示意图

1—标签卷　2—导辊　3—空气室　4—抽真空　5—吹气　6—剥离板　7—标签　8—容器　9—衬纸

第三节 捆扎工艺

捆扎是用挠性带状材料扎牢、固定、加固物品或包装件。捆扎材料有钢带丝、化纤绳带、尼龙带、聚丙烯带和聚酪带五种基本类型。捆扎时要根据具体情况选择最适宜的捆扎材料。

一、捆扎带的主要性能

（1）强度 捆扎带的强度以断裂强度和抗拉强度来衡量，根据包装件的载荷和强度可作适当的选择。

（2）工作范围 工作范围指的是捆扎带所承受拉力的最大值和最小值。一般捆扎带在工作范围内所能承受的拉力为断裂强度的40%～60%。

（3）持续拉伸应力 捆扎带受拉力后在带内将产生拉伸应力，并要在一定时间内保持该应力不变，保持性最好的是钢带，其次是聚酯和尼龙带。

（4）延伸率与回复率 延伸率（伸长率）是指捆扎带承受拉力后伸长的程度，用百分比来度量；回复率是指拉力去掉后，捆扎带缩回的延伸量。对3种塑料捆扎带来说，尼龙带回复率最高，其次是聚丙烯带和聚酯带。

二、包装件的负荷特性

包装件可分为刚体型、膨松型、收缩型、压缩型和混合型，它们的负荷特性如下：

①刚体型。刚体型包装件的负荷特性是不可压缩，它们在捆扎、装卸、运输和储存中形体尺寸变化较小，例如钢管、钢板、实木结构品和水泥制品等。

②膨松型。膨松型包装件的负荷特性是形体尺寸变化较大，例如棉花包、废纸捆和回收的塑料薄膜等。

③收缩型。收缩型包装件的负荷特性是形体凹陷或移位，例如袋装粉料或小颗粒物品等。

④压缩型。施加压力后会发生一定的变形，如压力捆扎的报纸及装衣服后的全盖式纸盒，当压力撤除后其形状会稍微回弹。

⑤混合型。混合型负荷特性是捆扎时压缩，而在压缩解除后膨胀。当另一个负荷堆在它上面时，它将收缩，而在负荷移除后发生回弹，例如压扁放平的瓦楞纸箱等。

在选择捆扎带时，首先要了解包装件的负荷特性，另外，还应考虑包装件的形状、外形、自重、稳定性、装卸和运输方法等因素，以做出正确的决定。

三、捆扎带的应用

（1）钢带丝捆扎　钢带丝多用于要求高强度、高持续拉伸应力的包装件捆扎，如捆扎重型包装件或将包装件固定在火车车厢或拖车上。它能牢固捆扎刚体型和压缩型的包装件，并能抵抗日光、高温和酷冷的环境，但容易生锈。为了减轻钢带丝对产品表面的压痕，可适当增加衬垫。

（2）尼龙（或化纤）捆扎带绳　尼龙捆扎带用于捆扎重型物品和收缩型包装件，它具有较高的持续拉伸应力、延伸率与回复率，在塑料捆扎带中价格较贵。

（3）聚丙烯捆扎带　用于较轻型包装件捆扎和纸箱封口，价格比较便宜。

（4）聚酯捆扎带　用于要求在装卸、运输和储存中保持捆扎拉力的刚体型包装件的捆扎。

四、捆扎工艺过程

（1）捆扎设备　常用的捆扎设备有以下几类：

①手动捆扎设备。有人力、气动和电动 3 种型式，方便灵活，效率低，适于移动使用。

②半自动捆扎机。包装件放在适当的位置，开机后捆扎一道，人工移动到另一个位置，缠绕、拉紧、接头和切断均自动完成。

③全自动捆扎机。所有操作均按规定的程序自动完成。

（2）捆扎操作　手动和机动在捆扎前都要先将捆扎带缠绕在物品高度方向，缠绕 1～3 道十字或井字形，然后拉紧带再将捆扎带两端连接。连接方式可用铁皮箍，对于塑料捆扎，目前广泛使用的是热黏合。

第四节　印码工艺

产品包装完成后，在包装物的外表需要现场标记一些信息，如产品代码、批号、生产日期、标志、有效期等。这些内容对于产品仓储、运输、销售等都很重要。生产过程中是在产品的生产线上通过一定的印刷装置来完成，通常称为印码或打码，根据印刷时与包装物的距离分为接触式和非接触式印码。

一、接触式印码

接触式印码是指涂布有油墨的打印部件直接与包装品的表面接触印刷。印码方法有干式打印、热转印和湿印三种。

（1）干式打印　干式打印的墨辊辊芯吸附并干凝着热熔性塑胶油墨，打印装置通过加热将油墨活化，使热熔塑胶油墨熔化并由打印部件将油墨形成的文字转移到包装件表面上。打印出的字迹立即干凝，不易被抹掉，油墨消耗量少，大多数包装材质均可印刷，可用于高速包装生产线上。

（2）热转印　热转印也叫烫印，是以薄膜材料作为载体，首先在薄膜上涂布一层热熔性油墨；使用时将载体置于包装品与加热字模之间，施加一定压力，字模处的油墨就转移到包装品上。热转印字迹清晰，粘结牢固，适于打印要求清楚美观的高档包装品。

（3）湿印　湿印指油墨是液体状态，印刷时通过给印版上涂油墨，再将油墨印制到包装品上，可用于凸印、凹印或胶印。印后需进行烘干处理，以保证油墨粘结牢固。

二、非接触式印码

非接触式印码时包装品与印码装置不接触，主要方法有喷墨式印码和激光打印。

（1）喷墨式印码　喷墨式印码也称喷墨打印，是将微小的墨点从一个或多个喷墨头通过缝隙喷射到包装生产线上的每一个包装品表面，形成由点阵组成的字迹。喷墨机中的微处理器根据所需打印的字码组织墨点，油墨依靠压力或静电等向印码表面喷射，喷射时传感器控制喷头与产品运动同步，以保证喷码完美。墨滴可向任意方向喷射，平面、曲面、凸凹面都行。在选择油墨时应根据所要受墨的包装材质而定，保证油墨与包装物表面紧密结合。喷墨式印码原理如图 6－12 所示。

（2）激光打印　激光打印机由激光发生器、光束发射系统、光学成像系统和传感定位系统组成，如图 6－13 所示。

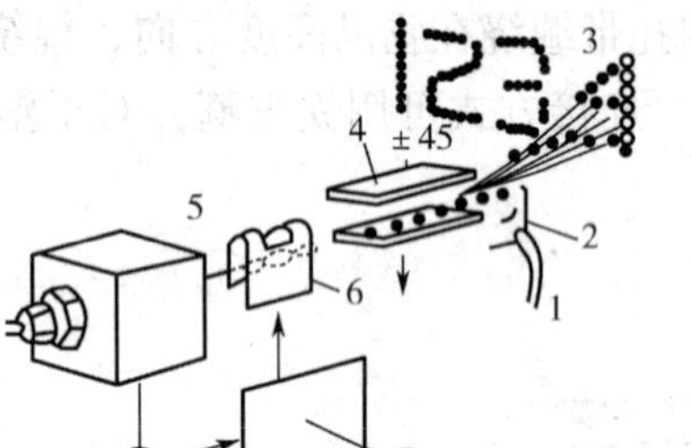

图 6－12　喷墨式印码工作示意图
1—真空回墨管　2—喷墨传感器
3—印码表面　4—静电偏转板　5—喷墨装置
6—喷墨通道　7—墨量调节器

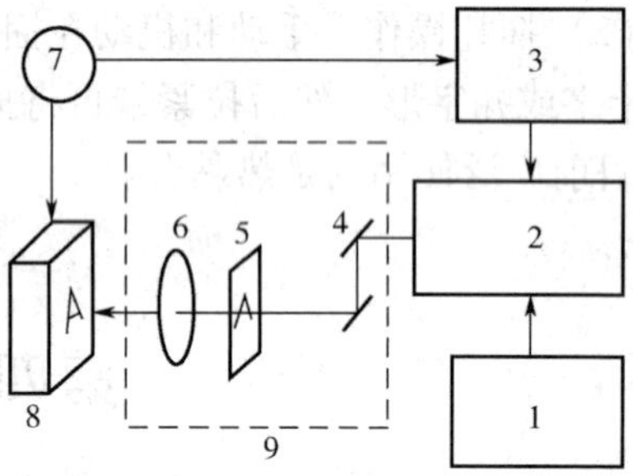

图 6－13　激光式印码工作示意图
1—电源　2—激光发生器　3—数据输入
4—偏转镜　5—模板　6—透镜　7—传感器
8—待印包装件　9—光学成像系统

在光学成像系统中，除偏转镜和透镜外，还有一个刻有打印资料的模板，激光束穿过模板上的缝隙及聚焦透镜在包装件表面成像，并借助激光能量，在包装件上形成图文。激光能量在包装件上产生的作用与承印物表面的组成有关，在带有涂层的金属上作用，是将涂层材料（如油墨、油漆或涂料等）烧去一层而形成图文；在塑料或陶瓷表面上作用是将表面颜色加热后呈现出变色的图文，也可在玻璃或其他材料上呈现出蚀刻效果的图文。

材质不同，对激光能量的反应不同，有些材质可透过激光，但不吸收能量。利用这一点可在复合材料的内部某层材料上形成图文。激光打印的最大特点是图文不会被抹脏、涂改或擦除，图文清晰，但生产成本相对较高，主要用于较贵重物品或其他印码方法无法实现的图文印码。

思考题

1. 举例说明常见的辅助包装工艺的作用。
2. 常用的黏合剂有哪些类型？介绍一下黏合工艺的主要步骤和作用。
3. 举例说明瓶类容器的封口方法有哪些。
4. 捆扎带有哪些类型？分别用在什么场合？
5. 常用的标签有哪些？介绍一下湿胶贴标机械的主要工艺过程。
6. 印码的作用是什么？生产中使用的印码方法有哪些？
7. 简述接触式印码和非接触式印码的工艺方法及特点。

第七章

专用包装工艺与设备简介

物品经直接包装后，根据其在流通过程中的方式和保证完成包装的时间性要求，需要进一步对包装品进行物理、化学、生物及适应环境性研究，制定出有针对性的专用包装方法。通常主要有用于贮运方面的抗冲击包装，小件物品的集合包装，金属产品的防锈包装，食品等的真空和气调包装，防霉、防虫害包装，无菌包装，防水、防潮及保湿、保温包装等。本章将分别介绍这些专用包装的目的、工艺及设备。

第一节　抗冲击与振动防护包装工艺

一、抗冲击与振动防护包装的作用和材料

抗冲击与振动防护包装是指以防止或减少冲击振动等机械性因素对产品造成的危害为目的的包装，也称为缓冲包装。它包括冲击防护包装和振动防护包装。冲击防护包装主要是将缓冲包装材料合理布置在包装容器和产品之间，吸收冲击能量，延长冲击作用时间，降低冲击加速度值，其目的是缓和冲击。振动防护包装主要是调节包装产品的固有频率和阻尼系数，把包装产品的振动传递率控制在预定的范围内，其目的是抑制低频谐振、衰减高频振动。

缓冲包装材料的作用，一方面是延长外部激励作用时间，降低包装产品的动态响应；另一方面是消耗外界激励传递给包装产品的冲击与振动能量。

表7－1列出了常用缓冲包装材料及性能指标，如缓冲系数、复原性、抗蠕变性、耐疲劳性、工作温度、腐蚀性、耐候性等。

表 7－1 常用缓冲包装材料及性能指标

材料名称	密度/（g/cm^3）	缓冲系数	复原性	抗蠕变性	耐疲劳性	工作温度/℃	腐蚀性	耐候性
EPS	0.015～0.035	3～3.5	差	好	差	－30～70	小	差
EPE	0.03～0.4	3～3.3	好	好	好	－20～60	无	好
氯乙烯气泡薄膜	0.01～0.03	4～5	较好	好	差	—	无	好
黏胶纤维	0.06～0.09	2.3～3.3	好	好	好	－30～60	小	较好
泡沫橡胶	0.17～0.45	3～3.5	好	较好	好	－10～60	小	好
蜂窝纸板	0.048～0.066	2～2.8	差	较好	较好	—	小	较好
瓦楞纸板	0.15～0.3	2.6～4	差	较好	较好	—	小	好

二、抗冲击与振动防护包装工艺

在冲击与振动防护包装中，规则产品与不规则产品的区别主要是从产品重量、结构尺寸、外形、形心与重心偏移（偏心）等方面进行考虑。规则产品适合于采用标准的冲击与振动防护包装工艺。而对于重量小、体积小，带突起物，有突出部分，体积大、重量小，挠度大，底面四棱的受力面积很窄，重心与形心不重合等不规则产品，在确定防护包装工艺时应考虑产品自身的特殊包装要求。

1. 常用防护包装工艺

对于形状规则的产品，其包装结构与工艺可按照产品特性缓冲包装或悬浮式缓冲包装。

（1）全面缓冲包装　它是指在产品与包装容器之间的所有间隙填充、固定缓冲包装材料，对产品周围进行全面保护的技术方法，如图 7－1 所示。这种包装方法一般采用丝状、薄片状及粒状材料，对形状复杂的产品能够很好地填充，承受冲击振动时可有效地吸收能量，分散外力。它适用于小批量、不规则产品的包装，缓冲材料与产品接触面积大，承受应力较小，可选择厚度较小的缓冲材料以节约用料，降低包装和运输费用。

（2）局部缓冲包装　它是指采用缓冲衬垫包括角衬垫、侧衬垫、棱衬垫等对产品拐角、棱或侧面等易损部位进行保护的技术方法，如图 7－2 所示。这种包装方法一般采用泡沫塑料、瓦楞纸板、蜂窝纸板或充气塑料薄膜袋等缓冲材料或结构，依据产品的结构特点对易损伤部位、受力集中部位等进行保护。它适合于形状规则产品的大批量包装，用料最少，可大幅度减少缓冲包装材料的使用，降低包装和运输费用，应用广泛。

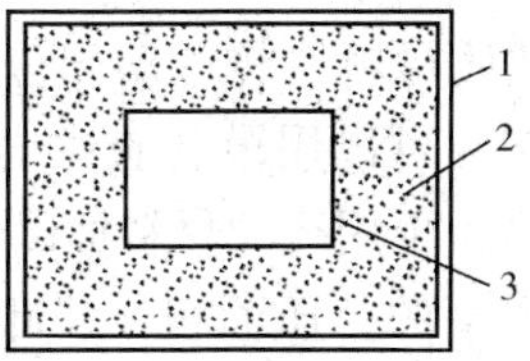

图 7－1　全面缓冲包装法

1—外包装容器　2—缓冲材料　3—保护产品

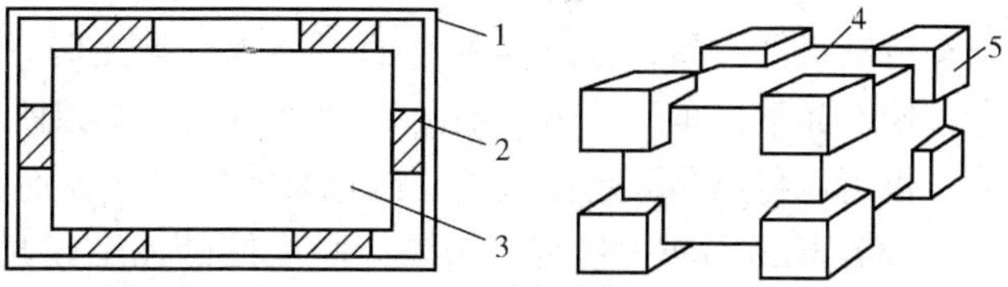

图 7－2　局部缓冲包装法

1—外包装容器　2—侧衬垫　3、4—保护产品　5—角部衬垫

（3）悬浮式缓冲包装　它是指采用弹性好的材料（如弹簧、橡胶带等）将被包装物悬吊在外包装容器四周，产品受到外力作用时各个方向都能得到充分缓冲保护的技术方法，如图7－3所示。这种包装方法适用于精密、脆弱产品包装，如大型电子计算机、电子管和制导装置等。悬浮式缓冲包装在军用包装中使用较多，要求包装容器有较高强度，如高强度木箱、金属集装箱等。

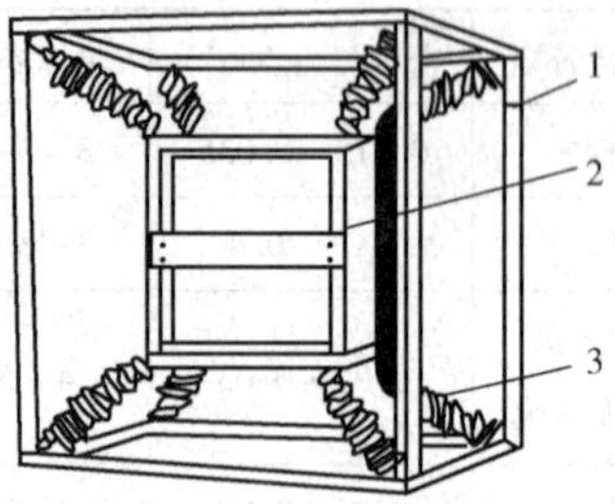

图7－3　悬浮式缓冲包装法
1—外包装容器　2—产品　3—弹性材料

2. 特殊防护包装工艺

（1）受压面积调整法　缓冲材料的使用要根据产品或内包装的尺寸，在保证产品不触底的情况下，能吸收被压缩时的变形能量，以减少产品所承受的加速度影响。因此，要根据产品的形状调整缓冲材料或结构的受力面积。对于重量大、体积小的产品，要求缓冲面积比底面积大，缓冲材料与产品之间要用硬质材料胶合板或纤维板等隔开，如图7－4（a）所示，使硬质材料一侧承受总的冲击，再由缓冲材料对硬质材料进行缓冲。若需要减小受压面积时，可将缓冲材料或结构与产品不接触部分切去，缩小接触面积，以保证合适的缓冲面积，如图7－4（b）所示。

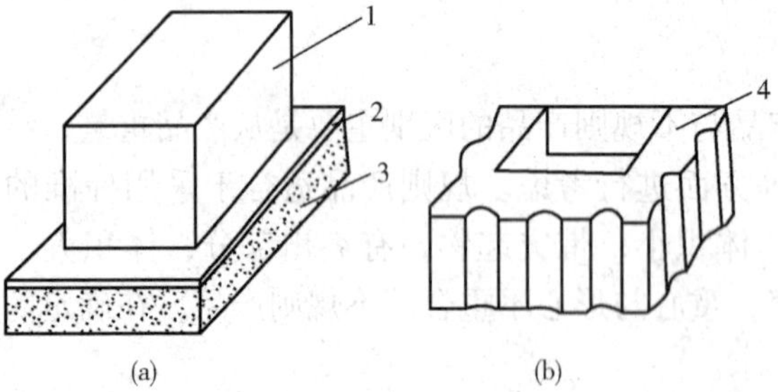

图7－4　受压面积调整法
1—产品　2—胶合板　3、4—缓冲材料

（2）带凸起物产品防护包装　对于带有凸起物产品的缓冲包装，要考虑“触底现象”，即产品的凸起物与包装容器四壁发生碰撞的现象。由于缓冲衬垫各部位的厚度不同，变形量也不同，凸起物先受力。因此，必须加大缓冲材料的厚度，预留出缓冲材料的变形量，如图7－5所示。

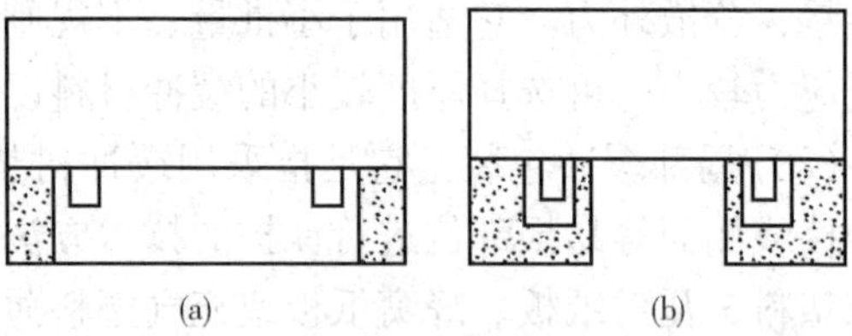

图7－5　带凸起物产品防护包装法
（a）整体凸起保护　（b）局部保护

（3）整体产品固定防护包装　对于有可动机件产品，且产品的表面不能承受冲击时，要用硬质材料，将可动部分加以固定，使产品整体承受冲击，如图7－6所示。不规则形状的产品可以用模制的衬垫进行缓冲，也可以将产品固定或支承在内包装容器中（如泡罩包装），再用缓冲材料加以保护。

（4）长凸筋防护包装　如果产品底面的四个棱角只有很窄的受压面积，装卸、运输过程中产品在缓冲材料之间就会发生移动，严重时会从受压面跌落。为了有效保护产品，需要采用长凸筋进行防护，产品若发生微量移动，也不会影响到受压面积，如图7－7

所示。

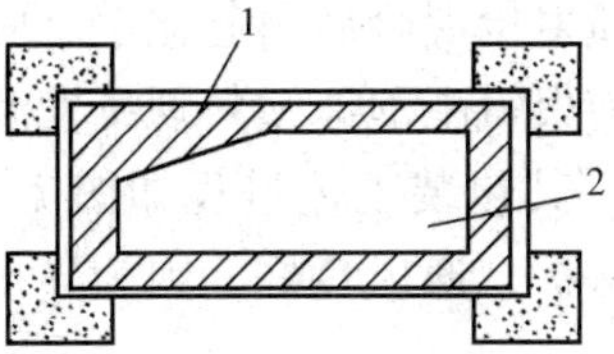

图 7-6 整体产品固定防护包装法
1—固定材料 2—保护产品

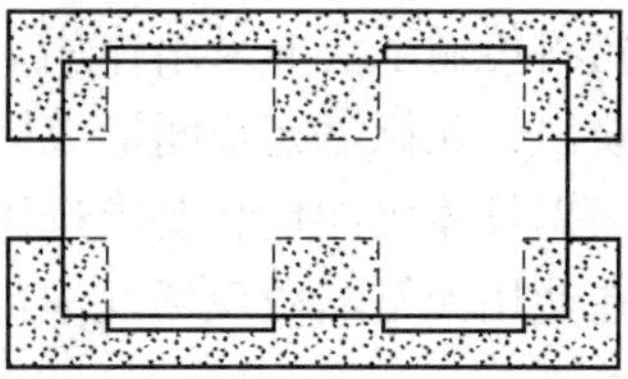

图 7-7 采用长凸筋防护包装法

(5) 大变形产品防护包装 对于挠度较大的产品，其自然变形量较大，防护包装时不能只在产品底面的两端放置缓冲材料。由于产品弯曲变形可能产生不良后果，因此，需要在产品跨度的中央位置也放置受压的缓冲块，或使两端的缓冲垫朝中央方向至少延伸 1/4 以上，这时防护包装才会有良好的缓冲效果，如图 7-8 所示。

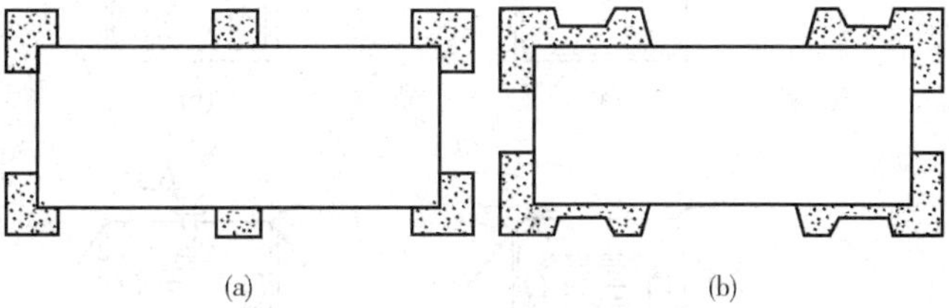

图 7-8 大变形产品防护包装法
(a) 中间设垫块 (b) 支点向内部延伸

(6) 有突出部分产品防护包装 对于有突出部分的产品，缓冲材料的厚度应以该部分外侧到外包装容器的内侧的尺寸为准，如图 7-9 所示。

(7) 缓冲座防护包装 如果大型产品中某些部件较为脆弱而又可以拆卸，可将该部分拆卸后单独包装。对于体积、重量较大的产品，可将其固定在抗冲击座上，如图 7-10 所示产品放在橡胶缓冲座上进行防护包装，以防止冲击和振动对产品的影响。这种包装工艺要求组成产品的部件应尽可能减小，产品在包装箱内自由运动的空间应加以限制，以满足产品保护为限度。

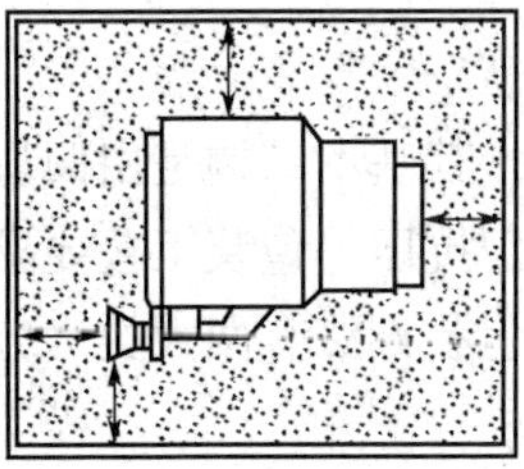

图 7-9 有突出部分产品的缓冲材料确定

图 7-10 用缓冲座防护包装法

(8) 现场发泡包装工艺 它是一种根据实际需要在包装现场直接填充发泡标准件而达到缓冲包装目的的技术方法。也可以直接封装，即将待发泡的塑料原料（液体）注入包装箱或容器内，直接进行发泡，而把要求包装的产品用泡沫塑料全部包裹。现场发泡包装系统由物料传输系统、物料储存系统、液压操纵系统和电子控制系统组成。泡沫形成的过程是：物料储存系统内有两个物料罐，分别储存A种液体物料和B种液体物料，这两种物料在物料传输系统的泵站作用下，通过管道进入喷射枪混合后引起化学反应，然后从喷射枪中喷出，在待填充空间形成同体泡沫塑料。目前聚氨酯泡沫塑料现场发泡包装工艺很成熟，根据具体缓冲包装要求选用软质或硬质泡沫，其包装工艺过程如图7－11所示。应注意，在使用聚氨酪做现场发泡包装时必须有安全保护，通风良好，因为异氰酸酯等有一定的毒性。

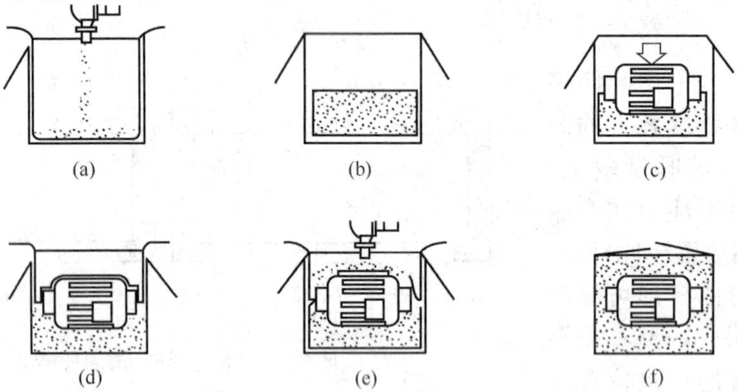

图7－11 现场发泡包装工艺过程
（a）用PE膜垫底再注入反应混合物 （b）用薄膜盖住发起的泡沫 （c）放入待包装产品
（d）放入第二层薄膜 （e）再次注入反应混合物沫 （f）关封包装箱

现场发泡包装工艺适用于任何形状的产品，如精密仪器、精密机械及其零部件包装，电子计算机、电子电器产品包装，还可以作为一些产品运输加固材料、衬板填空材料等。由于包装容器和产品之间填充了泡沫塑料，能保证充分的固定和支撑，使产品得到良好的保护，极大的降低产品破损率，包装箱可以用一般的纸板箱或瓦楞纸箱，而不需要木质包装箱，因此可以节省包装和运输费用。

三、产品缓冲包装举例

平板显示产品是我们生活中比较典型的家电产品包装。其基本结构是由两块玻璃板构成，其间由介质均匀间隔开，因此这类产品对缓冲、防震、抗压等包装工艺要求极高，特别是显示屏，若损坏就无法修复。常见平板显示产品防护包装方法有两大类，分别是单种缓冲材料的缓冲包装和多种组合缓冲材料的缓冲包装。

1. 单种材料的缓冲包装

如图7－12采用聚苯乙烯泡沫塑料（EPS）等单种缓冲材料的缓冲包装。用模压成型技术将EPS原料加工成衬垫，然后将其与整机产品配合形成相应的缓冲包装，图7－12（b）是外筋结构。EPS缓冲包装仅适用于小屏幕平板产品包装，优点是采用最常用的包装材料，加工技术很成熟，成本较低。缺点是缓冲保护性能有一定的局限性，特别是包装

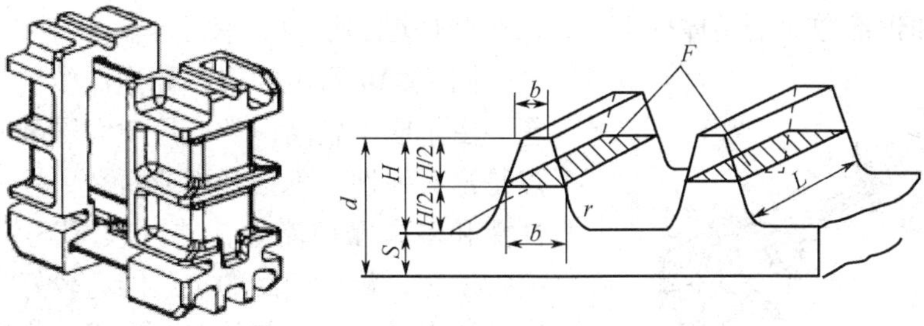

(a)　　(b)

图 7－12　用 EPS 材料缓冲包装法

（a）组装示意图　（b）外筋结构

产品受到冲击后衬垫容易开裂、移位，缺乏多次保护功能。因此，在比较恶劣的流通条件下，可能会造成产品大量破损。增加缓冲衬垫厚度可以避免这种破损情况，但又增加了材料、运输和仓储费用。该类缓冲包装的关键是缓冲衬垫结构设计，即在充分利用材料缓冲性能的同时，采用外筋式以及 U 形、Z 形等典型弹性结构，以全面提高衬垫缓冲性能。由于平板显示产品对缓冲、防震、抗压等包装要求较高，因此常采用外筋式缓冲衬垫结构。因为产品跌落着地时所受到的冲击力是从外部向里依次传递，筋条在缓冲衬垫的外部，在缓冲过程中变形比较充分，因而缓冲效果较好。

如图 7－13 是用聚乙烯泡沫塑料（EPE）材料的缓冲包装。平板显示产品整机外观一般为异型和复杂的面结构，而 EPE 衬垫采用平面板材加工制成，要保证两者之间的良好配合，难度较大。若配合不良，将严重影响包装产品性能，因此，EPE 衬垫的结构必须精巧，可以来用小面多点、缓冲筋条等结构，以简化与整机的配合难度，优化衬垫各部件空间架构，使零件的数量少，加工简单，便于组装。图 7－13（a）所示的缓冲衬垫首先根据 EPE 衬垫的结构将其拆分成平板形状，利用 EPE 板材冲裁或手工加工成相应形状的结构部件，然后通过黏合剂将各结构部件组合成完整的 EPE 缓冲衬垫。图 7－13（b）是 EPE 衬垫与整机产品配合形成相应的缓冲包装。EPE 缓冲包装适用于各种尺寸的平板显示产品的包装，优点是柔韧、富有弹性，不会开裂或断裂，具有良好的缓冲保护性能和多次保护能力，缺点是加工难度大，特别是衬垫与异形及复杂曲面的配合处，EPE 缓冲衬垫柔软，压缩强度低，故包装产品的承载能力受到一定的限制。对于大屏幕平板产品（如 PDP 电视机）的缓冲包装，此缓冲衬垫的压缩强度低，包装产品的抗压强度受到一定的限制，因此必须

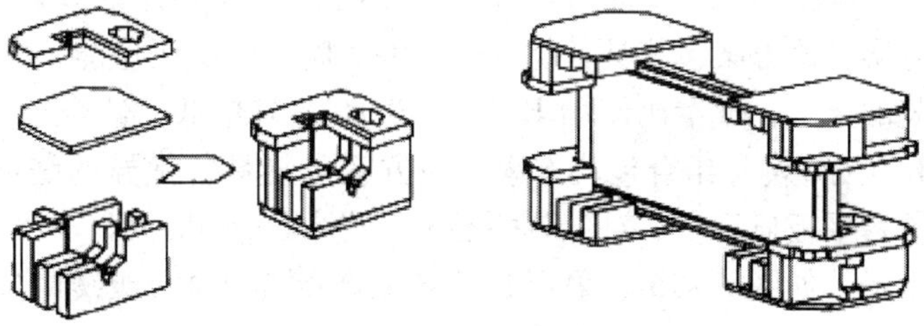

(a)　　(b)

图 7－13　用 EPE 材料缓冲包装法

（a）缓冲件　（b）组装示意图

采取合理的包装方案，如在纸箱的外部增加木框架、在纸箱的外部再增加一个纸箱、在纸箱内的底部和顶部增加纸角撑框架、在四个竖棱增加纸角支承柱等。

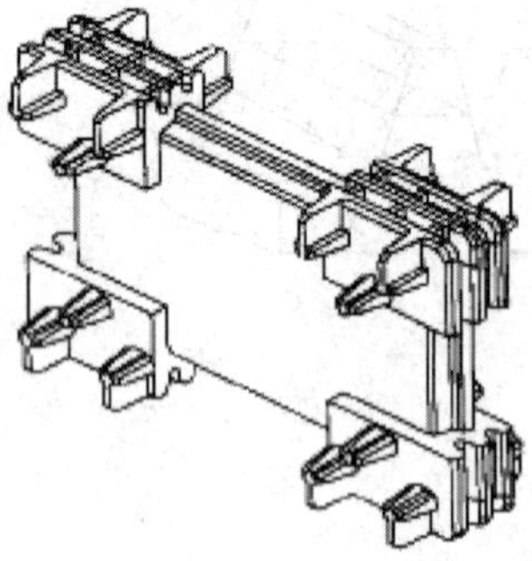

图 7－14　用 EP 批材料缓冲包装法

图 7－14 所示的聚丙烯泡沫塑料（EPP）缓冲包装由于成本较高，常应用于大屏幕产品包装，优点是富有弹性，不会开裂或断裂，具有良好的缓冲性能和多次保护能力，并且较 EPS 缓冲衬垫的压缩强度高，包装产品的抗压能力较好。EPP 缓冲包装的缺点是加工工艺复杂，需机械化生产，相对于 EPS 成型工艺需要增加预压和成品烘干过程，成本高，其原料价格是 EPS 原料的 4.5 倍，而且原料需要在原料供应商工厂完成首次预发泡过程，而预发后的原料体积大幅增加，因此储运成本较高。

2. 多种组合材料的缓冲包装

平板显示产品使用单一缓冲材料的缓冲包装都存在不足之处，给生产和使用带来了较大困难。通过对多种包装材料的缓冲防震性能的试验研究表明，运用多种材料组合缓冲包装更实用有效。组合分级缓冲包装适用于中、大屏幕平板产品，其优点是所有缓冲包装结构都采用常用的材料，不需要增加大量的设备投资。另外，除 EPS 缓冲衬垫外，其余缓冲结构都采用平板结构，避免了采用过多或者复杂的深加工，使生产简单，而且使加工后的缓冲制品便于运输、储存和使用。组合分级缓冲包装的缺点是零件偏多，包装装配较为复杂。根据内包装产品可以选用常用的两种组合方案，第一种是 EPS 和纸蜂窝板组合包装方案，该方案包装具备优良的缓冲、防震、抗压性能，满足中、小屏幕平板显示产品对包装的要求，成本比使用 EPE、EPP 缓冲衬垫低，适合于大批量生产。第二种是 EPS 与 EPE、纸蜂窝板组合包装方案，该方案包装具备优异的缓冲、防震、抗压性能，满足中、大屏幕平板显示产品对包装的要求，成本比使用 EPE、EPP 缓冲衬势低，同样适合于大批量生产。如图 7－15 是采用 EPS 和纸蜂窝板组合分级缓冲包装。图 7－16 所示是纸板与泡沫塑料组合衬垫的缓冲包装，结构由纸角撑、瓦楞纸板、纸蜂窝板等纸质单元体与 EPE 塑料单元体通过空间架构而组成。

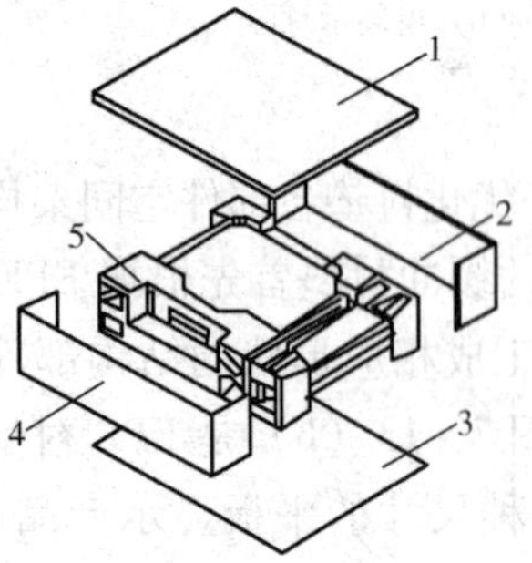

图 7－15　液晶显示产品组合分级缓冲包装法

1—顶部纸蜂窝加强板　2、4—侧面纸蜂窝加强板　3—减震垫　5—EPS 缓冲垫

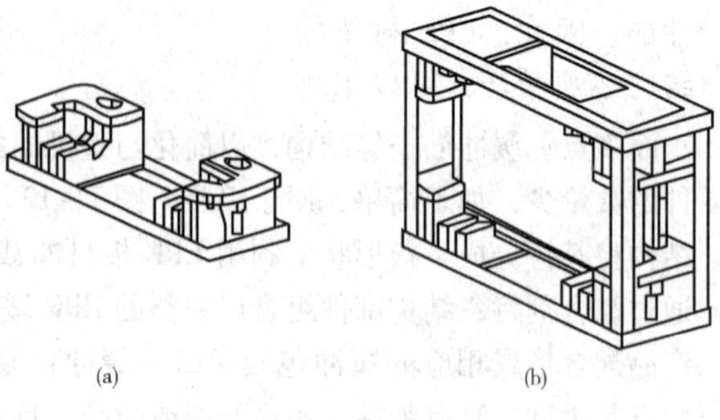

图 7－16　大屏幕平板产品纸板与泡沫塑料组合衬垫缓冲包装法

（a）缓冲底座件　（b）组装示意图

第二节　小件集合包装工艺

小件物品的贮存、搬运中容易零乱，通常将其多件按一定规律组成集合。集合包装指将许多小件的有包装或无包装货物通过集装器具集合成一个可起吊或叉举的大型货物单元，以便于使用机械进行装卸和搬运作业。集装器按形态大致可划分为捆扎集装、托盘、集装架、集装袋、集装网和集装箱六大类。集装包装的目的是节省人力，降低货物的运输包装费用。

一、捆扎集装工艺

捆扎集装是采用捆扎材料将金属制品、木材或小包装之类的货物组合成一个独立的搬运单元的集合包装方法，如图 7－17 所示是各种捆扎集装的应用。这种包装工艺消耗包装材料少，成本低，便于贮存、装卸和运输，具有封缄、封印、防盗、防止物品丢失或散塌的作用。

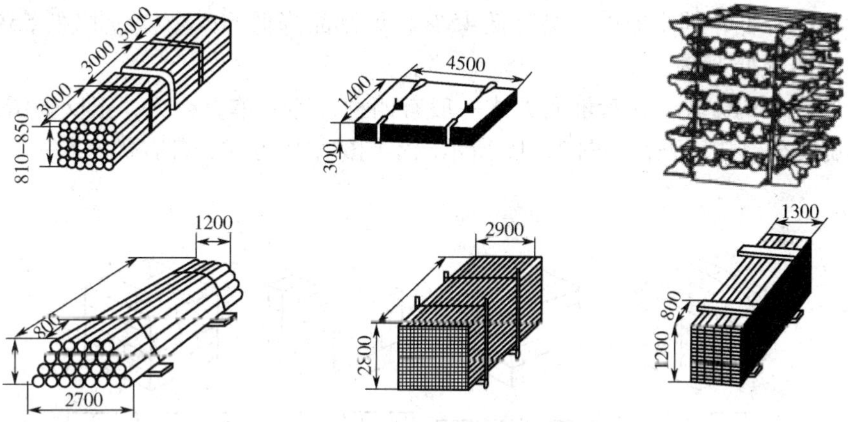

图 7－17　各种捆扎集装

常用的捆扎材料有钢丝、钢带以及聚酯、尼龙、聚乙烯、聚丙烯、聚氯乙烯等塑料捆扎带和加强捆扎带。钢丝多用于捆扎金属型材、管道、砖、木箱等刚性物品，捆扎木箱时会嵌入木箱的棱角。钢带是抗张强度最高的一种捆扎带，伸缩率小，基本不受阳光、温度等因素的影响，具有优良的张力保持能力，可承受高强度压缩货物的张力，但易生锈。聚酯带有较高的拉伸强度和耐冲击力，有较好的弹性恢复性能和张力保持能力，耐化学性好，长期储存性好，可替代钢带用于重型物品的包装。尼龙带富于弹性，强度大，耐磨性、耐弯曲性、耐水性、耐化学性好，质量轻，主要用于重型物品、托盘等的捆扎包装。聚乙烯带属于手工业作业用的优良捆扎材料，耐水性好，适用于含水量高的农产品捆扎，可保持可靠稳定的形状，存放稳定，使用方便。聚丙烯带质轻柔软，强度高，耐水性、耐化学性强，对捆扎的适应性强，使用方便，成本低，常用做瓦楞纸箱的封箱捆扎带，也可用做托盘化和集装化货物的捆扎以及蓬松压缩货物的捆扎。聚丙烯带的张力保持能力与聚酯带、尼龙带相比差一些。加强捆扎带是在聚酯带或聚丙烯带中加入金属丝加强筋的一种捆扎带，适用于中包装的捆扎。

二、托盘包装工艺

托盘是用于按一定形式堆码货物，可进行装卸和运输的集装器具。托盘包装是将若干包装件或货物按一定的方式组合成一个独立搬运单元的集合包装方法，它适合于机械化装卸运输作业，便于进行现代化仓储管理，可以大幅度地提高货物的装卸、运输效率和仓储管理水平。

1. 托盘包装工艺

（1）托盘包装及其特点　托盘包装的优点是整体性能好，堆码平整稳固，在储存、装卸和运输等流通过程中可避免包装件散垛摔箱现象，适合于大型机械进行装卸和搬运，与依靠人力和小型机械进行装卸小包装件相比，其工作效率可大大提高，可大幅度减少货物在仓储、装卸、运输等流通过程中发生碰撞、跌落、倾倒及野蛮装卸的可能性，保证货物周转的安全性。但是，托盘包装增加了托盘的制作和维修费用，需要购置相应的搬运机械。有关统计资料显示，采用托盘包装代替原来的包装，可以使流通费用大幅度降低，其中家电产品降低45%，纸制品降低60%，杂货降低55%，平板玻璃、耐火砖降低15%。

（2）托盘堆码方式　托盘堆码方式一般有四种，即简单重叠式、正反交错式、纵横交错式和旋转交错式堆码，如图7－18所示。不同的堆码方式，各有优缺点，根据具体情况选用。

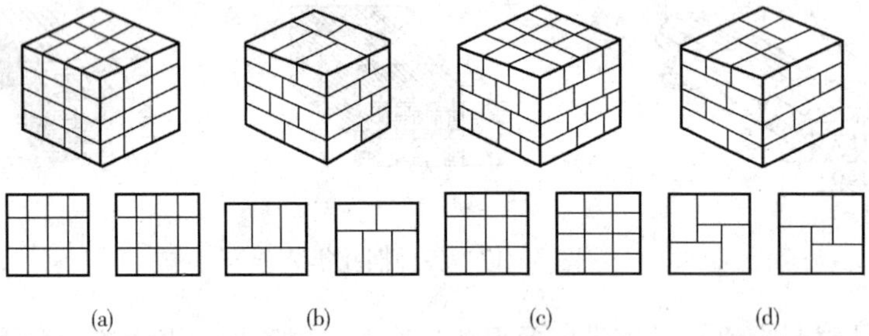

图7－18　常见托盘堆码方式

（a）简单重叠式　（b）正反交错式　（c）纵横交错式　（d）旋转交错式

简单重叠式堆码的各层货物排列方式相同，但没有交叉搭接，货物往往容易纵向分离，稳定性不好，而且要求最底层货物的耐压强度大。从提高堆码效率、充分发挥包装的抗压强度角度看，简单重叠式堆码是最好的堆码方式。正反交错式堆码的奇数层与偶数层的堆码图谱相差180°，各层之间搭接良好，托盘货物的稳定性高，长方形托盘多采用这种堆码方式，货物的长宽尺寸比为3∶2或6∶5。纵横交错式堆码的奇偶数层按不同方向进行堆码，相邻两层的堆码图谱的方向相差90°，它主要用于正方形托盘。旋转交错式堆码在每层堆码时，改变方向90°而形成搭接，以保证稳定性，但由于中央部位易形成空穴，降低了托盘的表面利用率，这种堆码方式主要用于正方形托盘。

为保证货物在托盘上按一定方式堆码的科学性和安全性，在进行托盘包装设计时，要根据货物的类型、托盘载质量及尺寸等，参照国家标准 GB 4892《硬质直方体运输包装尺寸系列》、GB 13201《硬质圆柱体运输包装尺寸系列》和 GB 13757《袋类运输包装尺寸系列》等标准，合理确定货物在托盘上的堆码方式，托盘表面利用率一般不低于80%。选用托盘堆码方式的基本原则是：①木质、纸质和金属容器等硬质直方体货物采用单层或多层交错式堆码，并用拉伸包装或收缩包装固定；②纸质或纤维类货物采用单层或多层交错式堆码，并用捆扎带十字封合；③密封的金属容器等圆柱体货物采用单层或多层交错式堆码，并用木盖加固；④需进行防潮、防水等防护的纸质品、纺织品采用多层交错式堆码，并用拉伸包装、收缩包装或增加角支撑、盖板等加固结构；⑤易碎类货物采用单层或多层堆码，增加木质支撑隔板结构；⑥金属瓶类圆柱体容器或货物采用单层垂直堆码，增加货框及板条加固结构；⑦袋类货物多采用正反交错式堆码。

在托盘包装中，底部的包装产品承受上层货物的压缩载荷，而且在长时间的压缩条件下会导致包装容器或材料发生蠕变现象，影响托盘包装的稳定性。因此，在进行托盘包装设计时需要校核包装容器的堆码强度，还应考虑包装容器或包装材料的蠕变性能，以保证货物在储存、运输时的安全性。

（3）托盘固定方法　托盘包装单元货物在仓储、运输过程中，为保证其稳定性，都要采用适当的紧固方法，防止其坍塌。对于需要防潮、防水等要求的产品要采取相应的措施。托盘包装常用的固定方法有捆扎、胶合束缚、裹包以及防护加固附件等，也可以相互配合使用。捆扎紧固方式常用金属带、塑料带对包装件和托盘进行水平捆扎和垂直捆扎，以防止包装产品在运输过程中摇晃，如图7－19所示是各种托盘固定方法。对于固定后仍不能满足运输包装要求的托盘包装，应根据需要选择防护加固附件。防护加固附件由纸质、木质、塑料、金属或其他材料制成。

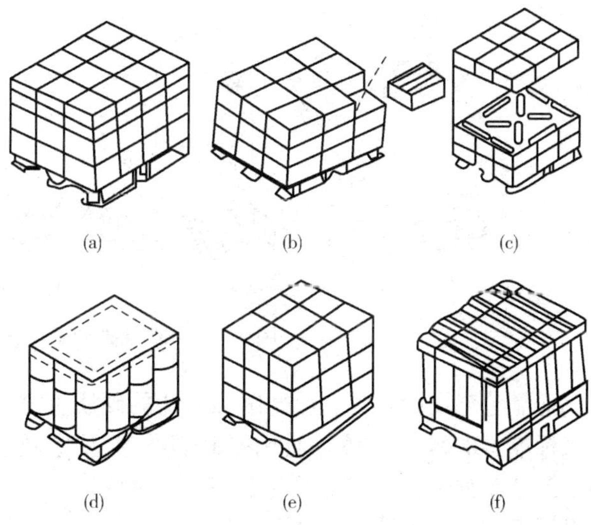

(a)　(b)　(c)

(d)　(e)　(f)

图7－19　常见托盘固定方式

（a）捆扎　（b）胶黏剂黏合　（c）胶带黏合

（d）拉伸包装　（e）收缩包装　（f）防护加固附件

2. 托盘包装设计方法

托盘尺寸已标准化，为了保证托盘包装效果，应对产品的箱包装进行合理组合。托盘包装的质量直接影响着包装产品在流通过程中的安全性，合理的托盘包装可提高包装质量和安全性，加速物流，降低运输包装费用。托盘包装的设计方法有“从里到外”和“从外到里”两种方法。

（1）“从里到外”设计法　它是根据产品的结构尺寸依次设计内包装、外包装和托盘，产品从生产车间被依次包装为小包装件，然后根据多件小包装或尺寸较大的单个包装来选择包装箱，再将选定的包装箱在托盘上进行集装，然后运输到用户，其设计过程如图 7－20 所示。按照外包装尺寸，可确定其在托盘上的堆码方式。由于尺寸一定的瓦楞纸箱在托盘平面上的堆码方式有很多，这就需要对各种方式进行比较，选择最优方案。

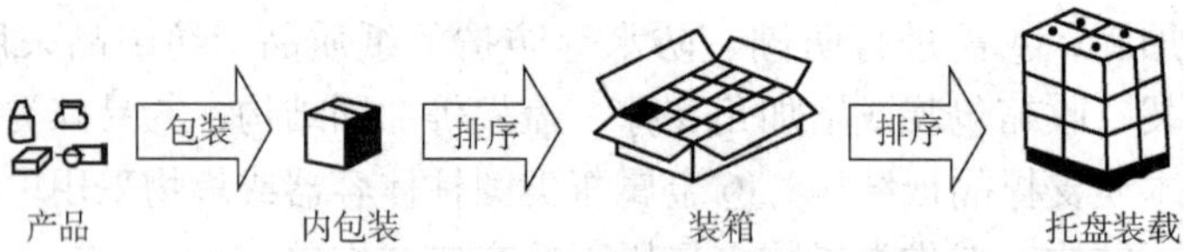

图 7－20　“从里到外”设计法

（2）“从外到里”设计法　它是根据标准托盘尺寸优化设计外包装和内包装，即根据标准托盘尺寸模数确定的外包装尺寸作为包装箱的结构尺寸，再对产品（或小包装件）进行内包装，其设计过程如图 7－21 所示。

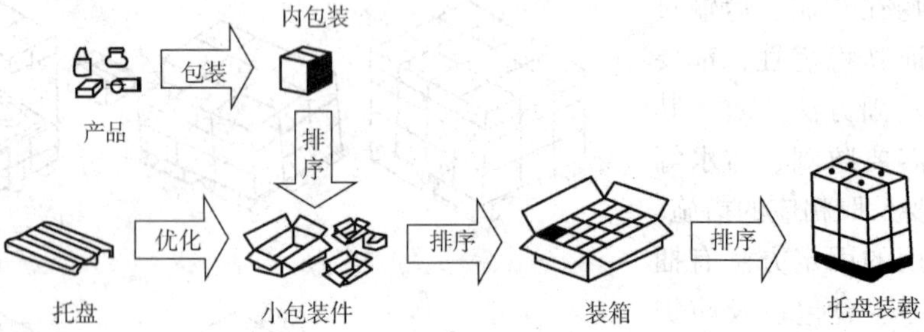

图 7－21　“从外到里”设计法

在托盘包装设计时，应遵循国际公认的硬质直方体的包装模数［600，400］，优先选用国家标准 GB 2934《联运通用平托盘主要尺寸及公差》中［1200，800］和［1200，1000］尺寸系列托盘，以充分利用托盘表面积，降低包装和运输包装成本。大批量托盘包装设计可利用托盘堆码包装设计软件完成。

三、集装架包装工艺

集装架是一种框架式集装器具，强度较高，特别适合于结构复杂、批量大的重型产品包装。有些产品批量较大，形状很复杂，不能采用托盘包装。通常采用钢材、木材或其他材料制作框架结构，其作用是固定和保护物品，并为产品集装后的起吊、叉举、堆码提供必要的辅助装置。这种框架结构称为集装架，它可以长期周转复用。如图 7－22 所示是机电产品的集装架。

四、集装袋和网包装工艺

集装袋是一种大型的柔性集装器具，可以集装 1t 以上的粉状货物，广泛应用于储运粉粒状产品，如储运石墨、高分子原材料、水泥、纯碱、化肥、饲料、粮食、砂糖、食盐等，相对包装经济效益较高。

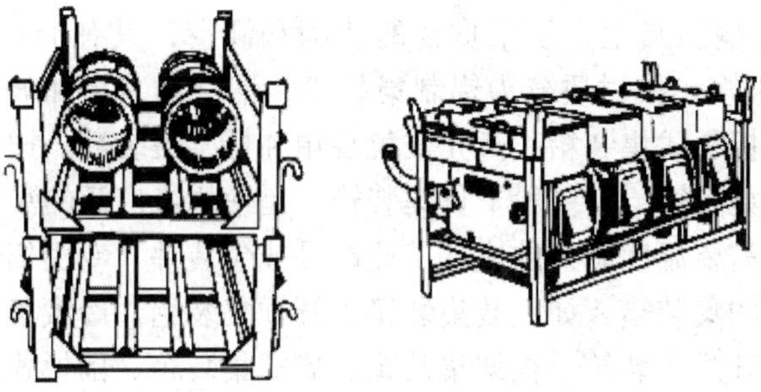

(a)　　(b)

图 7－22　机电产品集装架

（a）内齿轮集装架　（b）小型内燃机集装架

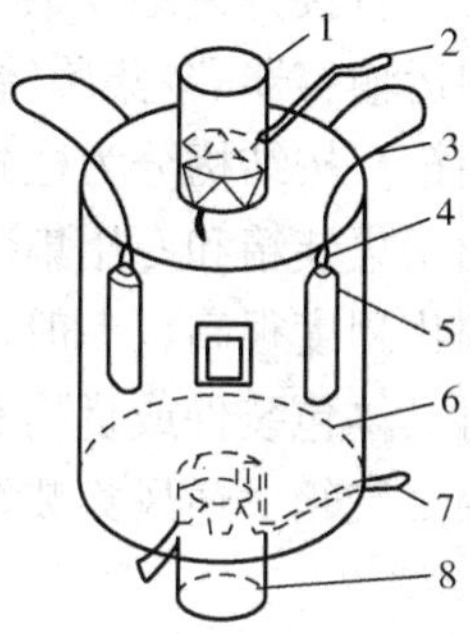

图 7－23　圆筒形集装袋结构图

1—装料口　2—进料口系紧带　3—挂吊索　4—吊环　5—布带　6—带体　7—卸料口系紧带　8—卸料口

集装袋的结构形式主要有圆筒形集装袋、方形集装袋、圆锥形集装袋、吊包式集装袋、穿绳式集装袋和折叠式箱形集装袋。圆筒形集装袋如图 7－23 所示，它上有装料口，下有卸料口，采用系紧带密封，装料和卸料都很容易，而且设有吊索，装料后可以用吊钩起吊，操作方便。这种集装袋密封性好，强度较好，不易破包，成本低，可以多次周转使用。空集装袋重量轻、体积小，回收时占用的空间很小。

方形集装袋的袋体是长方体，其余部分与圆筒形集装袋基本相同，相同容量的方形集装箱袋比圆筒形集装袋在高度上可降低大约 20%，提高了堆码稳定性，制袋所用材料相对较多，通常仅一次性使用。圆锥形集装袋可以提高集装袋的自立稳定性，主体部分是上小下大的圆锥体。这种集装袋恰似带提手的开口袋，装料、卸料共用一个袋口，载重量较小，适合于一次性使用。常用集装袋有橡胶帆布袋、聚氯乙烯帆布袋和织布集装袋。

集装网也是一种柔性集装器具，可以集装 1～5t 的小型袋装产品，如粮食、土特产、瓜果、蔬菜、轻型日用品、体育器材等，通常要求物料有一定的固定形状。集装网重量轻，成本很低，运输和回收时占据的空间更小，使用很方便。常用的集装网有盘式集装网、箱式集装网，如图 7－24 所示。

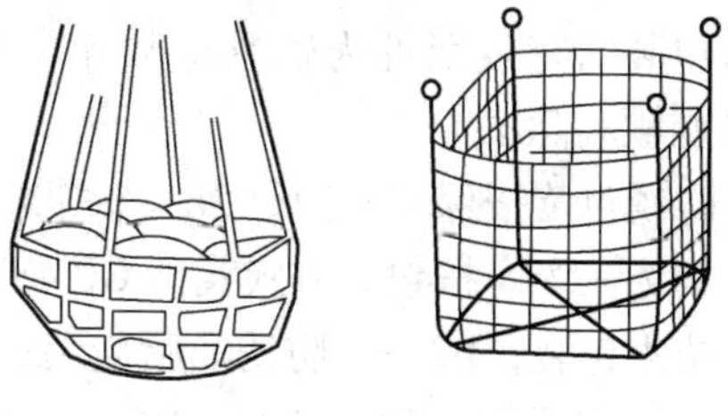

(a)　　(b)

图 7－24　集装网

（a）盘式　（b）箱式

五、集装箱包装

集装箱是一种综合性的大型周转货箱，是集装包装产品的大型包装容器，通常按国际标准化生产使用。集装箱运输具有其他运输方式不可比拟的优越性，已成为全球范围内货物运输的主要形式。

国际标准化组织 ISO/TC 104 集装箱技术委员会对集装箱定义是“能长期重复使用，具有足够的强度；途中转运，不移动容器内货物，可直接换装，可进行快速装卸，并可从一种运输工具直接方便地换装到另一种运输工具上，便于货物的装满和卸空，具有 $1m^3$ 以上容积的运输容器。”集装箱分类方法很多，按材质分为铝制集装箱、钢制集装箱和玻璃钢制集装箱。按结构分为柱式集装箱、折叠式集装箱、薄壳式集装箱和框架集装箱。按用途分为通用集装箱和专用集装箱。通用集装箱，即一般干货集装箱，是使用最广泛的集装箱，标准化程度很高，一般用于运输不需要温度调节的成件工业产品或包装件。专用集装箱是针对具体包装件或货物有特殊要求的集装箱，如散装集装箱、开顶集装箱、冷藏集装箱、保温集装箱、通风集装箱、侧壁全开式集装箱、板架集装箱、罐式集装箱、围栏式集装箱等。

集装箱包装工艺主要包括编制集装箱货物积载计划、选择运输方式和货运交接方式等，相关要求参见集装箱运输标准。

第三节　金属防锈包装工艺

一、防锈包装的概念和分类

金属制品表面因大气锈蚀，会变色、生锈、降低使用性能，造成产品价值降低以致失效。为隔绝或减少大气中水气、氧气和其他污染物对金属制品表面的影响，防止发生大气腐蚀，而采用的包装材料和包装技术方法通称为防锈包装或封存包装。防锈包装与金属冶炼和制品加工中的防锈技术不同，因为用包装封存方法防锈是暂时性防锈，防锈包装的有效期可为数月至数年，在包装件内装物品投入使用时，防锈包装材料还要求能顺利除去。

防锈包装按保持时间分为三个等级，一级包装要求防锈 3 ~ 5 年，二级 2 ~ 3 年，2 年以内的为三级。按包装方式我国 GB 4879—1999 对其共分为 9 种，分别为：B1——一般防潮、防水包装；B2——防锈油脂包装；B3——气相防锈材料包装；B4——密封容器包装；B5——密封系统的防锈包装；B6——可剥性塑料包装；B7——贴体包装；B8——充氮包装；B9——干燥空气封存包装。

二、金属防锈包装工艺

防锈包装的工艺分为金属产品的清洗与干燥，防锈包装处理。

1. 防锈包装中产品的清洗与干燥

被包装产品的清洗与干燥是防锈包装的准备工序。

（1）清洗方法

①溶剂清洗法。在室温下，将产品全浸、半浸在规定的溶剂中，进行清洗。大件产品可采用喷洗。洗涤时应注意防止产品表面凝露。

②清除汗迹法。在室温下，将产品在置换型防锈油中进行浸洗。高精密小件产品可用适当的温甲醇清洗。

③蒸汽脱脂清洗法。通过专用工具用低压蒸汽直接喷洗产品表面脱脂。

④碱液清洗法。将产品在碱液中浸洗、煮洗或压力喷洗。

⑤乳液清洗法。将产品在乳液清洗液小清洗或喷淋冲洗。

⑥表面活性剂清洗法。制品在离子表面活性剂或非离子表面活性剂的水溶液中浸洗、泡刷洗或压力喷洗。

⑦电解清洗法。将产品浸渍在电解液中进行电解清洗。

⑧超声波清洗法。将产品浸渍在各种清洗溶液中，使用超声波进行清洗。

（2）干燥方法

①压缩空气吹干法。用经过干燥的清洁压缩空气吹干。

②烘干法。在烘箱或烘房内进行干燥。

③红外线干燥法。用红外灯或远红外线装置直接进行干燥。

④擦干法。用清洁、干燥的布擦干，注意不允许有纤维物残留在产品上。

⑤滴干、晾干法。适于用溶剂清洗，表面活性剂清洗或置换型防锈油清洗的产品。

⑥脱水法。用于水基清洗剂清洗的产品。

2. 常用防锈包装的材料与工艺

在防锈包装中，防锈油脂包装、气相防锈包装和可剥性塑料包装是暂时性防锈的三大防锈材料与方法。另外，套封包装主要用于军械防锈包装。

（1）防锈油脂包装（B2） 将防锈油脂涂覆于金属制品表画，然后用石蜡纸或塑料袋封装，称防锈油脂包装。此法材料易得、使用方便、价格较低且防锈期可满足一般需要，是应用最早、使用最广泛的防锈方法，常用于钢铁、铜、铝及其合金镀件、氧化及磷化件以及多种金属组件的防锈。而且产品涂油还能起到一定的防止划伤和减震作用。

防锈油脂以矿物油为基体，加入油溶性缓蚀剂和辅助性添加剂组成。防锈油脂分为防锈脂与防锈油两大类。

①防锈脂。防锈脂是在常温下呈膏状的油脂材料。它的成膜材料主要由润滑油和工业凡士林组成，另外加入缓蚀剂、抗氧剂和分散剂等。

②防锈油。防锈油是在矿物油中加入油溶性缓蚀剂和其他添加剂配制而成。它的黏度不高，涂覆方便，但油层薄，一般只能作短期防锈。

将防锈脂加热熔化至流动状态，然后将清洗干燥的金属件浸涂或刷涂。刷涂后待金属件冷却，再用石蜡纸或塑料袋封装，包装件解封后，要去除金属表面油脂比较麻烦。防锈油可方便地用浸涂或刷涂，然后用塑料袋封装。封存用的塑料袋，应注意其与所用防锈材料的相容性。

（2）气相缓蚀剂防锈包装（B3）　气相缓蚀剂也称挥发性缓蚀剂。它在常温下具有一定的蒸气压，在密封包装内能自动挥发到达金属制品表面，对金属起防止锈蚀的作用。气相防锈包装使用方便，效果好、防锈期长，能用于表面不平，结构复杂及忌油产品的防锈，目前已得到越来越广泛的应用。

金属产品因材料不同，所用缓蚀剂也应不同。气相缓蚀剂配方种类很多，并且都有一定适应性，要经试验后仔细选用。一般钢铁制品常用气相缓蚀剂为亚硝酸二环己胺和碳酸环己胺，有色金属制品常用苯并三氮唑等。

（3）可剥性塑料包装（B6）　可剥性塑料是以塑料为基本成分，加入矿物油、防锈剂、增塑剂、稳定剂以及防霉剂和溶剂配制而成的防锈材料。它涂覆于金属表面可硬化成固体膜，具有良好的防止大气锈蚀的作用；同时膜层柔韧有弹性，也有一定的机械缓冲作用。由于固体膜被一层油膜与金属件隔开，启封时很容易从金属表面剥下，故称为可剥性塑料封存包装。广泛应用于工具、汽车、飞机、造船业等金属产品的防锈包装上。可剥性塑料有热熔型与溶剂型两大类。

（4）套封防锈包装（B9－2）　将金属制品密封于包装或一定空间内，使其处于低湿或无氧状态，以防金属件被大气锈蚀的方法，称为环境封存防锈。这类方法有：充氮包装、干燥空气封存—封套包装、茧式包装、脱氧剂封存包装等。环境封存防锈包装适用于含有多种金属或非金属材料的金属制品，或形状结构复杂又不宜解体的包装。

封套包装应用最广，是指将金属件放入一密封套内，并放入干燥剂或气相防锈剂，然后在口部用拉链密封的防锈包装方法。拉链启闭灵活，便于检查和使用，但防锈期较短，一般为2～3年，特别适用于运输途中的短期防锈包装。坦克、装甲车、火炮、鱼雷和枪等军工产品经常采用封套包装。封套形状一般与被包装物相仿，相当一件外套，因此应采用柔性材料，且应具有良好的气体、湿气阻隔性和较高的强度，一般用复合材料制造，如PVC/PVC网布/PVC、PVC/PVDC/PA网布及PE编织复合膜等。口部拉链可用米牙型金属密封拉锁或条型塑料密封拉锁。

第四节　真空和气调包装工艺及设备

一、真空和气调包装

1. 真空包装和气调包装的概念

真空包装和气调包装，始于第二次世界大战后期，用于火腿、香肠及干酪的包装。我国最早于20世纪80年代引入气调包装技术，用于茶叶充氮包装。目前，真空包装和气调包装技术在我国已获得广泛使用。

真空包装是将产品装入气密性包装容器，抽去容器内部的空气，使密闭后的容器内达到预定真空度，然后将包装密封的一种包装方法。气调包装是指将产品装入气密性包装容器，通过改变包装内的气氛，使之处在与空气组成不同的气氛环境中而延长储存期的一种包装技术。或者说，是用脱氧或充气技术，除去包装体系中的氧，改善包装内产品周围的气氛，防止或减弱产品化学或生物化学反应发生，从而达到保护产品的一种包装方法。

2. 真空包装和气调包装的特点

广义的气调包装也包含真空包装。它们有以下特点：①内装物如食品不用加热或冷冻，不用或少用化学防腐剂，便能有较长的储存期，食品风味保持较好。②充气后包装饱满美观，克服了真空软包装缩瘪难看和容易机械损伤的缺点。③与罐藏和冷冻储藏相比，包装材料和设备较简单，操作方便，费用较少。④真空包装抽真空后，软包装缩瘪不美观，不适合有尖锐外形产品及粉状产品的包装。⑤气调包装所用的保护性气体一般为 O_2、CO_2等气体，其对食品的保护作用有限。由于此类包装对厌氧菌无效，应与冷藏相结合，才可达到较好的效果。⑥与罐藏相比，此类包装速度较慢，效率较低。

3. 充气包装所充气体的类型和作用

气调包装是指密封包装内产品四周维持有利产品储存的最佳气体成分的包装方法。这些气体有 CO_2、N_2、O_2等。

（1）氧气（O_2）　通常，大气中的 O_2是食品氧化和嗜氧微生物繁育致腐的不利因素，O_2也是包装内虫害和金属制品大气锈蚀的不利因素，包装时应予抽除。但是，新鲜肉气调包装中，则要充入高浓度 O_2（60% ~80%），因为 O_2可使肉红肌蛋白氧化成氧化肌红蛋白而维持肉的鲜红颜色，有利销售；同时高浓度 O_2可破坏微生物蛋白结构基因，使其发生功能障碍而死亡，在新鲜水果蔬菜的气调包装中，也要维持包装内有低浓度的 O_2（为1% ~6%），以降低果蔬呼吸强度而又不致产生缺氧呼吸（发酵）。因此，O_2在不同食品的气调包装中，作用与要求是不同的。

（2）氮气（N_2）　N_2本身不能抑制食品微生物繁殖生长，但对食品也无害。只作为包装充填剂，相对减少包装内残余氧量，并使包装饱满美观。

（3）二氧化碳（CO_2）　CO_2是气调包装中用于保护食品的最重要的气体。CO_2对霉菌和酶有较强的抑制作用，对嗜氧菌有“毒害”作用。高浓度 CO_2（浓度为50%以上），对嗜氧菌和霉菌有明显的抑制和杀灭作用。但是 CO_2不能抑制所有的微生物，如对乳酸菌和酵母无效。

由于 CO_2容易被食品中的水分和脂肪吸收使软包装塌瘪（假真空），或浓度过高引起食品有轻微酸味，因而常掺混一定比例 N_2使用。对于新鲜水果蔬菜包装，高浓度 CO_2可钝化果蔬呼吸作用而延长储存期，但浓度过高又会使植物细胞“中毒”而败坏。一般 CO_2使用浓度为1% ~10%，不可高于12%，具体比例视果蔬品种而定。

这三种气体是目前气调包装中最常用的气体。它们或单独使用，或以最佳比例混合使用，要考虑产品生理特性、可能变质的原因和流通环境等因素，经过实验来确定。另外气体的保护作用效果如何与包装的储存温度关系甚大。

4. 真空包装和气调包装的应用

（1）包装快餐及烘烤食品　常见食品有面条、馅饼、蛋糕、面包等，其主要成分为淀粉类面粉，有的有馅。这类食品产生变质的因素有细菌、酵母和霉菌引起的腐败，脂肪氧化酸坏，淀粉老化变干。因此，包装要除氧、充气。一般充入 CO_2 与 N_2 混合气体，能有效抑制细菌和霉菌，充氮可维持包装饱满。因 CO_2 对酵母无抵制作用，有时食品要适量增加丙酸钙。为防止淀粉老化，可在食品表面涂油脂，但不宜在低温下储存。

（2）包装鲜肉禽及肉制品　鲜肉禽为高水分活性食品，在有氧存在时，很容易在各种微生物作用下发黏、变色、变味和腐坏。鲜肉禽的保存可以冷冻，但外观与风味变差。真空和气调包装加冷藏有良好的储存效果，且肉色、风味保持较好。这类食品大部分采用气调包装，鲜肉充入 O_2、N_2 和 CO_2 三种混合气体再加冷藏，可使肉肌红蛋白（紫红色）转为氧化肌红蛋白，使肉呈鲜红颜色，所以被叫做红肉气调包装。鲜肉禽气调包装在低温下冷藏有较好的效果，一般为 1～4℃。肉制品经过加工杀菌，水分活性降低，用真空包装或气调包装在常温下储存也有好的效果。

（3）包装海鲜食品　鲜海鲜产品气调保鲜难度较大，其致腐有多种形式。如细菌使鱼肉三甲胺分解而腐坏，鱼肉脂肪氧化酸败，鱼体内酶使鱼肉降解，低温时厌氧菌产生有害毒素等。

对低脂肪海水鱼充 CO_2、N_2 和 O_2 包装以抑制厌氧菌繁殖，而多脂肪海水色包装则只充 CO_2 和 N_2，以防脂肪氧化酸坏。一般 CO_2 浓度不大于 70%，以免渗出鱼汁变味。鲜海产品气调包装在 0～2℃下冷藏有较好的效果。

（4）包装鲜果蔬　新鲜水果蔬菜收获后仍是活的有机体，仍继续进行着水分蒸腾、呼吸作用以及后熟等生理过程。要延长新鲜果蔬的储存期，最主要的是抑制其呼吸强度。

果蔬的呼吸反应可表示为：

有氧呼吸：$C_6H_{12}O_6 + 6O_2 \rightarrow 6CO_2 + 6H_2O + 2821.90$ (kJ)

无氧呼吸：$C_6H_{12}O_6 \rightarrow 2C_2H_5OH + 2CO_2 + 117.23$ (kJ)

有氧呼吸与无氧呼吸均消耗果蔬养分，引起发热，并导致细菌繁殖而腐坏。当果蔬包装中有低浓度 O_2 和较高浓度 CO_2 时，其呼吸作用受抑制，但又不至于产生无氧呼吸，因而延长了储存期。

储存温度降低，也降低果蔬呼吸强度。但储存温度过低会引起果蔬“冷害”，不同品种果蔬引起冷害的温度不同，因而适宜的储存温度也不同。

有效果蔬气调包装的最佳储存温度和 O_2、CO_2 充填浓度如表 7－2 和图 7－25 所示。

表 7－2　影响水果、蔬菜的最低温度

果蔬	温度/℃	果蔬	温度/℃	果蔬	温度/℃
香蕉	10－13	茄子	7	苹果	3
红薯	13	马铃薯	4	甘蓝	0
南瓜	10	番茄（红）	7	莴苣	0
黄瓜	7	番茄（绿）	13	菠菜	0
圆辣椒	7	西瓜	5		

鲜果蔬采用气调包装保鲜费用较大，实际中多是采用自然气调保鲜，即采用选择性透气薄膜包装，利用果蔬本身的自然呼吸，和薄膜对不同气体的选择性透过，自动在密封包

装内建立起低浓度 O_2、高浓度 CO_2 的储存环境，从而延长储存期，如图 7－26 的所示是自然气调保鲜原理图。

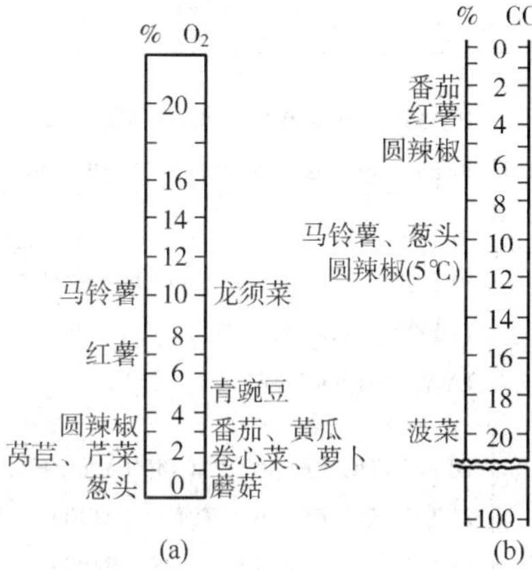

图 7－25 常见水果、蔬菜的最佳氧气和二氧化碳浓度
（a）氧气 （b）二氧化碳

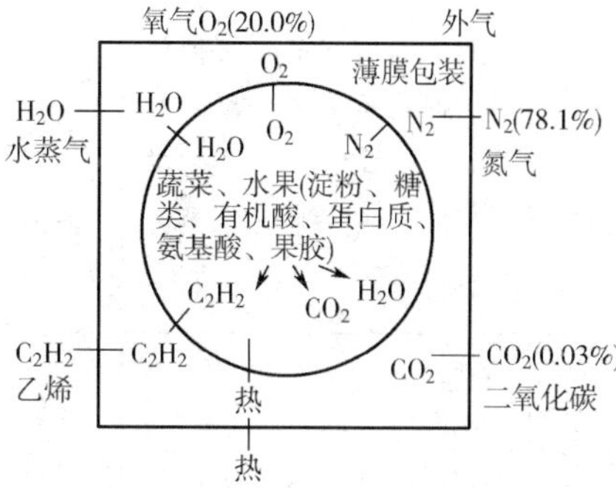

图 7－26 水果、蔬菜的呼吸与气体透过模型图

5. 真空和气调包装材料的选用

气体的分子可以穿过很小的空间，真空和气调包装必须选用阻气、阻湿性能良好的材料，以维持包装内最佳气体组成。但鲜果蔬自然气调包装，则要求材料有一定透气能力。玻璃和金属容器有优良的阻隔性能，用做真空包装。塑料及其复合材料，由于具有来源广、容易加工以及轻便美观等优点，多以软包装、热成型浅盘等形式在真空和气调包装及自然气调包装中得到广泛应用。下面主要介绍塑料材料的选用。

（1）材料性能要求 真空和气调包装常用材料的性能要求如表 7－3 所示。

表 7－3 真空和气调包装常用材料的性能要求

性能要求	简要说明
气体阻隔优良（透气率低）	使包装内保持最佳气氛（低氧或一定组成的二氧化碳、氮气），例如要求薄膜透氧率：真空包装 <15，充气包装 <70，透气率单位为 $cm^3/[m^2 \cdot d]$，常压下
水蒸气阻隔性优良（透湿率低）	防止环境湿气进入包装内一定温度，一般透湿率应小于 15 ~ 20g/（$m^2 \cdot d$）
热封性优良	易热封，热封强度大，以保证包装的密封性能
机械适应性	有良好的强度、韧性，在包装及流通过程防止包装破损，以保证包装密封性
透明性	透明、光泽，可看见内装物，增加气调包装食品安全感
其他	根据不同食品要求的耐油、保香等其他性能

（2）常用塑料包装材料的性能 各种塑料包装材料对 O_2、N_2 和 CO_2 的渗透率数据可查阅相关手册，它们的渗透率与阻隔性能成反比，按它们的阻隔性能指标，可以归纳为阻隔性能良好的材料，阻湿性能良好的材料，阻气、阻湿性能均好的材料。表 7－4 列举了

常见产品类别的真空和气调包装材料选用实例，实际工作时可参照选用。

表 7－4　　常见真空和气调包装材料选用实例

类别	包装要求	产品	气调技术	材　料
肉禽	除氧、隔氧、充入保护气体，抑制嗜氧菌、霉菌繁育；也可充入高浓度氧以维持肉鲜红色	香肠	真空包装	PA/PE，PA/PVDC/PE，PET/PVDC/PEIomoner（离子键聚合物）/PET/PE
		鲜肉	充气包装 65%～80% O_2 20%～35% CO_2，5℃藏	PVDC，PET，PA，EVOH，PT/PE，PET/PE，PA/PE，PVA/PEEVA/PVDC/EVA，PA/Iomoner
糕点	除氧、隔氧、充入保护气体、抑制嗜氧菌、霉菌繁育，防止油脂氧化	蛋糕 月饼	脱氧包装	OPP/PVDC/PE，OPP/EVAL/PE，PET/PVDC/PE，PET/EVAL/PEOPA/PVDC/PE，OPA/EVAL/PE，PET/PE
		馅饼	充气包装；70% CO_2，30% N_2	PET/PE，PET/EVAL/PE，PA/Iomoner/PE
果蔬	透气、保湿，使包装内维持低氧（1%～6% O_2）高二氧化碳（1%～10% CO_2）气氛，以抑制果蔬呼吸作用、防止缺氧呼吸和防止失水萎蔫	莴苣	自然气调	PVC 袋
		香蕉	自然气调	发泡 PS 浅盘，PVC 膜封盖
		花菜	充气包装 5% O_2，5% CO_2，10℃下储存	PVC 片浅盘，PVC 膜封盖
		胡萝卜	充气包装 3%～4% O_2，10% CO_2，5℃下储存	纸板浅盘，LDPE 膜封盖

（3）自然气调用包装材料的选用　新鲜果蔬更多地是采用自然气调包装，果蔬自然气调包装或气调包装对塑料材料性能的基本要求参见表 7－5。

表 7－5　　果蔬自然气调包装材料性能的基本要求

性能要求	简要说明
较好的透气性且具不同的气体选择性透过能力	为抑制包装内鲜果蔬的有氧呼吸和防止缺氧呼吸维持包装内低氧（O_2浓度1%～6%）高二氧化碳（CO_2浓度1%～10%）气氛，薄膜应具良好透气率，对不同气体有不同透过能力，大体有以下比例 N_2∶O_2∶CO_2＝1∶(3～5)∶(15～30)
较好的水蒸气阻隔性和防雾性	保持包装内一定湿度，防止果蔬失水萎缩，但又要防止温度降低时因包装内相对湿度升高引起凝结水珠
吸收乙烯等特殊功能	果蔬产生的乙烯促进后熟，使品质下降，以致腐烂，应予排除

在生产实际中也有一些专用材料可以进一步提高果蔬自然气调包装效果，也称功能包

装材料，其功能说明如表7－6所示。

表7－6 专用功能包装材料

功 能	简 要 说 明
乙烯气体吸收膜	薄膜中添加沸石、大谷石、方石英、SiO_2等，可吸附乙烯
简易CA效果膜	能使包装内保持O浓度2%，CO浓度8%～10%，达到保鲜果蔬的目的
防止结露和发雾薄膜	膜上涂布食品级脂肪酸脂或混炼入表面活性剂，防止果蔬水分蒸发和结露
抗菌性薄膜	薄膜中混炼入结合银离子的氧化铝、氧化硅填料，银沸石有抗菌性
远红外线膜	薄膜中混炼入陶瓷、常温下有远红外效果，可抗菌

二、真空和气调包装工艺及设备

真空和气调包装工艺通常需一定的专用机械设备完成。

1. 真空和气调包装系统

该系统主要由气源、气体混合器、真空、气调包装机以及管路、减压阀、压力表和开关等附件组成，如图7－27所示。

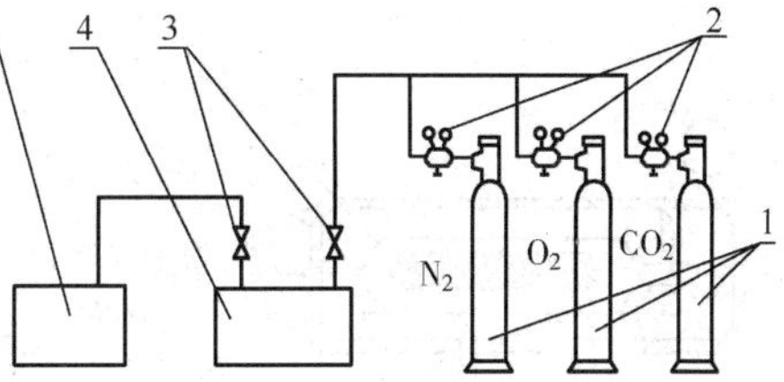

图7－27 气调包装示意图
1—气源 2—减压阀 3—开关
4—气体混合器 5—包装机

2. 气源与配气技术

一般小批量生产采用的气源为钢瓶装压缩气体。二氧化碳用食品级，氮用脱水精氮。钢瓶灌满时压力可达15MPa。各种压缩气体经减压阀减压后，进入气体混合器进行各种产品所需的最佳比例混合，然后才引入气调包装机进行气调包装。

混合器的配气原理如下：

假定减压后的气体为理想气体，根据气体状态方程：$pV = nRT$

式中 p——气体压力，Pa

V——气体体积，m^3

n——气体摩尔数，mol

R——摩尔气体常数，8.314J/mol·K

T——温度，K

由上式可知，在一定温度下，设RT为常数，令V一定，则气体摩尔数n只与其分压p有关。其中气体摩尔数n=（气体质量M）/（1mol气体质量F）$=M/F$，即M/F与其分压p有关；因此，多种（如3种）气体按质量比例混合时，应满足下式条件：

$$M_1:M_2:M_3 = p_1F_1:p_2F_2:p_3F_3$$

或

$$p_1:p_2:p_3 = (M_1/F_1):(M_2/F_2):(M_3/F_3)$$

这样，通过控制几种气体的压力比例就可得到所需质量比例的混合气体。

例如，欲配75% CO_2 +25% N_2的混合气。我们知道CO_2相对分子质量为44，N_2相对分子质量为28，由上式可以算出两种气体所需的压力比为：

$$p_{N_2}:p_{CO_2}=(M_{N_2}/F_{N_2}):(M_{CO_2}/F_{CO_2})=\frac{25}{28}\div\frac{75}{44}=\frac{1100}{2100}\approx\frac{1}{1.91}$$

即N_2的分压为0.1MPa时，CO_2的分压是0.191MPa，这样就可得到75% CO_2 +25% N_2质量比例的混合气体。配气结果可用奥氏气体分析仪或气相色谱仪检验。

3. 真空和气调包装设备的选用

真空包装机或气调包装机根据包装的产品不同，有多种类型，常见的有下面3种，分别适用于不同的产品，按工艺要求选用。

（1）腔室式真空充气包装机　该机结构简单，操作方便，其工作原理如图7-28所示。

工艺过程为：供袋、装入产品→置入腔室，袋口对着充气口并平搁在热封条上→抽气→充气（或不充气）→热封→腔室通大气，输出包装件。

腔室式真空充气包装机也有多种类型。按腔室数量分有单腔和双腔；按结构分有台式、传送带式、回转工作台式等。

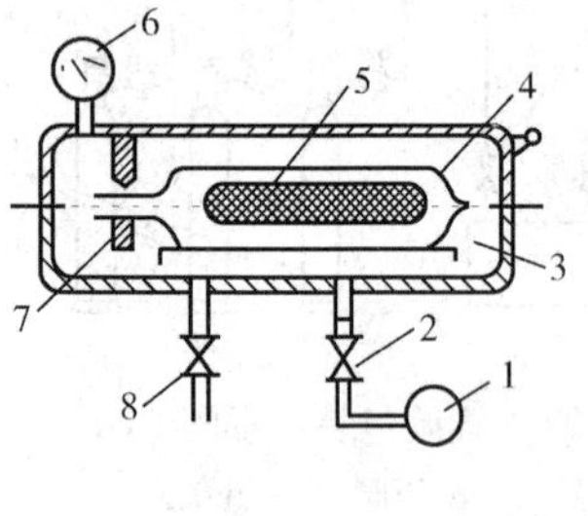

图7-28　腔室式气调包装示意图

1—真空泵　2—吸气阀　3—腔式
4—包装袋　5—被包装物品　6—真空表
7—热封器　8—进气阀

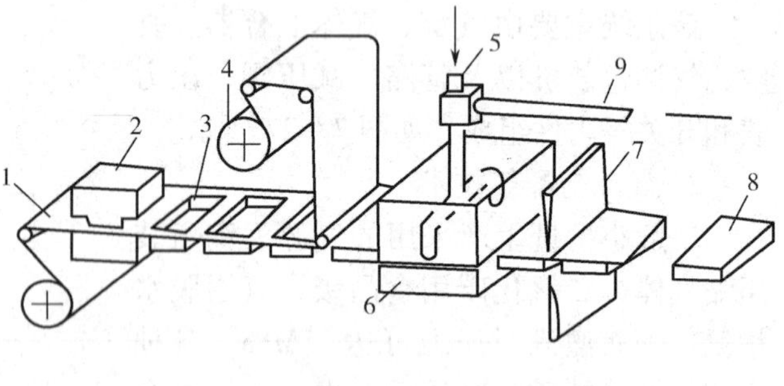

图7-29　真空补偿式气调包装示意图

1—底模　2—热成型模　3—塑料盒
4—盖模　5—充气管　6—抽真空、充气，热封室
7—分割切断机构　8—盒式气调包装成品　9—真空管道

（2）真空补偿式真空充气包装机　如图7-29所示是其工作原理。

工艺过程为：前盘热吸塑成型→置入产品→覆盖膜→（抽真空、充气→热封）→切断→盒式包装件。也称热成型自动真空充气包装机。

（3）气流冲洗式气调包装机　其工作原理如图7-30所示。

工艺过程为：置入产品→覆膜、纵封（筒膜免）→气流冲洗→横封→切断→枕式包装件。

这种包装机可用于薄膜枕式包装，也可用于热成型浅盘包装。由于是采用气流驱除包装内空气，不用抽真空，因而包装速度快。但充入气体消耗大，包装内残留氧可多达2%～5%，只能用于包装内除氧要求不高的产品。

4. 真空和气调包装工艺参数

包装中的主要工序是抽气、充气和封合，工艺参数要根据产品特性和包装袋容积来确定。以下将结合腔室式包装机讨论参数的确定。

(1) 抽真空 较大的真空度可使包装内氧降至最低，通常要求腔室内真空度为1～3kPa。

真空度与真空泵的性能和抽气时间有关，抽真空时间根据产品对真空度的要求和包装容积，经实验确定。真空包装机抽真空后，包装内难以做到绝对无氧。经测定，包装内还有 O_2，其浓度为1.6%～2.2%。如果包装内 O_2 浓度为2%～5%，则霉菌、酵母的繁殖基本上同在空气中一样。

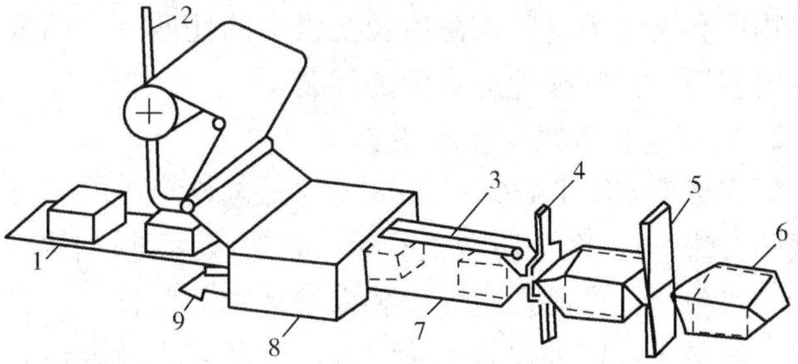

图7-30 气流冲洗式气调包装原理

1—输送带 2—充气管 3—喷嘴 4—横封装置 5—切断刀 6—枕式包装件 7—包装薄膜袋 8—薄膜成型模箱 9—空气排出

(2) 充气 引入气调包装机的混合气体要有一定的压力。对于腔室式包装机，通常为0.15～0.3MPa。压力过小，则因腔室大，充气慢，充气量不足；压力过大，封口不易，袋可能胀破。一般充气后包装袋内压力以不大于0.12MPa为宜。充气时间也依袋容积而定，以袋饱满为原则。

(3) 热封合 热封合质量是真空充气包装密封性的重要保证。一般要求热封宽度稍大，这样热封强度较高。热封温度和热封时间可根据包装材料确定。一般用较高热封温度的复合材料，因为随生产连续进行，热封条温度升高，热封时间要及时调整。

第五节 防霉、虫包装技术

被包装物品在流通过程中，除了受到环境、物理和化学诸因素的影响外，还受到生物因素的影响。生物包括属于动物界的部分昆虫和害虫，以及微生物类的霉菌、细菌和酵母菌等。

一、防霉包装技术

由有机物构成的物品，包括生物性物品及其制品，例如食品、烟、纺织品、塑料、橡胶制品、皮革制品、毛制品、纸及纸板等，最容易受霉菌侵袭而发生霉变和腐败。防霉包装就是为了防止这类内装物霉变而采取的一定防护措施。

1. 物品霉腐的原因和过程

霉菌是生长在营养基质上并形成绒毛状或棉絮状菌丝体的真菌，它们不能利用阳光吸收二氧化碳进行光合作用，必须从有机物中摄取营养物质以获得能源。因此，在外界因素如温度、湿度、营养物质、氧气和pH等适宜时，就会使它们寄生着的物品霉变，不仅导致物品品质下降，而且影响外观。

物品霉腐的过程一般经过受潮、发热、霉变和腐坏四个环节。只要控制温度、湿度、营养物质和氧气等这些霉菌生长要素中的任何一个因素，就可以控制霉菌的生长，就能确保包装容器内之物品免遭霉菌的侵袭。

2. 防霉包装等级与技术要求

国家标准 GB/T 4768—2008《防霉包装》中将各类产品的防霉等级分为 4 级。按规定的试验方法进行 28 天防霉试验后，各等级达到如下要求：

一级包装：产品及内外包装未发现霉菌生长。

二级包装：内外包装密封完好，产品表面及内包装薄膜表面均未发现霉菌生长，外包装（以天然材料组成）可能有霉菌生长，面积不超过整个包装件的 10%，但不能影响包装件的使用性能。

三级包装：产品及内外包装允许出现局部少量长霉现象，试验样品长霉面积不应超过其内外表面的 25%。

四级包装：产品及内外包装局部或整件出现严重长霉现象，长霉面积占其内外表面积 25% 以上。

根据防霉等级提出以下防霉包装技术要求：

（1）产品品质要求

①根据物品的性质、储运和装卸条件，设计防霉包装结构、工艺和方法，使包装后的物品在规定的时间内符合防霉包装等级的要求。密封包装要求在规定的时间内，能控制包装容器内相对湿度不超过 60%。非密封包装要求在规定时间内，采用有效防霉措施，使其符合防霉等级的要求。

②被包装物品，包装前必须按规定进行严格检查，确认物品是干燥与清洁的，物品外观无霉菌生长痕迹，以及无直接引起长霉的有机物质的污染。

③对被包装物品采取防霉措施时，不应对物品产生不良影响。

（2）材料要求

①所使用的材料在物品包装前，不应有长霉现象与长霉斑痕。

②包装材料应有较强的耐霉性。凡耐霉性差的材料，应按相应标准和规定预先进行防霉处理。

③直接接触物品的包装材料，不允许有腐蚀性，或产生腐蚀性气体。

④包装材料在使用前应按规定进行干燥处理。避免使用含水率与透湿率超过要求的材料。

（3）包装环境条件

①包装环境条件中相对湿度不能超过规定范围的介质带入包装箱内。

②包装过程中避免手汗和油脂等有机污染物污染物品和包装件。

（4）储运环境条件

①储运场所应该干燥，并有适当的阻隔层以阻止潮气从地下上升，以免外包装吸潮长霉。

②仓库堆放的包装件之间及包装件与墙之间应留有通道，保持适当的距离，以便必要的观察、清洁和处理，还有利于通风，防止长霉。

3. 防霉包装方法

常用的防霉包装有两大类，分别是密封防霉包装和非密封防霉包装。

(1) 密封防霉包装 对外观及性能要求高的物品可选用干燥空气密封防霉包装，气调防霉包装或气相防霉包装，在密封容器内放置具有挥发性或升华性的防霉剂，由于防霉剂具有抑菌或杀菌作用，利用其挥发气体与霉菌直接接触，杀死或抑制霉菌生长繁殖，以达到防霉的目的。

(2) 非密封防霉包装 非密封防霉包装适合于一些对霉菌敏感度较低或经过有效防霉处理后的产品，在不密封条件能够达到防霉效果的包装。通常采用低温防霉包装，药剂防霉包装，或电子辐射防霉包装，如电离辐射、紫外线、微波、远红外线和高频电场。

二、防虫包装技术

包装件在流通过程中会受到虫类侵害，害虫不仅蛀蚀动植物性商品和包装品，破坏商品的组织结构，使商品发生破碎和孔洞，而且害虫在新陈代谢中的排泄物会沾污商品，影响商品的品质和外观。因此对一些易遭虫蛀和易被虫咬的商品应采取一定的保护措施，如在包装材料中掺入杀虫剂，或在包装容器中使用驱虫剂、杀虫剂或脱氧剂，以增强防虫效果，破坏害虫的正常生活条件，扼杀和抑制其生长繁殖。

1. 害虫的生长环境条件

任何一种害虫都与其生活环境密切相关，周围的环境因素不断影响着它们的生长、发育和繁殖。害虫为了适应周围环境，常常形成不同的生活习惯，以适应多变的环境。为了做好防虫包装，必须了解昆虫的生长条件，并采取措施予以控制。

(1) 温度 昆虫是变温动物，它们能通过改变呼吸强度和水分蒸发速度来调节体温，以适应环境温度的变化，但这种调节是很有限的。因此，温度对昆虫的个体发育速度、成虫的寿命、繁殖率、死亡速度、食量及迁移分布等都有直接影响。任何害虫对温度都有一定的要求，不同温度范围对害虫的生长发育和繁殖等有不同的影响。

(2) 湿度 湿度对害虫的影响有两个方面：一方面直接影响虫体内水分的蒸发，影响其新陈代谢；另一方面湿度影响害虫食物的含水量，从而间接影响害虫的生长繁殖。

(3) 空气 和其他生物一样，害虫在生命活动中要进行呼吸，吸收氧气，氧化体内营养物质，产生能量，供虫体进行正常的生理活动，同时呼出二氧化碳。因此，害虫生活环境中，氧气和二氧化碳的浓度直接影响其呼吸作用。降低氧气浓度，增加二氧化碳浓度，可以抑制害虫的正常生理活动，达到抑制或杀灭害虫的目的。

(4) 光线 太阳照射到地球上的光线，除了热效应（温度）对害虫的生命活动有明显影响外，光线的性质、强度和光照周期对害虫也会有不同程度的影响。昆虫类的可见光为紫外线，其他光为不可见光。昆虫有趋光性，不同波长光线的刺激，对许多害虫有极强的诱杀力。尤其对甲虫类诱捕效果较好。昆虫的取食、交尾、产卵与光线强度有密切关系，光照周期也直接影响着害虫的生理活动，红外线、微波对害虫有抑制和杀伤作用。

(5) 人为因素 人类的各种经济活动对害虫也有一定的影响。如食品在加工、储存、运输、销售、外贸等环节，若是管理不善、检查不严、预防处理不及时，都会造成害虫繁殖蔓延。

2. 防虫害包装技术

防虫害包装技术是通过各种物理方法或化学药剂作用于害虫的肌体，破坏害虫的生理机能和肌体结构，恶化其生存环境，促使害虫死亡或抑制害虫繁殖，达到防治虫害的目的。

（1）高温防虫害包装技术　高温防虫害包装技术就是利用较高的温度来抑制害虫的发育和繁殖，具有良好的防虫杀虫效果。因为当环境温度上升到40～45℃时，一般害虫的新陈代谢活动就会发生紊乱，生长、发育及繁殖就会不同程度地产生终止现象，但仍能保持生命力，当温度上升到45～55℃时，一般害虫将处于热昏迷状态，体内新陈代谢速度加剧，如时间持续较长，害虫将会大量死亡。

高温防虫害包装技术有多种方法，目前广泛应用的有日光暴晒法、烘烤干燥法、远红外线干燥法、微波干燥法等。它们的作用都是降低物品本身的含水量，防止害虫蛀蚀，提高环境温度，抑制或杀死害虫。

（2）低温防虫害包装技术　低温防虫包装技术是利用低温抑制害虫的繁殖和发育，破坏其内部组织，并使其死亡。害虫的耐寒能力与其体内的含水量有密切关系，含水量低，体液中糖和盐的浓度就相应增高，细胞质的黏性增加，细胞内易形成稳定的高渗透压，抗寒能力强，反之，含水量高的害虫，抗寒能力就差。耐寒性与体内结合水和游离水的比例也有关系。体内结合水比例高的害虫耐寒性强，游离水比例大的害虫耐寒能力就差。在低温情况下，害虫的活动减少，营养物质的消耗降低，新陈代谢处于低水平，关闭气门，有氧呼吸减弱，以分解体内糖类物质来维持缺氧呼吸和生命，仓库害虫一般在环境温度8～15℃时开始停止活动，－4～8℃时害虫的生理代谢变得极其缓慢，各虫期停止发育，处于冷麻痹状态。如果持续时间过长，能使害虫死亡。

低温防治害虫的主要方法有：室外自然冷却法，室内通风冷却法，机械制冷法。

（3）其他还有气调防虫害包装，电离辐射防虫害包装，化学药剂防虫害包装技术，啮齿动物的机械防治方法等。

第六节　无菌包装工艺

无菌包装是在被包装物品、包装容器（材料）和辅助、包装装备均无菌的情况下，在无菌的环境中进行灌装充填和封合的一种包装技术。它常用于乳制品、果汁饮料、食品及某些药物等的包装，尤其适于液态食品的包装。所采用的包装容器有杯、盘、袋、桶、缸、盒等，容积从10ml到1000ml不等。包装材料主要采用塑料/铝箔/纸/复合塑料薄膜。这种材料制成的容器可比金属容器节省15%～25%的费用，大大降低了包装成本。其中被包装的食品可在常温条件下储存12～18个月不会变质，保存6～8个月不损失风味。经过无菌包装的食品无须冷藏库储存、冷藏车运输、冷藏柜台销售，因而节省能源，且成本较低，储存期长，销售方便，经济效益显著，消费方便。

一、无菌包装技术

无菌包装的过程主要包括：包装品（材料或容器）的灭菌，被包装物品的灭菌和在无菌环境下进行包装作业，整个过程构成一个无菌包装系统。实际上无菌包装并非绝对无菌，无菌包装只是一个相对的无菌加工过程，行业称作“商业无菌”。商业无菌是从商品角度对某些食品提出灭菌要求，就是指食品经过杀菌处理后，按照所规定的微生物检验方法，在所检食品中没有活的微生物检出，或者仅能检出极少数的非病原微生物，且它们在储存过程中不可能进行生长繁殖。目前，无菌包装中采用的灭菌方法主要有加热灭菌（热杀菌）和非加热杀菌（冷杀菌）两大类。

1. 被包装物品的灭菌技术

目前广泛用于被包装物品的灭菌技术有两种：一种是巴氏灭菌技术，另外一种是超高温瞬时灭菌技术。

（1）巴氏灭菌技术　巴氏灭菌技术是将食品充填并密封于包装容器后，在低于100℃温度下保持一定时间，其目的是最大限度地消灭病原微生物。

巴氏灭菌温度低，时间短，不破坏食品的营养与风味。主要用于柑橘、苹果等果汁饮料、鲜奶、稀奶油、冰淇淋原料、乳酸饮料、发酵乳、低度酒、生啤酒、酱油、熏肉、火腿等食品的灭菌。灭菌对象是酵母、霉菌和乳酸杆菌等。

巴氏灭菌装置主要有间歇式杀菌装置、连续式低温灭菌装置和微波加热灭菌装置等。

（2）超高温瞬时灭菌技术　超高温灭菌是指在135～150℃温度条件下，短时间对被包装食品进行灭菌处理，以杀灭包装容器内的细菌。采用这种技术不仅能保证食品的品质，生产效率也可大大地提高。目前广泛用于乳品、果汁饮料、豆奶、茶、酒、矿泉水及其他产品的无菌包装。

超高温瞬时灭菌装置有两种类型。一种为直接加热形式，就是用过热蒸气直接喷入液体状食品或把液体状食品喷入热蒸气，以达到快速加热灭菌的目的。直接加热法最大的优点是快速加热和快速冷却，最大限度地减少了超高温短时间灭菌处理过程中可能发生的物理化学变化，但是要求热蒸气必须适于饮用，且对过氧化氢（H_2O_2）包装件加热前后的含水量要严格控制。另一种为间接加热形式，它是利用管式或板式热交换器进行介质间接交换作用加热的间接加热灭菌过程。间接加热灭菌具有温度控制方便，设备占地面积小、效率高等特点，应用比较广泛。

（3）微波加热灭菌　微波是指波长在1～300mm、频率为300～300000MHz的电磁波，它遇到物体阻挡时能引起反射、穿透、吸收等现象。被物体吸收后能引起物体分子间的摩擦，把电磁能转变为热能。微波灭菌技术克服了常规加热方式中先加热环境介质、再加热食品的缺点，对食品的加热方式是瞬时穿透式加热，被加热的食品直接吸收微波能量而产生热能，加热速度快，内外受热均匀，同时食品中的微生物因吸收微波能量而使体温升高，破坏菌体中蛋白质成分，起到杀菌作用。

（4）臭氧灭菌　臭氧（O_3）的灭菌原理有两种，一种是臭氧很容易同细菌细胞壁中脂蛋白或细胞膜中的磷脂质、蛋白质发生化学反应，从而使细菌的细胞壁和细胞膜受到破坏，导致细菌死亡；另一种是臭氧可以破坏细菌中的酶或DNA、RNA，从而使细菌死亡。

臭氧灭菌多用于饮水或食品原料的灭菌，近年来由于人们对臭氧利用技术了解的深入，臭氧被广泛地用于食品的灭菌、脱臭、脱色等方面，尤其是用于解决固体食品在生产过程中细菌的二次污染问题，臭氧有着其他灭菌方法所不及的特殊作用。

其他还有电阻加热灭菌，高电压脉冲灭菌，超高压灭菌，磁力灭菌，膜过滤等。

2. 包装品的灭菌技术

无菌包装的包装品不能附着微生物，同时具有对气体及水蒸气的阻隔性。所以在无菌包装前，还必须对包装品进行灭菌处理。包装容器的灭菌通常有物理灭菌和化学灭菌两类方法。

（1）物理灭菌法

①紫外线灭菌。紫外线的灭菌机理是由于紫外线照射后，微生物细胞内的核酸产生化学变化，引起新陈代谢障碍，因而失去增殖能力。其灭菌效果与紫外线的波长、照射强度以及照射时间、湿度和照射距离有关。对于多数微生物和细菌，波长在 240 ~ 280nm 的紫外线的灭菌效果最为有效。

②辐射灭菌。采用离子辐射的方法来进行灭菌。辐射处理可以在室温下进行，能够有效地控制微生物的生长，但有些酵母和过滤性病毒具有抗辐射能力，不会被辐射能量所杀死。此外，热和光的辐射作用会损伤纸和各种塑料的原有性能。例如，聚氯乙烯受热或经紫外线照射会加速老化和分解，离子辐射会促使包装材料中成分发生化学变化。

物理灭菌法也适用于被包装物品的灭菌。当前，食品灭菌工艺正在逐步摆脱传统的加热灭菌方式，向高温度短时间以及不直接对食品加热的方向发展，以求最大限度地减少食品中营养成分的损失，尽量保持食品原有风味，延长食品的储存期。

（2）化学灭菌法

①过氧化氢灭菌。过氧化氢俗称双氧水（H_2O_2），灭菌时可采用浸渍法或喷淋法。灭菌处理后，包装材料再经热空气烘烤，能够增强新生态氧的灭菌效果以消灭一部分残存的细菌，同时材料表面余留的过氧化氢也已消失，随即可进行充填工序。灭菌时，如果结合使用润滑剂，可以提高灭菌的效果，这时过氧化氢的浓度仅为 15% ~ 20%，时间只需要 3 ~ 4s 就能有效地杀死细菌。

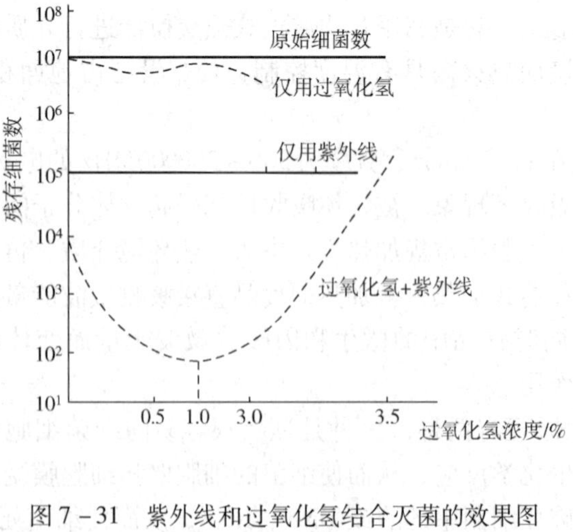

图 7 – 31 紫外线和过氧化氢结合灭菌的效果图

②环氧乙烷灭菌。环氧乙烷气体主要用于食品自动包装机有关部件、包装容器和封口材料的消毒灭菌。气体温度为 50℃ 左右，灭菌 10 ~ 15min，能使 99% 细菌死亡，灭菌后有一部分残留的环氧乙烷附着在包装材料表面，需采取升温和减压的方法以加速环氧乙烷挥发。

此外，灭菌方式也在向着配套的方向发展，例如，采用高强度紫外线和低浓度过氧化氢相结合的灭菌方式，能够取得显著的灭菌效果，如图 7 – 31 所示，使用浓度低于1%的过氧化氢，加上高强度的紫外线在常温下产生的灭菌效力是两者单独使用时的上百倍。由于过氧化氢浓度很低，对于残留的过氧化氢也无须采取措施，避免了传统过氧化氢灭菌需高温，长时间的问题。

3. 包装环境的灭菌技术

无菌包装应在无菌环境中进行，通常是一个较为封闭的空间，称作无菌室。无菌室用洁净度来衡量，洁净度可分为4个级别，见表7－7。食品及医用品的无菌充填室一般采用级别100，温度控制在18～26℃，相对湿度45%～65%。过滤处理的无菌空气送入洁净室内，应保持室内与室外的静压差大于10Pa，以免室外不洁净的空气进入室内。

表7－7　无菌室的空气洁净度级别

洁净度级别	尘埃最大允许数/m^3		微生物防治最大允许数		换气次数
	≥0.5μm	≥5μm	浮游菌/m^3	沉淀菌/皿	
100	3500	0	5	1	垂直层流≥0.3m/s 水平层流≥0.4m/s
1000	350000	2000	100	3	≥20次/h
100000	3500000	20000	500	10	≥15次/h
300000	10500000	60000	—	15	≥12次/h

无菌洁净室内的填充设备均经严格消毒灭菌，包装作业完成后要用0.5%～2% NaOH热溶液和清水进行循环清洗，其后用稀HCl溶液进行中和，然后用蒸汽杀菌，也称CIP系统。下次使用前先进行蒸汽杀菌。特定的阀门、旋塞等在碱洗之前要卸下清洗。包装设备本身的彻底杀菌操作是进行无菌包装时最重要的工作。

二、无菌包装系统与工艺过程

1. 无菌包装系统的组成

完成无菌包装，要从包装材料、被包装品、包装设备和包装工作环境等方面进行全面灭菌，是一个较复杂的系统。无菌包装系统的主要组成部分有：包装品输入部位、包装品灭菌部位、无菌充填部位、无菌封口部位、包装件输出部位及清洗灭菌部位等。为了适应不同包装品，无菌包装系统的结构不尽相同，其工艺过程也是各有特色。

2. 典型无菌包装系统与工艺过程

（1）瓶罐无菌包装系统与工艺过程　如图7－32是瓶罐无菌包装系统。其中被包装物品与包装瓶罐分别进行消毒灭菌。包装瓶罐由传送带送入机器，然后通过消毒灭菌部位1，在此部位包装瓶罐被过热蒸汽或热空气消毒灭菌后，经无菌空气降低包装瓶罐的温度，在充填部位2充满无菌空气的环境条件下，把预先消毒灭菌的包装物品充填入瓶罐，然后在部位3加上已经消毒灭菌的盖子，在工位4将其封合起来。最后，已封入物品的包装件由传送带输出。

（2）杯成型无菌包装系统与工艺工程　如图7－33为杯成型无菌包装系统。这个系

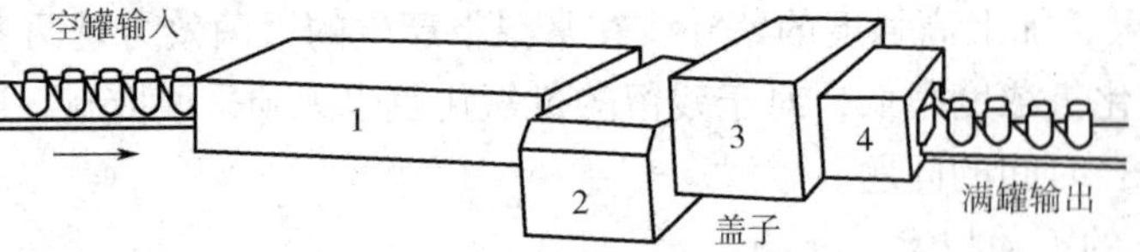

图 7－32　瓶罐无菌包装系统

1—灭菌部位　2—充填部位　3—瓶罐盖灭菌部位　4—封罐部位

统采用过氧化氢对包装材料进行化学灭菌。两个包装材料卷筒分别将材料送入系统。卷筒 1 提供底部片材，卷筒 9 提供铝箔盖材。底部片材经过过氧化氢液槽 2 洗涤，然后由干燥器 3 作用而使过氧化氢分解，经过干燥器后的片材软化，并由加热器 4 加热，在成型器 5 处容器成型，通过充填部位 6，充填后的容器进入密封部位 10，同时铝箔盖材通过过氧化氢液槽 7，经干燥器 8 除去过氧化合物，在密封部位 10 处将容器封盖，经冲剪模 11 切断，最后从传送带 12 输出包装件。

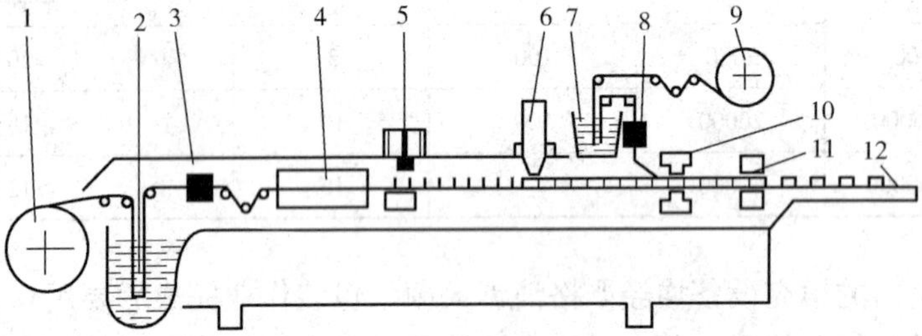

图 7－33　杯成型无菌包装系统

1—片材卷筒　2、7—过氧化氢液槽　3、8—干燥槽　4—加热器　5—成型器
6—充填部位　9—铝箔盖材卷筒　10—密封部位　11—冲剪模　12—传送带

（3）塑料袋无菌包装系统与工艺过程　如图 7－34 为塑料袋无菌包装系统。这个系统中两个塑料薄膜卷筒上下合在一起，然后封合成各自独立的小袋子。根据塑料材料的种类，可对这些包装袋采用不同的方式灭菌。无菌针管将已经灭菌的被包装物品灌进这些预先杀菌的包装袋内，满袋灌装后，在灌装点以外位置封口，完成无菌包装，输出无菌包装件。

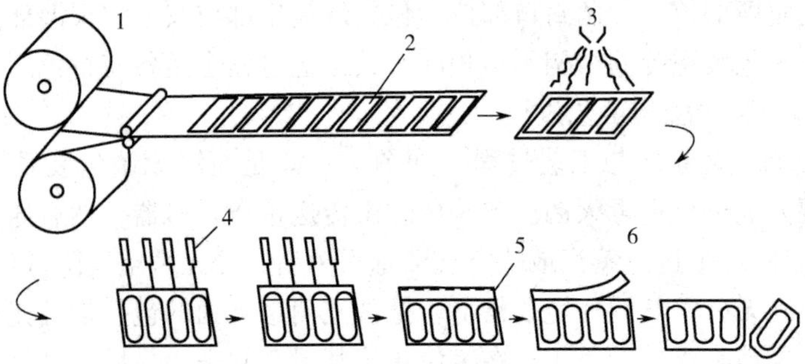

图 7－34　塑料袋无菌包装系统

1—塑料薄膜卷筒　2—制袋　3—灭菌　4—无菌充填　5—封口　6—分切

第七节　防水、防潮及保湿、保温包装工艺

产品在自然流通环境中会受到时天气因素如温度、湿度、雨水等的影响，应对产品进行有针对性的防潮、保湿、保温和防水等包装。

一、防水包装

包装件在流通过程中与水接触的机会很多，例如在运输、装卸、存储时，经常放置在露天之下，会受到雨、雪、霜、露的侵袭，产生渗水的现象。船舶在运输中浪花四溅、仓底积水，敞篷车辆没有遮掩等，都会使包装件浸水，意外或可能落入水中。如果在潮湿多雨的地区流通，也会使水浸入包装件，雨水会使包装件受潮变质损坏，一旦进入包装内，还会使内装物受潮变质、锈蚀和长霉，因此必须采取保护性的防水包装。

1. 防水包装的作用

防水包装是为了防止因水浸入包装件而影响内装物质量所采取一定防护措施的包装。防水包装属于外包装，一些具有保护性的内包装例如防潮包装、防锈包装、防霉包装、防震包装等，可以与防水包装结合考虑，但不能代替。一般而言，外包装采用防雨水结构，内包装为了防止金属的氧化而采用防锈、防止或抑制霉菌孢子的发芽与生长而采用防霉结构，它们的工艺措施并不完全相同。虽然液态的雨水和气态的水蒸气（潮湿空气）的物理化学性质是相同的，但它们对包装件的侵袭方式和现象是不尽相同的。所以，防雨水包装结构不一定能兼防潮包装的作用。因为，防雨水包装只是单纯为了防止外界雨、雪、露等的渗入包装件内侵蚀内包装物，除非是采用气密性容器包装，它们对外界潮湿空气的侵蚀是防止不了的，也不能起阻止作用。想要防止内包装内的残存潮气及内装物发出来的潮气对内装物的影响，还需要采用防潮、防锈及防霉等其他的防护包装。

设计防水包装时，必须了解流通环境的降雨气候特点，例如降雨分布情况、降雨强度情况、持续降雨日数情况，可参阅气象统计资料。空投救济物资，包装件可能会在水中浸泡一定的时间，就要求包装件具有相当的耐浸水能力。

2. 防水包装的标准

防水包装的等级是根据包装件储运的环境条件及耐受浸水或喷水试验的等级来划分的。根据国家标准有关防水包装（GB/T 7350—1999）、运输包装件喷淋试验方法（GB/T 4857.9—2008）和运输包装件浸水试验方法（GB/T 4857.12—1992）的规定，防水包装等级的划分指标如表 7－8 所示。

3. 常用防水包装方法

对防浸水的防水包装应采用刚性容器，如金属材料或硬质塑料；对防喷淋的防水包装可采用木质容器，木箱内壁应衬以阻隔材料，并使之平整完好地紧贴于容器内壁，不得有破碎或残缺。防水包装容器在装填内装物后应严密封缄，具体的防水结构可参见相关的国家标准。

表7-8　防水包装标准等级

类别	防水等级	储运条件	试验条件	
			试验方法	试验时间/min
A类浸水	1	包装件在储运过程中容易遭到水害，并沉入水面以下一定时间	将包装件以不大于300mm/min下放速度放入水中，当包装件的顶面在水面以下100mm时进行浸泡	60
	2	包装件在储运过程中容易遭到水害，并短时间沉入水面以下		30
	3	在储运过程中包装件的底部或局部短时间浸泡在水中		5
B类喷淋	1	在储运过程中包装件基本上露天存放	以（100±20）L/（m^2·h）的喷水量均匀垂直向下喷淋包装件，喷水装置离开箱顶面距离不小于2000mm	120
	2	在储运过程中包装件部分时间露天存放		60
	3	包装件主要库内存放，但在装运过程中可能短时遇雨		5

4. 防水包装常用材料

防水材料通常分为外壳框架壁板材料和内衬防水材料、防水粘合剂、外覆盖材料等。

（1）包装外壳框架壁板材料　防水包装的外壳框架壁板材料可以分为木材、金属、瓦楞纸板三大类。它们应该具有一定的机械强度，应能承受内装物的重量，在装卸、搬运与储存过程中遇到各种机械应力时不会损坏。木材类以各种松木为主，金属以低碳钢、铝或铝合金板材为主。瓦楞纸箱表面必须经过防水处理，才能用作防水包装的容器，通常用双面双瓦楞纸箱，质量小于25kg的小件物品包装。

（2）内衬材料　外框架板材多数是为了确保防水包装的强度，对于防水包装性能，除金属箱外必须在箱板内侧衬垫其他的防水包装材料，用做防水包装内衬的材料主要有以下几类。

纸类防水包装用纸有石油沥青毡、石油沥青纸、防潮级柏油纸、蜡质浸渍纸和石蜡纸等。

塑料类各种塑料薄膜以及涂布的、复合的薄膜均可用来做防水包装箱的内衬里。常用的塑料薄膜有LDPE、HDPE、PVC、PS、PU、PVA、CPP、PVDC以及塑料瓦楞纸板、泡沫塑料板等。

各种复合材料均可应用，如铝塑复合、纸塑复合、塑塑复合、塑布复合等复合材料。

（3）密封材料　防水包装用密封材料有压敏胶带、防水胶黏结剂、密封用橡胶等。它们都应具有良好的黏结性和耐水性。遇水后，黏结性能不应显著下降，结合部位不应具有自然分离现象。其中压敏胶带用于纸箱密封，密封橡胶用于金属箱、罐的密封。

（4）防水涂料　用于纸箱、胶合板箱等表面防水处理的防水涂料有石蜡、清漆等。

（5）外覆盖材料　包装容器外的覆盖材料主要有防水篷布等，它们除应具有一定的强度和耐水性能外，还应具有耐老化、耐高温、耐低温和耐日晒等性能。

二、防潮、保湿、保温包装

空气湿度的变化是引起被包装物品品质变化的重要因素。防潮、保湿包装就是采取具有一定阻隔水蒸气能力的材料对物品进行包装，阻隔外界湿度变化对物品的影响，同时使包装内的相对湿度满足物品的要求，保护物品的品质。防潮包装具有防止易吸潮的物品（如医药、农药等）潮解变质，防止某些物品（如纤维制品、皮革等）受潮霉变，防止金属及其制品腐蚀锈坏等。保湿包装防止含有水分的物品（如食品、果蔬、鲜活植物等）脱水变质、干枯。

1. 防潮包装

防潮包装方法通常有两类，一类是为了防止被包装物品失去水分，主要采用阻隔性包装材料防止包装中的水分向外排出；另一类是为了防止被包装物品增加水分，主要是在包装内加入吸湿性的材料——吸湿剂等。第一类防潮包装要根据被包装物品的性质、形状、防潮要求和使用特点等来合理地选用防潮包装材料，主要根据包装材料的阻隔性、渗透性来进行设计，可参阅相关设计资料设计。第二类防潮包装是包装内部采取一定的干燥方法，吸收包装内部的水分和从包装外部渗透进来的水分，以减缓包装内部湿度上升的速度，延长防潮包装的储存期。采取的干燥方法有两种：静态干燥法和动态干燥法。静态干燥法是用装入包装内一定数量的干燥剂以吸去内部的水分，其防潮效果取决于包装材料的阻隔性、干燥剂的性质和数量、包装内部空间的大小等，一般适于小型包装和有限期的包装。动态干燥法是采用降湿机械，将经过干燥除湿的空气输入包装内，置换出潮湿的空气，以控制包装内的相对湿度，使内装物保持干燥状态，这种方法适于大型包装和长期的包装。这一类的典型被包装物品是容易锈蚀的金属，容易吸湿的肥料、水泥、农药、火药等，它们都适于储存在干燥的环境中。这里主要介绍利用干燥剂防潮包装。

（1）干燥剂的种类　常用的干燥剂有吸附型和解潮型两类。吸附型干燥剂有硅胶、蒙脱石活性干燥剂、分子筛和铝凝胶（活性氧化铝）等，解潮型的干燥剂主要是生石灰等。

硅胶由于能清楚地以颜色由蓝变红（或变白）来反映出周围空气中湿度的增大，因而深受使用者的欢迎，但由于它们的价格较高，再生温度偏高时容易失效，因而使成本增加；特别是在生产硅胶时要用硫酸，成品可能残存硫酸根离子等有害物质，不利于环境保护，已逐渐弃用。目前广泛使用的是蒙脱石活性干燥剂。蒙脱石活性干燥剂由天然的蒙脱石矿开采后，经高温加热、有机质炭化、蒙脱石矿体膨化、通蒸气处理、烘干干燥、活化、破碎、过筛、精选，而得到一种天然的、无毒的、pH 中性的硅酸钙矿物质，它的全部加工过程都是采用物理方法，没有化学物质的污染，是一种无毒害的“绿色物品”。其价格不到变色硅胶的一半，但吸湿能力和再生寿命都与变色硅胶基本相似，而且对金属没有腐蚀性。其废弃物对环境也没有污染，加之密度较大，在同样的空间中可以多放一些，被认为是硅胶的更新换代产品。

（2）干燥剂用量　防潮包装中，干燥剂的用量与防潮材料的透湿率、储存期、包装面积、包装容器容积等多项因素有关，可参见各种干燥剂的使用说明书。

（3）干燥剂的放置　干燥剂分别放入布袋或强度足够的纸袋中，并放在包装件最合适的一个或多个位置上。干燥剂袋的袋口应用线绳系牢，吊挂或用其他方法固定。防止袋子移动或破损而损坏物品。干燥剂袋放置时不得与物品表面接触，处理好的干燥剂从取出到安放在包装件中密封起来的时间尽量短。

（4）常见防潮包装工艺　对于采用水蒸气渗透率为零或接近零的金属或非金属容器，可用真空包装或充气包装等，采用水蒸气渗透率较低的柔性材料，需将物品加干燥剂包装，或采用不同的水蒸气渗透率较低的材料进行多层包装。

2. 保湿包装

保湿包装分为两种，一种是用渗透率较低的材料作成容器，将产品置于其中，产品的水分或油分在一定时期不会外露；另一种是对于果蔬、鲜活植物等要保证水分不外露，同时还要允许外面的空气进入，通常用渗透率较低的塑料薄膜，在上冲出一定的透气孔进行包装。

3. 保温包装

保温包装也称阻隔热包装，有两层作用，一是内冷外热，防止外界热量进入被包装品，通常是冷藏类物品；二是内热外冷，防止内部物品温度因外部原因而降低。通常的工艺是对产品进行内外包装，内外包装之间加入阻热材料。常见的阻热材料有聚氨酯泡沫、发泡聚苯乙烯、瓦楞纸板构件，以及纸、木碎屑片。各种材料的阻热率不同，使用时可查阅相关阻热材料技术手册，另外增加阻热材料厚度也能达到提高保温效果。

思考题

1. 冲击与振动防护包装有哪些主要作用？
2. 在冲击与振动防护包装中，常用的特殊防护包装工艺有哪些？
3. 平板显示产品缓冲包装中有哪些实用方法？
4. 捆扎集装工艺有哪些特点？常用哪些包装材料？
5. 托盘包装有哪些特点？如何堆码、固定？
6. 集装架、集装袋、集装网包装工艺有哪些特点？常用哪些包装材料？
7. 防锈包装的意义。了解防锈包装的等级、种类及有关规定。
8. 说明真空包装、充气包装、气调包装、自然气调包装的含义。说明真空、气调包装的优缺点及应用范围。
9. 香肠真空包装、鲜肉充气包装、馅饼充气包装、番茄包装应选用什么材料？
10. 假设需配65% O_2、25% CO_2、10% N_2 的混合气体进行气调包装，请设计配气工艺。（注：3种气体的分子量分别为32、44和28）
11. 防霉、防虫包装方法有哪些？并简要说明其原理。
12. 无菌包装系统是什么？简述无菌包装杀菌机理。
13. 无菌包装技术分为哪几大类？各采用哪些杀菌技术？
14. 试述两类防潮包装的内容和使用范围。
15. 防水包装等级是怎样划分的？简述防水包装的材料类型。

第八章

包装工艺规程与质量管理

产品生产过程包括从原材料转变为产品的全部过程，为了保证产品的质量，需制定严格的产品生产方法和检验要求。包装工艺过程是对各种包装原材料或半成品进行加工或处理，最终将产品包装起来，使之成为商品的过程。包装工艺规程是以图文的形式将某一产品的包装方法、过程、检验等工作表达为书面文件，用以指导生产。

第一节　包装工艺规程

一、包装工艺过程的概念

完成产品包装时需进行多项工作，工作的位置和设备会发生变化，为了方便指导每一项工作和制定包装工艺规程，可以将工艺过程分为几个组成部分。

1. 工序和工步

工序是组成包装工艺过程的基本单元。工序是指一个或一组操作者，在一台设备或一个工作地对一个或同时对几个产品连续完成的那一部分包装工艺过程。通常把仅仅列出主要工序名称的简略包装工艺过程叫做包装工艺路线。

工步是在一个工序中分别完成的那部分包装工艺过程。

以真空气调包装工艺过程为例，被包装的物品是一种易碎小食品，重量为50g，使用3层复合薄膜包装袋。其包装工艺过程包括以下主要内容：①彩印文字与图案。②复合薄膜材料。③分切复卷。④预制塑料袋。⑤称重填充。⑥真空充气包装。

在一般的生产条件下，它的工艺过程如表8－1所示。

表 8 – 1　　易碎小食品真空气调包装工艺过程

工序号	工作内容	工作设备
1	彩印文字和图案	印刷机
2	复合薄膜材料	复合机
3	分切复卷	分切机
4	制袋	制袋机
5	称重充填	充填机
6	装袋、抽真空、充气、封口、取出包装件	真空充填包装机

从表 8 – 1 所列的工艺过程可以看出：

（1）从降低生产成本、有利于专业化生产技术的发展方面看，全部工序并不一定要在一个工厂内完成，而是可以由几个专业工厂共同完成。例如，印刷文字、图案和复合薄膜材料的工序可以交给包装材料厂协作完成，他们拥有精密高效的多色印刷机和配套的复合、分切等设备，能完成在 PET 薄膜背面印刷彩色图文，然后与真空镀铝的 CPP 薄膜复合的工作，并向包装工厂提供优良的包装材料。

（2）生产规模不同，所使用的设备不同，工序的划分和每一个工序所包含的内容也不尽相同。例如，印刷工厂提供彩印卷筒塑料薄膜，可在包装厂的制袋机上直接制成袋子，也可先将卷筒塑料薄膜分别裁切，然后用封口机缝合成袋子，还可由塑料彩印工厂提供制好的袋子，这些工序的划分和内容也并不相同。

（3）在比较复杂的工序中包含有不同的工步。例如，工序 6 包含 5 个工步：①将装有膨化小食品的塑料薄膜袋放入真空充气包装机的真空室内。②抽真空。③充惰性气体。④真空室内小气室封袋口。⑤取出包装好的成品。

2. 定位与工位

在包装设备加工产品，必须使包装容器和产品有正确的相对位置，才能进行正常的包装，包装容器和产品按一定要求放置，叫做定位。如表 8 – 1 的工序 6，为了封口，袋子必须放在正确的位置上，亦即与上下两个热封条相适应，才能包装封口品质。

许多包装设备上有若干个加工位置，包装容器定位安装后，要经过若干个加工位置，依次装入产品，才能完成全部包装过程，产品在包装设备上完成的那部分包装工艺过程，所占据的每一个加工位置就叫做工位。例如采用双室真空包装机，每一个真空室就是 1 个工位，在第一个工位上取出包装件、放置产品的同时，在第二个工位上完成抽真空、充气和封口，这个工序的 5 个工步，分别在真空包装机的两个工位上交替地完成，能够显著地提高生产率。又如在多头灌装机上，每一个灌装头就是 1 个工位，包装容器在安装位置上被定位安装后，随着灌装头旋转 1 周，在不同的角度区域内，依次完成升瓶、启阀、灌装、关阀、降瓶、退出等工步，从而完成了整个灌装工序；由于许多工位同时进行灌装工作，显著地提高了灌装生产速度。

二、包装工艺规程

包装工艺过程的内容按一定的格式用文件的形式固定下来，叫做包装工艺规程，也可叫做包装工艺过程文件。

1. 包装工艺规程的作用

①新产品投入生产前，包装工艺规程是有计划地做好生产技术准备工作的依据。例如设计和制作各种工具，如纸筒纸板包装容器使用的模切压痕刀；泡罩包装用的泡罩模具等；购置原材料，如纸张、塑料等；订购半成品，如玻璃瓶或金属容器等；配备工作人员等。

②在设计新厂、车间或扩建改建旧厂、车间时，全套的包装工艺规程是计算和确定设备、人员、车间面积和投资额的原始材料。

③它是生产中应该严格执行、认真贯彻的纪律性文件，有利于指导生产工作，保证包装工作质量，便于计划和组织生产，提高包装设备利用率。

④先进的包装工艺规程还能起到交流和推广先进经验的作用，使其他工厂在包装同类产品时少走弯路，缩短试制过程。

2. 制定包装工艺规程的原则

①制定的工艺规程应遵守产品包装的技术要求，保证品质，提高生产效率，降低成本，完成生产任务。

②制定的工艺规程应从本厂实际条件出发，充分利用现有设备，挖掘企业生产潜力。

③制定的工艺规程应尽量采用国内外新技术、新工艺、新材料、新设备，做到经济合理、技术先进。当生产纲领较大时，可采用先进的设备，这样不但提高了生产率，而且也降低了生产成本；反之，若生产纲领不够大，过分追求采用先进设备，由于其价格较高，经济效益就可能很差。

由于生产技术不断发展，包装工艺规程在生产中应不断总结经验，吸收国内外先进技术，即时修订和定期整顿，使其很好地发挥指导生产的作用。

三、制定包装工艺规程的基础条件

1. 被包装物品的特性和形态

首先要了解被包装物品的形态，即气态、液态或固态。第二要了解其化学成分和物理性质，如耐热性、导热性等；机械性质，如弹性、韧性、脆性等；化学性质，如稳定性、腐蚀性、毒害性、燃爆性等。因为根据物品的不同特性，才能掌握其在流通过程中的品质变化规律，选择相应的包装材料和包装技术，制定出合理的包装工艺规程。

物体都有其外观形状，气态和液态的物品其外观形状随包装容器而异，固态物品的外观，有的是天然形状，如农副产品中的水果、鸡蛋等，在包装时要按它们的形体，合理排放在包装容器中，各种工业产品的形状大多在生产过程中形成，在制定包装工艺规程时，应取得其图纸和技术规范，并尽可能取得实物，根据其外形选择衬垫的形状和数量，确定物品在包装箱内所要求的支撑。因为物品表面形状和表面刚度，对衬垫形式和数量有很大影响，一个表面无突出物或伸出物的平整物品所需的衬垫，就比具有尖角或硬点的物品少得多，因为尖角或硬点极易刺破包装材料。此外，尺寸与质量也是影响包装工艺的重要因素，尺寸大的物品在包装容器中需要结实坚固的支撑梁架，并且需要大面积的衬垫材料。质量大的物品在突然停止运动时所产生的冲击力较大，为了保证其在包装容器中的位置，所有固定和拉紧构件应坚固，质量仅集中于小面积的物品，应将其分散到大面积上，或将其部分质量从容器的一个面传到容器的边缘上或容器的角部。

2. 包装的技术条件

国际标准和我国国家标准中，对包装技术如防霉包装技术、防锈包装、防潮包装等，包装材料如瓦楞纸板、塑料薄膜等，包装容器如瓦楞纸箱、玻璃瓶、钢桶等，以及其测试方法等都制定了标准，一些产品还有具体的包装标准，如通信设备、广播接收机、机械产品、运输包装件等。包装中规定了产品包装防护性能的类型与要求，对包装容器的要求以及对包装件的试验检测的具体要求。各种包装件参照这些标准制订产品包装技术条件，并在编制包装工艺规程时予以满足。

此外，在制定包装工艺规程时，也需要向协作部门提出各种包装方面的要求，例如，提出包装材料或包装容器方面的要求，使材料或容器生产厂能够按照要求提供材料和容器。

3. 生产纲领

生产纲领是包括基本年产量和附加年产量在内的年总产量。生产纲领不同，会影响工艺规程的工序或工步。

包装单件、小批产品，如大型机电产品，编制的工艺规程比较简单，包括定量购买包装材料，采用一般的包装设备和一些简单易行的工艺方法。如果选择收缩包装，可以用手提式热风喷枪进行现场收缩。

包装成批和大量的产品，编制的工艺规程比较详细，重点工序还应有工序文件，包装材料和包装容器需要专门订购和制备，包装工序需要通用的包装设备或生产效率高的专用包装设备，而且配备专用的模具，有时还需采用包装流水生产线进行包装。

4. 包装车间或工部的生产条件

制定包装工艺规程必须符合现有的生产条件，例如包装设备的规格、性能、包装精度以及更换辅助工具后适应不同产品包装的能力，工人的技术水平等，使制定的包装工艺规程现实可行。

5. 国内外包装生产的现状与发展状况

制定包装工艺规程时，应充分了解国内外包装生产技术与发展趋势，引进、消化、吸收、使用同类型产品包装的先进经验，并结合企业的具体情况创新运用，制定出高水平的先进的包装工艺规程。同时，密切注意包装科技发展的政策和动态，贯彻落实“以人为本，全面、协调、可持续的科学发展观”，以发展循环经济为核心，建立节约型社会，树立环境保护观念，大力推行绿色包装。目前，世界各国针对包装业已陆续制定相关环保法规，其中包括对许多包装材料如聚氯乙烯、发泡聚苯乙烯等，工艺方法如溶剂型油墨、铁丝钉箱等的限制，因此，在选用包装材料和容器以及工艺方法时，应该持严肃审慎的态度。

第二节 包装工艺规程的制定

一、包装工艺规程的制定步骤

制定包装工艺规程的主要步骤包含下列基本内容。

1. 全面分析被包装物品的基本状况

①根据实物或图纸，分析研究被包装物品的形态、结构与特性，了解产品的销售方式，如批发或零售；销售对象如个体或群体；销售情况及使用情况等。

②分析研究包装件在流通环节中可能遇到的物理、化学、生物和环境因素的影响，以及它们对包装和内装物可能造成的破坏。

③收集国内外同类型产品包装设计的资料，分析研究它们在结构设计、外观形态、表面装潢以及技术处理等方面的特征，了解包装废弃物回收处理及环境保护的有关问题，探索采用包装新材料、新工艺、新技术与新设备的可能性，确定新包装系统在包装材料、包装设计、包装印刷、包装工艺及包装检测上的技术措施。

④遇到因被包装产品结构不合理而造成的包装工艺性不佳时，可建议或会同产品设计人员共同改进产品的结构，良好的包装工艺性是指产品的结构能使包装总费用最低。

例如，为某型号复印机设计运输包装时，进行振动试验发现复印机冷却风扇支撑架螺丝断裂，其原因在于脚架太高，风扇重心高，振动时发生严重摆动，导致固定螺丝断裂，如图 8－1（a）所示。在这种情况下，为了达到良好的包装工艺性，包装设计人员和产品设计人员共同研究，认为以改进易于破损部分的方法最为可行，于是，设法将风扇架的高度降低，并增加一个固定点，解决了风扇的固定问题，改善了包装工艺性，且无须增加包装成本。改进后的固定方式如图 8－1（b）所示。

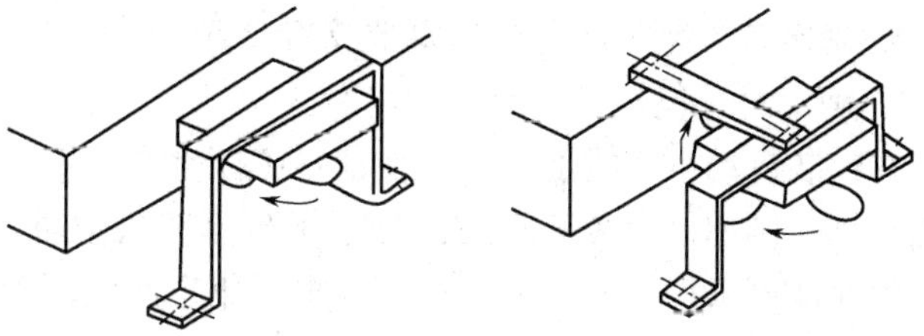

(a) (b)

图 8－1 改进包装工艺性实例

（a）改造前 （b）改造后

2. 包装品设计

包装品泛指包装材料和包装容器等一切用来包装产品的用品。包装材料通常指各种包装原材料如纸张、塑料、玻璃和金属等。包装容器则是指用原材料制成的半成品如瓦楞纸箱、纸盒、塑料袋、玻璃瓶、喷雾罐、易拉罐等。

包装品应根据被包装产品的特性、价值及包装件运输、储存、销售或使用要求来选择，同时应考虑原材料的来源、价格和加工性能，制定出包装品的技术规范。

设计的基本任务是完成包装品（容器）的造型、结构和装潢设计。包装设计与包装材料有密切的联系，包装设计时要考虑合理选择包装材料。同时，包装设计还必须满足和实现包装功能，例如容纳功能、保护功能和方便功能等。在保护功能中，又包括物理防护（防冲击、防震动等）、化学防护（防锈蚀、防燃爆等）、生物防护（防霉、防虫害等）、环境防护（防潮、防水等）。

包装设计包括造型设计、结构设计、装潢设计，这三项设计既具有独立性，又相互联系。只有将三者有机地结合起来，才能整体发挥包装设计的功能和作用。

造型设计指包装容器外部形状的构思和创造。它是遵从各种形态要素的规律，以一定的设计原则，结合科学技术进行艺术创造的一种劳动，要求既有实用性，又有欣赏性。结构设计是对包装外形结构及内部结构所进行的设计。它必须体现现代科技水平，并从实际情况出发，使设计方案容易实现。装潢设计是运用艺术手段对包装进行外观的平面设计，包括图案、色彩、文字、商标的设计。装潢不仅能美化商品，而且能传递商品信息，促进销售。显而易见，不注意外观效果的结构设计，不以结构为基础的外观造型和装潢，不协调的造型和装潢风格，都不可能得到完美的包装设计。

包装设计最终任务是要提出表现包装容器造型和结构的生产工作图、装潢设计图和效果图，在加工订货或生产制造时，列入包装材料技术规范中。

3. 拟订包装工艺路线

包装工艺路线是指产品经过的全部包装工作步骤，它是制定包装工艺规程的重要依据。应同时提出几个工艺路线方案供分析比较，并选择技术上先进、经济上合理的方案。工艺路线主要包括：确定包装方法，安排包装顺序，安排检验及其他辅助工作等。

4. 确定各包装工序所采用的加工设备及其所采用的工艺装备

5. 确定各包装工序的技术要求及检验方法

6. 确定每个包装工序的工时定额

在包装自动生产线上，为了保证各工序生产节奏均衡，其工序、工步的时间定额都需准确计算。例如，灌装工序的工时定额与灌装机主轴转速 n（转/min）及灌装头数 N 有关，由此就可求得该机器的产量，并根据年生产纲领确定所需机器数量。灌装工序时间应与后续的封盖机、贴标签机的工序时间相均衡，保持流水生产连续不断地进行。

7. 技术经济分析

在制定包装工艺规程时，往往有几种可供选择的方案，不同的方案有不同的经济效果。其中有的方案具有很高的生产效率，但包装设备和工艺装备投资较大；有的方案投资可能较节省，但生产效率较低。为了选取在给定的生产条件下最经济合理的方案，就需要对不同的包装工艺方案进行技术经济分析和评比。

8. 填写包装工艺规程文件及各工序工作卡片。

二、制定包装工艺规程的主要内容

1. 包装品的技术规范

包装品技术规范包括材料的成分、尺寸和造型工艺性，包装品如何实现其预定的保护产品、传达信息及使用等方面的功能，还包括包装表面处理，即表面结构和图案的要求，包装品技术规范中对这些规定和要求应做出具体说明。产品包装厂据此可以向包装品生产厂或供应商提出订货，使包装品生产厂按照要求制造半成品，并由质量管理部门进行检测，以保证包装部门合理使用。

（1）包装品技术规范的要求

①具体列出所选择的包装品的重要质量标准，如包装容器结构要求及允许误差，性能要求及其测试方法等。

②具体列出包装品需要避免的不合格内容，并将不合格品按质量特性不符合的严重程度分类。通常，有极重要质量特性不符合规定的称为A类不合格，有重要质量特性不符合规定的称为B类不合格，有一般质量特性不符合规定的称为C类不合格。

③确定每百件包装品所允许的不合格品数，即接收质量限（AQL，accePtable gudlty limit)，但是已确定了合格标准的包装品不在此列。

④确定抽样和检查验收的方法，以便判定给定批量的包装品是否符合质量标准。

以上由包装品质量标准、不合格及其严重程度、接收质量限等内容，具体地规定了包装品的质量，抽样和检验方法可以确定其是否符合技术规范。有了这些具体的规定，使用者和供应者双方都可了解相应的包装品的质量要求及其判定方法。

（2）包装品技术规范的内容

①技术规范的制定。为了达到包装结构和性能的要求，包装品技术规范通常由产品包装工厂提出。

②标记代码和日期。包装品技术规范有一定的使用期，往往由于某些原因，如为了降低成本，为了在新的或在改进的包装机上加工，为了改善销售功能，或是为了符合法律或法规的要求，颁布一年左右就要修订，当进行修订后，为避免继续使用旧的版本，就需要采用标记代码和日期，以便识别。

③适用范围。包装分为三个层次，即一级包装（销售包装）、二级包装（配送包装）和三级包装（运输包装）。一级包装是对产品的包装，如纸盒、玻璃瓶和金属罐包装等。二级包装则是将一级包装构成一个包装单元，如瓦楞纸箱包装等。三级包装则是运输单元，例如作为外包装的装运容器，或用捆扎带或用塑料薄膜裹包捆扎的托盘或滑片等。因此，应指明包装品的适用范围，即适用于哪种层次的包装。

④包装品的结构和允差。包装材料有纸、纸板、塑料、玻璃、金属木材和纤维织品等，它们是以构件形式单一或组合使用。应绘制构件结构图，标注出尺寸和公差，以及有配合关系的零件配合尺寸，例如在瓶口上的外螺纹与瓶盖上的内螺纹配合尺寸，并把尺寸精确地规定在允差范围内。其目的在于：控制材料用量及成本，使构件相互配合，能在包装设备上保持一致，在陈列销售中具有一致的外观。

⑤包装品性能要求。包装的主要功能是容纳、保护和宣传产品，为了实现其功能，包装品必须有一系列性能要求，每一性能要求都应确定其测试方法。如果包装功能一直到内装物使用完毕都是有效的，例如喷雾罐、蒸煮袋等，它们的性能要求也应列入技术规范中，并提出相应的测试方法。此外，由于产品的使用说明一般都借助装潢图案和表面结构来表示，因此，包装必须有耐摩擦能力，防止其在流通和装卸过程中被擦掉。

⑥不合格分类和接收质量限。为了满足包装的性能要求，每一种包装品都有专门的包装指标来监控其是否符合技术规范，这些指标分为两类：定性类和变量类。定性的指标用

"是"与"否"作为质量指标，例如纸盒是否有破损，印刷彩色是否套准，装潢图案是否清楚，玻璃瓶是否有裂缝等。变量的指标是可测量的指标，例如高度、压力、厚度或质量等，它们均可在规定的范围内测量。前者用目测或自动机械评定，后者则可用仪器来测量。

包装品一旦确定了不合格及其等级，接收质量限就可确定，抽样方案也就确定了，并可在国家标准 GB/T 2828. 1—2003 上查到合格判定数，从而对一批材料的质量水平作出判断。

⑦装潢印刷及色彩标准。装潢印刷是包装的重要内容，包装上的图像文字能传达包装内装物的信息，色彩能增加其美观。因此，必须向印刷工厂提供装潢图案的色彩规范。图案和文字色彩可提供标准样板，由印刷工厂调配油墨。彩色图像应提供分色照相制版或计算机系统制版时所用的原稿，实地印刷也采用标准样板。在塑料容器制造时，可将按标准色彩样板调配的色料在注塑时加入塑料树脂，使之达到规定的色彩规范。

⑧包装品的装运。包装品按一定的技术规范装运，可降低装运费用，减少损坏，使它们能安全地送到产品的包装部门。表 8 – 2 是向生产厂家提供的常见包装品的几种标准装运方案。

表 8 – 2　常见包装品的装运方案

包装品	常见装运方式
玻璃瓶罐	①装在带隔衬的瓦楞箱内，再装在可回收的托盘或不回收的滑片上 ②散装在托盘上、层间加有垫板，用塑料罐收缩包装或拉伸包装，托盘和垫板都可回收
塑料瓶	散装在可折叠的、可回收的瓦楞箱中，并带有薄膜衬袋
金属罐	像玻璃瓶第②种方式那样，散装在托盘上，或用未封合的罐端相对堆码，用纸裹包
纸盒	①先折成平板，再堆起来并用薄膜裹包，或者堆码在托盘或滑片上用薄膜拉伸包装 ②折成盒坯形式，其余同
瓶盖	散装在带衬袋的瓦楞箱中，在捆扎成装运单元或装在托盘上
卷筒状软包装材料	①每个卷筒用表面裹包，再以 8～10 卷筒未一组，捆扎起来装在托盘上 ②每个纤维板桶装 2 个卷筒，每个托盘上装 4～5 个纤维桶，桶和托盘都可以回收
塑料热成型包装容器	①堆码在瓦楞箱内，再装在托盘或滑片上 ②堆码并用薄膜裹包，然后堆码在有层间垫片的托盘上，再用薄膜拉伸包装
瓦楞箱和多层袋	将箱或袋压平，以 10～20 个捆扎在一起，然后捆扎在可回收的托盘上

2. 拟定包装工艺路线

工艺路线指的是产品包装所经过的全部工作程序，它是制定包装工艺规程的重要依据，在拟定包装工艺路线时要考虑以下几个方面的问题：

（1）划分包装工作阶段　包装工作一般要经过 3 个阶段：第一阶段是前期工作，包括容器设计制造、清理及供应等；第二阶段是包装工作，包括充填、计量、贴标、封合、印码、捆扎、装箱等；第三阶段是后期工作，包括堆码、储存运输等。

①前期工作主要是提供包装品，可能有以下两种方式：

a. 由包装品制造工厂完成。例如生产纸袋、塑料袋、纸盒、纸箱、玻璃瓶或金属罐的工厂，向产品制造工厂的包装部门提供包装容器。

b. 由产品制造工厂的包装部门采购包装原材料，然后在产品生产线直接包装产品，例如用聚酯吹塑中空容器灌装天然矿泉水、用卷筒塑料薄膜材料在方便面生产线上包装方便面等。

包装品生产部门为了提高生产率、降低成本、增强竞争能力，需要不断采用和开发新技术和新设备，从而促进了包装技术的发展。产品生产工厂的包装部门往往提出一些新的包装构思，大大地推动了包装技术进步，例如两片铝罐就是由一个啤酒厂提出的。前期工作的内容因被包装物品和采用的包装容器的不同而有所差异，例如其中的清理工作，是指对玻璃瓶进行清洗和干燥，纸盒包装则没有这项工作。

②包装工作主要在包装部门完成，其内容随包装形式而不同，一般在生产过程中有3种不同的包装形式。

a. 包装与产品形成一体。包装是产品的一个组成部分，它们在制造、流通和消费过程中都不能分开。以灌装食品为例，在食品灌装和加热消毒时，产品和包装品事先配备，然后在生产过程中形成一体，包装具有保护和销售产品的功能，除非受到严重损坏，否则不能与产品分开。属于这一类包装形式的有：无菌包装的果汁与牛奶、啤酒、含气饮料、水果、蔬菜和肉食罐头，真空包装的新鲜肉食，喷雾包装的除臭剂和护发摩丝，蒸煮袋装的食品，定量医药包装等。

b. 包装在产品上形成。包装材料在包裹住产品时才能形成包装。由于使用现代化的包装设备可以把包装和产品加工连在一起，使包装件的生产率大大提高，成本也相应降低，满足了社会的需求。例如，过去包装土豆条所用的包装袋都在专业的制袋工厂制造，现在，采用卷筒状复合材料，在软包装机上顺序地经过制袋、充填和封口后制成包装件，由于省去了包装袋加工订货及坯料储存，成本大大降低。大容量的牛奶包装，现在大都采用吹塑成型的高密度聚乙烯塑料瓶，其工艺路线为容器吹塑成型、充填、密封。对于小容器的奶制品，可用热成型容器充填和密封。这些容器都在包装部门制造，并且在产品上形成包装，可提高生产率，降低成本，取得了良好的经济效益。

c. 预先制成包装容器。包装容器由专业制造部门预先制成，并提供给包装部门将产品装入容器，然后封口制成包装件。预制的包装容器有罐、瓶、袋、固定纸盒和压扁纸箱坯等，它使包装部门有很大的选择性和方便性，而且有利于包装的技术进步。

充填是包装的核心，但是贴标、封合、捆扎和印码等也是很重要的工作，它们在保证包装品质和功能方面往往起着不容忽视的作用。

包装件在装卸、储存、搬运等操作中，会受到振动、冲击等影响。因此，在包装设计及包装工艺过程中，对于包装件的运载工具、堆码强度、储存期限等问题都应预先考虑并采取必要技术措施，保证包装件不受损坏。

（2）包装工艺路线的一般顺序　包装形式各有不同，但其工艺路线的基本顺序可归纳为：

准备产品→检测数量、质量、体积→制备一级包装品→将产品装入一级包装品中→封合一级包装→把一级包装汇集起来装入二级包装品中→把组合的二级包装装入三级包装中，组成装运容器→把装运容器装入集合包装中，例如托盘和集装箱。

例如，块状糖的生产，其简化的产品生产工艺路线包括如下内容：制备糖料→制备玉米糖浆→混合糖料和玉米糖浆→调配风味→添加色料→熬制糖块→包装糖块→储运发送。

从糖块生产工艺路线可见，包装只是其中一个组成部分，但实际上包装这道工序包含很多，包装的工艺路线包括如下内容：

①准备聚丙烯薄膜（订购、检测、储存）。

②聚丙烯薄膜裹包糖块。包括准备聚丙烯薄膜，准备糖块．送到裹包机，检验，裹包废料汇集，送到袋装机。

③用聚乙烯薄膜袋包装糖块。聚乙烯薄膜印刷、分切成卷，送到制袋机，检验，袋装裹包糖块，废料汇集，送到装盒机。

④用纸盒包装糖袋。制备纸盒，送到装盒机，撑开纸盒，装人糖袋，封盒，送到装箱机。

⑤用瓦楞纸箱包装盒装糖袋。制备纸箱，检验，送到装箱机，撑开纸箱，填装纸盒糖袋，封合黏结，输送到托盘。

⑥在托盘上堆码、裹包。

⑦仓库储存。

⑧运输发送（按订货单校核，选择装运方式，装上运输工具发送）。

（3）在安排包装工艺线路顺序时，应该遵循以下原则：

①安排主要的包装顺序。以包装的基本顺序，构成工艺路线的基本框架。

②安排必要的检验工序。为保证主要包装工序的质量，对包装品和包装件质量应进行检验。

③安排相应的辅助工序。将储存、封合、运送等辅助工序进行合理安排，使工艺路线完整。

3. 包装设备选择与布置

选择设备应以产品包装过程的连续性、生产速度和生产能力为基本点，其他如产品特性及其包装前的状态，是选择设备应考虑的技术因素。设备价格、被包装产品的价值、工人技术熟练程度及占用场地面积等则是应该考虑的经济因素。

在包装工艺路线中的每个工序常需采用不同的包装设备，每一工序又可分解为一系列机械操作。例如，用纸盒和纸箱包装松散产品，其包装工艺路线为：①将折平的盒坯撑开成为纸盒。②粘合箱底折叠。③产品装入纸盒。④粘合顶面折叠。⑤打印标记和日期。⑥将折平的箱坯撑成纸箱。⑦粘合箱底折叠。⑧以 24 盒组成一个集合单元。⑨将集合纸盒装入纸箱。⑩粘合箱面折叠。⑪打印标记和日期。⑫纸箱排列成层。⑬将四层纸箱维码在托盘或滑片上。⑭拉伸裹包。⑮包装件运出。其中①②③④用装盒机，⑥⑦⑧⑨用装箱机，⑩用封箱机，⑤⑪用标记机，⑫⑬用堆码机，⑭用拉伸裹包机。

图 8 –2 所示为用纸盒和纸箱包装松散产品的工艺路线框图。

假如在包装速溶咖啡时，其包装工艺路线为：①传送带将玻璃瓶送出。②进行整理和排列。③清洗干燥。④在高速旋转充填机上进行充填。⑤装瓶盖并装入复合材料内衬。⑥贴标签。⑦装箱。⑧封箱。⑨用堆码机将纸箱装在托盘上。以上工序要采用多种设备，

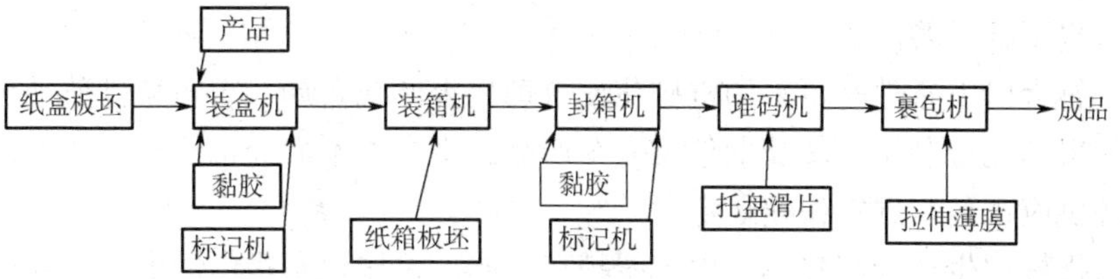

图 8－2　散状产品包装工艺路线框图

其中用于整理玻璃瓶的设备也可用于包装含汽饮料和乳制品，用于装箱的设备也可用于包装含气饮料和日用化学品，堆码机为通用设备。有些包装设备为专用设备，仅适用于一定的产品对象，虽也可用于其他产品，但对其特殊的要求需作专门设计。为了使选用的包装设备符合生产需要，往往还需要包装部门和设备制造部门共同协作，对其技术规范达成协议，必要时也可开发新的包装设备，但需进行精确核算和充分论证，以获得最好的经济效益。

开发新型包装设备也和开发新的包装系统一样，必须做到：①明确使用目的。②明确被包装物品的特性及其要求。③了解包装品的形态、尺寸和材质。④制定生产效率。⑤制定生产能力。⑥制定输入条件。⑦制定所期望的输出。⑧制定设备功能要求。⑨制定价格。这些内容实际上就决定了设备的技术规范，这些技术规范应提交有经验的包装设备制造厂，由包装厂与之协作，制订经费预算和工作进度，在研制过程中，还可根据实际情况改变方案，减慢或加快进度，甚至停止开发，以避免人力和财力的浪费。

设备选择后，要合理布局使之形成有效的系统，以便最经济的满足生产能力、生产效率、产量与质量的要求。和包装的其他因素一样，设备布局之前要确定各项参数，例如设备价格、工作场地、设备的尺寸、功率消耗、原材料供应和出广数量、储存场地如储存被包装物品、包装品利废弃物料等，要考虑便于包装品和包装件运进、通过或送出工作场地，便于维护与修理的可能性。此外，布局还应符合安全技术的要求，并满足劳动法规和环境保护的要求。

由于包装品制造供应部门、包装设计部门以及包装设备制造厂家在不断开发新技术、新设备，因此，包装部门的设备布局也应具有一定的灵活性，预见到未来生产能力的拓展和降低成本的可能性。如果现有设备布局十分紧凑，所选设备也只够当前使用，那么更换新设备以扩充生产能力或降低成本就比较困难。当然预见很难十分精确，而预留空地和预购设备都需占用大量资金，较好的办法是留有扩充地，需要时再购买设备，这时的管理费用可低一些。

包装生产线应满足流水生产的要求，如前所述，包装生产线通常要完成一系列工序，以纸盒生产为例，有纸盒撑起、充填、封合、裹包、装箱和装托盘等工序，其中任何一个工序出了差错，都会使整个生产线停工或减产。显然，生产线的生产率和产量取决于最慢的工序，对于关键的容易造成堵塞的工序，可采用两套设备平行布量或增设附加的生产线，或实行多班工作制，或在生产过程中设立中间仓库进行调剂。例如，细长颈玻璃瓶灌装液料时，与后续工序相比其速度较慢，这时可平行地增加一台灌装机，在不增加标签机、组合包装机或装箱机的情况下，可使产量提高一倍。在高速罐头生产线上，通常为1

台充填机和1台双卷边接缝机配备2台组合包装机（将6个罐头包装在一起）和2台装箱机，其产量也可翻一番。

总之，符合以下条件时可采用机械化或自动化生产线布局：①包装件数量足够大，机械化设备能得到充分利用。②长期包装一个产品，生产线不需经常调整。③被包装物品和包装品源源供应，包装件能快速运走。

其中，机械化生产线与自动化生产线稍有不同。机械化是指借助电力、气压、真空或液压等动力操作，代替了包装生产上许多由人力完成的工作。例如，增加专用工具使容器便于成型或充填，或增加传送带使工序间实现自动传递。自动化则指生产线上各工序的启动和控制基本不需人的脑力或体力参与，充填后的包装件由光电传感器识别，并与固定的信号比较后，打开通过或不通过栅门使之继续前进或走向剔除通道。机器进行所有工作和正常判断、工人遥控其动作，只在例外的情况下才参与工作。

在机械化和自动化生产线布局中，每一个工序都在一定的工作地上、在规定的时间内按顺序完成，包装品应连续不断地供给。生产线可以连续运动，也可以间歇运动。后者在工序进行期间停止运动，在工序完成后再开始移动。生产过程控制比较简单，出了缺陷后可以迅速而准确地查明原因。

生产线上可用各种类型的机械化传送带进行传递运输工作，在高度机械化的包装生产线上还可用气动式、真空式或机械式输送装置进行工序间的运送。设计时应尽量缩短工序间传送时间，以节约传送装置的投资，减少包装件在储存地停留等待的时间。特别是对于容易腐坏的物品，等待或储存都会导致腐败变质。

如图8－3是年产3万吨啤酒的灌装生产线工艺流程及设备布置图。工艺流程为：瓶子装在箱内被送到卸瓶机，瓶子被送入洗瓶机，空箱送到装箱机，瓶子清洗后经过空瓶检查台，在灌装封口机上灌装封口，经检验装置检查，送入杀菌冷却机处理，再贴标机上贴标签，然后装箱输出。各工序间用传送装置进行传送，布局紧凑合理，是自动化生产典型的布局方案。

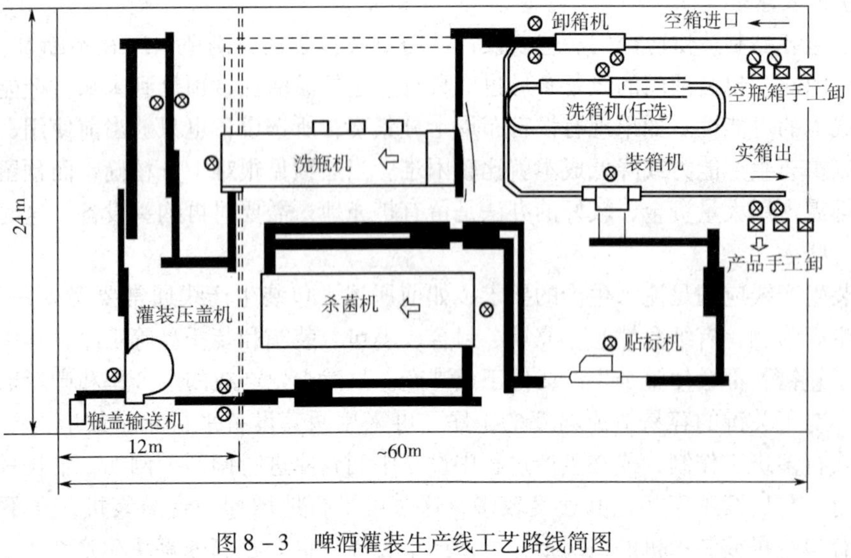

图8－3 啤酒灌装生产线工艺路线简图

4. 包装工艺规程的生产效率与技术经济分析

在制定包装工艺规程时，首先应保证包装品质，在此基础上要采取相应措施提高生产效率和降低生产成本。生产效率是指在单位时间内制造出合格包装品的数量，或用包装单件产品的劳动时间来衡量。

（1）时间定额　时间定额是在一定的技术、组织条件下完成某项工作，如一个包装工序所需要的时间。把主要工序和辅助工序汇总起来，就是包装单件产品所需要的时间。时间定额是安排生产计划、核算成本的重要依据之一，也是设计或扩建包装生产部门时，计算设备和人员数量的重要资料。

完成一个包装工序的时间称为单件时间，它由以下几部分组成：

①工艺操作时间。指对物品直接实施包装操作的时间，例如包装机械中对被包装物品计量、充填、封合等操作。

②辅助操作时间。指对物品实施包装操作时需要进行的准备性操作，或使包装机的包装工艺过程得以持续进行或完成所需要的时间，如物品的供料、传送、卸料等。

工艺操作时间和辅助操作时间的总和称为基本时间，它们可以由包装机器自动完成，也可以在操作者参与下由机器完成。

③其他操作时间。包括工作地服务时间，如操作者在工作时间内照管工作地点及保持工作状态所需用的时间，也包括自然需要时间，如操作者休息和生理需要所用的时间。

在完成一批物品包装之前，需要花一定的时间做下列工作：开始时要熟悉工艺规程，更换模具，调整设备；完成包装工作后要归还模具，发送包装成品等。所耗费的时间叫做准备/结束时间，它可以分摊到每个物品的单件时间内。

时间定额中，工艺操作时间可按包装设备的生产能力来确定，其他时间可按经验统计资料来确定。

（2）包装工艺规程的技术经济分析　制定包装工艺规程时，一般物品的包装可能有许多方案，也就是说可以用不同的包装材料和容器、不同的包装设备采用不同的工艺方法来实现。例如，吸湿性强的干燥颗粒状物品酸梅粉可以用玻璃广口瓶、塑料广口瓶、金属罐、防潮纸盒、铝箔复合软包装袋等材料，相应地需采用不同的包装设备和模具。为了选取在给定的生产条件下最经济合理的方案，应对不同的工艺方案进行技术经济分析和环境性能评估。技术经济分析一般只需分析比较与工艺过程直接有关的生产费用，即所谓工艺成本，与工艺过程无关的费用，如行政人员工资等在同一生产条件下基本是相等的。工艺成本由可变费用与不变费用两部分组成。可变费用与包装件年产量有关，它包括材料费、操作工人的工资、包装设备折旧费和修理费、模具费用、设备动力费用等。不变费用与包装年产量无关，它包括设备调整工人的工资、专用设备和模具折旧费和收理费。

全年工艺成本 $S_{全年}$ 和单件工艺成本 $S_{单件}$ 可用下式表示：

$$S_{全年} = N \times V + C(元), S_{单件} = V + C/N(元)$$

式中　V——每个包装件的可变费用/（元/件）

C——全年的不变费用/元

N——包装件的生产纲领/件

当工艺方案的基本投资相近或都采用现有设备时，工艺成本即可作为衡量各方案经济性的依据。若两方案中少数工序不同、多数工序相同时，可通过计算少数不同工序的单件工序成本进行比较，做出选择。若两方案中多数工序不同，少数工序相同时，则以该包装件的全年工艺成本进行比较。当两种工艺过程的基本投资差额较大时，再考虑工艺成本的同时还要考虑基本投资差额的回收期限。

技术经济分析应该全面，如果仅考虑最大限度地降低包装材料费用，并不一定能得到最经济的工艺方案。例如降低材料费用后增加了高速生产设备的停机时间，或导致包装件在流通过程中严重破损，其结果反而会减少总利润。另一方面，增加包装材料费用也可能会增加利润，例如，用于包装啤酒或其他饮料的铝制易拉罐，虽比玻璃瓶的成本高，但因饮用方便，促进了销售，给制罐厂和饮料厂带来较大的经济效益。

环境性能评估采用生命周期评价（LCA）法，从包装方案的全生命周期对环境性能进行评价。这里不再论述。

三、包装工艺规程的形式

包装工艺过程无统一的格式，可以用表格、卡片和文字来表达。各个生产单位根据生产需要可有不同的内容和格式。以下介绍两种基本的文件格式，通常作成卡片。

1. 包装工艺过程综合卡片

它是以工序为单位用卡片的形式简要说明包装工艺路线，基本形式如表 8 - 3 所示，包括各个工序的名称、生产车间、包装材料、包装设备、工艺装备、工人技术等级及时间定额等。这种卡片是做好技术准备、安排生产计划、组织生产调度的依据。

表 8 - 3　　　　包装综合工艺卡片

企业名称		包装综合工艺过程卡片	产品名称及型号					第　页 共　页
工序	工步	工序内容	生产车间	包装材料	包装设备	工艺装备	技术等级	时间定额/min
编制						核准		

2. 包装工艺过程工序卡片

此卡片是在包装工艺过程综合卡片的基础上分别为每一个工序编制的一种工艺文件，指导某一重要包装工序的操作，应附有工序简图，并详细说明每一工步的工作内容。表 8 - 4 为包装工序卡片常见的格式。

表8-4　　　　包装工序卡片

<table>
<tr><td colspan="2" rowspan="5">（工序简图）</td><td>产品名称</td><td></td><td>产品型号</td><td></td><td>第　页</td></tr>
<tr><td>生产车间</td><td></td><td>生产工段</td><td></td><td>共　页</td></tr>
<tr><td>工序号</td><td></td><td>工序名称</td><td colspan="2"></td></tr>
<tr><td>设备编号</td><td></td><td>设备名称</td><td colspan="2"></td></tr>
<tr><td>包装材料或容器</td><td colspan="4"></td></tr>
<tr><td rowspan="2">工序号</td><td rowspan="2">工　序　内　容</td><td colspan="2">工艺装备</td><td colspan="3">时间额定/min</td></tr>
<tr><td>编号</td><td>名称</td><td>工艺时间</td><td>辅助时间</td><td>其他时间</td></tr>
<tr><td></td><td></td><td></td><td></td><td></td><td></td><td></td></tr>
<tr><td></td><td></td><td></td><td></td><td></td><td></td><td></td></tr>
<tr><td></td><td></td><td></td><td></td><td></td><td></td><td></td></tr>
<tr><td>编　制</td><td></td><td colspan="2">核　准</td><td colspan="3"></td></tr>
</table>

第三节　典型包装工艺规程的制定实例分析

一、日用饮料产品包装工艺规程的制定

食品包装的作用主要是：防止食品在流通环境中腐坏变质，保证质量，防止食品受到微生物和脏物的污染，利用机械化和自动化包装，提高生产效率，使生产更加合理化，促进并改善食品流通和经营管理，提高食品的商品价值。为此，食品包装采用了一系列新技术和新工艺，其中有蒸煮袋包装食品技术、速冻食品技术、保鲜包装技术、无菌包装技术等。现以果汁饮料无菌包装为例，分析饮料产品包装工艺规程的制定过程。

1. 果汁饮料的特征及对包装的具体要求

果汁是由不同水果制成的，它们的成分和特性各不相同。与包装有关的主要因素是果汁的酸性、酶、维生素C、色泽和香味。

所有水果与果汁都含有不同程度的有机酸，有机酸能保持水果特有的香气，给人们以味觉享受，且有益于人体健康，因此，包装标准既要保护果汁中的有机酸，又要防止有机酸对包装的腐蚀作用。果汁食品的pH一般在4.5以下，正常条件下不会有细菌滋长，果汁变质主要是由酵母和霉菌引起的。在室温条件下，生果汁会因酒精发酵而变质，继而因表面上的酵母菌或霉菌繁殖造成酒精和水果酸化。为了防止腐败，应通过高温瞬时灭菌，

即用板式或管式换热器将果汁加热到110℃，保持15s，或经过过滤和加入防腐剂，消除或抑制酵母的破坏作用。

果汁中的维生素C极易损失，尤其是在铁、铜或镀锡不良的金属容器中，由于存在金属离子，维生素C很容易被氧化，因而采用迅速蒸煮的办法，可降低抗坏血酸氧化酶的作用，缓解氧化反应，保护维生素C。采用气密和遮光包装并低温储存，也会减少维生素C的损失。在装罐时加入一定数量的亚硫酸盐，对维生素C也有保护作用。

2. 果汁无菌包装容器设计

果汁类食品经过高温瞬时灭菌，再将温度降至20~30℃，即达到无菌要求。果汁食品无菌包装是将无菌的果汁、包装容器和包装辅助材料，置于无菌环境中，用无菌灌装机进行灌装和封合的一种包装系统。

无菌包装采用的包装容器有杯、盒、袋、桶等，包装材料多采用复合薄膜。采用复合薄膜制成的包装纸盒质量仅为同容积玻璃瓶的8%，不仅成本较低，而且产生的废物较少，有利于环境保护。

无菌包装纸盒的结构和展开设计图如图8-4所示，纸盒的材料是复合薄膜，由六层材料组成，即聚乙烯/纸/聚乙烯/铝箔/聚乙烯/聚乙烯复合材料，其中75%是纸、20%是聚乙烯、剩余5%是铝箔。

包装纸盒的外层纸的图文印刷、材料复合及裁切压痕均由专业厂家完成，并以卷筒状运送到包装工厂。市场上常见的砖形无菌包装纸盒容量为250mL，其尺寸如图8-4（b）所示。图中实线表示轮廓裁切线，虚线表示内折叠压痕线，点画线表示外折叠压痕线。运到包装工厂的包装材料卷筒直径约800mm，长度约800m，可制250mL的砖形无菌包装纸盒约5000个。

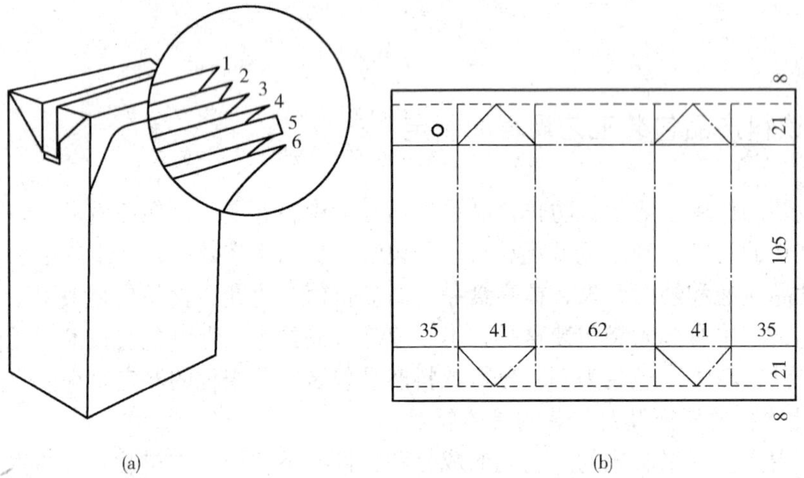

图8-4 果汁无菌包装盒

（a）纸盒结构 （b）展开设计图

1、2、4、6—聚乙烯 3—铝箔 5—纸

3. 果汁无菌包装工艺过程

果汁无菌包装工艺过程如表8-5所示。

表8－5　　果汁无菌包装工艺过程简表

工序	工步	工序内容及要求	包装品		工艺设备
			名称	数量	
1		包装准备			
	1	准备无菌果汁			
	2	环境消毒			
	3	验收卷筒包装材料			
2		灌装			
	1	纸卷上料	复合材料卷纸		砖形纸盒无菌灌装机组
	2	打印日期			印码装置
	3	粘贴纸条	OPP 压敏胶带		封条粘贴机
	4	浸渍过氧化氢	过氧化氢液		
	5	挤压掉包装纸上的过氧化氢			
	6	高温无菌空气吹干包装纸			
	7	包装纸纵封成管形			
	8	灌装果汁			
	9	容积定量、压棱及横封切断			
	10	砖体成型			
3		检验			
4		粘贴吸管	EVA 热熔胶		贴管机
	1	喷热熔胶			
	2	分切并粘贴吸管			
5		装瓦楞托盘			托盘机
		排列无菌纸盒产品，3×9＝27	无菌纸盒	27	
		瓦楞托盘成型	瓦楞托盘	1	
6		热收缩包装	PVC 收缩薄膜		热收缩包装机
	1	预包装			
	2	热收缩			
7		堆码	托盘 TP2	1	堆码机
		在托盘上堆码 8 层，层间交错排列	瓦楞托盘中包装	96	
8		拉伸包装	LLDPE 拉伸薄膜宽度 500		缠绕式拉伸包装机
9		入库			叉车

4. 果汁无菌包装工艺过程分析

果汁包装工艺过程分为前期工作、灭菌处理和包装三个阶段。包装的前期工作包括：

选择复合材料，设计砖形纸盒和盒坯结构图，并进行装潢设计，然后交付包装材料专业工厂按照装潢设计的图案、文字、色彩进行印刷，按照结构设计进行压痕裁切，最后以卷筒纸料运入包装厂。

包装前后要对操作车间的环境进行灭菌处理，进入室内的空气需净化处理，并保持车间环境内的气压略高于外界大气压，以阻止外界空气进入车间，减少细菌和污物的侵袭。包装阶段的主要工序有：

（1）灌装　灌装是整个包装工艺过程中最重要的工序，它由多个工步组成，在一台灌装机上完成。无菌灌装机的工作过程如图 8－5 所示。

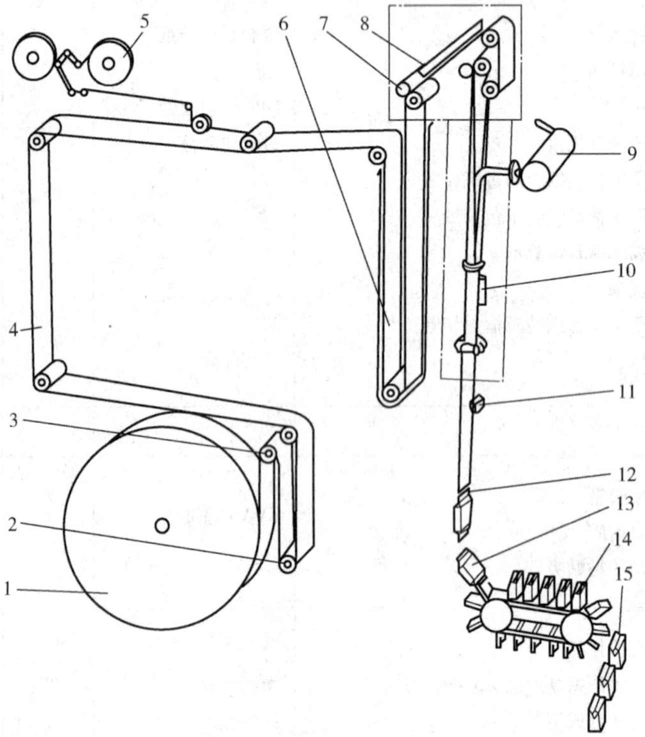

图 8－5　无菌纸盒灌装机工作示意图

1—纸卷　2—浮动滚筒　3—进料滚筒　4—日期打印装置　5—封条粘贴器　6—过氧化氢槽　7—挤压滚筒　8—气帘　9—果汁灌装器　10—纵封装置　11—自动图案校正系统　12—定容、压棱、横封装置　13—包装好的小包　14—砖形折叠器　15—成品传送带

①纸卷上料。利用专用手推车，把纸卷推送到机器旁，并可使用自动驳纸器，当旧纸卷快用完时，在不停机的状态下，把新旧纸卷接驳起来。纸卷 1 由马达驱动的进料滚筒 3 送进，浮动滚筒 2 可以启动或停止进料滚筒 3。纸带行走至 4 处打印生产日期，并压横折痕。

②封合。为了使无菌纸盒背面热封后不会发生渗漏现象，要用胶带对热封部位进一步密封。具体方法是用封条粘贴器将宽度 8mm 的 PP 胶带的一半贴在包装纸里面一侧的边缘上，另一半在纵封时与包装纸的另一侧边缘黏合，得到紧密结实的封口。

③灭菌。包装纸在灌装之前先通过 H_2O_2（过氧化氢）槽浸渍，进行灭菌处理。

④干燥。使用一对挤压滚筒 7 挤压掉包装纸上的过氧化氢。同时，使用气帘 8 喷出 140～150℃的高温无菌空气以吹干经挤压后仍残留在包装纸表面上的过氧化氢，使之分解成为无害的水蒸气和氧气。这时，高温空气还能增强新生态氧的灭菌效能，杀掉一部分残留的细菌。

⑤热封与灌装。包装纸通过 4 个导辊和成型器形成管状，这时包装纸两侧边缘搭接约 8mm，由纵封装置 10 将包装纸里外面的 PE 膜在搭接处连续热封，并且将预先贴在内边缘的 PP 胶带牢固粘接；与此同时，经过杀菌处理并从无菌管道输送来的果汁通过灌装器 9 注入纸筒，为了达到无菌包装的要求，灌装管端必须始终淹没在果汁内。

⑥定容、压棱、横封。装置由两对连接上下交替的卡爪组成，工作时上下、内外摆动，将容量为 250mL 果汁封闭在压棱呈矩形截面的纸筒腔内。卡爪端面装有热封和切断装置，分别将相邻两个纸盒借助包装纸内的两层 PE 薄膜进行横向热封，热封宽度约为 16mm，在此宽度上用裁切刀切为上下两个部分，上一半作为前一个纸盒的顶封口，下一半作为后一个纸盒的底封口。图中点画线方框内为一个密封的无菌区域，可以进一步保证灌装工作在无菌的小环境中安全可靠地进行。

⑦折角。小包装顶部及底部的侧角在砖形折叠器内分别被折向侧面和底面，并利用 160℃高温蒸汽喷在底面和侧面四个位置，使其顶面两侧角与侧面粘贴、底面两侧角与底面粘贴。在折叠器内纸盒底面朝上，从折叠器卸放到传送带上时，成品顶面朝上。

（2）贴吸管　吸管是为方便消费者饮用，由专业工厂制造的，材质为聚乙烯塑料，长度为 115mm，直径为 4mm。预先装在与其长度相适应的两层聚乙烯塑料薄膜中，并排分别封合，以备使用。吸管粘在无菌包装纸盒背面的对角线上，由专用的射贴管机完成。成品如图 8－6 所示。

后期包装工作主要有：

（1）装瓦楞纸托盘并进行热收缩包装　根据销售需要，可自由组合数目，通常有 2×3、3×4、4×6 或 3×9 等中包装方式，3×9 的形状如图 8－7 所示。

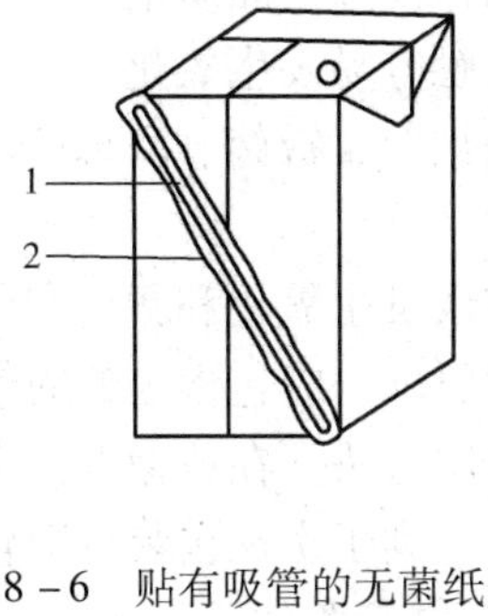

图 8－6　贴有吸管的无菌纸盒

1—吸管　2—保护吸管的塑料袋

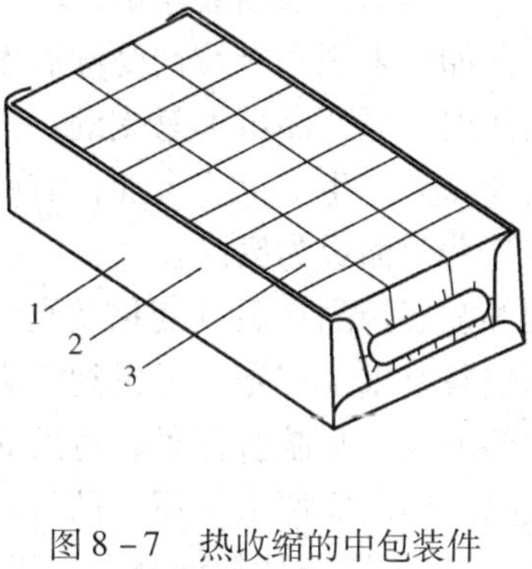

图 8－7　热收缩的中包装件

1—PVC 收缩膜　2—瓦楞纸托盘　3—无菌包装纸盒

在热收缩包装机上有两个工位，先用平膜对由托盘与产品构成的包装单元进行预包装，当 PVC 热收缩薄膜包住托盘后，封剪机构下落将另一侧边热封并同时剪断；将预包装件放在传送带上送入热通道，利用150℃的热空气使PVC薄膜收缩，经冷却后从传送带取下，形成收缩包装件。

（2）集合包装　无菌包装纸盒利用集装箱运输时，需使用拉伸包装对其进行外包装。

5. 果汁无菌包装件检验

果汁无菌包装件实行在线检验。灌装机初始调整后，在贴管之前，每10min抽检2盒，检查成型、封合粘贴品质及灌装容量，在运行正常后，每30min抽检2盒，检查内容相同。

6. 填写工艺文件。

二、药品包装工艺规程制定

药品是一种特殊商品，关系到人的生命安全，因此必须严格保证其有效性、安全性和稳定性。世界卫生组织（WTO）提出的药品生产质量管理规范（GMP），就是为了使药品从原料进厂到最终出厂等操作过程，实现全面质量管理，其中对制药厂的包装操作规程、包装场所、从事包装的人员以及使用的包装容器、包装材料、包装设备、包装标志等都做了明确的规定，提出了严格的要求。总之，医药包装必须具有安全可靠、保护性好、便于加工、促进销售、经济实惠、方便使用、传递信息等功能。

1. 各种药品对包装的要求

药品的种类很多，对包装的技术要求有：

①外界因素对药品瓶子的影响。药品极易受物理、化学、微生物及气候条件的影响，如在空气中容易氧化并感染细菌，遇光容易分解变色，受潮会溶解变质，受热容易挥发和软化，从而导致药品失去疗效，有时不但不治病，反而会致病，危及生命安全。所以，医药包装无论在造型、结构、装潢设计以及在包装材料的选择上，首先要考虑其保护性能，即维护药品疗效。药品的有效期平均为2年，有的可达3年以上，因此包装还应保证药品在有效期内成分稳定，不会变质。不同剂型的药品，其变质方式亦不同。

片剂、散剂等固态药品容易受潮，在温度和湿度变化时，其形状和品质会逐渐变化。例如糖衣片剂受潮后，表面会潮解，时间长久还会出现龟裂，使药品主要成分含量下降，药效减小。又如粉末剂和颗粒剂受潮后发生黏结现象，同样使药效品质下降。

液体或注射剂等药品虽不易受潮，但与空气中的氧接触容易发生氧化，也会使药品的主要成分改变，并产生变色或沉淀；有的药剂还容易受到细菌、霉菌、酵母菌的污染而变质，完全丧失药效而成为废品。

软膏剂等黏态药品在温度变化及光线照射下会变软，或发生氧化和颜色变化。

②药品包装要求。首先要考虑到病患者的心理状态和要求，应包含足够的信息，使购买者明了此药的成分和制造背景、对疾病的确切疗效和服用方法。在造型设计上要体现安全感和信赖感。同时应便于使用、携带和保存，还应考虑有利于实现包装自动化，以提高生产率。表8-6为按药品剂型分类及所采用的包装形式，供参考。

2. 药品包装防护功能设计

根据药品流通环境，如温度、湿度、氧气、光线等，以及药品剂型的特性，应选用适宜的包装工艺和材料进行防护包装设计。如对于容易受潮的药品，需采用防湿包装材料进行防潮包装设计；对遇光不稳定的药品，应采用蔽光材料，进行蔽光包装设计；对遇氧气容易变质的药品，应采用充气包装设计；对于受震与冲击容易损坏的药品，应采用缓冲包装材料，进行缓冲包装设计。

表 8－6　药品剂与包装形式

剂型		包装	容器	材料
固态	片剂、胶囊剂	散装	瓶、袋、灌	玻璃、金属、塑料
		单位包装	条形包装、泡罩包装	塑料
	散剂、细粒剂	散装	瓶、袋、罐	玻璃、金属、塑料
		单位包装	小袋	塑料、纸
液态	液体剂		瓶	玻璃
	注射剂		安瓿、玻璃瓶、筒	玻璃
黏态	软膏剂		管、瓶、筒	金属、塑料

（1）药品防潮包装设计　潮湿对固态剂型有较大的破坏作用，它能使散剂润湿、潮解或结块，使片剂膨胀、变色，还会使药品的成分含量发生变化，出现异味乃至分解。

进行防潮包装设计时，首先要确定药品的有效储存期，掌握环境温、湿度的影响规律，以选用相应的包装材料和容器，并进行计算和试验，以判断其防潮能力的可靠性。通常使用的经验方法是把固态药品包装好，然后在规定条件下进行加速时效稳定性试验，例如在40℃和RH75%的条件下放置4个月后，若品质劣化程度显示在允许限度内，则说明这种包装方式的有效期限能达到药品的保质期。此法虽然简单，但可靠性却相当高。

（2）药品遮光包装设计　光线能引起药品质量劣化，但与温度、湿度所起的作用不同。光具有一定的辐射能，它能激发氧化反应，加速药品分解，使药品发生变质。因此，对于光敏药品，制造中要避光操作，选择带色的玻璃瓶、金属容器、深色塑料瓶、铝箔复合材料等进行包装。在实用中常用高照度荧光灯昼夜照射法进行检查，例如以2000lx荧光灯照射12.5天（相当于60×10^4lx·h的照射量）来检查包装的蔽光效果。

（3）药品充气包装　降低包装容器内的氧气浓度，可以减缓药品氧化变质速度。如果在药品包装内充换二氧化碳或氮气等惰性气体后，可使氧气浓度降低到0.5%左右。此外，把食品包装领域内广泛使用的吸氧剂用于医药包装，也会取得一定的效果。

3. 安瓿药品包装工艺过程及分析

不同剂型的药品有不同的包装形式，也有不同的包装工艺过程，下面以注射药品为例，说明药品包装工艺过程设计的有关问题。

注射用药品的包装形式有安瓿瓶和小玻璃瓶。其中安瓿瓶适用于1～20mL液体药物或干燥粉末药物的包装，其典型包装工艺过程如表8－7所示。

表 8-7 安瓿药品包装工艺过程简表

工序	工步	工序内容及要求	包装品 名称	包装品 数量	工艺设备
1	 1 2	安瓿备料 拆箱，将安瓿排放在供料盘中 用蒸馏水清洗，压力 1.5~2 个大气压	玻璃安瓿		洗瓶机
2		烘干，温度 300℃，时间 10min			灭菌隧道烘箱
3	 1 2 3 4 5 6	灌装 工位 1 压缩空气清洁安瓿内部 工位 2 灌装药液 工位 3 充填惰性气体 工位 4 预热 工位 5 高温加热 工位 6 拉丝封口			双针安瓿灌装封口组合机
4		灭菌			双扉灭菌柜
5		检漏			
6		清洗			
7		检验			
8		印刷			安瓿印刷机
9		装盒，每盒 10 支装			装盒机
10		封盒，贴标签			贴标机
11		捆扎，10 盒一捆	纸盒		捆扎机
12		封箱，20 捆一箱	五层瓦楞纸箱 OPP 压敏胶带（50×600） PP15508J 打包带	1 个 2 条	装箱机

（1）瓶坯处理　安瓿是由玻璃生产厂家采用硼硅酸和钠钙玻璃原料生产出各种管径的管坯，再由安瓿加工厂家对玻璃管的口径大小进行分拣，使同一批量的管径一致，其允许误差为 ±0.5mm。第一步是对玻璃管进行清洗干燥，放在自动成型机上，用氧气喷灯加热使之成半熔融状态，拉成细长的收缩部分，接着制成安瓿的缩颈、颈泡及外形，然后按规定尺寸切断、封底；最后经修正，并在缩颈周围刻画线痕，用陶瓷颜料作出标志以便使用时折断。为了降低热成型引起的应力，安瓿还需在 450~500℃ 的温度下退火，经检查后，制成合格的曲颈易折安瓿成品，如图 8-8 所示。而非易折安瓿已被取代。

曲颈易折安瓿在使用时不需砂轮刮痕，只要对正瓶颈上的陶瓷颜料圆点就可掰开。易折安瓿是敞开的，将安瓿朝上整齐排放在不锈钢盘内，在清洗机上用蒸馏水分粗、精两部冲洗其内、外壁，经甩干后用压缩空气将瓶内残余水分和杂质除去。再把安瓿倒置装盘，送入灭菌隧道，其温度为300℃，时间10min，烘干后准备灌装。

(2) 灌装 灌装是安瓿药品包装的重要工序。对于常用的1～2mL安瓿药品，清洁、灌装和封口工作可在一台专用的双针灌装机上进行，灌装机共有6个工位，每个工位上有两只安瓿同时进行工作，其生产效率为4200～4900支/h。

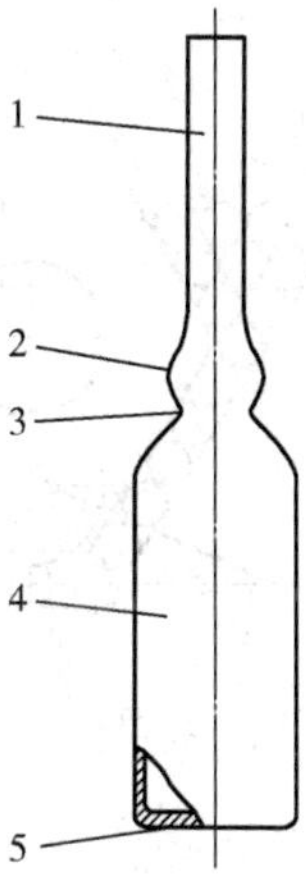

图8－8 曲颈易折安瓿
1—丝颈 2—颈泡 3—缩颈
4—瓶身 5—瓶底

灌装时，送料装置通过传送链将安瓿每两个一组送到第一工位，依次走过6个工位，分别完成以下工作：①第1工位用压缩空气清洁安瓿内壁，压缩空气压力为2～3大气压。②第2工位灌装药液，每次注入药液量可以通过灌装头上的旋钮调节。灌装时，注射针不可接触安瓿的内壁和瓶口，以免封口时，药烧结成黑斑而报废。③第3工位充填惰性气体，以降低瓶内氧气浓度，避免药品氧化变质。充氮压力为0.12MPa。后面3个工位是用乙炔焰或其他燃气对安瓿封口。④第4工位预热，防止剧烈加热引起安瓿炸裂。⑤第5工位高温加热，使瓶口呈半熔融状态。⑥第6工位拉丝封口。

半自动操作时，灌装的药量由操作工人和检验人员抽查，药液的平面高于或低于某个高度则属不合格产品，应及时调节机器。为了使安瓿生产过程密闭连接，提高生产率，可采用安瓿洗烘灌封联动机。联动机由安瓿超声波清洗机、灭菌隧道烘箱、多针拉丝灌封机等组成，既可联动生产，也可单机使用。

(3) 灭菌 药品内部灭菌使用双排式灭菌柜，水蒸气温度为100～120℃，具体温度和时间根据药品而定。不同品种规格的灭菌条件，应按灭菌效果Fo值（注：Fo值是以相当于121℃热力灭菌时杀死容器中全部微生物所需要的时间为标准）大于8或其他确认达到无菌的方法加以验证。验证后的诸参数如温度、时间、柜内放置数量和排列层次等，不得任意改变。

灭菌时应及时记录柜内温度、压力及时间，灭菌后必须逐柜取样本作无菌检验。灭菌开柜之前，在真空度0.08MPa的条件下喷淋色水，以检查并剔除泄露的安瓿，然后用热水浸洗。

(4) 检测 检验项目主要是澄明度，按照卫生部规定的标准逐支检查。检查的方法有肉眼检查和自动检查两种。肉眼检查时，以白色或黑色作为背景，用眼睛观察是否有异物或封合不良现象。在检测中，应有目的地减少给定时间内被检物体的面积，增加视力所能观察到的范围，例如采用放大或投影技术，缩短每次凝视的时间，对于提高检测水平会有很大帮助。此外，要求检测员视力在0.9以上，并每年视力复检一次。也可用光电自动检查机检查，再用人工复查。

(5) 标志 安瓿标志有两种形式，即印刷标志和标签标志。印刷标志就是用安瓿印刷机直接把标志印刷在安瓿瓶体上，如图8－9所示。标志内容包括药品名称、容量、有效期及生产厂家等，但直接印刷的方法很难印刷所有信息，而且消毒时，印刷标志容易模糊甚至消失，现在普遍使用标签标志，特别是使用透明聚酯标签，采用贴标签机完成。

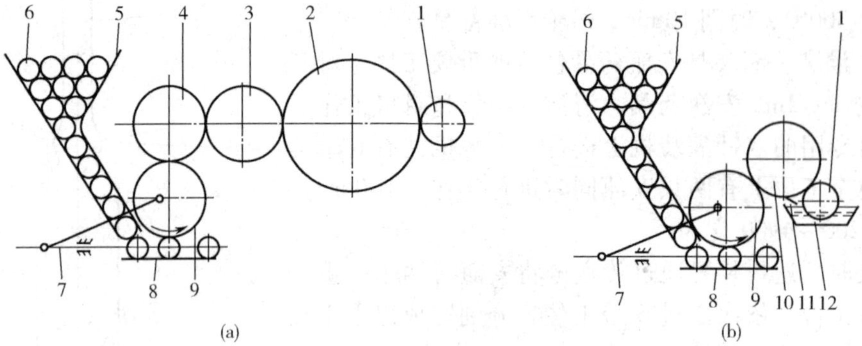

图 8 -9　安瓿印刷机示意图

（a）凸版胶印，（b）凹版胶印

1—上墨辊　2—匀墨辊　3—着墨辊　4—凸版辊　5—料斗　6—安瓿　7—推送杆

8—软衬垫　9—胶皮辊　10—凹版辊　11—油墨刮刀　12—油墨槽

（6）装盒　安瓿装盒一般以 10 支为单位装入带有瓦楞纸隔条的纸盒，使用装盒机能连续将安瓿输送到纸盒中，但不易顺利进入间隔，有时会出现堆挤或空隔现象，需要用人工和机器进行整理，使安瓿在纸盒中排列得整齐有序，放入说明书后关闭盒盖。

（7）封口　纸盒关闭后需用标签封盒口，可用贴标签机，也可用人工操作。纸盒上的批号和有效期可用贴标签机贴标签，也可用专门的打印机，例如用喷墨印字机直接打印。批号编码为：年 - 月 - 流水号。

（8）装箱　将纸盒 10 个一捆，20 捆为一箱装入 5 层瓦楞纸箱中，用两条 50mm × 600mm 的 OPP 压敏胶带封箱口，然后在捆扎机上用厚度 0. 8mm、宽度 15. 5mm 的聚丙烯机用打包带捆扎两道，最后在箱面打印或黏贴批号标记，全部包装工艺过程结束。

4. 填写工艺文件卡

三、工业产品包装工艺规程的制定

工业产品种类繁多，其包装主要是满足产品运输储存要求，保护其在流通过程中不致损坏。这里以批量生产的某型号家用电冰箱包装工艺过程为例，介绍工业产品包装工艺规程设计的方法和要点。在设计过程中可参照 BB/T 0035—2006《家用电冰箱包装》标准。

1. 电冰箱的结构特点及其对包装的技术要求

（1）包装技术要求　电冰箱属于家用电器产品，它除了有使用性能的要求外，还有外形美观的要求，包装的保护功能应满足这两方面的要求。

（2）包装设计要求　电冰箱包装设计应做到结构紧凑、防护周密、安全可靠、便于装卸。确保在正常装卸、运输条件下和在有效储存期限内，产品不会因包装原因发生损坏、长霉、锈蚀而降低产品的安全和使用性能。

①包装环境应清洁、干燥、无有害介质，包装环境为室温条件，相对湿度不大

于 85%。

②包装材料必须保持干燥、整洁，与产品直接接触的包装材料，应对产品无腐蚀作用和其他有害影响。

③产品在包装箱内不应松动、碰撞，不应与包装箱内壁直接接触。以免受外力的冲击而损伤产品。

④包装应满足集装箱或托盘运输的要求。并应符合铁路、公路、水路、航空运输等的相关行业规定。

⑤产品包装防护功能应满足防潮、防霉、防锈及防震的要求。储存仓库应通风良好温度不得高于 32℃，相对湿度不大于 75%，包装有效期为两年。

2. 电冰箱包装防护功能设计

（1）防潮、防雷与防锈包装　电冰箱箱体由钢板和塑料制成，内部结构主要包括由压缩机和管道线路等元件构成的制冷系统和自动控制系统。根据电冰箱包装的技术要求，应按国家防潮、防霉和防锈包装规定处理。

防潮处理，一般是在瓦楞纸箱外表面涂刷防潮涂料，或对瓦楞纸箱的箱面纸进行防潮处理。此外，在电冰箱外覆盖聚乙烯薄膜，除了能够防尘，还可防潮。必要时，在箱内放入适量的干燥剂，如袋装硅胶、紫脱石等。

防霉性能应按“防霉包装”的规定进行试验，外观质量及有关性能应符合产品标准规定的要求，且在有效期内不长霉。

防锈处理，电冰箱表面要求干燥、无污物及油迹，采用聚乙烯薄膜覆罩后应满足两年内无锈迹。

（2）防震包装　防止在各种情况下对物体的冲击。

①确定缓冲材料及厚度。缓冲材料可选用发泡聚苯乙烯，根据电冰箱的允许脆值 $G=100$ 和质量由相关手册选取缓冲材料的厚度取 5cm。

②缓冲材料衬垫选择设计如图 8－10 所示。

（A）电冰箱底部采用全面缓冲包装方法，防震底垫的形状与尺寸如图中（a）所示。

（B）电冰箱顶部的左右各设一棱垫，其形状与尺寸如图中（b）所示。

（C）电冰箱前面、左侧面和右侧面各有一块防护衬垫，其形状与尺寸如图中（c）所示。

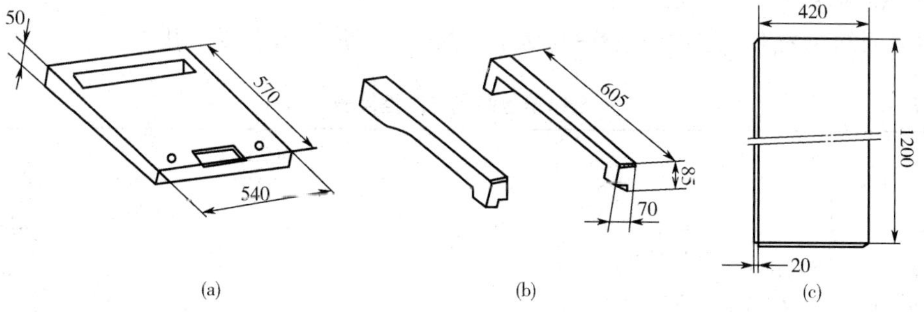

图 8－10　电冰箱包装内衬垫形状及尺寸

（3）瓦楞纸箱设计　电冰箱外包装箱选用AB楞型组合的5层瓦楞纸板。瓦楞纸箱箱顶与箱底采用组合型0201/0310，即箱顶由上、下摇盖构成。瓦楞纸箱尺寸计算的顺序是先计算内部尺寸，最后计算外部尺寸。图8－11为电冰箱包装瓦楞纸箱和箱坯图。当瓦楞纸箱尺寸不够大时，箱坯可做成两片。箱底用钙塑瓦楞底盘，以提高其坚固耐久、防水防潮的性能。底盘内放置前、后、左、右四根木条购成的框梁，其厚度为15mm。木框上放置防震衬垫，瓦楞纸箱套在底盘上。

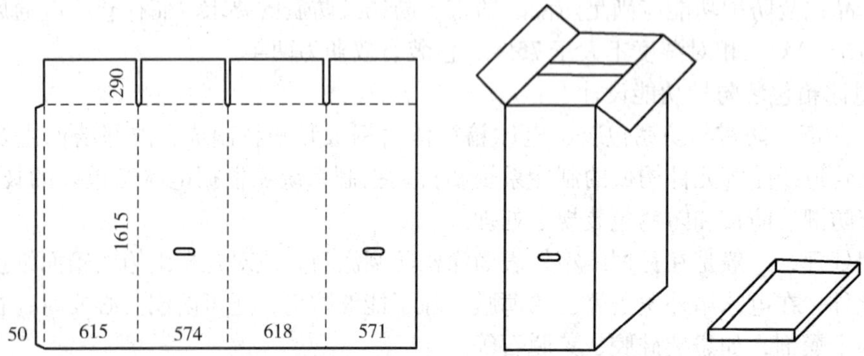

图8－11　电冰箱包装纸箱和箱坯图

（4）包装件防护性能试验　为了检查包装对电冰箱的保护程度，对包装件应进行堆码、振动、斜面冲击、横木撞击、跌落等项目试验。堆码试验是为了考核电冰箱包装件承受堆码时的耐压强度及包装箱、衬垫等对冰箱的保护能力。振动试验用模拟汽车运输振动试验代替，在模拟汽车振动台上振动75min，相当于冰箱包装件在三级公路上运输200km，以检验包装对冰箱的保护能力。斜面冲击试验是根据我们国内运输装卸的特点，采用人工环境模拟斜面冲击试验，测试包装件遇到斜面滑动及斜坡上的急刹车，对前后车厢挡板产生冲击的承受能力。横木撞击试验是采用人工环境模拟斜面横木撞击试验，模拟汽车运输中的启动、刹车、停车以及因路面不平，使包装件产生摇晃和侧面抵挡挡板等实际情况，以考核冰箱包装件抗侧面冲击的能力。跌落试验用来评定冰箱包装件在装卸过程中，受到垂直冲击时的耐冲击强度及托盘底垫对冰箱缓冲的保护能力。

3. 电冰箱包装工艺过程分析

电冰箱的包装工艺过程如表8－8所示，其关键工序主要有以下几项：

表8－8　电冰箱包装工艺过程简表

工序	工步	工序内容及要求	包装品		工艺设备
			名称	数量	
1		包装准备			
	1	电冰箱表面验收			
	2	验收衬垫			
	3	检查纸箱			

续表

工序	工步	工序内容及要求	包装品		工艺设备
			名称	数量	
2		封箱门			胶带切断装置
	1	将附件和文件袋放入冷藏室内			
	2	用压敏胶带将上下门粘封	PP 压敏胶带 25×280	2 条	
3		装钙塑瓦楞底盒			起吊工具
	1	放入底盒，将木条放入底盒内侧四周	钙塑瓦楞底盒	1 个	
	2	将底垫放在底盒内的木条上	木条	4 条	
	3	将冰箱吊起放在底衬上	防震底垫	1 个	
4		罩塑料薄膜袋			胶带切断装置
	1	在上下门间嵌入塞垫	EPS 塞垫 30×30×15	1 个	
	2	覆罩包装袋，收紧下口，胶带粘贴	PE 薄膜袋	1 个	
			OPP 胶带 20×150	1 条	
	3	胶带粘贴前面、侧面衬垫	前、侧衬垫，胶带	各 1	
	4	装顶部左、右减震棱垫	左、右减震棱垫	各 1	
5		套纸箱			订箱机
		在纸箱侧面手把孔内装塑料手把圈	塑料手把圈	2 个	
		套纸箱	纸箱	1 个	印码机
	1	封箱顶			
	2	盖前后翼片/盖左右翼片			
	3	订箱钉	箱钉 35×18	2 个	
		用胶带粘贴顶部合缝	OPP 胶带 50×850	1 条	
		打印出厂日期			
6		覆罩外包装袋，收紧下口，胶带贴牢	PE 薄膜袋	1 个	
			OPP 胶带 20×150	1 条	
7		捆扎			自动捆扎机
	1	在纸箱侧面方向等距捆扎	PP15508J 打包机		50N 测力计
	2	抽查捆扎力			
8		运送			带夹板叉车
	1	护送电冰箱下线			
	2	按类型码堆整齐，层高不超过 3 层			
9		检验 按批量对包装方法、随机文件、捆扎和封箱等按 GB/T 2828.1 检验			
10		入库 运送入库，堆放整齐，层高 2 层			带夹板叉车

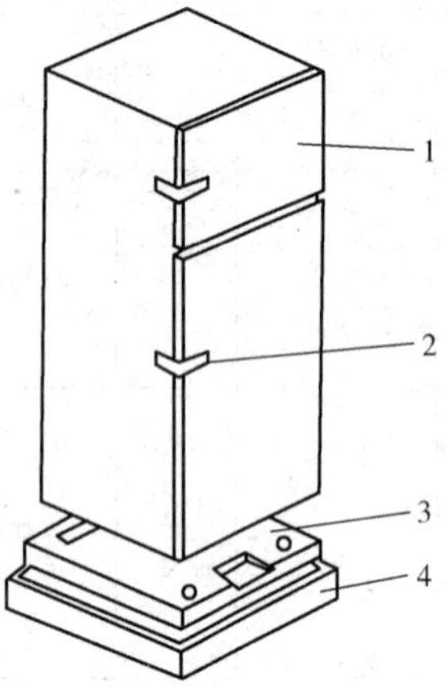

图 8－12 封箱门与装底盒示意图
1—冰箱 2—OPP 压敏胶带
3—防震底垫 4—钙塑瓦楞底盒

（1）封箱 封箱门之前，首先验收电冰箱，检查外观质量，进行必要清洗。然后将合格证挂在电冰箱的中铰链上，并将装有装箱单、保修证的文件袋放入冷藏室中，装入所有附件，如图 8－12 所示。

用两条宽 25mm、长 280mm 的聚丙烯压敏胶带 2，在适当位置将门贴牢。同时，将木条放置在钙塑瓦楞底盒 4 内侧四周，并将防震底垫 3 放在木条上，再将封好的电冰箱放在防震底垫上，电冰箱的位置要正确，底腿放在防震底垫上对应的孔穴中。根据电冰箱底部的结构形状，也可在制成电冰箱体后，立即放在装有防震底垫的底盒内，再接着进行后续制造工序。

（2）覆罩内塑料袋 覆罩聚乙烯吹塑薄膜袋 2 时，要将下口收紧，并用宽 20mm 的 OPP 压敏胶带 5 在距底面 80mm 处将包装袋扎住。然后将两块侧面衬垫 6 和前面衬垫 3 放在电冰箱周围防震底衬上，并与箱体靠紧，再用压敏胶带 4 粘贴一圈。最后将左右两根棱垫 1 卡在电冰箱顶部，要求前后、左右位置正确，如图 8－13 所示。

电冰箱还可采用其他衬垫形式。如图 8－14 为底部采用托盘衬垫，上部采用护棱方顶大包盖，四周用四根立式护棱组成框架结构。

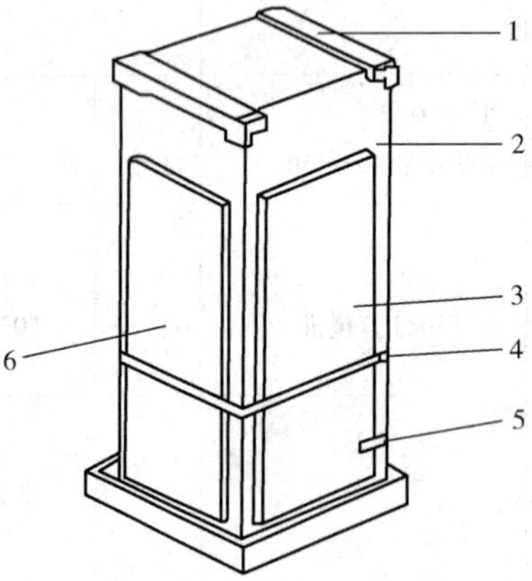

图 8－13 套包装袋及安装衬垫示意图
1—棱垫 2—塑料薄膜袋 3—前面衬垫
4、5—OPP 压敏胶带 6—侧面衬垫

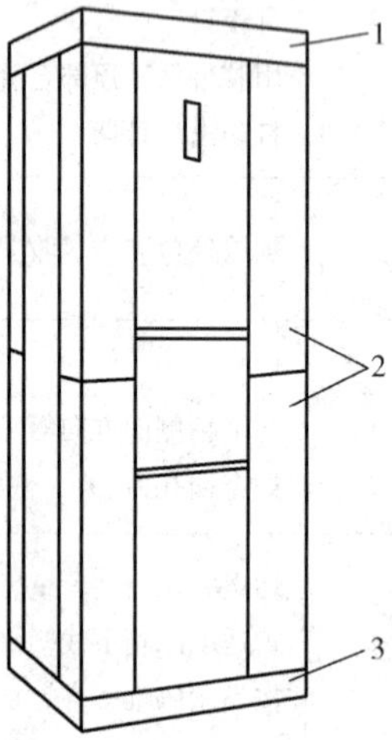

图 8－14 冰箱衬垫的框形结构示意图
1—方顶大包盖 2—护棱 3—托盘

（3）套纸箱 先在纸箱侧面的手把孔内装入塑料手把（此工作也可内纸箱制造部门完成），然后将纸箱从上向下套在电冰箱外面，纸箱的前后方向应与电冰箱一致，并不得碰坏蒸发盒。封箱时先盖纸箱的前后盖，再盖纸箱的左右盖片。前面所说左边两根棱垫也可在盖纸箱时卡在电冰箱顶部。如图8－15（a）所示，用两个规格为35mm×18mm的箱钉1将左右盖钉住，箱钉与纸箱边缘距离保持30～40mm。两头的胶带长度要留均匀，并用宽50mm、长850mm的聚丙烯压敏胶带3封住纸箱顶部开合处；接着将外包装塑料薄膜覆罩在纸箱外面，将包装袋下口收紧，用宽20mm、长150mm的OPP压敏胶带粘贴，以利于捆扎机顺利工作。

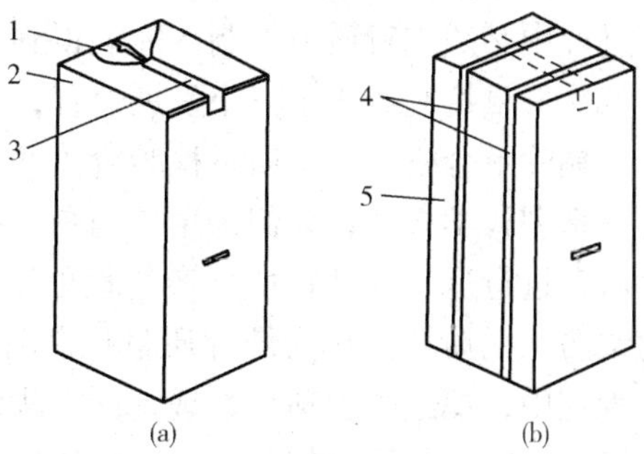

图8－15　包装箱封合与捆扎示意图
1—箱钉　2—纸箱　3—OPP压敏胶带
4—捆扎带　5—覆罩塑料薄膜袋的包装件

（4）包装件捆扎　包装件在自动捆扎机上进行捆扎，如图8－15（b）所示。打包带4材料为聚丙烯，代号为PP15508J，宽度15.5mm、厚度0.8mm。扎时打包带作“井”字形或作2～3道等距平行捆扎；捆扎位置要正确、对称，并保持纸箱清洁无损。捆扎后沿打包带方向距箱体一端300mm处，使用弹簧秆钓住打包带进行拉出试验，试验时拉力必须垂直于箱面，拉力不小于19.6N，打包带拉起距离应不大于50mm。

包装后期工作，主要包括堆码、储存和运输。堆码高度一般不超过两层，用仓库储存时，与墙、柱、灯、顶之间应留有一定距离，并离地面不少于150mm，运输时无论用何种方式，均不应露天运输；装卸时用人工或机械，应轻装轻卸，不得顶撞箱体，而且不应倒置，垂直倾斜角度不大于45°。

4. 电冰箱包装检验

电冰箱包装件的检验分为出厂检验和型式检验。出厂检验项目有包装方法、随箱文件和捆扎状况。检验时不需逐个检验，而是从整批包装件中随机抽取一批样本，根据对样本的检测结果，判断这批产品是否合格。型式检验是在设计定型的新产品试销之前进行。检验项目有跌落、斜面冲击等。

5. 填写工艺文件

第四节　包装工艺质量管理

质量是企业赖以生存和发展的保证，是开拓市场的生命线，用户对产品质量的要求越来越高，提高质量能加强企业在市场中的竞争力。产品质量是形成顾客满意的必要因素，因此，好的质量会给企业带来较高的利润回报。抓好质量管理可以提高品牌美誉度，加强质量管理也是维护人们的生活以及身心健康的必要措施。质量控制是质量管理的主要部分，是通过一定的产品质量检验、分析，总结出产品生产过程中保证质量的工艺方法。包装是产品生产中的一道重要工序，是为了确保产品的包装质量。质量控制贯穿在产品的生产过程中，也贯穿在包装材料和容器的生产过程中。将产品用材料和容器包装起来的包装工艺过程中必须进行质量控制，才能得到优质的包装件，达到流通环境要求的商品。

产品质量控制经历了三个发展过程，从最初的质量管理是在产品生产过程中单纯依靠检验来剔除不合格品，即质量检验阶段，到产品生产过程中引入了数理统计和统计抽样方案等一系列科学方法，人们采用控制图，把质量分散的原因区分为偶然因素和系统因素，并对后者进行追查处理，使生产过程处于控制状态，使“事后被动检验”发展到“事前主动预防”的阶段，称为统计质量控制阶段。随着“全面质量管理”概念的提出，即在企业管理中，把组织管理、数理统计方法以及现代科学技术密切结合起来，形成一整套的质量控制系统，使质量控制进入一个比较完善的新时期，即全面质量管理阶段。质量控制运用数理统计的原理，在生产过程中运用有限的信息，预测生产趋势，并可根据少量样品，判定大批产品的生产情况，是企业产品生产广泛采用的一种先进的管理方法。

一、包装质量特性值的概念

产品质量特性的含义十分广泛，每一种产品都有其质量特性。一般来说，凡是反映产品使用目的的各种技术经济参数都可以叫做质量特性。质量特性可用文字定性说明，如外形美观、使用方便等，也可用数值定量表示，叫做质量特性值，例如表示包装件形状特性的，长、宽、高，表示包装量的重量或体积，表示塑料薄膜或纸张规格的有厚度、定量（单位面积质量），表示包装件外观品质的有疵点数（个数）等。这些质量特性值又分为计量值与计数值。凡是可以用量具、仪器等进行测量而得出连续性数值的叫做计量值，它可以出现小数，如尺寸、质量、化学成分等；凡是不能用量具、仪器来度量的非连续数值叫做计数值，它们是正整数值，如合格品数、废品数、疵点数等。

用数据表征一批产品数量足够大、长时间重复生产的产品的质量特性时，可以发现，从个体数据看是偶然的，没有什么规律，但从总体数据看，则往往符合或服从一定的统计规律。因此，对质量特性值进行统计分析，是产品质量控制中的一项基础工作。

二、包装精度与包装误差的概念和分析方法

包装精度是指包装后的数量如灌装量或充填量，与技术指标规定的数量符合的程度，符合程度越高，包装精度也越高。生产中检验一批包装件，结果并不相同，也就是与规定的数量有一些偏离，这种偏离就是包装误差。从一批包装件检测的数据来看，误差可分为系统误差和偶然误差。

系统误差是指在连续生产一批包装件时，产生误差的大小和方向或是保持不变，或是按一定的规律而变化，如由包装机械或称量装置的制造误差引起的充填误差。

偶然误差是指在连续生产一批包装件时，产生误差的大小和方向呈不规律的变化，例如采用容积充填方式时，物料的堆积状态所引起的充填误差。

上述两类不同性质的误差，可用不同的方法予以补偿。系统误差具有一定的变化规律，在查明其大小和方向后，可以用调整或检修设备的办法来解决。对于偶然误差，表面上看来似乎没有什么规律，但是在应用数理统计的方法找出一批包装件包装误差的总规律

后，也可针对其产生的根源，采取适当措施以减小其误差，例如由物料堆积的状态所引起的误差，可采取振动加料等措施，使物料在充入计量仪器时尽可能均匀一致。

统计分析法是在生产现场对一批包装件进行检测，运用数理统计的方法处理所测得的数据，从中发现规律性的东西，用以找出解决问题的途径。常用的统计分析法有直方图法和控制图法，详见质量管理资料。

三、包装质量控制

包装品是包装所用的材料和容器的总称，包装件是产品经过包装后的总称。在现代包装生产线上，不管是全自动、半自动的，都是由一些复杂和精密的包装设备组成。为了使这些设备充分发挥功效，必须提供符合技术规范要求并保证质量稳定的包装品，否则必将引起包装工艺过程停顿或包装件质量降低。因此，包装材料供应者和容器制造厂也必须对他们的产品进行质量管理，实施检测和控制。对于包装品的质量，除了集中于他们的外观形状外，还要强调其使用功能。为此，对包装品也规定了技术规范和检验步骤与方法。包装部门在接受一批材料或容器时需要检验，决定是否接受，在完成一批产品的包装后，对包装件也需要检验，以便判定其是否合格。包装品和包装件的检验方法有两种：第一种是全数检验，把不合格产品挑拣出来，虽然全数检验可提供较多的质量信息，但只有在数量少的情况下才能做到，数量大时，费用高、时间长，而且还难免漏检，至于有些破坏性的检验，更不可能每件都做。第二种是抽样检验，即从整批产品中抽取样本，检验样本的质量可以代表整体的质量。样本必须尽可能地随机选取，让每个产品都有同等的中选概率，为了使抽样结果有足够的可信度，可适当增加样本数量，但样本增多会加大检验费用，所以应从技术与经济两方面综合考虑。此外，抽样只是个不能采用全检时的一种应变之策，在抽样中可能合格批被拒收，不合格批被接受，因此，它要承担由于推断失误造成的风险。

1. 统计抽样检验标准

我国的抽样检验标准是 GB/T 2828，其中 GB/T 2828.1—2003 计数抽样检验的内容包括：

（1）规定产品质量标准　即对产品质量的具体要求，由包装品提供者会同使用者制定技术规范，其中包括外观形态，如材料的种类、容器尺寸和结构。内在件能，如包装能否实现其预定的保护产品、传达信息及方便使用等方面的功能。

（2）确定不合格和不合格品　不合格及其类别指不满足规范的要求称为不合格，通常按不合格的严重程度将它们分类：

①A 类认为最被关注的一种类型的不合格。它们在使用中使内装物的性能受到根本影响，如瓦楞纸箱粘结或钉合接缝脱落，印刷错误等。

②B 类认为关注程度比 A 类稍低的一类不合格。它们在使用中使物的性能受到一定影响，如瓦楞纸箱黏结或钉合接缝跌落。

③C 类认为关注程度比 A 和 B 低。它们在使用中包装内装物的性能不受影响，如瓦楞纸箱外表面印刷颜色深浅不一或有污渍等。

不合格品及其类别具有一个或一个以上不合格产品成为不合格产品。不合格产品的类

别有:

①A 类不合格产品是指产品包括 1 个及以上 A 类不合格，可能有 B 类和（或）C 类不合格。

②B 类不合格品是指产品包括 1 个及以上 B 类不合格，可能有 C 类不合格，但是不包括 A 类不合格。

③C 类不合格时指产品包括 1 个及以上 C 类不合格，不包括 A 类，B 类不合格。

（3）确定批量　批的组成和批量，应由负责部门确定或批准。

（4）规定检验水平　检验水平规定了批量与样本量之间的关系，它有 3 个一般检验水平（Ⅰ、Ⅱ、Ⅲ）和 4 个特殊检验水平（S－1、S－2、S－3、S－4）。除非另有规定，通常采用一般检验水平Ⅱ。

（5）根据批量和检验水平确定样本量字码　样本量字码如表 8－9 所示。

表 8－9　　样本量字码（GB/T 2828）

批量	特殊检验水平				一般检验水平		
	S－1	S－2	S－3	S－4	Ⅰ	Ⅱ	Ⅲ
2～8	A	A	A	A	A	A	B
9～15	A	A	A	A	A	B	C
16～25	A	A	B	B	B	C	D
26～50	A	B	B	C	C	D	E
51～90	B	B	C	C	C	E	F
91～150	B	B	C	D	D	F	G
151～280	B	C	D	E	E	G	H
281～500	B	C	D	E	F	H	J
501～1200	C	C	E	F	G	J	K
1201～3200	C	D	E	G	H	K	L
3201～10000	C	D	F	G	J	L	M
10001～35000	C	D	F	H	K	M	N
35001～150000	D	E	G	J	L	N	P
150001～500000	D	E	G	J	M	P	Q
50001 及其以上	D	E	H	K	N	Q	R

（6）确定质量限 AQL　由制造者和使用者协商确定接收质量限，并写入技术规范或订货合同中。接收质量限原则上按不合格的分类分别规定。对 A 类规定的接收质量限要小于对 B 类规定的接收质量限，对 C 类规定的接收质量限要大于对 B 类规定的接收质量限。另外，可以考虑在同一类中对部分或个别不合格项目再规定，也可以考虑在不同类别之间再规定接收质量限。接收质量限用每百个包装产品的不合格数表示。例如，瓦楞纸箱

的接收质量限是：A 类 1.0，B 类 4.0，C 类 6.5。

（7）根据抽样方案类型确定抽样方案　即样本量及接收数和拒收数。

GB/T 2828.1—2003 给出了正常、加严、放宽的一次、二次抽样方案。这是为了能根据质量变化的情况，适时改变方案的严格程度，能以较小的样本，取得较满意的抽样效果。表 8 - 10 是正常检验一次抽样方案，供参考。

表 8 - 10　　正常检验一次抽样方案（GB/T 2828）

样本量字码	样本量	接收质量限(AQL)																									
		0.010	0.015	0.025	0.040	0.065	0.10	0.15	0.25	0.40	0.65	1.0	1.5	2.5	4.0	6.5	10	15	25	40	65	100	150	250	400	650	1000
		Ac Re	Ac Re	Ac Re	Ac Re	Ac Re	Ac Re	Ac Re	Ac Re	Ac Re	Ac Re	Ac Re	Ac Re	Ac Re	Ac Re	Ac Re	Ac Re	Ac Re	Ac Re	Ac Re	Ac Re	Ac Re	Ac Re	Ac Re	Ac Re	Ac Re	Ac Re
A	2	↓	↓	↓	↓	↓	↓	↓	↓	↓	↓	↓	↓	↓	↓	0 1	↓	↓	1 2	2 3	3 4	5 6	7 8	10 11	14 15	21 22	30 31
B	3	↓	↓	↓	↓	↓	↓	↓	↓	↓	↓	↓	↓	↓	0 1	↑	↓	1 2	2 3	3 4	5 6	7 8	10 11	14 15	21 22	30 31	44 45
C	5	↓	↓	↓	↓	↓	↓	↓	↓	↓	↓	↓	↓	0 1	↑	↓	1 2	2 3	3 4	5 6	7 8	10 11	14 15	21 22	30 31	44 45	↑
D	8	↓	↓	↓	↓	↓	↓	↓	↓	↓	↓	↓	0 1	↑	↓	1 2	2 3	3 4	5 6	7 8	10 11	14 15	21 22	30 31	44 45	↑	↑
E	13	↓	↓	↓	↓	↓	↓	↓	↓	↓	↓	0 1	↑	↓	1 2	2 3	3 4	5 6	7 8	10 11	14 15	21 22	44 45	44 5	↑	↑	↑
F	20	↓	↓	↓	↓	↓	↓	↓	↓	↓	0 1	↑	↓	1 2	2 3	3 4	5 6	7 8	10 11	14 15	21 22	↑	↑	↑	↑	↑	↑
G	32	↓	↓	↓	↓	↓	↓	↓	↓	0 1	↑	↓	1 2	2 3	3 4	5 6	7 8	10 11	14 15	21 22	↑	↑	↑	↑	↑	↑	↑
H	50	↓	↓	↓	↓	↓	↓	↓	0 1	↑	↓	1 2	2 3	3 4	5 6	7 8	10 11	14 15	21 22	↑	↑	↑	↑	↑	↑	↑	↑
I	80	↓	↓	↓	↓	↓	↓	0 1	↑	↓	1 2	2 3	3 4	5 6	7 8	10 11	14 15	21 22	↑	↑	↑	↑	↑	↑	↑	↑	↑
K	125	↓	↓	↓	↓	↓	0 1	↑	↓	1 2	2 3	3 4	5 6	7 8	10 11	14 15	21 22	↑	↑	↑	↑	↑	↑	↑	↑	↑	↑
L	200	↓	↓	↓	↓	0 1	↑	↓	1 2	2 3	3 4	5 6	7 8	10 11	14 15	21 22	↑	↑	↑	↑	↑	↑	↑	↑	↑	↑	↑
M	315	↓	↓	↓	0 1	↑	↓	1 2	2 3	3 4	5 6	7 8	10 11	14 15	21 22	↑	↑	↑	↑	↑	↑	↑	↑	↑	↑	↑	↑
N	500	↓	↓	0 1	↑	↓	1 2	2 3	3 4	5 6	7 8	10 11	14 15	21 22	↑	↑	↑	↑	↑	↑	↑	↑	↑	↑	↑	↑	↑
P	800	↓	0 1	↑	↓	1 2	2 3	3 4	5 6	7 8	10 11	14 15	21 22	↑	↑	↑	↑	↑	↑	↑	↑	↑	↑	↑	↑	↑	↑
Q	1250	0 1	↑	↓	1 2	2 3	3 4	5 6	7 8	10 11	14 15	21 22	↑	↑	↑	↑	↑	↑	↑	↑	↑	↑	↑	↑	↑	↑	↑
R	2000	↑	↑	1 2	2 3	3 4	5 6	7 8	10 11	14 15	21 22	↑	↑	↑	↑	↑	↑	↑	↑	↑	↑	↑	↑	↑	↑	↑	↑

注：①↓—使用箭头下面的第一个抽样方案。如果样本量等于或超过批量，则执行100%检验；
②↑—使用箭头下面的第一个抽样方案；
③Ac—接收数；
④Re—拒收数。

（8）抽取样本并检验样本。

（9）判断逐批检验合格或不合格，作出检验后的处置方案。

2. 检验举例

检验某种包装品批量为 10000 件，按 GB/T 2828.1—2003《按接收质量限（AQL）检索的逐批检验抽样计划》执行，采用一般检验水平Ⅱ。用正常检验一次抽样方案，从表 8 - 9 查得样本量字码为 L；再从表 8 - 10 查得样本量为 200，随机抽取样本。按 3 种类别的接收质量限：A 类是 1.0，B 类是 4.0，C 类是 6.5，则从表 8 - 10 可以看出，由样本量字码 L 所在行与 AQL = 1.0、4.0、6.5 所在列相交处读出［5，6］、［14，15］、［21，

22]。其中5、14、21分别为A类、B类、C类三类不合格品的接收数；6、15、22分别为A类、D类、C类三类不合格品的拒收数。若在样本中出现的不合格品数大于或等于拒收数，则判定这批包装品是不合格批。

不合格数并不等于不合格品数。例如从生产线上抽取2000个产品进行检验，发现5个产品有A类不合格，4个产品有B类个合格，2个产品有A类、B类不合格，3个产品有B类、C类不合格，5个产品有C类不合格。则A类、B类、C类三类不合格数各为7、9、8，合计不合格数为24。而A类、B类、C类三类不合格品数各为7、7、5，合计不合格品数为19。

当不合格品数达到拒收数时，这一批包装品是否拒收．还要作具体分析。有时需采取折中办法，例如可以接收但警告需要采取纠正措施，也可以拒收但约定经分类或再加工后接收。

四、包装质量检验实施

包装品在生产过程中需要进行质量控制，并按照所获得的信息调整机器设备，使其规定的质量特性值保持在要求的限度内，使用者在收到包装品后要进行质量检验，判定其是否符合制造的技术规范，并检查在运输过程中有无明显的破损。

（一）质量检验工作内容

检验是使用者接收产品的基本权利，可以全检，也可采用抽样检验的方案。检验工作的基本内容有：①制定包装品的技术规范。②制定评价标准。③采用可信的检验工具和检验方法。④记录检验数据。⑤提出对检验结果的处理建议。⑥检验资料及建议提交质量管理部门。

（二）质量检验具体实施

各种包装产品的具体质量检验不尽相同，这里以玻璃瓶罐、折叠纸盒等的质量检验为例进行说明，其他产品可进行相关参照。

1. 玻璃瓶罐

（1）玻璃瓶罐的技术规范

①形状。玻璃瓶罐的基本形状主要取决于所盛装物品的种类和数量。瓶子形状确定后，应绘出工作图来展示容器的外形。通常用三视图和局部放大图，附加立体图表示。

②尺寸。玻璃瓶罐的重要尺寸应在工作图中注出，并给出公差，还应包括其他项目，如容量或容积。尺寸与公差必须与制造者协商制订，因为制造厂的制瓶机有其固定的高度和直径，往往限制了瓶罐的形状和尺寸。常用的制瓶机对瓶罐的高度大致限制在25～300mm。瓶罐的直径与在一个机段上生产瓶罐的个数有关，其直径在12～150mm。

③公差。玻璃瓶在成型过程中受到一些因素的影响，使其在形状和尺寸方面存在一些差异，所以要对瓶罐尺寸给以可按受的变化范围或公差。标准公差适宜于容量（mL）、质量（kg）、高度（mm）和直径（mm）。小瓶罐的容量公差是15%，大型瓶罐则不到1%，各种瓶罐容量公差在这两个极限之间。质量公差大致是所规定的瓶罐质量的5%，高度的变化范围为总高度的0.5%～0.8%。最小直径为25mm左右的小瓶，直径公差为8%，最大直径为200mm瓶罐的公差为1.5%，其他瓶罐的公差介于这两个极限之间。

（2）玻璃瓶罐不合格分类

①A 类不合格。在使用中有危险以及由于瓶子畸变，或者因为玻璃没有完全充满模具致使瓶罐完全不能使用。

a. 粘丝。瓶子内部存在长细玻璃丝，在瓶子灌装时有可能脱落。

b. 飞边。瓶口内面向上伸出的一圈凸缘，锋利伤人。

c. 裂口。从瓶口顶面向下延伸的开口裂缝。

d. 裂纹。细微而浅的表面裂纹；冷致裂纹常呈波纹状，热致裂纹的位置可能在瓶口、瓶子合缝线附近、瓶肩或瓶底上。

e. 瓶口不饱满。瓶顶表面呈波纹状或倾斜形，通常正好位于螺纹起点的上方。有时也出现螺纹或过渡颈圈压制不饱满现象。

f. 畸形。瓶形弯曲和瓶口歪斜等奇形怪状，致使瓶子完全失去使用价值。

g. 玻璃分布不均。瓶肩过厚过薄、瓶颈过窄，底部过厚或倾斜，或在模缝线上出现玻璃瘤块等。

h. 瓶口条纹。密封表面上的线条，有时叫做剪刀印。

i. 软气泡。一种细小的气泡，常出现在密封面或密封面附近，也可能出现在瓶子的其他部位。

j. 针孔。导致瓶罐泄漏的任何小孔。

②B 类不合格。瓶罐的可用性或瓶内物品的可用性降低。

a. 瓶口裂片。生产过程中瓶口顶部边缘有裂片脱落。

b. 结石。任何非玻璃材料的细小杂质。

c. 凹底。瓶底中心有凹陷部分。

d. 错位。瓶口的两半边呈上下或左右错位。

e. 合缝线突出。瓶口顶部的密封面有凸起或在接缝处沿瓶体上下有凸起。

f. 瓶口不圆。瓶口被夹扁或压扁，或成椭圆形。

g. 凸缘底。在模缝线处环绕底面的一圈玻璃凸缘。

③C 类不合格。不影响瓶子的可用性，但影响瓶子的外观，影响瓶罐的可接受性。

a. 塌肩。没有吹足或吹制后下陷。

b. 开口裂纹。类似裂纹，不过是开口的，当轻轻敲打时开口裂纹和裂纹样不会碎裂。

c. 搓板状波纹。瓶体部位呈波纹状水平线条。

d. 内部气泡。深埋在玻璃内部不易破碎的气泡。

e. 污染物。鳞状或粒状非玻璃杂质。也包括油、碳、模具用润滑剂、铁锈、石墨或其他夹杂物。

f. 斜底。瓶底玻璃一边厚一边薄。

g. 印痕。由细小的垂直折痕组成的细条纹；油迹是由于油在模具上的聚集而造成，碳迹来自供料机或模具润滑剂。

h. 口模合缝线。瓶口和瓶体间合缝处的隆起部分。

i. 长颈。瓶子从模具内钳出时由于温度过高而造成瓶颈拉长。

j. 粘接。瓶子还没有硬化时互相接触而粘在一起，分开时就会留下粗糙的斑点。

k. 合缝线。由皱型模形成的合缝线与由成型模形成的合缝线不一致，如果此线不是非常粗或者很难看，不影响使用。

l. 表面冷斑。也称作冷模斑，它是玻璃表面的一种波斑状痕。

m. 波状瓶。内表面不规则的瓶罐。

以上三类不合格的合格质量水平分别是，A 类 0.25；B 类 1.5；C 类 4A。

（3）玻璃瓶罐检验　检验方法是从一批物品中随机抽样检查，数量至少为 100 个瓶子，最好是 300 个或更多，以确保 A 类不合格品不被遗漏。样品不应该从运输中受到损坏的包装箱中抽取。如果 A 类不合格品或 B 类不合格品超过规定的限度，应重新抽样检验；如果再次抽样的不合格数量仍然超过规定限度，这批包装品应报废；如果 C 类不合格超过规定限度，使用者在接受产品的同时应对制造厂家提出警告。

2. 折叠纸盒

（1）纸盒的基本技术规范

①侧缝黏合。在黏合的整个长度上都应是纤维撕裂；黏合的偏差小于 0.8mm；外表面不应见到黏合剂。

②压痕线。压痕线要均匀且有一定深度，使纸盒能形成直线的轮廓，清晰的折叠形状。当纸盒在折叠和压平成 180°时，为了使压痕线上出现的裂痕最少，应该使用轮廓分明的压痕刀压线，纸盒折片切刀应对准盒面压痕线的中心。所有模切边缘都应干净平整。所有需要压痕的地方都要预压以保证能在包装及其上正常生产。

③平整度。纸盒应平整，不得有变形与翘曲，彼此分离，不得粘连。

④清理。包装前对纸盒进行清扫和擦刷，以除去模切对纸盒表面留下的灰尘和废纸屑。

⑤印刷。纸盒上的印刷应遵照色彩标准，并保证图文协调美观。

⑥食品和药品管理规定。生产中使用的包装品不应含有任何超过限制的迁移物质，这个限制由食品和医药主管部门及其下属部门制定。

⑦包装和销售。印刷纸盒要按照规定进行包装，可装入瓦楞纸箱用胶带封合，也可堆放在托盘上，用拉伸包装或收缩包装裹包。每个包装单元都应表明制造厂家、纸盒数量、纸盒的类型和尺寸、制造日期和批号等。

⑧储存和装卸。纸盒应储存在洁净的地方，常温下保存，相对湿度在 40% ~60%。装纸盒的纸箱不得采用侧面堆码，而且不要放在辐射体和其他热源附近，也不要放在容易使之受潮的地板上。取用纸盒时应本着“先入先出”，用多少打开多少的原则。

（2）瓦楞纸箱不合格分类

①A 类不合格。妨碍纸盒盛装产品和妨碍在纸盒上打印和表记。

a. 纸盒开启力或回弹力过大。

b. 尺寸超过结构设计图规定的允差。

c. 纸盒破损，有漏洞或擦伤，使印刷图案擦坏或模糊不清。

d. 印刷的一种或几种颜色出现差错。

e. 印刷颜色没有套准，造成图案模糊不清。

f. 压痕错位，在包装生产中不能成型，无法填充和封合。

②B 类不合格。纸盒勉强能用，或外观质量较差。

a. 印刷图案有污迹或表面擦伤，露出纸板或白垩涂料。

b. 压痕不全或不够，使纸盒在包装生产线上难以成型，导致包装效率下降。

c. 自动锁底式折片锁合时，插口开得不够合适。

d. 纸盒侧面的易开孔冲切不合适。

③C 类不合格。仅影响外观而不影响使用。

a. 印刷表面粗糙，上光质量不佳。

b. 印刷色彩略偏标准。

以上不合格的接收质量限分别是：A 类 0.4；B 类 1.0；C 类 2.5。

（3）纸盒检验　在纸盒生产厂应进行有效的质量控制与检验，以保证其符合技术规范。如果由于纸盒性能不佳使一整批货品不符合要求，生产厂质量管理部门有权要求重新查验。

思考题

1. 包装工艺工程的组成及其内容是什么？

2. 什么是包装工艺规程？简述其作用和要求。

3. 制定包装工艺规程需要什么原始资料？

4. 叙述制定包装工艺规程的步骤。

5. 包装品技术规范的要求与内容有哪些？

6. 举例说明包装工艺路线的一般顺序。

7. 举例说明包装设备选择与布局应考虑的问题。

8. 在制定包装工艺规程时，常需计算包装设备数量和负荷率（设备负荷率 = 设备计算台数/设备采用台数）。若某啤酒厂日产瓶装啤酒 $40m^3$，每瓶灌装啤酒 500mL，采用等压灌装法；若充气与灌装时间总共为 10s，回转式灌装机的头数为 52，主轴每转中灌装区所占角度为 200°，问需用几台灌装机才能完成任务？

9. 常用包装工艺规程有哪些文件形式？

10. 质量控制的发展分为哪三个阶段？

11. 什么是包装精度？包装误差有哪几种？它们是怎样产生的？

12. 某包装品的出厂检验采用 GB/T 2828 标准，现规定 A 类、B 类、C 类三类不合格的接受质量限 AQL 分别是 0.4/1.0/2.5，检验水平 IL = Ⅱ，求批量 $N = 4800$ 时正常检验一次抽样方案。

第九章

现代包装技术应用简介

随着新产品和包装材料的不断出现，产生了多种不同于传统产品包装的技术，越来越多的现代包装技术服务于人们的生产和生活。本章简要介绍几种常用的现代包装技术。

第一节　活性和智能包装技术

一、活性和智能包装的概念

真空包装和充气包装是通过抽真空或充入保护性气体，改变包装内气氛以保护产品的包装方法，通常把阻隔食品免受环境污染的包装统称为消极包装。近年来，为了保证食品安全和流通过程中对产品品质有效地管理和监控，将材料、物理、化学、电子、光学和生物等学科应用到包装技术，创建了现代食品包装新技术，称为积极包装。常用的积极包装有活性包装和智能包装两种。

根据欧洲一项名为《对活性与智能化包装的安全性、有效性、经济环境影响和消费者接受程度的评估》（简称 actipak）的研究项目，对活性包装与智能包装给出的定义分别是：活性包装，是通过改变包装食品环境条件来延长储存期、改善食品安全性或感官特性，保持食品品质不变；智能包装，是通过监测包装食品的环境条件，提供在流通和储存期间包装食品品质的信息。

按照上述定义，很多新的包装工艺都被用于活性包装技术和智能包装技术。例如，就活性包装而言，食品环境条件对储存期产生影响的有：生理作用（新鲜水果和蔬菜的呼吸作用）、物理作用（面包老化、脱水）、化学作用（脂肪氧化）、微生物作用（微生物引起的腐坏）、虫害作用（昆虫）等，可以根据食品的具体要求，通过吸收或释放 O_2、CO_2、乙烯等气体或采用抗菌剂来调节上述环境条件，就可达到保持食品品质和延长储存期的目的。对于智能包装而言，通过检测包装食品环境条件的变化（温度与时间）、包装泄漏（O_2、CO_2）和食品品质变化（鲜度、微生物）等手段来监控和传递产品的品质信息，提高管理效率，就可达到减少损失和保证产品品质和安全的目的。

二、活性包装技术

按照活性物质的作用方式，活性包装技术可分为：吸收类型的活性包装技术和释放类型的活性包装技术。

1. 吸收类型的活性包装技术

（1）氧气清除剂封存包装　真空包装可抽除包装内大部分氧，但由于真空度限制，包装内仍残留少量氧。另外，密封软包装复合材料也可能透入氧。科学研究表明，对微量氧敏感的物品，还需要进一步脱氧。如要使霉菌完全受抑制，包装内要求 $O_2<1\%$；全部杀灭，则要求 $O_2<0.5\%$。

有效脱氧的方法是放入氧气清除剂，即脱氧剂。将脱氧剂小包和被包装物品一起密封在阻隔性良好的包装容器中，使容器内维持 $O_2<0.1\%$ 的“无氧”状态，以达到保护物品的目的。常用的脱氧剂有：铁系脱氧剂，是以铁或亚铁盐为主剂的脱氧剂，属无机缓效型，应用最广；亚硫酸盐系脱氧剂，是以亚硫酸盐为主剂的常用脱氧剂，属无机速效型；葡萄糖氧化酶，属于有机中速型脱氧剂；抗坏血酸脱氧剂，维生素 C 就是抗坏血酸，为有机中速脱氧剂，可用于食品和药品包装，但成本较高。

脱氧剂封存包装主要用于包装加工食品、粮食谷物、中医药材、文物保护、纺织制品、精密仪器、电子器材、军工器械等。脱氧剂应用透气小袋包装，为保证工作效果，必要时放入探氧指示剂。应尽量不与被包装物直接接触，在食品与药品包装中，脱氧剂应特殊标明，以免误食。

（2）乙烯清除剂包装　乙烯（C_2H_4）是一种植物激素，它可以促进新鲜水果和蔬菜的呼吸作用，使之成熟、衰老、软化和熟化，但是富余的乙烯会使果蔬过快地成熟而导致品质劣化并缩短了贮存期，因此有必要清除果蔬包装顶隙中的乙烯。乙烯清除剂主要有两种类型：以高锰酸钾为代表的氧化分解型和以活性炭为代表的吸附型。

（3）二氧化碳清除剂包装　食品在变质和呼吸时会产生 CO_2，从而使食品变质，或导致包装胀破，因而必须将 CO_2 清除。但是，CO_2 能够抑制食品表面细菌生长、能够降低鲜活果蔬呼吸速率降低，人为地控制包装空间的 CO_2 浓度对某些食品是很重要的，控制 CO_2 的含量是控制氧气的一种补充。

2. 释放类型的活性包装技术

释放类型的活性包装技术主要是指抗菌包装，它是在密封的包装容器内，放入能释放抗菌剂的小包或利用能释放抗菌剂的包装材料来包装食品，以达到抗菌防腐的目的，从而保证食品安全、保持品质和延长包装储存期。

抗菌剂类型繁多，不同的抗菌剂，如化学抗菌剂、抗氧化剂、生物技术制品、抗菌聚合物、天然抗菌剂及气体等，都可能被添加到包装系统中。化学抗菌剂在工业中最为常用，包括有机酸（如山梨酸等）、杀真菌剂（如抑霉唑等）、乙醇和抗生素等，具有很强的抗菌活性。抗氧化剂配合高阻隔性包装材料能够有效地限制霉菌存在所需的氧气。生物技术制品产生的各种细菌素能够抑制腐败菌和致病菌的生长。合成的或者天然的聚合物也有抗菌活性。如在天然聚合物中，壳聚糖就有非常好的抗菌活性。天然植物提取物，如柚子籽、丁香等，都表现出对腐败菌和致病菌有效的抗菌活性。气态型抗菌剂如乙醇能够蒸发与渗透进包装内非气态抗菌剂到达不了的空间，从而抑制了霉菌和细菌的生长。

不同类型的抗菌剂也可以组合使用达到增强抗菌活性，使包装系统取得最佳的抗菌功效和安全性。

三、智能包装系统

食品包装所用的智能化技术可分为两类：一类是诊断或检测技术，包括时间与温度显示标签（'ITrIs)、新鲜度显示标签、热敏油墨、氧气显示标签、包装泄露显示标签、二氧化碳显示标签、致病菌显示标签等；另一类是信息技术，包括无线射频识别电子标签(RFID)、防盗窃电子监视标签、电磁识别标签等。

显示标签的形式有外部显示标签和内部显示标签两种。外部显示标签贴在包装表面，如时间与温度标签等；内部显示标签附在包装内或包装盖上，如氧气显示标签等。此外，信息技术类型的智能包装还能以智能方式提供食品来源、真伪性、成分、食用和有效期等信息，它能跟踪食品供应链产品情况，具有防盗、防伪等功能，如 RFID、EAS 等。

1. 时间与温度显示标签

时间与温度显示标签常用来观测产品品质的变化。美国 3M 公司制造的 Monitor Mark 型 TTI 是一个规格约为 95mm×19mm×2mm 的层压纸板自黏标签，标签的中心部位有一条“浸芯”，“浸芯”一端与位于纸板左端的固态染料存放池连接。标签表面用透明塑料薄膜蒙盖着一个腰孔和几个圆孔，用来观察染料的移动情况。标签使用时将背面粘贴在包装表面，并将阻隔固态染料的塑料薄膜拉开，当暴露温度超过标签预设的极限温度时，固态染料熔化，并开始沿“浸芯”向右移动。根据温度与时间的变化，染料逐渐向右移动，直到最后一个圆孔时结束，如图 9-1 所示。标签的作用仅仅是监测产品暴露超过预设的极限温度的时间与温度记录，并不代表产品的品质，其目的是给管理者或消费者提供产品品质现状的信息。标签在使用前，为了防止固态染料过早反应而熔化，在拉开阻隔固态染料的塑料薄膜之前必须放入冰箱或冷藏柜中按指定温度至少放置 2h。

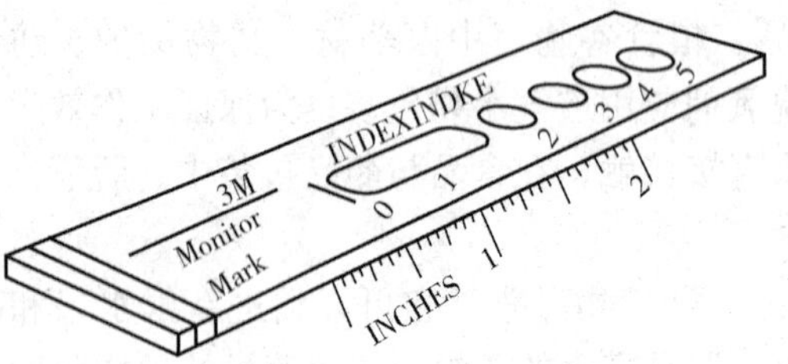

图 9-1 时间与温度标签

2. 新鲜度显示标签

食品变质有两种情况：一种是微生物繁殖代谢物导致 pH 改变，形成毒素成分、臭味、气体和黏液；另一种情况是脂肪和色素氧化导致风味变异，构成不利的生物学反应和变色成分。新鲜度显示标签常用来观测产品的品质变化，大多数的显示技术都是基于食品腐败时微生物代谢物使显示剂产生颜色变化，图 9－2 是一种根据 pH 变化情况来检测产品新鲜度的显示标签。图中传感器 Sensor Q 的中心呈橘黄色，虚线左边颜色表示新鲜、右边颜色表示变质，当 Sensor Q 中心颜色与右边颜色相同时，表示产品完全变质。

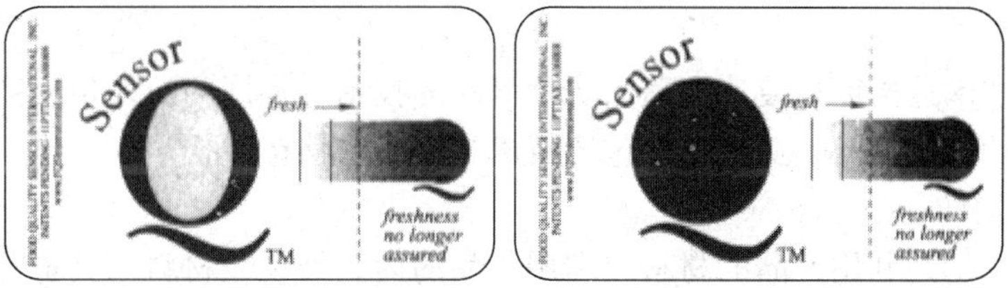

(a)　(b)

图 9－2　新鲜度显示标签
（a）正常　（b）变质

3. 无线射频识别电子标签

无线射频识别（RFID）是一种非接触式的自动识别技术，它通过射频信号自动识别目标对象并获取相关数据，识别工作无须人工干预，可工作于各种恶劣环境。RFID 技术可识别高速运动物体并可同时识别多个标签，操作快捷方便。它被认为是 21 世纪十大重要技术之一，在工农业的许多领域有着广阔的应用前景。

第二节　防伪包装技术

一、防伪包装的概念

防伪是指防止以欺骗为目的，未经所有权人准许而进行的仿制或复制。防伪技术是指为了达到防伪的目的而采取的措施，在一定范围内能准确鉴别真伪并不易被仿制和复制的技术。防伪技术最初应用于钞票、邮票等有价证券领域，现已广泛应用于如香烟、白酒、药品、食品等商品包浆。防伪力度是指防伪技术识别真伪、防止假冒伪造功能的持久性与可靠程度，可以按照防伪技术的仿制难度、防伪技术的类别、检测手段的先进程度、保持防伪性能的最低时间等指标对防伪技术进行全面评价，各种评价指标的等级分为 A、B、C、D 四个等级，其中 A 级为最高级，D 级为最低级。

防伪技术为商品防伪包装提供了技术支持，而商品防伪包装是防伪技术的一个重要应用领域。防伪包装是对包装保护功能的补充与完善，是建立在包装的保护功能之上的防止商品被假冒和伪造的技术。防伪包装的概念是：借助包装，防止商品在流通与转移过程中被人为有意识的因素所窃换或假冒的技术方法。

防伪包装的作用主要有以下几方面：①保护商品生产企业的利益和声誉，保护消费者的利益和身心健康。②遏制制作假冒伪劣商品的行为，增加商品的信誉度和安全感。③促进包装新技术、新材料、新工艺、新的管理销售意识的应用和推广。④提高对商品真伪性的验证技术。

二、防伪包装技术的应用

防伪包装技术是指以包装达到商品防伪目的的技术。常用的防伪包装技术有包装材料防伪技术、防伪印刷技术、机械防伪包装技术和电子防伪包装技术。

1. 包装材料防伪技术

包装材料防伪是利用产品的材料或利用产品的内、外包装材料所具备的难以仿造或无法仿冒的特点来达到防伪目的，如各种防伪纸张、防伪薄膜、防伪胶带等。防伪纸张是在生产纸张的工艺过程中添加特殊材料。防伪薄膜具有良好的防伪性能，在软包装中已经广泛应用，如激光全息防伪薄膜、光干涉变色薄膜、立体成像防伪薄膜等。

2. 防伪印刷技术

防伪印刷是一种非常重要的传统的防伪包装技术，涉及制版与印刷方式、印刷设备、承印材料、印刷油墨、印刷工艺等方面，主要用于商品防伪和有价证券防伪。印刷工序越复杂、印刷难度越大，包装印刷品防伪效果越好。采用单一的印刷方式不易印刷出高质量的印刷品，但组合采用平凸合印、多工序合印可印刷高档包装印刷品。对于一些要求更高更复杂的包装印刷品，还可采用平、凸、凹、丝等多工序合印。金属光泽印刷、珍珠光泽印刷、亚光印刷、缩微文字印刷等也可使得商品包装具有较安全的防伪作用。采用专用的图形处理软件制作特别复杂、细微、精致、高分辨率的印刷品底纹，用人工、照排或扫描均难以复制，如复杂的团花，任意的几何图形，如四方链、同心圆、平线浮雕、曲线浮雕、多色浮雕、多色单嵌式浮雕等。团花还可嵌入文字，底纹图形也可渐变。

防伪油墨技术是防伪印刷目前较高化学技术的一种，利用化学物质在光、电、水、热、磁等特定条件下所产生的特殊化学现象来判别商品标识或包装的真伪。防伪油墨具有使用简单、成本低、隐蔽性好、色彩鲜艳、检验方便、重现性强等优点，广泛应用于产品商标和包装印刷，如紫外荧光油墨、日光激发变色油墨、红外防伪油墨、光致变色油墨、热敏防伪油墨、压敏防伪油墨、磁性防伪油墨、光学可变防伪油墨、防涂改防伪油墨、化学加密油墨等。例如，有色荧光油墨印刷品的图文肉眼可见，而无色荧光油墨印刷品的图文肉眼不可见，但两者都需要在紫外线照射下才能显示荧光。另外，光致变色油墨印刷品在白光下呈现一种颜色，在紫外线照射下变成红、蓝或黄色，当再用白光照射时，又还原成本色，这一过程是可逆的。

防伪印刷还包括喷码防伪技术。用喷码机在内包装、外包装、标识、标牌或包装容器的封口处喷上代码或生产日期。喷码有明、暗两种，明码肉眼可见，暗码只能在紫外线照射下显现。

3. 机械防伪包装技术

（1）外包装防伪技术　采用精美的特殊纸类或塑料类等材质，经过特殊工艺制成包装盒，难以仿制。如烫金纸、压纹纸、压花纸、磨砂纸等防伪包装材料。又如含有全息图文、缩微印刷、荧光字符、密码等的一次性防伪封口标识，易拉线，防伪封箱胶带等。

（2）内包装防伪技术　内包装容器可选用独特的材料、形状、颜色及隐含的暗记，其封口技术基本与外包装相同。酒类、饮料类包装容器常采用一次性包装（或破坏性防伪包装），属于包装结构防伪，如塑料扭断盖、铝制防盗盖。另外，迷宫式瓶嘴也具有防伪功能。烟酒类包装盒防伪功能是采用破坏包装外盒来表现，盒子在结构上有多种形式，如盒盖有插卡式、领口式、拉锁式、摇翼连续折插式和掀压封口式等；盒底有插舌锁底式、摇翼连续折插锁底式、黏合封底式和掀压封底式等。还有金属盒子采用机械封合，使用时拉开撕裂条破坏盒子等。

4. 电子防伪包装技术

（1）条码防伪技术　条码是一组宽度不同的平行线条按特定的格式与间距组合而成的符号，代表各种数字和文字信息，包含商品的类型、代号、规格和生产厂家等，具有输入和识读速度快，数据准确可靠和保密性强等优点。如覆盖式隐形条码、光化学法处理的隐形条码、隐形油墨印刷的隐形条码。隐形油墨印刷的隐形条码成本低，很适合商品的防伪包装。金属条码具有耐风雨、耐高低温、耐腐蚀、抗老化等特性，用于机械、电子等名优产品使用。

（2）电码电话防伪技术　电码电话防伪内电码防伪标识物系统和电话识别网络系统组成，属于计算机网络防伪技术。电码电话防伪标识是一种在每件商品包装或标签上设置有一个顺序编码和一个随机密码的标识物，其具有使用一次性、数码唯一性和保密性。电话识别网络系统由大型计算机中心数据库、联网计算机组成。当消费者购买具有电码电话防伪包装的商品后，打开商品包装或刮掉标识上的覆盖膜，即出现电码电话防伪标识，然后拨通系统查询电话，并按电话语音提示依次键入数码、密码，便可确知该商品的真假。电码电话防伪技术已被广泛应用于商品的防伪包装。

（3）全息图防伪技术　全息图防伪，如防伪标识上的激光全息图、烫全全息图、透过全息图和光聚合物全息图。纸全息防伪标识是具有环保和防伪等多项功能的绿色包装产品。磁条还可以和全息图结合，形成全息磁条防伪系统，具有综合防伪功能，更有利于防伪、保密。检验时使用全息磁卡阅读器。

5. 防伪包装技术选用原则

（1）不易被仿制　防伪包装的目的是保证商品不被假冒伪造，不易被仿制是指包装技术本身不易被仿制、经济方面不易被仿制、包装材料不易被获得、包装设备不可替代等。

（2）易于识别　从销售角度，防伪包装技术的目的是使消费者能够比较容易地辨别商品的真伪，即要保证该技术具有易识别性。防伪包装技术本身可以十分复杂和难以仿制，但必须保证其防伪特征的易识别性和易辨别性。若消费者不能对防伪包装进行有效地、正确地、简便地识别，则这种防伪技术就如同虚设，达不到防伪目的。

（3）重视时效性　任何一种防伪技术的防伪性效果都不可能是长期的、永久的，而是有一个防伪时效，即防伪技术具有时效性。防伪技术在开发成功的初期和使用初期阶段，其防伪性能明显。而在使用一段时间之后，随着该项防伪技术的推广普及，也就逐渐失去了其新颖性和保密性，从而减弱了防伪力度。

（4）组合防伪包装　组合防伪技术指同时使用两种或两种以上的防伪技术，以提高商品的防伪力度。它大致可划分为两大类：一类是多功能防伪技术，如自检激光全息防伪标志，属于一种防伪产品，揭开表层复合的激光全息膜标志，露出的底层上还有一个图文标志，该图文标志可用防伪油墨印刷，起到双重防伪效果。另一类是组合防伪包装技术，即在商品包装中同时采用多种防伪技术，以增加商品包装的防伪力度，减小商品包装被仿制或假冒的程度。例如人民币 20 元券以组合了固定花卉水印、两条红蓝彩色纤维、安全线、手工雕刻头像、隐形面额数字、胶印缩微文字、雕刻凹版印刷和双色横号码八种防伪技术，有效地提高了纸币的防伪性能。

组合防伪包装的实质是基于商品包装材料或容器，通过对包装材料（含油墨）、包装标识、包装结构、包装印刷以及其他防伪技术等的有机组合来有效地实现商品包装的防伪效果。在商品包装设计中，如何将多种防伪技术进行有机组合，既要能有效防伪，又要易于识别，而且防伪成本适中，应进行各种组合防伪包装的优化设计。

防伪的目的是防止假冒伪劣商品，有效地保护企业和消费者的利益，它与伪造或造假是一对矛盾，具有抵抗性。假冒伪劣商品充斥市场，严重扰乱公平竞争的市场秩序，被认为是全世界仅次于贩毒的第二大公害。防伪包装已成为保证商品、有价证券、证件等安全生产与流通的一个重要的研究课题。

第三节　绿色环保包装理念

绿色环保包装是一个美好的概念，其实质是要求包装应有可持续性，可持续包装是包装技术的新理念。

人类需要一个健康的地球来提供资源，满足人类的基本需要，并且支持经济的需求。多年以来，地球为人类提供了物质资源来满足社会和经济的需求。现在，人类进入了一个前所未有的世纪，人类的需求超过了地球的生物供应能力。近几百年，我们几乎耗尽了赖以生长的有限的地理资源。通过全球越来越多的变化形式，如气候变化，我们得到清楚的信号，人类聚集的影响已经留下了严重的环境后果，我们现在的工业和消费留给子孙后代的是悲剧性的遗产和有限的资源。发展绿色环保的可持续包装技术是十分必要和有远见的战略计划。

一、可持续包装的内涵

（1）可持续包装应该在整个生命周期中，对于个体和社会都是有益的、安全的、健康的。

（2）可持续包装应该适应经济增长的需求。可持续发展的基本内容是经济增长和繁荣。人口学家分析地球人口会从 2016 年的近 74 亿人增长到 2050 年的 90 亿人。同期，中国人口也将从现在的 13.7 亿多人增长到 2050 年的 16 亿人。有效的工业生产可以适应人口增长所需要的经济增长。在历史上，包装工业的发展已经伴随并促进了经济的增长，可持续包装的目的就是要最大限度地节约物资和资源，消除传统包装的负面影响，取得更大的经济效益。

（3）可持续包装要使用可再生能源做资源，进行制造、运输和回收利用，最大限度地使用可再生的或可回收利用的材料。

目前各生产、生活领域广泛地使用矿物燃料作为原始的能源，从而对地球造成污染。大部分包装材料的来源，基本都依赖于矿物燃料基能源。自然资源是有限地，使用可再生的或能够回收利用的材料有助于可持续材料流的产出，因此能够给子孙后代提供用之不竭的材料资源。使用回收利用的材料促进了废料再生产和材料资源。使用可再生材料能够降低对不可再生资源的依赖。可持续包装的设计者是实现包装材料可回收利用性的推动者。

（4）可持续包装应该使用清洁生产工艺。清洁生产就是保护自然环境和自然资源、防止环境污染、修复生态环境、改善生活环境和城市环境品质的建设项目。涉及持久运用综合的环境保护策略，增大总体的效率，并且降低对人类健康和环境的危害，包括保护原材料、水源和能源，消除有毒害的和危险的原材料，降低在生产过程中所有排放物的数量及其对生态资源的毒害。包装在制造和生产过程中使用大量的能源、水源和材料，应该寻求减少和极大地消除任何排放物对环境的毒害污染影响，做到清洁生产的可持续包装，就能够最大限度地降低成本，改善产品品质和获取长期效益。

（5）可持续包装应该采用健康的材料来制造。包装可能包含一定的化学物质，当包装生命循环过程、特别是生命终结时，会释放意想不到的有害物质。虽然这些化学物质的使用量很少，但它们的废弃规模和数量仍然不容忽视。要保住所有材料（如辅料、油墨、粘料和涂层），在它们的整个生命循环过程中对于人类和环境健康都是安全的，这是可持续包装设计的极为重要的方面。

（6）可持续包装应该充分利用材料和能量进行预期设计。传统的包装设计只需满足主要费用、基本性能和市场的要求。可持续包装设计则要增加对整个生命周期影响的考虑，包括：整个生命周期中能量消耗和材料使用的影响，而且要考虑能够促使材料转换复原。在设计时，还应考虑其他的因素，例如消费者的习俗和市场销售特征等。可持续的包装设计包括环境设计、解体设计和节约资源设计等。

二、发展可持续包装的原则

绿色可持续包装应保证包装的功能，突出合理平衡，而持续时间是永恒的主题。如何最好地发展可持续包装以适应现代社会的需求，兼顾子孙后代对于物质能量的需要，在现实工作中应遵循的基本指导原则是：

①在开发包装系统或工艺时，突出合理平衡，以满足环境、社会和经济的需求。

②材料用量要满足安全、优质和市场的需要，避免使用矿物材料的过度包装，而且要符合实际需要。

③避免材料的毒性成分，在不要影响产品安全和品质，或过高增加成本情况下，使用可再生的、环境友好的或可回收利用的材料制造包装。

④在产品制造和流通时，尽可能使用高效环保的工艺。

人们在可持续包装生产中不断努力，但按照可持续包装联盟给出的标准，目前还没有包装能够达到可持续的内涵要求。真正的可持续性目标为改善现存的包装件创造了大量的机遇，这是对包装职业的挑战。在可持续包装的新世界中，继续革新、适应，存在着极大的超越空间，其中设计工作是一个极其重要的杠杆点，设计者通过化学分析，将无法重新利用的化学物质去掉，创造可以重新利用的化学物质，这是完全能够实现的。过去人们吃了饭，就把塑料饭盒随手乱扔，到处都是白色的快餐饭盒，特别是交通道路沿线，即所谓的“白色污染”，这些“废料”根本无法重新利用，只能是垃圾。如果在设计塑料饭盒之前就把它设计成一种可以重新利用的材料，如饭盒用完后扔在田野里就是肥料或饲料，这样它的生命就得到了延续。总之，只有全人类坚持可持续发展的理念，群策群力，共同开发、创造，一定会迎接到光辉灿烂的绿色世界。

第四节 计算机辅助包装技术

计算机辅助包装技术包含包装设计和包装制造 CAPD/M（computer aided package design/manufacturing）及包装生产管理，是一个内涵较丰富的概念。进入 21 世纪，计算机早已被应用于包装设计的各个环节，不仅能够有效提高设计速度，而且基于计算机的先进信息处理技术可以有效地保证设计结果的综合最优化。

一、包装装潢造型设计 CAPD

包装装潢造型设计主要关心包装物的视觉效果。设计包括包装物的表面设计、商标布局与设计，包装物与销售环境的协调，立体视觉效果等内容。包装装潢造型设计利用计算机辅助技术对包装进行图案设计、色彩搭配，并模拟印刷和空间形状效果等。

长期以来，包装装潢设计人员都是通过手工绘制设计效果图和制作少量模型来表现他们的构思和设计思想，CAPD 技术可以弥补上述设计方法的不足，给包装设计人员提供一种辅助设计系统。运用 CAPD 系统，包括设计人员可以将他们的构思快速逼真地表现出来，避免人为因素的影响。同时能够简单、迅速、方便地对设计方案进行修改，提高设计质量和效率，缩短设计周期，从而能方便地满足设计需要。运用 CAPD 系统，还可以在设计过程中对多种设计方案进行优化，显示最佳效果。同时还可以使设计工作规范化，设计文件标准化，建立标准图形库等。

常见的包装产品纸盒、纸箱、瓶、罐等最终都是以立体的形式使用的，产品立体效果对于销售包装是非常重要的。CAPD 技术对包装容器进行三维仿真模拟，以达到高效、快捷、准确的设计效果。另外，对于包装容器在任意深度剖视以及包装材料体积等问题的解决，也要求包装容器及其包装辅材在计算机内的表示是三维的。常用的造型方式有线框造型、曲面造型和实体造型，实体造型技术发展较快。近年来包装造型 CAD 系统又增加了材质和光照等功能，以便能更加真实地展示设计效果。

二、包装结构设计 CAPD/M

包装结构 CAPD/M 主要利用计算机绘制各种包装的结构图和制作模型。在计算机辅助包装设计中它是研究得最深入、应用历史最广的。几乎所有包装产品的结构设计水平都可以通过 CAPD/M 技术得到大幅度的提高。纸盒、纸箱（纸板箱、瓦楞纸箱）、塑料瓶、玻璃瓶、周转箱、木箱等包装产品的结构设计软件已经非常普及。

国际市场上较为流行的包装纸盒 CAD/CAM 系统软件如 ELCEDE、LASERCOMB、KRUSE、ERPA、MARBACH、SERVO、OVATION、KONGSBERG 等。这些软件多用于人机对话操作方式，用键盘、鼠标器可在屏幕上随心所欲地设计纸盒盒片结构图，并能方便地调用盒片图形库。选择满意的盒形结构，输入盒体尺寸（长、宽、高）和纸板厚度后，可立即显示或打印盒片结构图，输出模切排料图、印刷轮廓图和背衬（底模）加工图。除选择标准盒型改变纸盒形体外，还可任意设计特殊盒形，并将设计图形和数据传送给模切版激光切割设备、背衬雕刻系统和模切刀加工设备，从而保证了模切版和背衬版的加工精度，提高了纸盒精度。对纸盒进行结构、装潢设计后，要经过制版、印刷、上光、压光、覆膜、烫印、模切、折叠、粘盒等加工工艺，才能制出用户所要求的纸盒。

为了验证纸盒结构设计的合理性，在正式批量生产的，使用多功能纸盒样品 CAM 设备试制 5～10 个纸盒样品，征求用户及消费者意见后，再进行修改或重新设计，避免批量投产后纸盒结构设计、制造不合理的现象，也可以检查设计是否符合用户要求。另外，模切版 CAM 系统可利用聚焦后的高功率密度激光束来切割模切版的基板——胶合板，并由计算机控制激光束与胶合板的相对移动，在胶合板上切割形成由 CAD 设计的图案缝槽作为嵌刀模具。

玻璃瓶罐行业已经形成了一套现代化的 CAD/CAM/CAE 系统。通过 CAD 系统实现人机交互，完成瓶形及模具的设计、修改，最终得到符合要求的瓶形和瓶容，而且还可以通过绘图机，清楚、精确地绘出瓶子的外形和模具部件的工程图，然后通过网络将容器的精确几何形状及模具部件尺寸传输给数控机床进行计算机辅助制造（CAM）。此外，还可以通过计算机辅助工程（computer aided engineering）设计出玻璃成型过程的模拟程序，帮助模具设计人员得到更好的型坯实体有限元分析，预测瓶形的应力状态，检验瓶子受力是否达到设计要求，以便再次修改。这样，瓶子的设计计算比较精确，结构分析更加合理，模具性能较为优越。而且，由于计算机的快速性，使瓶子设计的周期大大缩短，减少了设计费用，把以前需要数月的人工计算，手工绘图等繁复工作量在很短的时间内就能完成，加快了产品的更新速度，有效提高了产品在市场上的竞争力。

玻璃瓶的基本结构组成有瓶口、瓶身、瓶底以及连接瓶口与瓶身的瓶肩和瓶颈部分。不同规格尺寸、不同形状的这些组成部分可以组合成各种各样不同形状、不同结构的玻璃瓶。玻璃瓶在填装被包装物后都应以适当的方法加以封口，以防止被包装物洒出或外界杂质混入，造成被包装物的损坏。封口的要求不同，则瓶口结构也不相同。一般可分为冠形瓶口、螺纹瓶口、塞封瓶口、真空封口瓶口等。玻璃瓶结构 CAD 在分析瓶各部分的结构特点的基础上，将不同的瓶形（包括瓶底、瓶口等分部结构）存储在系统中，设计者只需向系统输入少量的设计数据，即可利用系统中的设计知识与设计图纸得到相关的结构设计图。

三、缓冲包装和包装工艺 CAPD

缓冲包装是为在运输、装卸和储存过程中，当发生振动、冲击等外力作用时，保护被包装物品。传统的设计方法因其过程繁复，方案选择较难，灵活性、可修改性和可扩充性差制约了缓冲包装设计的发展。在长期分析总结的基础上利用计算机技术形成的缓冲包装 CAD 系统通常由信息数据库模块、设计校核模块、图形处理模块和分析仿真模块构成。不同的缓冲包装 CAD 系统由于设计目的不同，其原理、结构、工作方式有一定的差异。

各类包装技术在实施时，都需要进行相关工艺参数设计，如热收缩薄膜的收缩温度、拉伸薄膜的许用拉伸、气调包装的薄膜渗透率和初始气体浓度等。包装工艺 CAD 利用计算机强大的计算功能计算、优化各项包装工艺参数，可使包装工艺设计不完全依赖实际测试，一方面提高了设计效率，另一方面节约了设计成本。由于包装技术的复杂性，相应的包装工艺 CAD 的对象也较为广泛，如产品包装储存期预测 CAD 系统、果蔬气调包装内环境仿真系统等。在包装生产线自动化控制中，计算机的利用已经基本普及。

思考题

1. 简述活性包装与智能包装定义。
2. 活性包装有哪些类型？简述其作用和要求。
3. 简述智能包装的工作过程。
4. 何谓防伪包装？其作用叙述有哪些？
5. 举例说明常用防伪包装技术的分类和特征。
6. 什么是绿色可持续包装？包含哪些内容？
7. 计算机辅助包装设计用于哪些方面？

参考文献

［1］潘松年．包装工艺学（第4版）［M］．北京：印刷工业出版社，2011.

［2］赵淮．包装机械选用手册［M］．北京：化学工业出版社，2001.

［3］高德．包装机械设计［M］．北京：化学工业出版社，2005.

［4］周文玲，刘安静．灌装线设备安装与维护［M］．北京：机械工业出版社，2011.

［5］孙诚．包装结构设计（第3版）［M］．北京：中国轻工业出版社，2010.

［6］吴艳芬．包装工艺［M］．北京：中国轻工业出版社，2012.

［7］金国斌．包装工艺技术与设备［M］．北京：中国轻工业出版社，2010.

［8］郑美琴．包装材料质量检测与评价［M］．北京：中国轻工业出版社，2011.

［9］李沛生．包装产业与循环经济［M］．北京：中国轻工业出版社，2008.

［10］王建清．包装材料学［M］．北京：中国轻工业出版社，2012.

［11］戚长政．自动机与生产线［M］．北京：科学出版社，2012.

［12］张源泽．轻工业包装技术［M］．北京：中国轻工业出版社，1988.